스토리텔링성경 15

스토리텔링 성경

예레미야 · 예레미야애가

스토리텔링 성경

15 예레미야 · 예레미야애가: 구원의 새 언약과 회복의 소망

2024년 3월 25일 초판 1쇄 발행

지은이 김영진, 강정훈, 천종수
발행처 (유) 성서원
일러스트 김천정
교정 · 교열 유영일
출판등록 1997년 7월 8일 (제300–1997–79호)
창업일 1972년 2월 1일
주 소 경기도 고양시 덕양구 덕은로 60–12 우) 10541

전 화 (02)765–0011~17
팩 스 (02)743–6811
성서원 홈페이지 www.biblehouse.co.kr
페이스북 · E–mail saebut–9106@hanmail.net

ISBN 978–89–360–2981–4 03230

스토리텔링성경

15

성경 전 장章을 이야기로 풀어 쓴

스토리텔링 성경

지은이
김영진 강정훈 천종수

예레미야 · 예레미야애가

구원의 새 언약과 회복의 소망

성서원

차례

예레미야 은총과 구원의 새 언약

예레미야

은총과 구원의 새 언약

우상숭배의 나날이 계속되자
사람들은 걷잡을 수 없이 타락하네
사방에 죄악의 어둠이 깔리고
4백 년 다윗 왕조의 등불이 꺼지네

바빌로니아에 함락된 예루살렘
포로가 된 유다 백성이 절망에 빠져
어찌할 바를 모르고 몸부림칠 때
예레미야가 주의 메시지를 전하네

예레미야는 하나님의 백성에게
영원한 새 언약을 전하네
모진 박해와 고난을 무릅쓰고
눈물로 하나님의 말씀을 전하네

멸망의 먹구름이 하늘을 가릴 때
새 언약을 전하는 예레미야의 예언은
황폐한 땅 시온의 언덕에
한 떨기 백합으로 피어나네

프롤로그

예레미야서: 폐허 위에 피어난 새 언약의 꽃

유다 땅 사방으로 먹구름이 온통 뒤덮고 있다. 시원한 비를 몰고 올 먹구름은 아니다. 비를 몰고 올 먹구름이라면 부지런히 제 집을 찾아서 날아갈 작은 새라도 보일 텐데 새 한 마리가 없는 걸 보면 비가 올 징조는 아니다. 저건… 타락과 거역과 배도의 시대, 부패와 죄악의 짙은 먹구름이다. 유대 땅 어딜 둘러보아도 정의와 공의와 공평은 찾아볼 수 없었다. 그야말로 350년에 이르는 남왕국 유다 역사 중 최악의 암흑기였다. 이런 흑암의 시기에, 타락한 유다 백성들을 향해 '심판과 멸망'이라는 하나님의 준엄한 메시지를 선포할 선지자로 예레미야가 선택받았다.

'예레미야'란 이름의 뜻은 '주께서 던지셨다'이다. 예레미야 자신은 선지자 되기를 거부했지만, 그의 뜻과는 상관없이 죄악에 빠진 동족을 향하여 '유다의 멸망과 예루살렘의 함락'이라는 최대의 비극적 메시지를 선포할 숙명의 선지자로 주께서 예레미야를 강권적으로 선택하셔서, 그를 암흑기의 시대상 한가운데로 마치 내던지듯 등 떠밀어 보내셨던 것이다. 그리하여 예레미야는 어쩔 수 없이 하나님의 선지자가 되어 유다의 마지막 다섯 왕 곧 요시야, 여호아하스, 여호야김, 여호야긴,

시드기야의 시대에 대략 40년 동안 공식적으로 예언 활동을 전개하였다(주전 627~586년경).

선지자로 활동하면서 예레미야는 울지 않을 수 없었다. 한시도 눈물 마를 날이 없었다. 하나님과 맺은 언약을 헌신짝 버리듯 내던지고 이방 우상들을 열렬히 숭배하는 가운데 깊은 죄악의 구렁텅이에 빠진 동족, 그런 동족의 무모함과 타락상을 안타깝게 지켜보면서 싫어도 어쩔 수 없이 하나님의 준엄한 심판을 외치고 유다의 처절한 멸망을 선포해야만 했다. 매일 조롱당하고 매 순간 배척당하였기에 그만 입을 다물고 싶었지만, 유다의 멸망과 예루살렘의 함락이 조만간 닥쳐올 것이기에 그 사실을 목청껏 부르짖지 않을 수 없었다. 그리하여 조국과 동포를 향해 심판과 멸망의 메시지를 외친 결과, 선지자의 예언 활동은 반역과 매국의 행위로 간주되어 유다의 지도자들과 백성들로부터 온갖 배척과 박해를 받았다. 조롱과 핍박으로 점철된 고난의 삶이었다. 매를 맞고, 깊은 구덩이에 던져지고, 옥에 갇히는 고통의 삶을 살아야 했다.

사실, 예레미야는 소심할 정도로 평온하고 온순한 성격의 인물이었다. 뿐만 아니라 감수성이 강하고 동정심이 많으며 시적 감성이 풍부한 인물이었다. 예루살렘의 함락에 부쳐 그 비통한 심정을 절절이 토로한 책, 곧 5편의 시로 구성된 '예레미야애가'는 그러한 예레미야의 성품이 잘 나타난 책이다. 그러했기에 죄악에 빠져 멸망으로 치닫는 동족을 향해 철저한 심판과 혹독한 멸망의 메시지를 선포할 때, 감수성이 풍부하고 동정심이 많은 예레미야는 안타까운 심정에 울지 않을 수 없었다. 그래서 울고 울면서 눈물로써 간곡하게 회개를 촉구했다. 이런 예레미야를 사람들은 '울보 선지자'라고 놀렸다. 그래서 '눈물의 선지자'라는 별명도 얻었다.

그러나 하나님의 선지자로서 하나님의 메시지를 선포해야 하는 선지자의 사명을 수행할 때, 예레미야는 추호의 굴복이나 양보나 타협이 없었다. 오직 하나님의 선지자로 굳게 서서 백성들의 죄악상을 여지없이 고발하고, 왕들의 실정을 준엄하게 꾸짖었으며, 지도자들의 타락을 가차없이 질책했다. 시대가 암울하고 멸망이 임박한 만큼, 예레미야는 자신의 온몸으로 시청각적인 예증과 상징과 징조를 다양하게 구사하면서 하나님의 메시지를 생동감 있게 선포했다. 그래서 때로는 베 허리띠를 허리에 매었고, 때로는 소같이 목에다 멍에를 매었다. 이처럼 선지자 직분의 수행이라는 점에 있어서, 예레미야는 사자처럼 담대했고 곰처럼 우직했으며 바위처럼 굳셌다.

유진 피터슨은 예레미야에 대해 자신의 책 '메시지'에서 이렇게 썼다. "예레미야의 삶과 그가 쓴 책은 둘로 나뉠 수 없는 하나다. 그는 살았던 대로 썼고, 쓴 대로 살았다. 그의 삶과 책 사이에는 불일치가 전혀 없다. 어떤 이들은 삶보다는 글이 낫다. 또 어떤 이들은 글보다 삶이 낫다. 그러나 예레미야는 글과 삶이 동일하다."

이처럼 삶이 글과 동일하고 글과 삶이 일치를 이루는 신실하고 올곧은 생애를 살아가려니 예레미야는 남왕국 유다의 배도와 망국의 현실 앞에서 눈물 마를 새가 없었다. 그리하여 예레미야는 울고 또 울면서도 흔들림 없이 맡은바 선지자 사명을 신실하고 충실하게 수행했다.

예레미야의 메시지는 처연하고 아름다운 이중주와 같다. 한편으로는 하나님을 저버린 타락한 조국과 동족을 향하여 하나님의 심판과 다가올 멸망을 준엄하게 외치면서도, 다른 한편으로는 장차 심판을 통해 정화될 시온(Zion) 곧 예루살렘에 하나님의 은총으로 말미암는 '구원의 새 언약'이 찬란하게 피어날 것임을 힘차게 노래했다. 심판의 처연한 메시지를 외치면서도, 소망의 아름다운 노래를 불렀던 것이다.

이 같은 모든 점을 고려해 볼 때, 예레미야가 이 책을 기록한 목적은 분명하다. 첫째, 유다 말기의 부패한 시대의 타락상을 예리하게 지적하는 가운데, 다가올 하나님의 심판과 유다의 멸망을 준엄하게 경고함으로써 백성들의 조속한 회개를 촉구하기 위해서다. 둘째, 장차 심판으로 정화된 예루살렘에 메시아로 말미암는 '새 언약'이 싹틈으로써 회복과 구원의 날이 반드시 찾아올 것임을 깨우쳐 주기 위해서다.

1

예레미야의 소명

예레미야가 환상을 보네
살구나무 환상과 끓는 가마 환상
북방에서 나온 이방 군대가
예루살렘을 침공하는 환상이네

본서의 시대 배경 및 예레미야 선지자의 활동 기간 (1:1-3)

(1-3) 베냐민 지파의 땅 아나돗 출신의 제사장들 가운데 힐기야의 아들 예레미야의 말이다. 아몬의 아들인 유다 왕 요시야가 다스린 지 13년째 되던 해, 주님의 말씀이 예레미야에게 처음 임했다. 이후로 주께서는 요시야 왕의 통치 기간은 물론이고, 요시야의 아들인 유다 왕 여호야김 시대부터 요시야의 또 다른 아들인 유다 왕 시드기야 제11년까지 예레미야에게 수차례에 걸쳐 계속 말씀하셨다. 유다 왕 시드기야 제11년 그해 5월에 예루살렘 주민들은 사로잡혀 바빌로니아 땅에 포로로 끌려갔다.

예레미야는 유다 역사 말엽의 격변기에 태어나 시대의 아픔을 한 몸에 짊어지고 선지자로 활동했다. 그는 유다의 제14대 왕인 므낫세(주전 697-642년경)의 통치 말엽에 아나돗 마을에서 제사장 힐기야의 아들로 태어났다(주전 647년경). 아나돗(Anathoth)은 예루살렘에서 북동쪽으로 대략 5km 떨어진 촌락이다. 이처럼 제사장 집안 출신인 예레미야는 그의 나이 대략 20세쯤 되던 해, 곧 유다의 제16대 왕인 요시야 13년째 되던 해에 주께로부터 선지자의 소명을 받았다(주전 627년경).

예레미야 선지자 (미켈란젤로 작)

선지자의 소명을 받은 이후, 예레미야는 유다의 도성인 예루살렘이 함락되던 시드기야 왕 제11년까지(주전 586년경), 대략 40년 동안을 그 비극적인 메시지로 인해 고난 받는 눈물의 선지자로서 하나님의 뜻에 따라 공식적으로 예언 활동을 수행했다(주전 627-586년경). 예루살렘 함락 이후, 예레미야의 공식적인 예언 활동은 중단되었다. 이후 예레미야는 바빌로니아 왕에 의해 유다 총독으로 임명된 그다랴(그달리야, 그달랴)를 도와 무너진 조국의 회복과 부흥에 무진 애썼다. 하지만 허무하게도 반(反)바빌로니아 세력인 이스마엘 일당에 의해 그다랴가 살해되자, 바빌로니아의 보복을 두려워한 요하난 일파에 의해 예레미야는 강제로 이집트에 끌려갔다(렘 34:5-7; 43:1-7).

이집트로 끌려간 예레미야는 그곳에서도 비공식적으로 얼마 동안 선지자 사역을 감당하였다. 이집트에서도 여전히 정신을 못 차리고 우상을 숭배하는 부패한 동족들에게 하나님의 심판을 경고하고 회개를 촉구했다(렘 44장). 하지만 이후로 예레미야의 종적은 성경에서 더는 찾아볼 수 없다. 유대 전승에 의하면, 예레미야는 일평생을 독신으로 지냈고, 말년에 강제로 끌려간 이집트에서 우상숭배에 빠진 타락한 동족을 엄히 꾸짖다가, 그들에 의해 돌에 맞아 순교한 것으로 전해진다. 이때가 예레미야의 나이 67세가량이었다(주전 580년경).

당시 국제 정세는 바빌로니아 세상이었다. 이때의 바빌로니아는 아시리아의 통제하에 있던 옛 바빌로니아가 아니라, 나보폴라살(주전 625-605년경) 이후 새롭게 떠오른 신(新)바빌로니아다. 오랫동안 중근동 지역의 패권국가로 군림한 아시리아는 앗술바니팔(주전 669-626년경) 사후에 급격히 쇠퇴하기 시작하였고, 반면 바빌로니아는 나보폴라살 이후에 급격히 부흥하기 시작하였다. 결국 아시리아의 수도 니느웨는 나보폴라살이 이끄는 바빌로니아 군대에 의해 함락되었다(주전 612년경).

니느웨 함락 이후, 아시리아의 남은 군대는 이집트에 지원을 요청하고, 하란을 거점으로 바빌로니아와 다시 싸워 자신들의 옛 세력을 만회하고자 했다. 이때 바빌로니아의 급부상에 큰 위협을 느낀 이집트는 일취월장하는 바빌로니아의 기세를 꺾기 위해 아시리아의 군사 요청에 호응하여, 이집트의 바로(Pharaoh) 느고 2세(주전 609-594년경)가 직접 대군을 이끌고 팔레스타인을 경유하여 메소포타미아의 하란으로 진격했다.

이처럼 중근동 지역을 호령했던 아시리아의 세력이 몰락해가는 격동의 때에, 오랫동안 아시리아의 가혹한 지배 아래 고초를 겪었던 유다도 나라의 완전한 독립을 쟁취하기를 원했다. 그래서 유다 왕 요시야는 아시리아를 돕기 위해 메소포타미아로 향하는 이집트 왕 바로-느고 휘하의 이집트 군대를 므깃도에서 저지하고자 군대를 이끌고 출정했다. 그런데 불행하고 안타깝게도 이 므깃도 전투에서 유다의 마지막 선왕(善王) 요시야가 전사하고 말았다. 이때는 요시야가 유다 왕이 되어 나라를 다스린 지 31년째 되던 해였다(주전 609년경).

예레미야는 20세쯤 되던 요시야 왕 13년째 되던 해에 하나님의 선지자로 부르심을 받았으므로(주전 627년경), 그러니까 그의 나이 38세까지 요시야 왕과 더불어 18년 동안 선지자의 초기 사역을 감당했던 것이다. 요시야 왕은 하나님의 말씀에 충실한 선왕이었기에, 예레미야 선지자와 협력하여 유다 땅의 모든 우상을 척결하고 각종 예배제도를 올바로 세우는 등 말씀 중심의 종교개혁에 열심을 냈다. 하지만 요시야 이후에 등장하는 유다의 마지막 네 왕들 곧 여호아하스, 여호야김, 여호야긴, 시드기야 왕은 하나같이 하나님의 말씀을 배척한 악한 왕들이었기에, 이때부터 예레미야의 선지자 사역도 배척과 박해가 일상이 된 험난한 고난의 가시밭길이었다.

이전에 하나님은 '아시리아'를 징벌 도구 삼아 북왕국 이스라엘을 멸망시켰듯이(주전 722년경), 이 시기에 하나님은 '바빌로니아'를 징벌 도구 삼아 유다를 심판하려고 하셨다. 때에 예레미야는 이 같은 하나님의 뜻을 정확히 파악하고 조국 유다가 멸망당하지 않고 살 수 있는 길을 제시하였다. 동족 유다 백성이 이방 땅에 포로로 잡혀가지 않고 본토에서 평안히 살아갈 수 있는 길을 제시하였다.

그것은 정치적으로는 바빌로니아와 화친을 맺는 것이고, 영적으로는 죄악에서 돌이켜 하나님께로 돌아가는 것이었다. 바로 이것이 신앙 문제와 아울러 당시의 국제 정세를 정확하게 진단한 영육(靈肉) 간의 올바른 처방전이었다. 그러나 요시야 이후의 악한 왕들과 타락한 백성들은 예레미야의 그런 충고를 기껏 반역과 매국으로 몰아 조롱하고 배척하며 핍박했다. 그래서 예레미야는 메시지를 선포하다가 매를 맞고 차꼬에 묶였으며 깊은 진흙 구덩이 속에 갇히기도 했다. 하지만 예레미야는 좌절하지 않고 받은바 하나님의 메시지를 울고 울면서 눈물로써 담대히 선포했다. 본서는 그런 기록이다.

예레미야가 선지자로 부르심을 받음 (1:4-10)

유다 왕 요시야가 나라를 다스린 지 13년째 되던 해(주전 627년경)의 어느 날, 주님의 말씀이 아나돗 마을의 예레미야에게 임한다.

"예레미야야!"

갑작스런 주님의 부르심에 예레미야는 크게 놀라 땅에 바짝 엎드린다.

"예레미야야, 나는 너를 잘 알고 있노라. 내가 너를 네 어머니 뱃속에서 만들기도 전에, 나는 너를 잘 알고 있었노라. 그래서 네가 태어나기도 전에, 내가 너를 거룩하게 구별하였노라."

"오, 주님, 주님…!"

예레미야는 두려워 감히 무어라 말하지 못하고, 그저 "주님, 주님"만 부르고 있다. 그런 예레미야에게 주님은 그를 부른 까닭을 말씀하신다.

"예레미야야, 내가 너를 온 세상 만민을 위한 나의 선지자로 세웠노라."

하나님의 말씀을 온 땅에 선포하는 하나님의 선지자로 삼겠다는 말이다. 이른바 '선지자 소명'이다. 그러자 예레미야가 부들부들 떨면서 주께 아뢴다.

"아, 아, 아닙니다, 주님! 보소서, 저는 말을 잘 하지 못합니다. 게다가 저는 아직 너무나 어린아이에 불과합니다."

당시 예레미야의 나이 20세가량이다. 청년이라고 볼 수 있지만, 여기서 예레미야의 말은, 격랑처럼 요동치는 격변의 시대에 하나님의 선지자로서 그 막중한 책임을 감당하기에는 자신이 너무나 부족하고 미약하다는 의미다. 그러나 주께서 다시 예레미야에게 말씀하신다.

"아니다, 아직 어리다고 말하지 마라. 너는 내가 보내는 곳이면 어디든지 가야만 하고, 내가 네게 시키는 말은 무엇이든지 그대로 전해야만 한다. 너는 사람들을 두려워하지 마라. 내가 항상 너와 함께할 것이고, 너를 언제든지 구해줄 것이기 때문이다. 이는 나 주의 약속이니라."

이렇게 말씀하신 뒤, 주께서는 친히 손을 내밀어 예레미야의 입술에 갖다 대시면서 또 말씀하신다.

"보라, 이제 내가 나의 말을 너의 입에 넣어주노라. 보라, 내가 오늘

너를 온 세상의 뭇 민족들과 뭇 나라들 위에 나의 예언자로 세웠노라. 내가 너를 세워서 너로 하여금 그들을 뿌리 뽑고, 허물고, 멸망시키고, 무너뜨리고, 또한 세우고, 심을 수도 있게 하였노라."

예레미야가 하나님께 받은 선지자의 사명이 어떤 것인지를 보여준다. 그것은 온 세상의 뭇 나라들과 민족들에 대하여 '뿌리 뽑고, 허물고, 멸망시키고, 무너뜨리고, 세우고, 심는' 사명이었다. 이는 곧 나라들과 민족들을 향하여 선포할 예레미야의 예언 성격을 규정한 것인데, 요약하면 '심판과 회복'이다. 예레미야 당시 유다는 연이어 패권을 잡고 흥기하는 여러 강대국들(이집트, 아시리아, 바빌로니아)로부터 끊임없는 침략의 위협을 받고 있었고, 마침내 바빌로니아에 의해 조국 유다가 멸망하고 말았다(주전 586년). 이런 때에, 예레미야는 하나님의 뜻에 따라 열방과 유다에 대하여 심판과 회복의 메시지를 눈물로써 외쳤다.

예레미야가 살구나무 가지의 환상을 봄 (1:11-12)

어느 날, 주님의 말씀이 또 예레미야에게 임한다.

"예레미야야, 지금 네게 무엇이 보이느냐?"

"예, 주님! 살구나무 가지가 보입니다."

"그렇다. 네가 올바로 보았다. 이제부터 나는 내가 한 말을 지켜, 그대로 이루어지게 하겠노라."

살구나무는 겨울잠에서 가장 먼저 깨어 1월에 꽃을 피우는 나무인데, 이 같은 사실 그대로 이 나무의 뜻은 '깨다' 또는 '깨어 지켜보다'이다. 따라서 예레미야가 환상 가운데 본 살구나무의 의미는, 하나님께서 선지자를 통해 선포하신바 모든 예언의 말씀을 그대로 지켜 그것들이 다 이루어지도록 하시겠다는 의미다. 또한 살구나무가 가장 먼저 봄을 알리듯, 하나님의 예언 말씀들이 신속하게 성취될 것이라는 의미이기도 하다. 그런데 이는 언어유희(言語遊戲)에 해당된다. '살구나무'의 히브리어는 '솨케드'이고, '지키다'의 히브리어는 '솨콰드'이기 때문이다.

한편, 예레미야는 유다 역사 말기의 최대 암흑기에 예언 활동을 했다. 그런 만큼, 예레미야의 예언은 아주 긴박했고 절박했다. 이런 점을 감안하여 예레미야를 향한 하나님의 계시 말씀도 그만큼 절실했고 생생했다. 그래서 하나님은 당대의 생활환경과 문화 관습을 최대한 활용하여 여러 가지 시청각적인 실물(實物, Object)을 사용하여 생생하고도 구체적으로 말씀을 전달하셨는데, 그런 실물 교훈은 마치 도장처럼 뚜렷하게 그 의미가 가슴 속에 와닿았을 것이다.

본서에는 그런 하나님의 실물 교훈이 아홉 개나 등장한다. 살구나무 가지(1:11-12), 기울어진 끓는 가마솥(1:13-15), 썩은 베띠(13:1-11), 토기장이와 진흙(18:1-12), 깨뜨려진 오지병(19:1-12), 무화과 두 광주리(24:1-10), 멍에(27:1-11), 큰 돌(43:8-13), 그리고 유프라테스 강물 속에 던져진 두루마리 책(51:59-64) 등이다.

예레미야가 끓는 가마솥의 환상을 봄 (1:13-16)

어느 날, 주께서 다시 예레미야에게 말씀하신다.

"예레미야야, 지금 네게 무엇이 보이느냐?"

"네, 주님. 물이 펄펄 끓고 있는 가마솥이 보입니다. 그런데 그 가마솥의 한쪽 면이 북쪽에서부터 기울어져 있습니다."

(14-16) "그렇다. 잘 보았다. 장차 북쪽에서부터 큰 재앙이 생겨나, 이 땅에 사는 모든 사람들에게 덮칠 것이다. 보라, 훗날에 내가 북방에 사는 뭇 족속들을 불러들이겠노라. 그날에 북방의 왕들이 다 함께 몰려와서 유다의 모든 성읍을 칠 것이고, 마침내 예루살렘 성문의 입구까지 몰려와 자리를 잡은 후에 그 성읍을 포위한 채 사면의 성벽을 공격할 것이다. 이는 나 주가 선포하는 말이니라. 이렇게 내가 북방

민족들을 통해 내 백성을 심판하려 하는 까닭은 이러하니, 곧 나의 백성이 나를 저버리고 다른 신들에게 분향하고 제물을 드리면서, 자기들의 손으로 만든 우상들을 숭배하는 큰 죄악을 저질렀기 때문이니라."

이것도 하나님의 실물 교훈이다. 북쪽에서부터 유다 쪽으로 기울어진 끓는 가마솥의 환상은, 보이는 실물 그대로 펄펄 끓는 듯한 크고 뜨거운 재앙이 북쪽에서부터 유다를 향해 덮쳐올 것임을 뚜렷이 암시한다. 여기서 유다를 덮칠 북방의 끓는 가마솥은 '바빌로니아와 그의 동맹국들'을 가리킨다. 지리적으로 바빌로니아는 유다의 동쪽에 위치했지만, 통상 군대의 공격은 아라비아 사막을 우회하여 북쪽으로부터 이루어졌다. 과연 이 같은 환상이 예레미야에게 보인 지 40여 년 후에, 유다와 예루살렘은 북쪽에서부터 세차게 내려온 바빌로니아 군대의 침공을 받아 멸망하고 말았다(주전 586년경).

하나님께서 예레미야를 격려하심 (1:17-19)

북쪽 면이 기울어진 펄펄 끓는 가마솥의 환상을 보고 그 해석을 들은 뒤, 예레미야는 그 무시무시한 재앙의 두려움에 벌벌 떨었다. 그런 예레미야에게 주께서 다독이듯 말씀하신다. 위로와 용기를 주는 격려의 말씀이다.

(17-19) "그러므로 예레미야야, 너는 이제 허리띠를 꽉 졸라매고 마음의 준비를 단단히 하고 있어라. 그런 뒤에 자리에서 일어나, 내가 네게 시키는 모든 말을 왕들과 백성들에게 전하여라. 너는 그들을 조금도 두려워하지 마라. 내가 너를 붙들어 그들 앞에서 두려움을 당하지 않게 하겠노라. 보라, 오늘날 나는 너를 견고한 성읍, 쇠기둥, 청동 성벽이 되게 하겠노라. 그래서 너로 하여금 유다의 왕들과 관리들과 제사장들과 백성들에 맞서서, 조금도 기죽지 않고 그들과 당당히

싸울 수 있게 하였노라. 비록 그들이 너를 치려고 너와 싸우겠지만, 그들은 너를 이기지 못할 것이다. 내가 너와 항상 함께할 것이고, 너를 언제 어디서든 구해줄 것이기 때문이다. 이는 나 주의 말이니라."

심판과 징벌과 멸망에 관한 예레미야 선지자의 예언은 유다 왕과 백성들에게 인기가 없을 것이고, 나아가 적대적인 악감정을 불러일으킬 것이 뻔했다. 그래서 예레미야는 예언의 선포와 함께 닥쳐올 각종 험난한 도전과 시련에 대하여 현실적으로 마음의 무장을 단단히 다질 필요가 있었다. 이때 중요한 것은, 자신을 전적으로 하나님께 의탁하는 신뢰의 자세를 갖는 것이었다. 언제 어디서 무슨 일이 일어나든 하나님께서는 예레미야와 항상 함께하셔서 그를 강하게 붙들어 주시겠노라고, 또한 모든 위험과 환난에서 그를 구해주시겠노라고 분명히 약속하셨기 때문이다.

2

유다의 배교

이스라엘은 나의 거룩한 첫 열매
그런데 너희는 왜 나를 떠났느냐
어느 민족이 그렇게 쉽게
자기 신을 버리고 우상을 섬기더냐

이스라엘의 죄악에 대한 하나님의 고발과 기소 (2:1-37)

어느 날, 주님의 말씀이 또 예레미야에게 임한다. 오랜 세월에 걸쳐 이스라엘이 저지른 각종 죄악에 대하여 신랄하게 고발하고, 그들을 하나님의 공의로운 법정에 세우는 기소의 내용이다. 여기서 '이스라엘'은 당시에 이미 멸망한 '북왕국 이스라엘'을 가리키는 말이 아니라, 하나님의 택한 백성인 '이스라엘 전체'를 가리키고, 좁은 의미로는 머잖아 심판받을 '남왕국 유다'를 가리킨다.

(2-3) "예레미야야! 너는 가서, 예루살렘 백성들이 모두 들을 수 있도록 그들의 귀에 이렇게 외쳐라. 주께서 말씀하시기를 '이스라엘아, 나는 네 어린 시절의 신실한 헌신과 네 결혼 시절의 순수한 사랑을 기억한다. 그때 너는 저 척박한 광야에서, 씨앗조차 뿌릴 수 없는 저 메마른 땅에서 나를 얼마나 잘 따랐느냐. 진실로 그때에 너 이스라엘은 나 주에게 거룩한 것이었고, 내가 수확한 소중한 첫 열매였다.

그러므로 누구든지 나의 사랑하는 이스라엘을 탐하여 삼키려는 자들은 모두 내게서 징벌을 받아 큰 재앙을 만났다. 이는 나 주의 말이다.'라고 전하여라."

하나님과 이스라엘이 맨 처음 만났던 초창기 시절은 참 좋았다. 하나님은 오직 사랑으로 열방 중에서 이스라엘을 자신의 거룩한 백성으로 택하셨고(신 7:6-10), 이스라엘은 오직 하나님만 자신들의 유일한 신으로 섬기겠다고 맹세했다(출 24:3-8). 이런 의미에서 당시 이스라엘은 하나님의 보호를 받는 거룩한 백성이었고, 열방 중에서 맨 처음으로 수확한 소중한 첫 열매였다. 그래서 이후로 하나님은 이스라엘을 '제사장 나라'로 삼아, 그들을 매개로 열방의 모든 나라들과 민족들을 구원의 길로 인도할 요량이었다(출 19:5-6).

(4-9) 야곱의 후손들아, 이스라엘 집의 모든 씨족들아, 주님의 말씀을 들어라. 주께서 너희에게 말씀하시기를 "도대체 너희 조상들은 내게서 무슨 큰 허물이라도 발견하였기에, 그처럼 매정하게 나를 저버리고 아주 멀리 떠나간 것이냐. 나를 떠나, 그토록 허황된 우상을 섬기며 살다가, 자신들도 우상처럼 그렇게 허황된 사람들이 되고 말았느냐. 그렇게 되었는데도, 그들은 자신들의 주님이 어디에 계시는지 묻지도 않았고, 아예 궁금해하지도 않았다. '이집트에서 우리를 이끌어내셨던 주님, 거칠고 메마른 광야와 혹독한 가뭄과 죽음의 그늘이 드리워진 어둠의 땅과 아무도 지나다니지 않고 아무것도 살지 않는 그 척박한 땅을 무사히 통과하도록 우리를 인도해 주셨던 주님, 그분 주께서 지금은 어디에 계시는가.'하고 묻지도 않았다. 나는 너희를 기름지고 비옥한 땅으로 인도하여, 그 땅에서 생산되는 온갖 좋은 것들로 배부르게 먹여주었다. 그런데도 너희는 그곳으로 와서 나의 거룩한 땅을 마구 망쳐놓았고, 나의 소중한 기업인 그 땅을 아주 혐오스럽게 더럽혀

놓았다. 보라, 너희 제사장들은 '주께서 어디에 계시는가.'하고 나를 찾지 않았다. 율법을 다루는 자들조차 나를 알지 못했고, 너희 지도자들은 나를 거슬러 내 말을 거역했다. 심지어 너희 선지자들은 이방 우상인 바알의 이름으로 예언하면서 아무 쓸모 없는 무익한 것들만 추구하였다. 그러므로 나 주가 너희와 법정에서 다투어 너희 책임을 꼭 묻겠다. 너희뿐만 아니라, 너희 자손들과도 대대로 다투어 그들의 책임도 반드시 묻겠다. 이것은 나 주의 말이다." 하셨다.

이스라엘에 대한 하나님의 배신감이 절절이 토로되고 있다. 이스라엘을 자신의 거룩한 백성 삼아 모든 대적들로부터 보호해 주시겠다는 하나님의 약속은 신실하게 잘 지켜졌다. 그러나 열방의 모든 신들 중 오직 주님만 자신들의 유일한 신으로 섬기고 따르겠다는 이스라엘의 맹세는 여지없이 깨뜨려졌다. 먼저 언약을 깨뜨린 쪽은 이스라엘이었다. 그들은 하나님의 크신 은혜와 능력으로 이집트의 종살이에서 해방되었고, 메마르고 척박한 광야에서 40년 동안 자상하게 인도받았으며, 마침내 젖과 꿀이 흐르는 가나안 땅에 들어가 그 비옥한 땅에서 기름진 것들로 배불리 먹었다.

그럼에도 불구하고 이스라엘은 아무런 까닭 없이 주님을 저버리고 허망한 이방 우상들을 부질없이 섬기며 따랐다. 시내산 아래에서 피로 맺은 언약을 손쉽게 깨뜨렸고, 주님이 주신 거룩한 땅을 혐오스럽게 만들었다. 이방 우상들에게 온통 마음이 빼앗겨, 자신들에게 모든 은혜와 사랑과 구원을 베푸신 주님을 까맣게 잊었다. 아무도 주님을 찾지 않았다. 심지어 종교 지도자들인 제사장들조차 주님을 찾지 않았고, 정치 지도자들은 주님을 거슬러 그 말씀을 거역하였으며, 선지자들은 가나안 땅의 우상인 바알의 이름으로 예언했고, 백성들은 각종 우상들을 섬기는 가운데 아무짝에도 쓸모없는 무익한 것들만 추구하였다. 정말이지, 땅을 치고 통탄할 노릇이었다. 그래서 하나님은 이스라엘의 죄악에 대하여 그 책임을 반드시 묻겠노라고 굳게 다짐하신다.

그런데 여기서 주목할 말이 있다. 하나님은 당대의 백성들뿐만 아니라, 그들의 자손들과도 다투어 그들의 책임도 물을 것이라고 다짐하셨다는 것이다(9절). 그렇다면 하나님은 죄 없는 세대에게까지 책임을 물으시겠다는 것인가? 그게 아니다! 하나님은 죄 없는 세대에게는 책임을 묻지 않으신다. 타락한 현세대와 다투어 그들의 책임을 물으시는 하나님께서 다음 세대와 역시 다투어 그들의 책임을 묻는 이유는, 그들에게도 역시 죄가 있기 때문이다. 자손들이 조상들의 죄악에서 돌이켜 회개하지 않고 여전히 조상들의 죄를 답습하고 있기에 죄를 물으시는 것이다. 하나님의 정죄와 심판은 언제나 죄 있는 곳에 임한다.

> (10-13) "이스라엘 백성들아, 너희는 깃딤 섬에 건너가서 한번 둘러보아라. 게달 땅에도 사람을 보내어 잘 살펴보아라. 거기에서도 이 같은 일이 벌어진 적이 있는지 자세히 알아보아라. 비록 신이라고 할 것도 없는 그런 헛된 우상을 섬길 뿐이지만, 도대체 세상의 어느 민족이 자기들의 신을 그리 쉽게 바꾼 적이 있더냐. 그런데 내 백성 이스라엘은 그들의 영광을 아무런 유익도 없는 헛된 우상들과 너무나 쉽게 바꾸어버렸다. 참으로 이 같은 일은 하늘조차도 크게 놀라고 무서워 떨며 기가 막혀 몸서리칠 일이 아니더냐. 이는 나 주의 말이다. 또 내 백성 이스라엘은 두 가지 죄악을 저질렀다. 곧 생명의 샘인 나를 버리고 떠난 것과 자기들 스스로 물웅덩이를 판 것이다. 하지만 그들이 판 물웅덩이는 물이 고일 수도 없는 터진 웅덩이에 불과할 뿐이다."

어느 나라, 어느 민족에게나 자신들이 예로부터 섬기던 신을 바꾼다는 것은 결코 쉽거나 흔한 일이 아니었다. 예컨대 '깃딤(키프로스)'이나 '게달'(팔레스타인 동쪽의 사막 지역에 거주하던 아랍 민족) 같은 이방 민족들을 살펴보아도 그런 일은 없었다. 그런데 유독 이스라엘은 너무나 쉽게 조상들이 섬기던 하나님을 버리고 각종 이방 우상들을 섬겼다. 참으로 괘씸하고 고약한 민족이었다. 패역하고 반역적인 민족이었다. 비유하자면, 그것은 마치 신선한 물이 솟아나는 샘을 버리고, 스스로 물웅덩이를 판 것과 같았다. 그것도 물을 저장할 수도 없는 터진 물웅덩이를….

중근동 지역인 이스라엘은 1년 중 8개월은 비가 오지 않는다. 가나안의 최남단 도시인 브엘세바의 연중 강우량은 200밀리미터 정도다. 사람이 살 수 있는 최소한의 강우량이다. 중동 지역에서 물은 음식물과 함께 사람의 생명을 유지시켜 주는 극히 귀한 것이다. 상황이 이러했기에 시원한 물이 절로 솟아나는 샘은 극히 귀했고 매우 가치 있었다.

이렇게 샘이 없었기에 사람들은 물을 저장하기 위해 힘들여 웅덩이를 파야만 했다. 만일 신선한 물이 퐁퐁 솟아나는 샘물을 사용할 수 있다면, 누구도 스스로 웅덩이를 힘들게 파는 어리석은 일을 하지 않을 것이다. 그런데 이스라엘이 바보처럼 이런 어리석은 짓을 스스로 했다. 맑고 시원한 물이 끊임없이 솟아나는 샘 같은 하나님이 있는데도, 그들은 그런 하나님을 저버리고 밑바닥이 터져 물을 제대로 저장조차 할 수 없는 쓸모없는 웅덩이 같은 이방의 헛된 우상을 섬겼던 것이다.

(14-19) "이스라엘 백성들아, 너희가 종이라도 된단 말이냐. 태어나면서부터 종 된 씨종이라도 된단 말이냐. 그런데 어찌하여 너희가 포로 신세가 되었느냐. 네 원수들이 젊은 사자처럼 으르렁거리며 네게 달려들었다. 그리하여 네 나라는 황무지로 변했고, 네 성읍들은 몽땅 불타서 사람이 살 수 없는 폐허가 되어버렸다. 놉과 다바네스에서 온 이집트 사람들도 몰려와서, 네 머리를 빡빡 밀어 네게 큰 수치를 안겨주었다. 이스라엘 백성아, 이 모든 재앙은 네가 스스로 불러들인 것이다. 나

주가 너를 올바른 길로 잘 인도해 주는데도, 네가 기어이 나를 버리고 떠나갔기 때문이다. 그런데도 너는 어찌하여 나일 강물을 마시려고 이집트로 달려가느냐. 어찌하여 유프라테스 강물을 마시려고 아시리아로 달려가느냐. 보라, 이러한 너 자신의 죄악이 네게 형벌을 내릴 것이고, 내게 등을 돌리고 떠나간 너의 배신이 네게 앙갚음할 것이다. 그러므로 너는 네 하나님을 버리고 떠나간 것이 얼마나 무서운 죄악인지, 나를 경외하지 않는 것이 얼마나 끔찍한 재앙을 불러들이는지, 이제라도 잘 생각해보고 깨닫도록 하여라. 이는 전능하신 만군의 하나님인 나 주가 하는 말이다."

이스라엘의 어리석고 잘못된 선택에 대한 하나님의 질책과 정죄다. 당시 이스라엘은 자신들의 신실한 보호자 되시는 하나님을 저버리고, 그 대신에 당대의 강대국들인 이집트와 아시리아를 의지했다. 이런 행위를 선지자는 이스라엘이 나일(시홀) 강물과 유프라테스 강물을 마시려고 그곳으로 달려가는 행위에 비유했다(18절).

그러나 이 같은 이스라엘의 행위는 아주 어리석고 잘못된 선택으로 처참한 결과를 초래했고 아주 끔찍한 재앙을 불러들였다. '젊은 사자' 같은 아시리아는 도리어 으르렁거리며 이스라엘에게 달려들어 그 날카로운 이빨로 이스라엘 온 땅을 황무지와 폐허로 만들어버렸기 때문이다. 이는 아시리아의 잦은 침공으로 이스라엘 전 국토가 자주 쑥대밭이 되고, 숱한 성읍들이 파괴되다가 마침내 북왕국 이스라엘이 멸망해버린 사실을 가리킨다.

놉(멤피스)과 다바네스(텔-데프네)로 대표되는 이집트 역시 이스라엘에 도움을 주기는커녕 도리어 이스라엘의 머리를 빡빡 밀어 큰 수치를 안겨주었다. 이는 이집트 왕 바로-느고가 므깃도 전투에서 유다의 선왕(善王) 요시야를 죽인 사실을 가리킨다(주전 609년경). 이처럼 이스라엘이 하나님 대신에 의지했던 이집트와 아시리아는 이스라엘에 아무런 도움을 주지 못하고, 도리어 큰 피해와 수치만 잔뜩 안겨주었다. 이스라엘이 스스로 결정한 어리석고 잘못된 선택의 결과였다.

(20-25) “돌이켜 보면, 너 이스라엘은 아주 오랜 옛적부터 네게 지워진 멍에를 부러뜨리고 너를 묶은 줄을 끊어버리면서 큰 소리로 외치기를 ‘나는 주님을 섬기지 않겠소!’라고 하였다. 그러고서 너는 높은 언덕이나 산꼭대기에 산당을 지어놓고 우상을 섬겼고, 아름드리 푸르른 나무 밑에 몸을 눕히고 이방 신들과 음란한 짓을 자행했다. 나는 너를 특별히 고르고 골라 종자가 아주 좋은 참포도나무로 정성껏 심었거늘, 어찌하여 너는 나의 기대를 거스르고 그처럼 못된 이방의 들포도나무로 변해버렸느냐. 그러므로 네가 아무리 독한 잿물로 네 몸을 박박 문지르고, 숱한 비누로 아무리 네 몸을 씻고 또 씻어도 내 눈에는 여전히 온갖 죄악으로 더럽혀신 네 추악한 모습이 그대로 남아있다. 이는 나 주의 말이다. 그런데도 네가 어떻게 감히 ‘나는 더럽혀지지 않았다!’하고 내게 말할 수 있느냐. 어찌 ‘나는 바알 신을 좇지 않았다!’하고 주장할 수 있느냐. 네가 골짜기에서 행한 짓들을 한번 살펴보아라. 그러면 너는 네가 저지른 짓들을 분명히 보게 될 것이다. 마치 너는 이리저리 정신없이 어지럽게 날뛰는 발 빠른 젊은 암낙타와 같았다. 너는 사막의 길에 익숙한 야생 나귀가 발정하여, 그 성욕으로 인해 헐떡이고 있는 것과 같았다. 그럴 때에, 누가 그런 야생 암나귀를 제어할 수 있겠느냐. 수나귀는 그런 암컷을 찾아다니느라 헤맬 필요도 없이 아주 쉽게 만나 짝짓기를 할 수 있을 것이다. 나는 또 네게 이르기를 ‘그만 좀 하라! 그렇게 맨발로 여기저기 돌아다니면서 갈증으로 목이 타들어가도록 애타게 이방 신들을 찾아다니지 마라!’ 하고 계속 타일렀건만, 도리어 너는 내게 말하기를 ‘아닙니다, 그런 말 하지 마세요. 나는 이방 신들이 좋아요. 나는 그들을 끝까지 따라가겠어요!’라고 하였다.”

이스라엘은 자신들의 남편인 '하나님'을 저버리고, 외간 남자인 '이방 우상'을 섬겼다. 이 같은 사실을 두고 예레미야는 다양한 이미지를 사용하여 이스라엘의 죄악을 여러 각도에서 고발하고 있다. 앞에서는 밑바닥이 터진 물웅덩이를 스스로 파는 자(13절), 나일 강물과 유프라테스 강물을 마시려고 그리로 달려가는 종(18절)에 비유했고, 여기서는 푸른 나무 아래에 몸을 눕혀 음란한 짓을 일삼는 창녀(20절), 이리저리 날뛰는 발 빠른 암낙타(23절), 그리고 오죽했으면 성욕으로 헐떡이는 발정기의 야생 암나귀(24절) 등에 비유하고 있다.

예레미야가 이처럼 다양한 이미지를 사용한 것은, 한 가지 이미지로는 이스라엘의 심각한 죄악을 적절히 표현할 수 없었기 때문이다. 그래서 예레미야는 여러 다양한 이미지들로서 메시지를 상징화하였는데, 각 상징은 이스라엘이 저지른 죄악의 다양한 모습을 보여주고 있다. 하지만 요점은 간단하다. 이스라엘은 하나님과 부부(夫婦) 같은 신실한 언약을 맺었지만(2절), 이스라엘은 그 사랑의 언약을 깨뜨리고(즉, 하나님을 배반하고), 다른 대상을 더 의지했으며, 또한 외간 남자 같은 이방의 우상들에게 홀려 그것들을 열렬히 섬겼다는 것이다. 따라서 그것은 영적인 간음 행위로서 곧 배도요 배덕이며 불륜이요 패륜이었다.

우상을 숭배하는 이스라엘 백성들

(26-28) "도둑이 붙들리면 수모를 당하듯이, 지금 이스라엘 백성이 딱

그 모양이 되었다. 이스라엘의 왕들과 고관들과 제사장들과 선지자들이 도둑처럼 붙잡혀 모두 큰 수모를 당하고 있다. 보라, 그들은 나무를 보고 말하기를 '나의 아버지여!' 하고, 돌을 보고 말하기를 '나의 어머니여!' 하면서, 자기들을 낳아주었다고 한다. 평소에 그들은 나에게 등을 돌리고 나를 바라보고 있지 않다가도, 어려운 일이 닥치면 '주여, 오셔서 우리를 구해주소서!' 하고 부르짖는다. 그런 때에 너희가 스스로 만든 네 모든 신들은 다 어디에 있단 말이냐. 어려운 일이 닥치면, 그 신들에게로 달려가 '일어나, 나를 구원하소서!' 하고 부탁해야 마땅하지 않느냐. 유다야, 너는 네 성읍의 숫자만큼이나 많은 신들을 갖고 있지 않느냐."

돌과 나무로 만들어진 이방 우상들은 죄다 헛되고 거짓되며 무익하기 때문에, 사람들이 그것들을 섬기면 필히 수모를 겪을 수밖에 없다. 이스라엘도 그랬다. 그들도 우상을 자신들의 아버지요 어머니처럼 섬기다가, 마치 현장에서 붙들린 도둑처럼 큰 수모를 겪곤 하였다. 그런데 이때 이해할 수 없는 현상이 있었다. 그런 수모를 겪을 때면 이스라엘은 평소에 그토록 열렬히 섬기던 우상을 찾지 않고 꼭 하나님을 찾는다는 사실이다. 마치 유다의 성읍들 숫자만큼 수많은 우상들이 있어도, 그런 우상들에게 달려가 구해달라고 부르짖지 않고, 평소 거들떠보지도 않던 하나님께로 나아와 자신들을 구해달라고 부르짖는다는 사실이다. 그래서 하나님이 그들을 불쌍히 여겨 구원을 베풀어주시면, 언제 하나님께 부르짖었느냐 듯이 다시금 하나님을 떠나 우상에게로 나아가곤 했다. 참으로 기가 막힐 노릇이었다.

그렇다면 왜 이스라엘은 그토록 이방 우상들을 사랑하고 그것들을 따르며 섬겼을까? 백성들은 눈에 보이지 않는 하나님보다는 당장 눈에 보이는 각각의 우상들 안에 어떤 초월적인 힘이 내재되어 있다고 생각하고, 당장의 복(福)을 받기 위해 우상을 섬겼다. 뿐만 아니라, 다산(多産)과 풍요를 위한 제사의식 때 신전 소속의 창녀들과 성관계를 맺는 일과 같이, 우상 숭배 의식과 관련된 세속적이고 음란한 관습들은 타락한 죄성을 지닌 사람들의 비도덕적 욕망을 충족시켜 주었다. 이런 이유들로 해서, 사람들은 쉽게 우상숭배에 이끌렸던 것이다.

(29-33) "이스라엘 백성들아, 그런데도 너희가 어떻게 나와 다투며, 나를 탓할 수가 있느냐. 너희는 나를 거역하고 배반하였다! 이는 나 주의 말이다. 그래서 나는 너희 자녀들에게 벌을 주었다. 그렇지만 그것도 모두 헛수고가 되고 말았으니, 그들이 조금도 고치려고 하지 않았기 때문이다. 도리어 그들은 손에 칼을 쥐고 사나운 사자처럼 선지자에게 달려들어 나의 선지자들을 죽이고 말았다." 이 세대 사람들아, 너희 유다 백성들아, 이제라도 귀 기울여 주님의 말씀을 들어라. 주께서 말씀하신다. "내가 이스라엘에 광야와 같은 존재였더냐. 캄캄한 암흑의 땅과 같은 존재였더냐. 어찌하여 내 백성 된 너희가 내게 말하기를 '우리는 자유롭게 떠돌고 싶소. 다시는 주께로 돌아가지 않겠소!'라고 한단 말이냐. 처녀가 어찌 자신의 소중한 패물을 잊을 수 있겠느냐. 신부가 어찌 자신의 고운 결혼식 예복을 잊을 수 있겠느냐. 그런데도 오직 내 백성만은 나를 잊어버렸다. 나를 까맣게 잊은 지가 얼마나 오래되었는지, 그 날수를 헤아릴 수조차 없구나. 너는 너를 요사스럽게 꾸미고 잘 가꿔 남자를 홀려서 사랑을 얻는 데 얼마나 능숙한지! 아예 선수가 다 되었구나. 그래서 가장 경험 많은 능숙한 창녀들까지도 네게서 도리어 한 수 배우고 갈 정도가 되었구나."

이스라엘은 하나님을 저버리고 이방 우상을 섬기면서도, 미안해하기는커녕 도리어 뻔뻔한 태도로 하나님과 더불어 다투었다. 여기 '다투다'란 말은 법정 용어로, 상대방을 비난하면서 자신의 입장을 변론한다는 의미다. 아마도 이스라엘은 이집트의 압제와 아시리아의 위협으로부터 하나님이 자신들을 제대로 보호해 주지 않았기 때문에, 나라가 여러 위기와 어려움에 처하게 된 사실에 대해서 하나님을 비난했을 것이다. 이 같은 이스라엘의 다툼(소송)과 비난에 대하여 하나님은 자신의 입장을 분명히 밝히셨다. "너희가 먼저 나를 거역하고 배반하였다!"

마치 신랑신부의 혼인 언약처럼, 이스라엘은 하나님과 더불어 신성한 언약을 맺었다. 시내산 아래에서 희생제물의 피로써 신성한 언약을 체결했다(출 24:1-8). 오직 하나님만 유일한 신으로 섬기고 따르겠다고! 그렇지만 하나님의 은총으로 가나안 땅에 들어가 그 땅에서 배부르고 살찌자, 이스라엘은 하나님과 맺은 신성한 언약을 깨뜨리고 이방 우상을 섬겼다. 이방 우상들에게 정신이 팔려 순결한 첫 언약의 상대인 하나님은 까맣게 잊고 말았다. 그것은 아주 적극적인 배도 행위였다. 남자를 홀리는 일에 능숙한 창녀들마저 한 수 배우고 갈 정도로, 이스라엘은 스스로를 요사스럽게 기꺼이 단장하여 이방 우상들을 부지런히 따라갔다. 그런 이스라엘의 모습은 마치 욕정에 헐떡거리는 야생 암나귀의 발정과 같았다(24절). 그런 딱한 모습을 바라보는 하나님의 심경은 참으로 비통하고 참담할 수밖에 없었다.

(34-37) "보라, 네 옷자락에는 가난하고 죄 없는 사람들의 억울한 피가 잔뜩 묻어 있다. 그들이 네 집을 뚫고 들어오다가 너한테 붙잡힌 것도 아닌데, 너는 태연히 그들을 죽이고서도, 고개를 빳빳이 쳐들고 뻔뻔스럽게 말하기를 '내게는 아무 죄가 없다! 주께 벌 받을 일을 내가 하지 않았다!'라고 하는구나. 하지만 어림도 없는 소리다. 내가 너를 심판하여 벌주겠다. '나는 죄를 범하지 않았다!' 하는 너의 그 죄로 인하여 내가 반드시 너를 심판하겠다. 유다야, 네가 어찌하여 도움을 청하러 이 나라와 저 나라를 부지런히 돌아다니느냐. 네가 아시리아로 말미암아 수치를 당했던 것처럼, 이제 이집트로 말미암아

수치를 당할 것이다. 너는 분명 이집트에서도 실망만 가득 안고서 네 머리를 두 손으로 감싼 채 발길을 돌릴 것이다. 그런 까닭은, 네가 믿고 의지하는 자들을 나 주가 버렸기 때문이다. 그러므로 너는 일이 틀어져 그들에게서 아무런 도움도 받지 못할 것이다."

당시 유다의 죄악은 나라 안팎으로 차고 넘쳤다. 나라 안에서는 부정부패, 무법과 불의, 압제와 착취 등이 판을 쳤다. 가난하고 죄 없는 무고한 자들에 대한 압제와 살인 행위가 횡행했다. 그들의 억울한 피가 유다 사회 전반에 흘러넘쳤다. 그런데도 유다 백성들은 뻔뻔했다. 하늘을 향해 고개를 빳빳하게 쳐들고, 주님께 벌 받을 죄를 짓지 않았다고 항변했다. 아무런 죄가 없다고 주장했다. 그러니 그들은 도무지 하나님의 징벌을 피할 수 없었다.

또한 당시 유다의 지도자들과 백성들은 하나님을 떠나 이집트나 아시리아 같은 강대국을 의지했다. 국가적 위기 상황에서, 유다는 정치적인 도움과 군사적인 원조를 바라고 때로는 이집트를 바라보고, 때로는 아시리아를 의지했다. 도움을 청하러 주님이 계신 성전으로 올라가지 않고, 부지런히 이 나라와 저 나라를 돌아다녔다. 그렇지만 모든 경우에 있어 유다는 이집트와 아시리아에게서 도움을 받기는커녕 단지 모멸과 수치만 당할 뿐이었다. 정작 믿고 의지해야 할 대상은 믿고 의지하지 않고, 믿고 의지하지 않아야 할 대상을 믿고 의지했기 때문이다.

3

주께로 돌아오라

나를 떠난 유다는 창녀
숱한 사내와 놀아나고
사방 산에서 음란한 짓을 하니
어찌 화를 내지 않겠느냐

신실하지 못한 유다의 타락한 모습 (3:1-5)

(1-5) 주께서 말씀하신다. "가령 어떤 남자가 자기 아내와 이혼을 하였고, 이혼당한 그 아내는 그를 떠나 다른 남자의 아내가 되었다면, 어떻게 그 여인이 본래의 남편에게로 다시 돌아갈 수 있겠느냐. 또 본남편이 그 여자를 다시 받아들이겠느냐. 만일 그렇게 된다면, 그 땅이 아주 더러워지지 않겠느냐. 그런데 너는 나를 떠나 수많은 남자들과 창녀처럼 놀아나지 않았느냐. 그러고도 어찌 나에게 다시 돌아오려고 하느냐. 너는 눈을 들어 사방의 산들을 한번 둘러보아라. 그 많은 산들 중에서 네가 다른 사내들과 뒹굴며 더럽히지 않은 산이 어디에 있느냐. 너는 길거리에 앉아서 사내들을 기다리기를, 마치 아라바의 강도들이 사막에 몰래 숨어 있다가 지나가는 여행자들을 닥치는 대로 덮치듯 하였다. 그렇게 너는 숱한 음란한 짓들과 온갖 악행으로 이 땅을 온통 더럽혀 놓았다. 그리하여 이 땅에 단비가 내리지 않고 늦은 비도 내리지 않게 된 것이다. 그런데도 너는 창녀의 낯짝처럼

얼굴이 두껍고 뻔뻔스러워 아무런 수치심도 느끼지 못하였다. 그러면서도 지금 너는 나를 향해 '나의 아버지여!'라고 부르면서 '아버지는 나의 어릴 적부터 오랜 친구입니다. 그런데 어찌하여 항상 화만 내십니까. 영원히 그렇게 화만 내실 것입니까.' 하고 항의한다. 너는 이런 식으로 내게 말하면서 온갖 악행을 다 저지르며 네 욕심을 이룬다."

하나님과 부부의 언약을 맺은 이스라엘 백성들에게 있어, 우상숭배의 행위는 영적 간음 행위였다. 또한 우상을 숭배할 때 실제로 온갖 음란한 행위를 자행했다. 하나님을 떠난 이스라엘이 그렇게 행했다. 그래서 이스라엘의 온 산들이 음행으로 더럽혀졌다. 하나님은 그렇게 더럽혀진 이스라엘을 '(자기 욕정을 좇아) 남편과 이혼하고 다른 남자에게 붙어먹은 아내', 또는 '수많은 남자들과 놀아난 창녀'에 비유했다.

모세 율법에 따르면(신 24:1-4), 아내와 이혼한 남자는 그 이혼한 아내를 다시 아내로 받아들이는 것이 금지되었다. 그녀가 둘째 남편과 이혼했거나 사별했다고 해도 불가했다. 그렇다면 하나님을 떠나 이방 우상을 섬긴 이스라엘은 하나님과 이혼하고 이방 우상을 남편으로 맞아들인 행위를 한 것으로, 율법에 따르면 하나님께서 이스라엘을 다시 자신의 아내로 맞아들이는 것이 불가했다. 그렇다면 하나님은 이스라엘과 영영 결별하는 것인가?

그렇지 않다! 하나님의 긍휼은 율법보다 우선하고, 하나님의 사랑은 공의보다 강렬하다. 그러하기에 하나님은 언제든지 이스라엘이 자신들의 잘못을 깨닫고 그 죄악의 길에서 돌이키기만 하면, 그 크신 긍휼과 사랑의 품으로 기꺼이 받아들일 준비가 되어 있었다. 하나님의 선지자들은 그런 하나님의 마음을 선포하였다. 그러나 이스라엘은 그 마음을 알지 못하고 하나님이 항상 자신들을 향해 화만 내고 있다고 불평하고 항의하면서 그 죄악의 길에서 돌이키지 않았다. 참으로 답답한 노릇이었다.

음란한 두 자매, 북왕국 이스라엘과 남왕국 유다 (3:6-10)

(6-10) 유다 왕 요시야가 통치하던 시대에 주께서 내게 말씀하셨다. "너는 신실하지 못한 이스라엘이 하는 짓을 보았느냐? 그가 모든 높은 산들에 올라 다니면서, 모든 푸르고 무성한 나무 밑으로 가서 이방 우상을 섬기므로 음란한 짓을 행하였다. 그래도 나는 그가 결국엔 나에게로 돌아올 것이라고 생각했지만, 그는 끝끝내 내게로 돌아오지 않았다. 이스라엘의 자매인 유다는 언니의 이 같은 타락한 행실을 다 지켜보았다. 나는 신실치 못한 이스라엘이 그처럼 이방 우상들과 간음을 행하였으므로 그녀에게 이혼증서를 써주고 멀리 쫓아버렸다. 이스라엘의 자매인 유다는 언니 이스라엘이 그처럼 비참하게 쫓겨나는 꼴을 보고서도 조금도 두려운 줄 모르고, 도리어 자기도 이방 우상에게로 가서 똑같이 음란한 짓을 행하였다. 그녀는 돌과 나무로 만든 이방 우상들과 음란한 짓을 행하면서도, 그 일을 가볍게 여기고 계속해서 간음하므로 이 땅을 크게 더럽혔다. 이 모든 음란한 짓을 자행하고서도, 이스라엘의 신실하지 못한 자매 유다는 진심으로 내게로 돌아오지 않았다. 다만 거짓으로 돌아오는 척 시늉만 냈을 뿐이다. 이는 나 주의 말이다."

하나님은 지파 수가 더 많은 북왕국 이스라엘(10지파)을 언니로, 지파 수가 더 적은 남왕국 유다(2지파)를 동생으로 비유하여, 두 자매의 음란한 행위를 고발하고 있다. 두 자매는 둘 다 하나님을 버리고 이방 우상들을 섬기는 영적 간음을 자행한 것이다. 그래서 하나님은 참고 참으시다가 마침내 언니 되는 북왕국 이스라엘에게 먼저 이혼증서를 써주고 멀리 쫓아버렸다. 이는 하나님께서 '아시리아 군대'라는 몽둥이를 사용해서 북왕국 이스라엘을 멸망시키고(주전 722년경), 그들을 본토에서 멀리 쫓아낸 사건을 가리킨다(호 2:2-13).

동생 되는 남왕국 유다는 언니 되는 북왕국 이스라엘의 그런 멸망과 포로 됨의 과정을 똑똑히 지켜보았다. 그런데도 남왕국 유다는 깨닫지 못하고 회개하지 않았다. 본남편 되는 하나님께로 돌아가는 척 시늉만 냈을 뿐, 마음을 다해 진심으로 돌아가지 않았다. 그들의 마음은 여전히 외간 남자인 이방 우상에게로 가 있었다. 그래서 틈만 나면, 유다 백성들은 하나님이 계신 성전을 떠나 이방 우상들이 있는 높은 산들과 푸르고 무성한 나무 밑으로 부지런히 돌아다녔다. 영험하다는 그런 곳에 산당을 차려놓고 우상을 섬기고 있었기 때문이다.

그래서 하나님은 선지자들을 통해 계속 그런 식으로 살아가면 언니(북왕국 이스라엘)처럼 머잖아 동생(남왕국 유다)도 이혼증서를 받고 멀리 쫓겨날 것이라고 경고하신 것이다. 불행하게도 남왕국 유다는 이 같은 하나님의 경고를 끝끝내 무시했다. 결국 북왕국 이스라엘이 멸망한 지 대략 135년 후쯤에 남왕국 유다도 바벨로니아 군대에 의해 멸망당하고 만다(주전 586년경). 깨닫지 못하는 나라, 회개하지 않는 민족의 예견된 비극적 결말이었다.

유다의 악함과 이스라엘이 회개할 때 받을 복 (3:11-18)

(11-13) 주께서 내게 말씀하셨다. "의롭지 못하기는 이스라엘이나 유다나 똑같지만, 그래도 따져 보자면 유다보다는 도리어 이스라엘이 조금 낫다. 그러니 너는 이스라엘 백성이 포로로 잡혀간 저 북쪽을 향하여 크게 선포하라. 외치기를 '주께서 말씀하셨다. 이스라엘아, 내게로 돌아오라! 내가 더 이상 화난 얼굴로 너를 대하지 않겠다. 나는 자비가 풍성한 하나님이니, 내가 더 이상 계속해서 너에게 화를 내지 않을 것이다. 다만 너는 네 죄를 깨닫고 인정하여라. 보라, 네가 네 주 하나님을 거역하고 네 욕심을 좇아 모든 푸른 나무 밑에서 이방 신들에게 절을 하고, 내 말에 순종하지 않았다. 이는 나 주의 말이다.' 하여라."

하나님은 두 자매가 둘 다 의롭지 못하지만, 그래도 굳이 따지자면 언니(북왕국 이스라엘)가 동생(남왕국 유다)보다는 조금 낫다고 말씀하신다. 왜 그럴까? 예레미야 시대보다 대략 1세기 전에 북왕국 이스라엘은 선지자들의 경고를 계속 무시하다가 결국 아시리아 군대에 의해 패망하고 말았다(주전 722년경).

그런데 남왕국 유다는 선지자들의 경고를 무시했을 뿐만 아니라, 북왕국 이스라엘에게 일어났던 일까지도 무시했다. 남왕국 유다는 북왕국 이스라엘이 왜 멸망했으며, 그 백성들이 무엇 때문에 먼 이방 나라에 포로로 잡혀갔는지를 똑똑히 보았다. 이 같은 생생한 예증을 보고서도, 남왕국 유다는 자신들의 죄에서 떠나지 않고 계속 우상숭배를 고집했다. 바로 그것이 하나님의 눈에는 언니 이스라엘보다 동생 유다가 더욱 악하게 보였다.

(14-18) 주께서 또 말씀하셨다. "믿음 없는 타락한 백성들아, 내게로 돌아오라. 내가 바로 너의 남편이다. 이제 내가 너희를 한 성읍마다 한 명씩, 한 씨족 가운데 두 명씩을 뽑아서 시온으로 데려오겠다. 그런 다음에, 내가 내 마음에 맞는 나의 목자들을 너희 위에 세워주겠다. 그러면 그들이 지혜와 슬기로 너희를 다스리며 양육할 것이다." 주께서 또 말씀하셨다. "너희가 다시 이 땅에서 번성하여 많아지게 되면, 너희 가운데 아무도 다시는 '주님의 언약궤'에 대해 말하는 사람이 없을 것이다. 그 궤를 마음에 두거나 기억하는 사람도 없게 될 것이다. 아쉬워할 사람도 없고, 새로 만들어야 할 필요도 느끼지 못할 것이다. 그때가 되면, 그들은 예루살렘을 '주님의 보좌'라고 부를 것이고, 온 세상의 모든 민족들이 주님의 이름을 기리기 위해 예루살렘으로 모여들 것이다. 그때에 사람들은 더 이상 자기들의 악한 마음에서 나오는 못된 고집대로 살아가지 않게 될 것이다. 정녕 그때가 되면,

유다 집이 이스라엘 집과 연합하여 포로로 잡혀간 북쪽 땅에서 풀려나 둘이 손잡고 내가 너희 조상들에게 유산으로 주었던 그 땅으로 돌아올 것이다."

주님은 타락한 두 자매(북왕국 이스라엘, 남왕국 유다)를 향하여 자신을 '남편'이라고 소개하고 있다. 이런 비유는 일찍이 시내산에서 하나님과 이스라엘 사이에 맺은 언약에 근거하고 있다(출 24:1-11). 그 언약은 결혼식에서 신랑과 신부가 나눈 서약과 같은 것이었다. 세월이 흘러, 이스라엘은 신부의 맹세를 손쉽게 깨뜨렸지만, 하나님은 신랑의 의무를 신실하게 준행하셨고, 앞으로도 변함없이 계속 준행하실 의향이셨다. 예레미야는 유다 백성들에게 바로 이 점을 상기시키면서, 아무런 도움도 주지 못하는 이방 우상을 떠나 남편 된 하나님께로 속히 돌아올 것을 촉구한 것이다.

이제 남편이신 주님은 두 가지 말씀을 하신다. 하나는, 장차 유다 집과 이스라엘 집의 남은 자들을 다시 시온(예루살렘)으로 데려오시겠다는 약속이다. 이 약속은 일차적으로 두 왕국의 멸망 이후 오랜 세월이 흐른 뒤에 페르시아 왕 고레스의 귀환 조서로 말미암아 역사적인 차원에서 이루어질 것이다(주전 537년경). 하지만 궁극적으로는 영적인 차원에서 실현된다. 즉, 남북 왕국의 모든 유대인들 및 이방인들 곧 아브라함의 영적인 후손들이 교회 공동체 안에서 하나로 연합되는 메시아 왕국의 시대에 실현될 것이다.

주님의 또 다른 말씀은, 장차 이스라엘의 귀환과 회복의 시대에는 사람들이 더 이상 '주님의 언약궤'를 찾지도 않고, 말하지도 않고, 그것이 필요하지도 않을 것이라는 말씀이다. 그 까닭은 이러하다. 십계명을 담고 있는 언약궤는 '옛 언약'의 상징이다. 하지만 장차 회복과 구원의 메시아 시대에는 '새 언약' 아래에서 신령한 예배가 드려질 것이고(요 4:23), 또한 하나님께서 직접 성도들 가운데 좌정하실 것이기 때문에,

더 이상 주님의 언약궤가 필요하지 않게 되는 것이다.

하나님의 부르심과 이스라엘의 회개 (3:19-25)

(19-22a) "나는 혼자 마음속으로 생각하기를 '내가 너희를 나의 귀한 자녀로 삼고, 온 세상의 뭇 민족들이 가장 영광스러운 땅으로 여기는 탐스러운 이곳을 너희에게 주면, 너희가 나를 '아버지!'라고 부르면서, 다시는 등을 돌리고 나에게서 떠나가지 않겠지.' 하였다. 그런데 너 이스라엘 족속아! 내가 네게 그렇게 했는데도, 너는 신실하지 못한 아내가 자기 남편을 속이고 멀리 떠나가는 것처럼, 그렇게 너는 나를 버리고 멀리 떠나버렸다. 이는 나 주의 말이다." 보라, 저 민둥산 위의 언덕에서 슬피 우는 소리가 들린다. 이스라엘 백성이 울부짖으며 주님께 간구하는 소리다. 그들이 올바른 길에서 벗어나 자기들의 하나님이신 주님을 잊어버렸기 때문에, 그로 인해 이제는 살려달라고 울면서 애원하는 소리다. 이제 주께서 말씀하신다. "떠나간 자식들아, 내게로 돌아오라! 내가 너희의 신실하지 못한 마음을 고쳐주겠다."

하나님은 이스라엘 백성들에게 남편과 같고 아버지와 같다. 신실하고 순결한 부부의 언약 관계하에서는 '남편'이라고 할 수 있고, 그 백성을 자상하게 보살피시고 능력으로 지켜주시는 데 있어서는 '아버지'라고 할 수 있다. 하나님은 남편이자 아버지로서 아내요 자녀 된 이스라엘에게 최선을 다했다. 이집트의 오랜 종살이에서 건져주셨고, 젖과 꿀이 흐르는 가나안 땅을 허락해주셨다. 이 정도쯤 되면, 이스라엘은 하나님께 감사하면서 신실한 아내요 효성스런 자녀로서 순종하며 살아가야 마땅했다. 하나님도 그렇게 생각했다.

그런데 그게 아니었다! 기름지고 풍족한 땅에서 배부르고 살찌자, 이스라엘은 하나님을 버리고 이방 우상을 섬겼다. 그것은 불륜이고 패륜이었다. 그 결과는 비참했다. 이스라엘은 주변의 여러 이방 세력들에게 가혹하게 시달렸다. 압제당하고 약탈당하고 짓밟혔다. 그러자 이스라엘은 비로소 하나님께 부르짖으며 도움을 간구했다. 이때 하나님은 그들을 외면하지 않으신다. 그동안 그들이 지은 죄를 생각하면 아주 괘씸해서 들은 척도 하지 않을 수 있겠지만, 사랑과 긍휼이 풍성하신 하나님은 "이제라도 자신에게로 돌아오라!"고 말씀하신다. 그런 뒤에 그들의 신실하지 못한 마음까지 치료해 주시겠다고 약속하신다. 하나님은 여전히 이스라엘을 자신의 사랑스러운 아내요 애틋한 품안의 자녀로 여기고 있는 것이다.

> (22b-25) 이스라엘 백성이 대답한다. "보소서, 주여! 이제 우리가 주께로 돌아갑니다. 진실로 주님은 우리의 주 하나님이십니다. 우리가 모든 언덕들과 높은 산들을 부지런히 찾아다니며 이방 신들에게 아무리 호소하고, 그들 앞에서 떠들썩하게 잔치 벌이며 제사를 드려 보았지만 아무런 소용이 없었습니다. 이스라엘을 구원해 주실 분은 진실로 우리 주 하나님뿐이십니다. 부끄럽고 수치스러운 그것들, 곧 이방 우상들은 옛적부터 우리 조상들이 애써 모은 모든 재산을 삼켜버렸습니다. 우리의 양 떼와 소 떼, 아들들과 딸들을 몽땅 삼켜버렸습니다. 그리하여 이제 우리는 밤에도 수치를 침대 삼아 눕고, 치욕을 이불 삼아 덮고 있습니다. 그것은 우리와 우리 조상들이 오랜 옛적부터 오늘날까지 우리 주 하나님께 줄곧 죄를 지었기 때문입니다. 우리 주 하나님께 순종하지 않았기 때문입니다."

모처럼 이스라엘이 자신들의 죄악을 깨닫고 회개하는 장면이다. 하나님의 경고를 무시한 채 하나님을 떠나서 이방 우상들을 열렬히 섬겨보았지만, 그 결과가 아주 수치스럽고 치욕적이었기 때문에 비로소 자신들의 잘못과 어리석음을 깨달은 것이다. 복과 평강을 원해서 짐승을 잡고 많은 헌물을 바쳐 우상을 떠들썩하게 섬겼지만, 복과 평강은커녕 모든 재산만 탕진하고 비참한 지경에 처한 것이다. 우상은 복과 평강은 내리지 않고 이스라엘 백성들의 재산과 짐승들과 자녀들만 꿀꺽 삼켜버린 것이다.

그 결과, 이스라엘 백성들은 복 대신에 수치를, 평강 대신에 치욕만 가득 떠안게 되었다. 국토가 유린당하고, 성읍들이 파괴되고, 재물을 빼앗기고, 나라가 망하고, 이방 땅에 포로로 끌려가고…. 이스라엘과 유다가 이방 세력들에게 당한 모든 수치와 치욕이 바로 그것이었다. 그제야 이스라엘은 자신들이 얼마나 바보짓을 했는지 깨달았고, 얼마나 부끄럽고 수치스러운 것들을 섬겼는지 알게 되었다. 그제야 그들은 오직 주님만이 자신들의 참된 하나님 되신다는 사실을 절실히 깨닫게 되었다.

4

유다에 임할 재앙

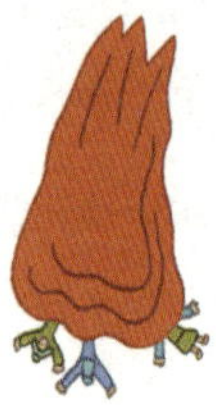

유다는 주께 속히 돌이켜라
분노의 불길이 사르기 전에
역겨운 우상을 떨쳐버리고
스스로 마음에 할례를 하여라

이스라엘의 회개에 대한 하나님의 응답 (4:1-4)

(1-4) 주께서 말씀하신다. "이스라엘아! 네가 정말 돌아오려거든, 내게로 속히 돌아오라. 내가 보는 앞에서, 만일 네가 역겨운 우상들을 다 떨쳐 버리고 마음을 굳게 다져 흔들리지 않는다면, 또 네가 '주께서 살아계심을 걸고' 맹세하면서 진실하고 공평하고 정의롭게 살아간다면, 온 세상 만민이 나 주를 찬양할 것이고, 그들도 나로 인해 복을 받을 것이다." 주께서 유다 백성과 예루살렘 주민들에게 말씀하신다. "너희는 묵은 땅을 갈아엎고, 가시덤불 속에 씨를 뿌리지 말라. 유다 백성과 예루살렘 주민들아, 너희는 너희 자신들에게 스스로 할례를 행하되, 마음에 할례를 행하여 네 악한 마음의 가죽을 베어내고 주께 속하라. 그렇지 않으면, 너희의 그 악함을 인하여 내 분노가 너희를 향해 불길처럼 활활 일어나 너희를 모조리 불사를 것이니, 그때는 그 무서운 불길을 끌 자가 아무도 없을 것이다."

앞서 이스라엘은 자신들의 잘못을 깨닫고 주님 앞에 회개했다

(3:22-25). 그런데 그 회개가 진정성 있는 참된 회개가 되려면 반드시 행해야 할 것이 있다. 그것은 곧 악한 마음의 가죽을 베어내는 것, 곧 '마음에 할례를 행하는 것'이다. 몸에 행하는 할례는 몸의 살가죽 곧 남성 생식기의 포피(包皮)를 제거하는 것이다. 그처럼, 마음에 행하는 할례는 마음속의 악한 것들을 제거하는 것이다. 다시 말해, 삶 속에서 죄악 된 요소를 제거함으로써 마음을 신실하고 정결하게 만드는 것을 뜻한다. 후일 예수님은 사람을 악하게 만드는 것은 전부 마음속에서부터 나온다고 가르치셨다(마 15:16-20).

따라서 참된 회개를 통해 마음에 할례를 행하면, 이스라엘은 이전과는 달리 완전히 변화된 새로운 삶을 살아가게 될 것이다. 첫째, 모든 역겨운 우상들을 떨쳐버릴 것이다. 둘째, 오직 살아계신 주님의 이름으로 맹세하면서 진실하고 공평하고 정의롭게 살아갈 것이다. 셋째, '묵은 땅' 곧 완악하고 패역한 인간의 죄악 된 마음을 갈아엎게 될 것이고, '가시덤불' 곧 온갖 폐단과 악습 등으로 가시덤불처럼 마구 헝클어진 나라와 사회의 각종 악한 제도를 회개와 순종이라는 쟁기로 갈아엎고, 주님의 뜻에 따라 완전히 새롭게 된 올바른 제도와 법도 위에 공의와 공평의 씨를 뿌리게 될 것이다. 요컨대, 새 포도주를 새 부대에 담게 될 것이다(마 9:17; 막 2:22). 그래서 진정한 회개에는 반드시 '마음의 할례'가 뒤따라야 하는 것이다(롬 2:28-29; 골 2:11).

유다 백성들에게 임할 하나님의 심판 (4:5-18)

(5-7) "너희는 유다에 선포하고, 예루살렘에 외쳐라. 온 땅에 울리도록 나팔을 불고, 모두가 듣도록 큰 소리로 외치기를 '모두 모여라! 우리가 모두 모여, 견고한 성읍으로 얼른 피난가자!' 하여라. 또 너희는 '시온으로 가는 길'이라는 표지판을 크게 세워라! 그리고 그 표지판을 보고, 조금도 지체하지 말고 속히 그리로 도망가라! 내가 이제 저 북쪽에서부

터 무시무시한 재앙을 몰고 오리니, 이 땅에 크고 무서운 파괴가 행해질 것이다. 보라, 사나운 사자가 숲속에서 뛰쳐나왔다! 온 세상의 뭇 민족들을 멸망시키고 파괴할 자가 자기 자리에서 일어나 출발하였다. 그가 너희의 땅을 황폐하게 하려고 이곳을 향해 오고 있다! 그가 오면, 네 모든 성읍들은 철저히 파괴되고 폐허가 되어 아무도 거기서 살지 못하게 될 것이다."

패역한 유다에 대한 하나님의 징벌은 '무시무시한 전쟁'으로 임할 것이다. 따라서 그날에 유다 온 땅에 전쟁의 나팔을 크게 불고, 모두가 모여 피난처로 즉시 도망가라는 메시지다. 여기서 하나님의 징벌 도구는 '사나운 사자'로 상징화되었다. 사자(獅子)는 강력한 힘과 위엄을 가진 동물의 왕으로, 당시 중근동 지역의 패권국인 '바빌로니아 제국' 혹은 '바빌로니아 왕'을 상징한다. 그 사자가 숲속에서 뛰쳐나왔다는 것은 곧 먹잇감을 찾기 위함인데, 타락하고 패역한 '남왕국 유다'가 그 대상이었다.

(8-12) "그러므로 이로 인해 너희는 굵은 베옷을 입고 슬피 통곡하라. 주님의 맹렬한 분노가 너희에게서 아직 떠나가지 않았다." 주께서 내게 말씀하셨다. "그날이 오면, 왕도 용기를 잃고 고관들도 맥이 풀릴 것이다. 제사장들도 무서워서 벌벌 떨 것이고, 선지자들도 놀라고 당황해서 어쩔 줄 몰라 할 것이다." 그러자 내가 주께 말했다. "오, 주여! 주께서는 참으로 이 백성과 예루살렘 주민을 완전히 속이셨습니다. 전에 주께서 이르시기를 '너희에게 평강이 있을 것이다!'라고 하시더니, 지금은 칼이 우리의 목을 겨누고 있습니다." 그러면 주께서는 유다 백성들과 예루살렘 주민들을 향해 이렇게 대답할 것이다. "저 황량한 광야에서 뜨거운 바람이 내 백성을 향해 거세게 불어닥칠 것이다. 이 바람은 알곡을 가려내라고 부는 바람도 아니요, 키질하기에

알맞은 그런 바람도 아니다. 이 바람은 내가 보내는 거센 바람으로, 정녕 이 바람보다 훨씬 더 혹독한 바람을 내가 일으켜 사악한 너희를 가차 없이 심판할 것이다."

하나님께서 광야의 뜨거운 바람보다 더 거센 바람으로 유다 백성들과 예루살렘 주민들을 심판하시겠다는 내용이다. 동쪽의 아라비아 광야에서 팔레스타인 쪽으로 불어오는 '광야의 뜨거운 바람'은 추수 때에 키질을 돕는 자연의 바람이 아니라, 모든 식물을 바싹 말리고 사람들의 생활을 아주 힘들게 만드는 아라비아 사막의 동풍(東風) 곧 매우 건조한 모래바람인 '캄신'(Khamsin)을 가리킨다. 그런데 이보다 더 거센 바람은, 하나님께서 심판의 도구로 사용하신 바람으로, 곧 뭇 나라들과 민족들을 파괴시키는 '바빌로니아 세력'을 상징한다.

이 같은 하나님의 심판 신언에 대하여 예레미야는 주께서 유다 백성들과 예루살렘 주민들을 속이셨다고 말했다(10절). 왜냐하면 예레미야는 당시 거짓 선지자들이 잘못된 예언으로 유다와 예루살렘 백성들을 미혹하는 것을 하나님께서 허락하셨다고 생각했기 때문이다. 그때 거짓 선지자들은 유다 땅에 절대로 재난과 전쟁은 없고 오로지 평강과 번영만 있을 것이라고 예언했다. 하지만 나중에 예레미야는 하나님과는 상관없이 거짓 선지자들이 스스로를 속여 활동했으며, 그 결과 그들도 혹독한 징벌을 받게 된다는 사실을 깨달았다(14:13-16; 23:21).

(13-18) 보라, 원수가 구름 떼같이 진격해 온다. 그의 전차들은 회오리 바람 같고, 그의 말들은 독수리보다 날쌔구나. 이제 우리에게 큰 재앙이 닥칠 것이다. 아, 우리는 끝장났고, 우리는 망했다! 예루살렘아, 네 마음에 가득 찬 죄악을 씻어내라. 그러면 네가 구원을 받을 것이다. 도대체 언제까지 악한 생각을 마음에 가득 품고 살아갈 작정이냐. 보라, 저 북쪽 성읍 단에서 이미 울부짖는 소리가 들려오고, 에브라임

산지에서도 패전 소식이 들려온다. "너희는 뭇 민족들에게 이 소식을 알리고, 예루살렘에도 이 소식을 알려라. 크게 외치기를 '먼 북쪽에서 적군이 왔다! 그들이 유다의 성읍들을 에워싼 채 고함을 지르며 성읍을 향해 진격하고 있다!'라고 하여라. 마치 추수 후에 곡식단이 가득 쌓여 있는 밭을 지키는 농부들처럼, 적군들이 눈을 부릅뜨고 사방으로 유다와 예루살렘을 빙 둘러싼 채 지키고 있다. 이렇게 된 까닭은, 내 백성 유다가 나를 거슬러 배반했기 때문이다. 그렇다. 너의 악한 행위와 역겨운 행실이 이런 재앙을 스스로 불러들였다. 모든 것이 다 네 악함 때문이다. 그래서 네가 나한테 벌을 받은 것이고, 그 벌로 인해 극심한 고통이 네게 임했고, 네 마음이 그토록 쓰라리고 아픈 것이다."

이제 예레미야는 영안(靈眼)을 떠서 북쪽에서부터 남쪽으로 날쌘 독수리처럼 재빠르게 진격해 오는 적군의 모습을 보고 있다. 성읍 단에서 울부짖는 유다 백성들의 소리가 들리고, 에브라임 산지에서 적군에게 쫓기는 유다 군사들의 패전 소식을 듣는다. 단(Dan)은 전통적으로 팔레스타인의 북쪽 경계 성읍으로 인식되었고(신 34:1), 에브라임 산지는 예루살렘 북쪽 16km 정도에 위치에 있었다. 요컨대 적군은 예루살렘을 공격하기 위해 그 땅의 북쪽에서부터 남쪽으로 세차게 진격해 오고 있었고, 그에 따라 전쟁의 재앙을 선포하는 소리도 성난 물결처럼 북쪽에서 남쪽으로 파도치고 있었다.

이때 예레미야는 유다 땅이 이렇게 적군의 말발굽 아래 짓밟히게 된 까닭을 밝힌다. 그것은, 유다가 하나님을 거슬러 배반함으로써 스스로 재앙을 불러들였기 때문이다. 따라서 해결책은 명확했다. 우상숭배 같은 역겨운 행실을 벗어던지고, 부정부패 같은 죄악을 제거하는 것이었다. 즉, 마음에 가득 찬 죄악을 말끔히 씻어내는 것이었다. 그렇게 하면, 하나님의 도우심으로 모든 재앙으로부터 구원을 얻게 될 것이라고 외쳤다(14절). 하지만 유다 백성들과 예루살렘 주민들은 예레미야의 이런 외침에 귀를 기울이지 않았다. 그 결과, 그들은 이때로부터 40여 년이 지난 후, 그러니까 반세기가 채 되기도 훨씬 전에 패전과 파멸, 망국과 포로 됨의 참담한 비극을 겪고야 말았다(주전 586년경).

유다에 임할 재앙으로 인한 선지자의 탄식과 슬픔 (4:19-31)

(19-22) 아, 슬프고 아프도다. 내 심장이 막 쥐어뜯기듯이 아프고 답답하구나. 너무도 아프고 답답해서, 내가 더 이상은 참고 견딜 수가 없구나. 더 이상 가만히 있을 수가 없구나. 이것은 내가 전쟁의 나팔 소리를 들었고, 그 아우성 소리를 들었기 때문이다. 아, 재앙이 꼬리를 물고 이 땅을 덮쳐서, 온 땅이 짓밟히고 황폐하게 되었구나. 나의 장막 집은 순식간에 무너져 내리고, 나의 천막집도 눈 깜박할

유다 땅에 큰 재앙을 가져올 전쟁의 깃발

사이에 갈기갈기 찢기고 말았구나. 주여, 제가 얼마나 더 오랫동안 저 전쟁의 깃발을 보아야 합니까. 어느 때까지, 저 나팔 소리를 계속 들어야 합니까. 주께서 내게 대답하셨다. "내 백성은 어리석고 고집만 세다. 그들은 분별력이 없어 내 뜻을 조금도 깨닫지 못하니 참으로 미련한 자식들이다. 악한 짓은 스스로 알아서 잘도 저지르면서 선한 일은 도무지 할 줄을 모른다."

예레미야는 영적인 눈을 떠 전쟁의 깃발을 보았고, 영적인 귀를 열어 전쟁의 나팔 소리를 들었다. 그 광경은, 유다 온 땅이 적군의 말발굽 아래 짓밟히고 황폐하게 되는 전쟁의 참상이었다. 그래서 예레미야는 크게 슬퍼했고 아파했다. 예레미야가 그토록 슬퍼했고 마음 아파한 것은 조국 유다를 사랑했고 동족 유다 백성을 진정 사랑했기 때문이다. 예레미야는 자신을 백성들과 동일화하고 일체화시켰다.

그런 그에게 장차 바빌로니아 군대의 침공으로 말미암는 조국 유다의 처절한 황폐와 파멸은 충격적이었고, 또한 그런 사실을 동족에게 그대로 선포해야 한다는 사실에 견디기 힘든 슬픔과 아픔을 느꼈던 것이다. 여기서 '슬프고, 아프다'(19절)란 말의 히브리어 '메아이, 메아이'는 문자적으로 '내 창자여, 내 창자여'이다. 창자가 끊어지는 것 같은 극한 슬픔과 아픔을 표현한 말이다.

(23-28) 내가 땅을 바라보니 형체가 없고 텅 비어 있었다. 하늘을 바라보니 아무런 빛도 보이지 않았다. 내가 산들을 바라보니 모든 산들이 진동하고 있었고, 모든 언덕들이 심하게 흔들리고 있었다. 내가 두리번거리며 사방을 둘러보았지만, 사람 하나 보이지 않았고 공중의 새들조차 다 날아가고 없었다. 내가 또 보니, 비옥하던 땅들은 황무지가 되어 있었고, 성읍들은 무너져 내려 쓰레기더미가 되어 있었다. 주님 앞, 그분의 활활 불타는 맹렬한 분노 앞에 어느 것 하나

성하게 남은 것이 없었다. 그때에 주께서 내게 이렇게 말씀하셨다. "내가 온 땅을 황폐하게 하겠지만, 완전히 다 파괴시키지는 않을 것이다. 나의 심판으로 인해 온 땅이 통곡하겠고, 저 위의 하늘도 빛을 잃고 캄캄해질 것이다. 그것은, 내가 이미 말한 것은 돌이켜 취소하는 법이 없고, 내가 행하기로 한번 작정하고 결심한 것은 후회 없이 반드시 그대로 실행하기 때문이다."

지금 예레미야는 환상 가운데서 영안을 떠 전쟁의 참상을 둘러보고 있다. 장차 하나님의 징벌로 인해 유다 땅에 임할 극심한 파멸과 황폐의 참상, 차마 눈뜨고 바라보기 힘든 그 비극적인 광경을 둘러보고 있는 것이다. 그리고 후일에 과연 그대로 임했다(왕하 25:8-12). 유다 백성들의 회개와 돌이킴이 없는 한, 그 땅과 그 백성들에게 내리시기로 작정하신 하나님의 맹렬한 분노의 심판은 절대로 멈추지 않을 것이기 때문이다. 회개의 시간이 모두 흘러간 심판의 그날에는 오직 활활 불타는 두려운 재앙만 있을 것이다.

(29-31) 보라, 말을 타고 창을 던지는 군사들의 함성과 활을 쏘며 밀려드는 적군의 함성 소리에, 유다 땅의 모든 성읍 주민들이 허겁지겁 도망가기에 바쁘다. 어떤 이들은 수풀 속으로 들어가고, 어떤 이들은 바위 위로 기어 올라간다. 모두가 성읍을 버리고 다 도망가니, 성읍에는 한 사람도 보이지 않는다. 그런데도 너 멸망당한 자 예루살렘아, 너는 지금 무엇을 하고 있느냐? 붉은 옷을 차려 입고 온갖 보석으로 치장하다니 그게 웬일이냐. 눈 화장까지 짙게 하다니 그건 또 웬일이냐. 네가 아무리 치장하고 아름답게 꾸며보았자, 모두 헛된 몸짓일 뿐이다. 네 연인들도 너를 비웃고 멸시하며, 도리어 네 목숨을 노리고 있다. 아, 첫 아이를 낳는 여인의 괴로운 비명 소리 같은 부르짖음이 내 귀에 들린다. 딸 시온이 고통 가운데 몸부림치는 소리가 내 귀에

들린다. 딸 예루살렘이 허공에 손을 내저으며 헐떡거리며 말하기를 "내게 재앙이 임했구나! 저 무자비한 살육자들로 인해 내가 이제 죽게 되었다!"라고 하는구나.

장차 심판의 날에, 바빌로니아 군대의 무자비한 파괴와 살육 앞에서 아이 낳는 산모처럼 고통스런 비명 소리를 지르며 허겁지겁 도망가기에 바쁜 유다 백성들과 예루살렘 주민들의 처참한 모습이 묘사되었다. 그런데 아주 엉뚱하고 한심한 작태는, 머잖아 이 같은 날이 닥칠 줄도 모르고 유다는 스스로를 꾸미며 치장하고 있다는 사실이다.

앞서 예레미야는 유다를 '창녀'에 비유했다(3:3). 창녀가 손님을 유혹하기 위해 자기 몸을 온갖 것들로 치장하듯이, 유다도 연인들의 사랑을 받기 위해 붉은 옷을 입고, 보석과 향수로 단장하고, 눈을 그려 화장을 했다. 여기서 '연인들'은 이집트나 바빌로니아 같은 강대국을 상징하고, 유다가 그런 나라의 도움을 받기 위해 아첨하면서 각종 예물을 갖다 바친 사실을 의미한다.

하지만 유다의 그런 모든 노력은 아무런 유익 없는 헛된 몸짓이었다. 연인들은 도리어 유다를 멸시하고 짓밟았을 뿐만 아니라, 나아가 유다의 목숨까지 노렸기 때문이다. 그리하여 이때로부터 30~40년이 흐른 주전 586년경, 결국 바빌로니아는 유다의 숨통을 완전히 끊어버렸다. 예루살렘 도성을 함락시킴으로써 유다를 최종 멸망시키고, 그 나라의 백성들을 포로로 잡아간 것이다.

5

타락과 심판

새장 안에는 잡힌 새들로 가득하듯
너희 집에는 빼앗은 재물로 가득하다
고아와 가난한 자의 소송 굽게 하니
어찌 주께서 재앙을 내리지 않으랴

도저히 용서받을 수 없는 예루살렘의 타락상 (5:1-9)

(1-5) "너희는 예루살렘의 거리로 나가서, 이리저리 빠르게 왔다갔다 하면서 두루 찾아보아라. 예루살렘의 모든 광장을 둘러보며 한번 자세히 찾아보아라. 만일 너희가 공의를 행하고 진리를 추구하며 살아가는 사람을 한 사람이라도 찾아낸다면, 내가 이 예루살렘 성읍 전체의 죄를 용서해 주겠다. 그들은 '주님의 살아계심을 두고' 맹세한다고 말하면서도, 실상은 거짓 맹세를 일삼고 있다." 그때 내가 말했다. "오, 주여, 주께서는 정녕 진실을 찾고 계시는 것입니까? 주께서 이 백성을 내리치셨지만, 그들은 조금도 아픔을 느끼지 않았습니다. 주께서 그들을 거의 멸망시키다시피 하셨지만, 그들은 전혀 고치려들지 않았습니다. 그들은 여전히 바윗돌보다 더 굳은 마음을 품고 회개하기를 거부했습니다." 또 그때 나는 이런 생각을 했다. '참으로 이들은 비천하고 어리석을 뿐이로구나. 그것은 그들이 주님의 길을 알지 못하고, 자기들의 하나님이신 주님의 법조차 알지 못하기 때문이다. 그러므

로 이제 내가 그들의 지도자들을 찾아가서 주님의 말씀을 전달해야겠다. 그들은 주님의 말씀을 제대로 알아듣고, 하나님의 법도를 깨달아 알고 있겠지.' 그러나 아니었다. 그들도 역시 주님의 말씀의 멍에를 부러뜨리고, 하나님의 법의 결박을 끊어버린 자들이었다.

유다 백성들과 예루살렘 주민들의 위선과 타락상을 지적한 부분이다. 일반 백성들은 물론이고, 백성들을 올바른 길로 이끌어야 할 지도자들도 마찬가지였다. 위로부터 아래에 이르기까지 전부 부패하고 타락했다. 그 타락상이 오죽했으면, 하나님은 예레미야에게 예루살렘의 모든 광장으로 나가서 공의를 행하고 진리를 추구하며 살아가는 의인 한 사람이라도 찾아낸다면, 예루살렘 성읍 전체의 죄를 용서해 주겠다고 하셨을까.

물론 이 표현은 과장법이다. 당시 예루살렘 성읍에는 예레미야 이외에도, 스바냐와 하박국 선지자가 활동하고 있었다. 그리고 에스겔 선지자도 성전에서 봉사하고 있었고, 예레미야의 서기인 바룩도 역시 예루살렘에 살고 있었다. 이들은 모두 당대에 공의를 행하고 진리를 추구하며 살아가던 하나님의 신실한 일꾼들이었다. 물론 이외에도 더 있었을 것이다. 따라서 예루살렘에서 한 사람의 의인도 찾을 수 없다는 표현은, 강조를 위한 과장법이다. 그만큼, 예루살렘 온 성읍이 위로부터 아래까지 전반적으로 타락하고 부패로 깊이 찌들었다는 의미다.

(6-9) 그러니 그 백성이 어찌 하나님의 징벌을 피할 수 있으랴! 수풀 속에서 사자가 뛰쳐나와 그들을 공격할 것이고, 사막의 늑대가 달려들어 그들을 죽일 것이며, 표범이 성읍 입구를 지키면서 몰래 숨어 있다가 누구든지 성 밖으로 나오기만 하면 덤벼들어 찢어 죽일 것이다. 그것은 이 백성이 저지른 죄가 수없이 많고, 주님을 거스른 이 백성의 배반 행위가 아주 심각하기 때문이다. "예루살렘아, 내가 어찌 너를 용서할 수 있겠느냐. 네 자녀들은 나를 버리고 떠나서 신도 아닌 목석의

우상들에게 맹세하였다. 내가 그들을 배불리 먹여 놓았더니 그들은 간음을 행하고 창녀의 집을 들락거렸다. 그들은 살이 찌고 정욕이 왕성한 수컷 말과 같아서, 저마다 다른 사람의 아내를 탐내어 부르짖고 있다. 이런 광경을 보고서도, 내가 어찌 그들을 징벌하지 않을 수 있겠느냐. 내가 어찌 이런 백성을 처벌하지 않을 수 있겠느냐. 이는 나 주의 말이다."

유다 백성들과 예루살렘 주민들이 도저히 용서받지 못하고 하나님의 징벌을 끝내 받을 수밖에 없는 이유가 제시되었다. 그것은 그들의 배반 행위가 너무 지나쳐 선을 넘었기 때문이다. 그들이 젖과 꿀이 흐르는 가나안 땅에 들어와 배불리 먹고 살찐 까닭은 모두 하나님의 은혜와 보호 덕분이었다. 그런데도 그들은 하나님을 버리고, 나무와 돌로 만들어진 목석(木石)의 이방 우상을 섬겼다. 뿐만 아니라 기름진 음식으로 배부르고 살이 찌게 되자 하나님께 감사하며 하나님을 열심히 섬기기는 커녕, 마치 정욕이 왕성한 수컷 말처럼 되어 창녀의 집을 들락거리고 이웃 부녀들과 간통을 일삼았다.

그러니 하나님께서는 그들에게 징벌을 내리지 않을 수 없었다. 그 징벌의 일례로, 야생의 맹수들로 그들을 도처에서 공격해 죽이도록 하셨다. 예레미야 당시에 사자와 늑대와 표범 등의 사나운 맹수들은 유다 땅에 자생하고 있었다. 당시 이런 들짐승들은 유다 땅에 서식하면서, 사람들의 거주지 부근까지 와서 목숨의 위협을 가하던 야생 맹수들이었다.

수풀 속에서 나오는 사자

예루살렘의 타락에 대한 하나님의 심판 (5:10-19)

(10-13) "내가 이제 징벌의 집행자들에게 명한다. '너희는 모두 몰려가서 그들의 포도원을 망쳐놓아라. 하지만 포도원을 완전히 망가지게 하지는 말고, 다만 그 가지들만 모조리 잘라내어라. 그 가지들은 더 이상 나의 것이 아니다. 이스라엘 집과 유다 백성들은 나를 크게 반역하고 완전히 나를 저버리고 떠나갔다. 이는 나 주의 말이다." 그때에 그 백성들은 도리어 주님을 배척하면서 말하기를 "주 때문에 걱정할 필요가 전혀 없다. 주는 아무것도 아니다. 따라서 전쟁이나 흉년이 우리에게 닥칠 리가 없다. 우리는 어떤 재앙도 겪지 않을 것이다. 선지자들이 외치는 말들은 다 바람같이 헛되고, 실상 그들의 진심에서 외친 말도 아니다. 그러니 선지자들이 떠드는 심판과 재앙 따위는 도리어 그들 자신에게 닥칠 것이다!"라고 하였다.

하나님은 자기 선지자들의 입을 통해 유다 땅과 예루살렘 성읍에 큰 재앙과 전쟁의 칼이 임할 것이라고 선포했다. 그러나 유다 백성들과 예루살렘 주민들은 그런 선지자의 외침을 한낱 스쳐 지나가는 바람처럼 여겼다. 아무런 효험 없는 무익하고 공허한 것으로 간주했다. 그러니 회개할 리가 없었고, 하나님의 징벌을 면할 길이 없었다.

주목할 점은, 하나님은 징벌의 집행자들에게 '포도원'(유다와 예루살렘)을 다 망가뜨리지 말고, 포도나무의 가지들만 잘라내라고 명하셨다는 사실이다. 앞선 선지자의 예언에서도, 하나님은 적군을 통해 유다 온 땅을 황폐하게 만들되, 완전히 진멸시키지는 않을 것이라고 하셨다(4:27). 말하자면 나무(유다와 예루살렘)를 베시되, 그 나무의 뿌리까지 뽑아 완전히 그 나무를 말라죽게 하지는 않으시고, 그 나무의 그루터기는 남겨놓겠다는 말이다. 그 까닭은, 언젠가는 그 그루터기에서 새로운 회복과 구원의 싹이 돋아나게끔 하시려는 의도가 있었기 때문이다.

그 싹은 이새의 줄기에서 돋아날 싹으로, 곧 다윗의 혈통을 좇아 장차 이 땅에 오실 '메시아의 싹'이다(사 11:1).

> (14-17) 그러므로 전능하신 만군의 주께서 내게 이렇게 말씀하셨다. "이 백성이 그런 악한 소리를 하고 있기 때문에, 내가 이제 너의 입에 둔 나의 말로 불이 되게 하고, 이 백성은 나무가 되게 할 것이다. 그래서 그 불이 그들을 모조리 태워버릴 것이다. 너는 또 그 백성들에게 전하기를 '이스라엘 백성아, 보라! 내가 머나먼 곳에 사는 저 북방의 한 나라를 불러내어 너희를 치게 하겠다. 그 나라는 오랜 역사를 지닌 아주 강하고 거친 족속으로, 너희는 그 족속의 말을 전혀 알지 못하여 그들이 말을 해도 조금도 알아듣지 못할 것이다. 그들이 둘러멘 화살통은 너희를 죽음으로 이끌고 가는 열린 무덤 같고, 그들 모두는 하나같이 강인한 용사들이다. 그런 자들이 이 땅으로 쳐들어와서, 너희가 추수한 곡식과 저장한 양식을 다 집어삼킬 것이다. 너희의 아들들과 딸들도 닥치는 대로 마구 죽일 것이고, 너희의 양 떼와 소 떼도 먹어치울 것이며, 너희의 포도나무와 무화과나무도 다 집어삼킬 것이다. 또 그들은 너희가 굳게 믿고 있던 견고한 성읍들도 모조리 허물고 파괴시킬 것이다.'라고 하여라."

하나님의 메시지를 선포하는 선지자의 말을 한낱 헛된 바람쯤으로 여기고, 온갖 악한 말로 그 메시지를 배척하는 유다 백성들과 예루살렘 주민들, 그래서 선지자의 말은 '바람'이 아니라 '불'이 되어 그들을 모조리 태워버릴 것이었다. 이때 유다와 예루살렘을 태워버릴 그 불은 '오랜 역사를 지닌 머나먼 곳에 있는 북방의 한 나라'였다.

이 나라는 유다를 징벌할 하나님의 도구로 사용될 '바빌로니아'를 가리킨다. 바빌로니아는 2천 년 이상의 역사를 지닌 오랜 민족으로서, 예레미야 당시에는 나보폴라살 왕(주전 625-605년)의 강력한 통치하에 그동안 세계를 호령하던 아시리아를 누르고, 중근동 지역의 패권국가로 급격히 부상한 신흥 강대국이었다.

(18-19) 주께서 또 내게 말씀하셨다. "그러나 그때에도 내가 내 백성을 완전히 멸망시키지는 않을 것이다. 그들이 만일 '주께서 우리에게 이런 재앙을 내리시는 까닭이 무엇이냐?'하고 네게 묻거든, 너는 그들에게 대답하기를 '너희가 너희 땅에서 너희 하나님이신 주님을 버리고 다른 이방의 신들을 섬겼기 때문이다. 그러므로 이제는 너희가 다른 나라에 끌려가서 이방 사람들을 섬길 것이다.'라고 하여라."

적군들의 말발굽 아래 유다 온 땅이 짓밟히고 도성 예루살렘이 파괴되고 약탈당하는 징벌과 심판의 날에, 유다 백성들과 예루살렘 주민들은 예레미야에게 그렇게 된 까닭을 물을 것이다. 하나님은 이때 예레미야가 그들에게 대답할 말을 알려주신다. 그것은 바로 하나님이 그들에게 주신 그 땅에서 하나님을 버리고 이방 우상을 섬겼기 때문이라는 것이다. 즉 '우상숭배'가 그 원인이었다. 하나님을 떠나 우상을 숭배하는 데서 배반, 거역, 살인, 간통, 부정부패, 불공정, 착취, 압제 등 온갖 죄악들이 비롯되기 때문이다. 그래서 하나님께서 이스라엘 백성들에게 주신 십계명 중 첫 번째가 "하나님 이외에는 어떤 다른 신들도 두지 말라!"는 것이었다(출 20:3).

유다의 악함에 대한 하나님의 경고 (5:20-31)

(20-25) "예레미야야, 너는 이 말을 야곱의 후손들에게 전하고 유다 백성에게 선포하여라. 그들에게 외치기를 '어리석고 분별력 없는 백성들아, 똑똑히 들어라. 눈이 있어도 보지 못하고 귀가 있어도 듣지 못하는 백성들아, 주님의 말씀을 들어라. 너희가 어찌하여 주님을

두려워하지 않느냐. 어찌하여 주님을 두려워하여 그분 앞에서 떨지 않느냐. 진실로 주님의 권능은 크시니, 주께서는 해안가에 모래를 두어 바다의 경계선을 정해주셨다. 그래서 바다 물결이 그 경계를 영원히 범할 수 없고, 아무리 큰 파도가 몰아쳐도 주께서 그어주신 그 경계선을 넘어오지 못한다. 그런데도 너희는 고집 센 마음과 거역하는 마음만 가득하여, 주님을 배반하고 멀리 떠나갔다. 주님을 떠나간 후로는, 너희가 주께로 전혀 마음을 돌리지 않았다. 그래서 너희는 '주께서 때를 따라 이른 비와 늦은 비를 우리에게 내려주시고, 논밭에서 곡식들이 제때 익도록 돌봐주셔서 우리로 정한 시기에 추수할 수 있게 하셨으므로, 이제는 우리가 우리 주 하나님을 두려워하고 그분을 섬기자.'라고 말하지 않았다. 이처럼 너희 허물이 이런 복된 것들을 스스로 물리쳤고, 너희 죄악이 이런 좋은 것들을 가로막아 너희에게 이르지 못하게 하였다.'라고 하여라."

예레미야가 전하는 메시지의 핵심은, 유다 백성들이 주님을 거역하는 고집 센 마음으로 바다의 경계선까지 정하시는 전능하신 주님을 멀리 떠나갔고, 그 결과 그들에게는 온갖 악한 것들만 임하고 온갖 좋은 것들이 임하지 않게 되었다는 것이다. 말하자면, 복의 근원 되시는 주님을 멀리함으로써 온갖 복된 것들을 그들 스스로 물리치고 스스로 가로막았다는 말이다. 요컨대 모든 재앙의 원인은 하나님에게 있는 것이 아니라 유다 백성들 스스로에게 있었다. 그들은 이 같은 사실을 올바로 깨닫고 제대로 분별해야 했다. 하지만 불행하게도 그들은 눈이 있어도 제대로 보지 못했고, 귀가 있어도 올바로 듣지 못했다. 영적 맹인이요 농인(聾人)이었다.

(26-31) 주께서 또 말씀하신다. "보라, 내 백성 가운데는 사악한 자들이 있어서, 마치 새를 사냥하는 사람들이 그물을 쳐놓고 몰래

숨어 있는 것처럼, 그들이 사람을 잡기 위해 덫을 설치해놓고 있다. 새장 안에는 잡혀온 새들로 가득 차 있는 것처럼, 저들의 집안에는 사기로 속여 빼앗은 더러운 재물들로 가득 차 있다. 이렇게 저들은 부유해지고 세도를 부리며 살이 찌고 얼굴에는 기름기가 흐른다. 저들은 자기 이익을 위해서라면 무슨 짓이든 행하는 자들이니, 곧 고아의 억울한 소송도 공정하게 판결하지 않고, 가난한 자의 정당한 소송도 공평하게 판결하지 않는다. 그러니 내가 어떻게 그런 악한 자들을 처벌하지 않을 수 있겠으며, 내가 어찌 그처럼 악한 백성을 징벌하지 않을 수 있겠느냐." 주께서 또 말씀하신다. "지금 이 나라에는 놀랍고도 무서운 일이 벌어지고 있다. 선지자들은 거짓 예언을 일삼고, 제사장들은 자기들의 세상 권세로 다스리는데도, 내 백성들은 그것을 좋게 여기고 있다. 그러니 마지막 심판의 때에 너희가 대체 어떻게 하려느냐."

당시 나라는 썩었고 사회는 부패했다. 가진 자들은 없는 자들을 착취하여 더욱 많이 가졌고, 힘 있는 자들은 약한 자들을 짓밟아 더욱 세도를 부렸다. 공의와 공정, 공평과 정의는 사라졌고 불법과 불공정, 무법과 부패가 판쳤다. 더욱 가관인 것은, 그런 부패한 나라와 부도덕한 사회를 꾸짖고 바로잡아야 할 제사장들과 선지자들이 더욱 앞장서서 부패와 부도덕을 부추기고 있다는 사실이다. 선지자들은 거짓 예언으로 자기 이익을 챙겼고, 제사장들은 가진 권세로 일신의 부와 명예를 누렸다.

그런데 그보다 더욱 놀랍고 무서운 일은, 유다 백성들과 예루살렘 주민들이 그런 거짓 선지자들과 타락한 제사장들을 추종하며 그들을 좋게 여긴다는 사실이다.

"아, 슬프고 아프다! 이를 대체 어쩌면 좋단 말이냐. 대체 어쩌면…."

하루하루 심판과 멸망으로 치닫는 조국과 동족을 바라보는 예레미야 선지자의 눈에서는 눈물 마를 날이 없었다.

6
심판 날의 참상

유다가 주를 거역했기 때문에
농부가 포도나무에서 포도 걷듯
유다 백성을 샅샅이 훑어
자기네 땅으로 끌고 가리라

유다의 도성인 예루살렘이 적군들에게 공격받아 포위됨 (6:1-8)

(1-5) 주께서 말씀하신다. "너희 베냐민 자손들아, 어서 피난을 떠나라. 예루살렘을 속히 떠나라. 드고아에서 비상 나팔을 불고, 벧학게렘에서 전쟁 깃발을 올려라! 보라, 저 북쪽에서부터 재앙이 닥쳐오고 있다. 무서운 재앙과 커다란 파멸이 예루살렘을 향해 닥쳐오고 있다. 내가 아름답고 고운 나의 딸 시온을 멸망시킬 것이다. 뭇 나라의 왕들이 자기들의 군대를 이끌고 와서 너를 칠 것이다. 너 시온을 빙 둘러 에워싼 채 사방에 저마다 자기들의 천막을 치고, 자기가 차지한 땅에서 군대를 주둔시킬 것이다. 그런 다음, 이제 저들은 서로 말하기를 '저 도성을 칠 준비를 하자! 오늘 정오에 우리가 공격을 시작하자! 아니, 그러기엔 너무 늦었다. 해가 기울고 있다. 땅거미가 길어지고 있다. 그러니 밤중에 일어나라, 우리가 한밤중에 모두 쳐들어가서 시온의 궁전들을 모조리 때려 부수자!'라고 하는구나."

예레미야는 심판의 그날에 전개될 전쟁의 상황을 생생하게 묘사하고 있다. 영의 눈을 뜨고 영의 귀를 열어 그날의 광경을 보고 듣는다. 마치 바로 곁에서 보고 듣는 듯하다. 이처럼 예레미야는 머잖아 다가올 전쟁의 격렬함을 생동감 있게 전달하기 위해, 예루살렘 도성을 침공한 바빌로니아 침략군들이 서로에게 전쟁을 부추기고 독려하고 있는 말을 상상했다.

사기충천한 바빌로니아 침략군들은 맹렬한 기세로 예루살렘을 공격하는 일에 전력투구할 것이기 때문에, 아침은 물론이고 한낮에도 공격할 것이다. 심지어 밤이 되어도 전쟁이 그치는 것을 안타까워하면서, 휴식의 시간인 한밤중에도 공격의 고삐를 늦추지 않을 것이다. 그러니 하나님을 떠나 죄악에 찌든 예루살렘이 이런 침략군들의 강렬한 기세를 어찌 견뎌낼 수 있을 것인가!

(6-8) 전능하신 만군의 주께서 또 말씀하신다. "이방 군대들아, 너희는 예루살렘 도성 주변의 나무를 베어서 그 도성을 칠 공격용 경사로를 만들어라. 이 성읍은 심판받고 처벌받아 마땅하니, 그 안에는 온갖 압제와 탄압이 자행되고 있다. 샘에서 물이 펑펑 솟구쳐 올라오듯, 그 성읍에서는 악함이 펑펑 솟아나고 있다. 거기서 나의 귀에 들리는 소리라고는 폭력과 파괴의 소리뿐이요, 나의 눈에 보이는 것이라고는 온갖 질병과 상처뿐이다. 예루살렘아, 지금이라도 너희는 나의 경고를 받아들여라. 그렇지 않으면, 내가 네게서 완전히 등을 돌리고 떠나가겠다. 그렇게 되면, 네 땅은 파괴되고 짓밟혀서 아무도 살 수 없는 폐허가 되고 말 것이다."

주목할 것은, 예루살렘을 침공한 이방 군대들에게 예루살렘을 공격하라고 명령하고 있는 자는 바로 '하나님'이라는 사실이다. 달리 말하면, 하나님께서 그렇게 하도록 허락하셨기 때문에, 이방 군대들이 마음껏 유다를 침공해서 예루살렘을 공격하고 있는 것이다. 예루살렘이 그렇게 침공당하게 된 까닭은 그 도성의 관영한 죄악 때문이었다. 마치 샘에서 물이 펑펑 솟구쳐 올라오듯, 그 성읍에서 악함이 펑펑 솟아나고 있었다(7절). 우상숭배, 압제, 탄압, 배덕, 살인, 간통, 배도, 폭력, 무법, 사기, 불공정, 착취, 패륜 등등의 온갖 죄악들이 성읍 도처에서 흘러넘치고 있었다. 그래서 징벌과 심판은 마땅했고 필연적이었다.

그런데 하나님의 본심은 그 성읍을 파괴하고 그 백성을 심판하는 데 있지 않았다. 그래서 큰 소리로 외친다. "예루살렘아, 지금이라도 너희는 나의 경고를 받아들여라"(8절). 이제라도 잘못과 죄악을 깨닫고 돌이켜 회개하면 즉시 징벌과 심판을 거두시겠다는 말이다. 하나님도 실은 예루살렘을 파괴하기 싫었던 것이다. 그 백성들이 돌이켜 회개함으로써 구원받고 복 받아 편히 살기를 바랐던 것이다. 유다 백성들과 예루살렘 주민들은 이 같은 하나님의 마음을 깨닫고, 속히 죄악의 늪에서 빠져나와 회개의 자리로 나아가야 했다.

유다와 예루살렘 도성이 심판당하는 원인 (6:9-15)

(9-12) 전능하신 만군의 주께서 내게 말씀하셨다. "농부가 포도나무에서 포도를 샅샅이 수확하듯, 대적들이 이스라엘의 남은 자들을 샅샅이 훑어서 모두 붙잡아 포로로 끌고 갈 것이다. 하지만 추수 후에 다시 한 번 포도나무의 가지들과 잎사귀들을 자세히 뒤져보면, 분명 어디엔가 남은 포도송이가 있다. 그러므로 예레미야야, 이처럼 추수 후에 포도나무의 가지들을 자세히 뒤져보듯, 너도 다시 한 번 이스라엘 백성들을 잘 살펴서 그들 가운데 남은 자들을 구해주어라." 그러나 나는 주께 물었다. "주여, 이제 와서 제가 누구에게 말을 전하며, 누구에게 경고한단 말입니까? 누가 제 말을 듣기나 하겠습니까? 그들의 귀는 할례를 받지 못해 꽉 막혀 있습니다. 그들은 주님의 말씀을 욕으로 여기고 조금도 달가워하지 않습니다. 이제는 주님의 분노가 제게로 옮겨져서, 저도 그들에 대하여 분노가 부글부글 끓어

더 이상 참을 수 없게 되었습니다." 그러자 주께서 내게 말씀하셨다. "그렇다면, 너의 분노를 길거리의 아이들과 함께 몰려다니는 젊은이들에게 다 쏟아부어라. 남편들과 아내들이 모두 사로잡혀 포로로 끌려가고 꼬부랑 노인들조차 모두 잡혀갈 것이다. 그들의 집은 물론이고, 그들의 논밭도 다른 민족들이 와서 다 차지하겠고, 이 땅의 여인들도 다른 나라의 사내들에게 다 빼앗기게 될 것이다. 그것은, 내가 진노의 손길을 뻗어 이 땅에 사는 사람들을 사정없이 칠 것이기 때문이다. 이는 나 주의 말이다.

하나님은 심판과 징벌 이후에도 남은 백성들을 구원하기를 주문했지만, 예레미야는 유다 백성들과 예루살렘 주민들에 대한 자신의 절망적인 감정을 표현한다. 그들의 귀가 할례를 받지 못해 아주 꽉 막혀, 아무리 하나님의 말씀을 외치고 또 외쳐도 도무지 받아들일 기미조차 보이지 않는다고 토로한다. 그만큼 당시 유다 백성들의 마음은 돌덩이처럼 굳고 딱딱했던 것이다. 여기서 '귀가 할례를 받지 못했다'란 표현은 하나님의 말씀을 듣지 않고 그 말씀을 배척한다는 의미다. 본래 이스라엘 백성들에게 있어 할례(割禮)는 하나님의 백성으로서 하나님께 순종하고 헌신하겠다는 언약의 징표로 행해졌다. 하지만 몸에 할례를 받았어도, 여전히 하나님께 불순종하고 거역하는 백성들에게 선지자들은 '마음'이나 '귀'에 할례를 받지 못한 자들이라고 준엄하게 책망했다.

한편, 하나님의 징벌과 심판의 메시지를 전달하는 중에 예레미야 선지자는 패역한 유다 백성들에 대한 하나님의 불타는 분노를 자신의 온몸으로 절실히 느낄 수 있었다. 그런 거룩한 분노에 휩싸인 예레미야 역시 끓어오르는 분노를 참을 수 없었다. 유다 백성들과 예루살렘 주민들의 죄악이 해도 해도 너무 했기 때문이다. 이렇게 하나님과 예레미야는 똑같은 분노의 심정으로 그 백성에 대하여 징벌과 심판의 메시지를 선포한다. 이제 유다 백성들은 아무도 그 진노를 피할 수 없었다. 남편들과 아내들, 그리고 꼬부랑 노인들을 포함하여 심지어 길거리의 아이들과 젊은이들조차 하나님의 무서운 심판에 직면해야 했다. 자신들의 집들과 논밭과 여인들을 죄다 빼앗긴 채 모두가 이방 땅에 포로로 끌려갈 비참한 신세가 되고 말았다.

> (13-15) 주께서 또 말씀하신다. "이 땅에 사는 사람들은 작은 자들부터 큰 자들에 이르기까지, 모두가 탐욕에 눈이 멀어 자기 잇속만 채우고 있다. 선지자들과 제사장들도 하등 다를 바가 없어서 모두가 거짓으로 백성들을 속이고 있다. 진실로 내 백성은 심각한 병에 시달리고 있건만, 그들은 그 병을 어루만지며 '괜찮다, 괜찮다, 아무 문제 없다!'라는 말만 연발한다. 어디 한 구석 성한 데가 없는데도, 그들은 '평안하다, 평안하다!' 하면서, 거짓 위안만 줄곧 일삼고 있다. 그들은 온갖 뻔뻔한 죄악을 저지르면서도 조금도 부끄러워할 줄 모른다. 얼굴조차 붉힐 줄 모른다. 그러니 그들은 몰락하는 자들과 함께 엎어질 것이다. 내가 그들을 벌할 때에, 모두가 거꾸러지고 쓰러져서 비참하게 죽게 될 것이다. 이는 나 주의 말이다."

당시 유다 백성들과 예루살렘 주민들에게 가장 심각한 문제는 아주 심각한 죄악의 병에 걸렸는데도 그 심각성을 전혀 모른다는 데 있었다. 말기 암처럼, 그 죄악으로 인해 곧 죽을병인데도 "괜찮다!"라는 말만 연발하고, 어디 한 구석 성한 데가 없는데도 "평안하다!"라는 말만 되풀이한다. 그래서 온갖 뻔뻔한 죄악을 저지르면서도 전혀 부끄러워할 줄 몰랐다.

백성들이 이렇게 된 데에는 제사장들과 선지자들의 책임이 컸다. 그들이 백성들의 죄악을 지적하며 회개를 촉구하기는커녕, 자신들조차 타락하여 자기 잇속부터 챙기기에 바빴기 때문이다. 특히 거짓 선지자들은 백성들의 죄악에 대하여 징벌과 심판의 메시지를 외치기는커녕,

백성들의 귀에 달콤한 평안과 축복의 메시지만 외쳤다. 그러니 속이는 자든 속는 자든, 그들 모두는 징벌의 날에 하나님의 두려운 진노의 심판을 면할 길 없었다.

유다 백성들의 불순종과 하나님의 무서운 진노의 심판 (6:16-30)

(16-21) 주께서 말씀하신다. "내가 너희에게 이르기를 '너희는 가던 길을 멈추고 돌아보라. 옛적 길을 돌아보고, 어느 길이 선한 길인지를 알아보라. 그리고 그 선한 길을 걸어가라. 그러면 너희가 이 땅에서 마음의 평강을 누리며 오래 살 수 있을 것이다.' 하였으나, 너희는 내게 대답하기를 '아뇨! 우리는 그 길로 걷지 않겠습니다!' 하면서, 도무지 내 말에 귀를 기울이려 하지 않았다. 나는 또 너희를 지키려고 파수꾼을 세워놓고 말하기를 '너희는 나팔 소리를 잘 들어라.' 하였으나, 너희는 내게 대답하기를 '아뇨! 우리가 듣지 않겠습니다!' 하면서, 귀 기울여 듣지 않았다. 그러므로 뭇 민족들아, 잘 들어라! 나의 증인들아, 그들에게 무슨 일이 일어나는지 똑똑히 지켜보아라! 온 땅의 사람들아, 너희도 잘 들어라! 이제 내가 이 백성에게 재앙을 내릴 것이니, 그것은 그들이 지금껏 자기들의 계획대로 살아온 죄악의 열매다. 그렇다! 그들은 내 말을 듣지 않고, 내 율법을 거부하였다. 이스라엘 백성들아, 너희가 시바에서 향을 가져다가 내게 분향하고, 아무리 먼 곳에서 좋은 향료를 가져다가 내게 바친들, 그런 것들이 내게 다 무슨 소용이 있겠느냐. 너희가 아무리 많은 번제물을 태워 내게 바쳐도, 나는 그것들이 싫다! 너희가 아무리 좋은 희생제물을 내게 바쳐도, 나는 조금도 기쁘지 않다! 그러므로 나 주가 말한다. 이제 내가 이 백성이 걸어가는 길에 온갖 걸림돌을 숨겨놓을 것이니, 모든 아버지들과 자식들이 함께 걸려 넘어지고, 모든 이웃들과 친구들이 다 함께 넘어져서 모조리 멸망할 것이다."

하나님은 유다 백성들에게 옛적 길을 돌아본 뒤 그 선한 길을 따르라고 권고하셨다. '옛적 길'은 이스라엘의 믿음의 조상들이 하나님께 순종하며 살았던 신실한 길, 혹은 출애굽 이후 이스라엘 백성들이 순수하고 청결한 마음으로 하나님과 언약을 맺고 처음 언약의 율법을 부여받았던 시절을 가리킨다. 하지만 예레미야 당시의 유다 백성들은 하나님의 이 같은 권고를 듣지 않았다. 양 귀를 틀어막은 채 "아니오! 싫어요!" 하고 반응했다. 그러면서도 그들은 아라비아 지역의 유명한 시바(Sheba)의 향을 태워 분향하고, 먼 데서 좋은 향료를 구입하여 하나님께 제사를 드렸다. 먼 외국에서 어렵게 들여온 사치스럽고 값비싼 물품을 종교 의식에 사용하였던 것이다.

이처럼 당시 유다 백성들은 이런 것들을 하나님의 성전에서 사용함으로써 종교적인 만족을 누리고 있었다. 그렇지만 하나님은 그런 제사를 조금도 기뻐하지 않으셨다. 백성들의 마음이 부패하여 하나님의 말씀을 배척하고 거스르는 불순종의 삶을 살았으므로, 성전의 제물들이 아무리 귀하고 값비싼 것일지라도 전혀 기뻐하지 않으셨다. 하나님께서 진실로 자기 백성들에게 원하시는 것은 '제물'이 아니라 '순종'이었기 때문이다(삼상 15:22; 사 1:13-17).

(22-26) 주께서 말씀하신다. "보라, 먼 북쪽 땅의 사람들이 몰려온다. 한 크고 강대한 민족이 땅끝에서부터 떨치고 일어나 이리로 몰려오고 있다. 그들은 활과 창으로 무장했고, 아주 난폭하여 자비라곤 모르는 자들이다. 그들이 말을 타고 힘차게 달려오는 모습은 요란한 소리를 내며 거세게 밀어닥치는 성난 파도와 같다. 딸 시온아, 그들이 전열을 갖추고 우르르 몰려와서 너를 치려고 한다." 그때에 예루살렘 주민들이 크게 놀라 공포에 떨며 말한다. "아, 우리가 그토록 두려운 전쟁 소식을 듣는 순간, 우리의 두 팔은 맥이 풀려 축 늘어져버렸습니다. 공포에

사로잡혀, 아이 낳는 여인처럼 고통 가운데 몸부림을 칩니다." 예루살렘 주민들은 또 서로에게 말한다. "밭에도 나가지 말고, 길거리에도 돌아다니지 말라. 보라, 적들이 칼로 무장하고 있고 사방 천지에 공포가 있다." 그러므로 오, 나의 백성들이여, 굵은 베옷을 입고 잿더미 가운데서 뒹굴라. 외아들을 잃은 사람처럼 서럽고 비통하게 울어라. 이 땅을 파괴하고 우리를 멸망시킬 자가 갑작스럽게 들이닥칠 것이기 때문이다.

말씀에 귀 기울이는 순종 없이 헛된 제물만 바치는 유다 백성들에게는 기어코 징벌과 심판이 임할 터였다. 징벌과 심판은 처참한 전쟁을 통해 실현될 것인데, 이때 하나님께서 사용하실 징벌의 도구는 '먼 북쪽 땅의 크고 강대하며 또한 난폭하고 잔인한 민족'이다. 이 민족은 당시 중근동 지역의 강대국으로 새롭게 부상한 신흥 '바빌로니아 제국'을 가리킨다.

바빌로니아는 나보폴라살 왕(주전 625-605년)의 강력한 통치하에 아시리아 제국을 누르고 중근동 지역의 강대국으로 부상했고, 이후 그의 아들 느부갓네살 왕(주전 605-562년)에 이르러 더욱 크고 강력한 패권국가가 되었다. 남왕국 유다는 느부갓네살 왕이 이끄는 강력한 바빌로니아 군대에 의해 제1차(주전 605년)와 제2차(주전 597년)에 걸쳐 대규모의 침공을 받다가, 마침내 제3차 공격을 받고(주전 588년) 1년 6개월 동안 포위공격을 당한 끝에 예루살렘 도성이 함락되면서 결국 망하고 말았다(주전 586년). 본문은 그런 전쟁의 공포와 참화를 생생하게 묘사하고 있다.

(27-30) 주께서 내게 말씀하셨다. "예레미야야, 내가 너를 내 백성의 망대와 요새로 세워놓았다. 그러므로 너는 그들이 가는 길을 살펴보고 시험해 보아라." 그래서 이 백성을 살피고 시험해 본 결과, 나는 이런 평가를 하였다. "주여, 이 백성은 심히 완고한 자들이며 거역하는

자들이고 비방을 일삼는 자들입니다. 얼마나 고집이 세고 악한지, 마치 놋이나 철같이 단단합니다. 참으로 이 백성은 모두가 타락한 자들입니다. 풀무질을 세게 하여 용광로를 뜨겁게 달구면, 납이 아예 녹아 없어지므로 제련하는 사람의 수고가 모두 헛된 것처럼, 이 백성은 너무도 악하여 아무리 풀무질을 세게 해본들 도무지 죄악이 제거되지 않고 정련될 기미가 보이지 않습니다." 그러자 주께서 말씀하셨다. "그렇다! 이제 이 백성은 아무 쓸모 없게 되었다. 그래서 사람들은 그들을 가리켜 '내버려진 은'이라 부를 것이다. 그들이 그렇게 된 것은, 나 주가 그들을 내버렸기 때문이다."

하나님은 예레미야를 유다와 예루살렘의 망대와 요새, 곧 그들을 살피고 감시하는 파수꾼 혹은 감독관으로 세우신 뒤 그 백성을 자세히 살펴보고 시험해 보라고 명하셨다. 그래서 예레미야는 하나님의 명령에 따라 그 백성을 자세히 살피면서 시험해 보았고, 마침내 그 진단 결과를 하나님께 보고했다. 요점은, 모두가 너무나 타락하여 도무지 그들의 죄악이 제거될 기미조차 보이지 않는다는 것이었다.

이 같은 사실이 비유적으로 묘사되었는데, 곧 '살피는 자' 예레미야는 '금속 제련가'의 입장에서 보고했다. 금속 제련가는 은(銀)을 취하여 풀무 불에 녹이는데, 그것은 은 속에 포함된 불순물을 제거해냄으로써 순수한 은을 얻기 위함이다. 하지만 불순물을 다 제거한 후에 남아있는 은의 내용물이 아주 형편없을 때, 그것은 무가치하게 여겨져서 그냥 내버려진다. 이른바 '내버려진 은'인 것이다(30절). 예레미야 선지자가 자세히 살핀 유다 백성들의 상태가 바로 이와 같았고, 하나님도 그런 입장에 기꺼이 동의하셨다. 그 결과, 하나님께 버림받은 쓸모없는 은 같은 유다 백성들과 예루살렘 주민들은 뭇 나라들과 민족들의 말발굽 아래 마구 짓밟히게 될 것이다.

7

우상숭배와 하나님의 진노

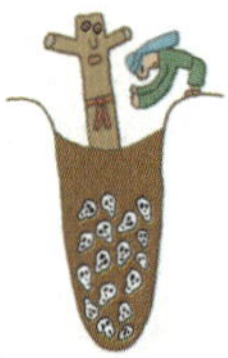

너희는 목 놓아 슬피 울어라
너희가 우상을 섬기던 골짜기는
살육의 골짜기가 되어
시체들로 뒤덮일 것이다

유다 백성들의 거짓된 예배를 질책함 (7:1-15)

(1-7) 주께로부터 예레미야에게 말씀이 임했다. 주께서 말씀하셨다. "예레미야야, 너는 성전 입구에 서서 이 말을 외쳐라. 선포하기를 '너희 유다 사람들아, 주님께 경배하려고 이 성전 문으로 들어오는 모든 사람들은 주님의 말씀에 귀를 기울여라. 전능하신 만군의 주 이스라엘의 하나님께서 이렇게 말씀하셨다. 너희의 행동과 행실을 고쳐 바르게 하여라. 그러면 내가 너희를 이 땅에서 오래 살게 할 것이다. 너희는 "이곳은 주님의 성전이다, 주님의 성전이다, 주님의 성전이다."라고 하면서 "주님의 성전이 여기 있으므로, 이곳은 참으로 안전하다!"라고, 속여 말하는 거짓말을 믿지 말아라. 만일 너희가 이제까지 살아오던 타락한 생활방식을 청산하고, 너희의 행동과 행실을 올바르게 하여 이웃들 가운데서 공의를 행하고, 이방인들과 고아들과 과부들을 억압하지 않고, 죄 없는 자들의 억울한 피를 흘리게 하지 않으며, 또한 너희가 다른 이방 신들을 섬김으로써 스스로를

해롭게 하지 않는다면, 내가 이곳에서 곧 내가 너희 조상들에게 영원토록 허락한 이 땅에서 너희를 오래도록 계속 살게 할 것이다.' 하여라."

하나님께서 예레미야 선지자로 하여금 성전으로 드나드는 유다 백성들을 향해 선포하게 하신 말씀이다. 그런데 바로 이 말씀 가운데 유다 백성들이 심판받지 아니하고 진실로 구원받을 수 있는 비결이 포함되어 있었다. 그 비결은 이러했다.

첫째, 거짓된 종교 지도자들의 거짓말에 속지 않는 것이다. 당시 위선적인 제사장들과 거짓 선지자들은 거짓말로 백성들을 호도하고 있었다. 성전은 주님께 아주 중요한 곳이고, 또한 주님은 성전에 임재하고 있으므로, 주께서 결코 성전을 이방 군대의 손에 넘겨줄 리 없다고 가르치고 있었다. 따라서 유다 백성들은 성전과 성전이 있는 예루살렘은 절대로 파괴되지 않을 것이라고 굳게 믿고, 성전의 파괴와 도성의 파멸을 경고하는 예레미야 선지자의 말을 배척하고 귓등으로 흘려들었던 것이다.

둘째, 그동안의 타락한 생활방식을 청산하고, 하나님의 말씀에 순종하는 삶을 살아가는 것이다. 우상숭배를 비롯하여 압제, 착취, 살인, 간음, 부정부패, 폭력 등의 타락한 삶을 청산하고 믿음, 순종, 사랑, 공의, 선행 등의 신실한 삶을 살아가는 것이다. 특히 사회의 3대 약자인 고아, 과부, 이방인(나그네)을 억압하지 않고 배려해 주며, 죄 없는 자들의 억울한 사정을 신원하여 그들이 무고히 피 흘리는 일이 없게끔 하는 것이다. 그렇게 한다면, 유다 백성들과 예루살렘 주민들은 심판받지 아니하고, 하나님께서 그들의 조상들에게 허락해 주신 젖과 꿀이 흐르는 가나안 땅에서 길이 복 받고 형통한 삶을 살아가게 될 것이었다.

(8-11) "그러나 보라, 너희는 아무 쓸모 없는 거짓된 말들을 믿고 있다. 지금 너희는 도둑질을 하고, 살인을 저지르고, 간음을 행하고, 거짓으로 맹세하고, 이방 신 바알에게 희생제물을 바치며 분향하고,

또 너희 자신도 알지 못하는 다른 신들을 따르며 섬기고 있다. 그러면서도 내 이름으로 일컬어지는 이곳 내 성전으로 들어와 내 앞에 서서 '우리는 모두 안전하다, 우리는 구원을 받았다!'라고 말하니, 너희가 정녕 그런 가증스러운 짓을 계속 되풀이하고 싶어서 그러는 것이냐. 내 이름으로 일컬어지는 이 성전이 너희에게는 강도의 소굴로 보이느냐. 나는 이곳 나의 집에서 벌어지고 있는 일들을 똑똑히 다 지켜보았다. 이는 나 주의 말이다."

불행하게도 유다 백성들은 "예루살렘에는 하나님의 성전이 있으므로, 이방 군대에 의해 결코 함락되지 않고 영원토록 안전하다!"라고 말하는 제사장들과 선지자들의 거짓된 말을 믿었다. 그래서 그들은 여전히 우상숭배를 비롯하여 온갖 죄악을 저지르면서도 "우리는 안전하다! 우리는 구원받았다!"라고 뻔뻔하게 말하면서 잔뜩 죄 묻은 손발로 성전을 들락거렸다. 만민을 위한 기도의 집이 되어야 할 성전을 한낱 강도의 소굴로 만든 것이다. 이처럼 유다 백성들과 예루살렘 주민들은 살 수 있는 구원의 길을 버리고, 스스로 죽음과 파멸과 심판의 길로 들어섰다.

(12-15) "예레미야야, 너는 계속해서 유다 백성들에게 나의 말을 선포하기를 '너희는 이제 내가 처음으로 내 이름을 두었던 곳, 나의 처소였던 실로에 가서 그 모습을 보아라. 내 백성 이스라엘이 저지른 악한 짓들로 인해 내가 그곳을 어떻게 했는지 똑똑히 살펴보아라. 나 주가 말한다. 너희가 그 모든 악한 짓들을 계속해서 저지르고 있는 동안에 나는 거듭해서 너희에게 경고하였다. 하지만 너희는 내 말을 듣지 않았고, 내가 아무리 불러도 너희는 대답하지 않았다. 그러니 나는 옛적 실로의 성막과 마찬가지로, 내 이름으로 일컬어지는 이곳 성전도 파괴하겠다. 너희가 의지하고 있는 이 성전을, 곧 내가 너희와 너희 조상들에게 준 이 성전을 황폐하게 만들겠다. 내가 이제

너희를 이 땅에서 쫓아내겠다. 내가 앞서 너희 형제인 에브라임 온 자손들을 내 앞에서 다 쫓아냈던 것처럼, 이제는 너희도 다 쫓아내겠다!'라고 하여라."

위선적인 제사장들과 거짓 선지자들의 거짓말에 속아, 예루살렘에는 하나님의 성전이 세워져 있으므로 결코 파괴되지 않고 안전할 것이라고 굳게 믿고 있던 유다 백성들에 대한 하나님의 선포다. 메시지의 요점은, 옛적 하나님의 성막이 세워져 있던 실로가 파괴되어 폐허가 된 것처럼, 지금 성전이 세워져 있는 예루살렘도 장차 그렇게 파괴되어 황폐해질 것이라는 말씀이다. 죄악을 회개하지 않고 지금처럼 계속해서 불순종과 불신앙의 길을 걸으면, 예루살렘도 '실로'와 똑같은 전철을 밟게 될 것이라는 경고다.

실로(Shiloh)는 옛적에 이집트를 빠져나온 이스라엘 백성들이 요단강을 건너 가나안 땅에 들어간 직후, 잠시 '길갈'을 거쳐 맨 처음 공식적으로 하나님의 성막을 안치한 곳이다(수 18:1). 하나님은 이곳에서 자신의 이름을 드러내셨고, 특별히 사무엘이 자라난 곳이기도 했다(삼상 1-4장). 이곳은 예루살렘에서 북쪽으로 48km 정도 떨어진 곳으로, 당시에는 돌무더기와 잡초만 무성한 폐허였다. 100년여 전에 아시리아 군대의 침공으로 철저히 파괴되었기 때문이다(주전 722년). 하나님의 성막이 있던 실로의 파괴와 폐허는 어떤 특정 장소가 그 자체로 결코 신성시되지 않는다는 것을 보여주는 좋은 예였다.

하나님의 진노가 유다 백성들과 유다 땅 위에 쏟아짐 (7:16-20)

(16-20) 주께서 예레미야에게 말씀하셨다. "예레미야야, 너는 이제 이 백성을 위해 기도하지 말아라. 이 백성을 구원해달라고 나에게 부르짖지 말아라. 내게 호소하지도 말고 간구하지도 말아라. 내가

네 기도를 더 이상 듣지 않겠다. 너는 이 백성들이 유다의 성읍들과 예루살렘 거리에서 무슨 짓들을 하고 있는지 보이지 않느냐. 자식들은 땔 나무를 줍고, 남편들은 불을 피우며, 아내들은 가루로 반죽을 해서 빵을 굽고 있다. 그들이 그렇게 하는 것은 이방 신 '하늘 여왕'에게 제물을 바치기 위함이다. 이뿐인 줄 아느냐. 또 그들은 다른 많은 이방 신들에게도 포도주를 따라 바쳐서 나의 분노를 자극하고 있다. 하지만 그런다고 내가 정말로 자극을 받을 것 같으냐. 그것은 단지 그들 자신을 해롭게 하는 짓이요, 스스로를 수치스럽게 만드는 짓일 뿐이다. 이는 나 주의 말이다. 그러므로 나 주가 밝히 말한다. 나의 분노와 진노가 이곳 유다 땅에, 그 땅의 모든 사람들과 짐승들 위에, 그리고 그 땅 들판의 모든 나무들과 산야의 모든 열매들 위에 사정없이 쏟아질 것이다. 그때에 활활 타오르는 내 진노의 불길을 끌 자는 아무도 없을 것이다."

유다 백성들과 예루살렘 주민들을 위한 예레미야의 기도는 아무런 효과를 볼 수 없었다. 그래서 하나님은 예레미야에게 그들을 위해 더 이상 기도하지 말라고 하셨다. 그 까닭은, 오랜 세월 동안 많은 선지자들을 통해 숱하게 경고했음에도 불구하고 시종일관 귀를 막고 끝까지 회개를 거부한 채 줄기차게 우상을 숭배하는 유다 백성들에게 하나님의 심판이 이미 작정되어 있었기 때문이다.

'하늘 여왕'으로 숭배를 받았던 이쉬타르 여신

일례로, 예루살렘 성읍의 어떤 가족은 이방 우상인 '하늘 여왕'

을 지극 정성으로 섬기고 있었다. 이 우상은, 성(性, Sex)과 다산(多産)을 주관하는 신으로 섬겨진 바빌로니아의 여신 '이쉬타르'(Ishtar)를 가리킨다. 이와 유사한 여신을 가나안 지역에서는 '아세라'로 불렀고, 그리스에서는 '아프로디테'로 불렀다.

제사보다 순종을 원하시는 하나님 (7:21-28)

(21-26) 이스라엘의 하나님이신 전능하신 만군의 주께서 말씀하신다. "나는 너희에게 제물을 받고 싶지 않다. 번제물이든 희생제물이든 모두 너희끼리 나누어 먹어라. 내가 너희 조상들을 이집트 땅에서 데리고 나왔을 때, 나는 그들에게 번제물이나 희생제물을 바치라고 명령한 적이 없다. 그때에 나는 그들에게 오직 명하기를 '너희는 내 목소리를 듣고 나에게 순종하여라. 그러면 나는 너희의 하나님이 될 것이고, 너희는 내 백성이 될 것이다. 너희는 내가 명령한 모든 길로 걸어라. 그러면 너희가 하는 일이 모두 잘될 것이다.'라고 하였다. 그러나 그들은 내 말을 귀 기울여 듣지 않았고, 내 말에 순종하지 않았다. 자기들의 악한 마음의 생각대로 고집부리며 살았다. 그들은 나에게 등을 돌린 채 나를 바라보지 않았다. 그럴지라도 나는 너희 조상들을 이집트 땅에서 데리고 나온 그날부터 오늘날에 이르기까지, 나의 종들인 선지자들을 부지런히 계속 보내어 경고하였다. 그러나 그들은 내 말에 조금도 귀를 기울이지 않았다. 도리어 목을 뻣뻣하게 세운 채, 악하고 고집스런 마음으로 자기 조상들보다 더 악한 짓들을 저질렀다."

레위기를 보면, 하나님은 이집트에서 이스라엘 백성들을 데리고 나오신 후 시내산에서 그들에게 번제물이나 희생제물을 바치라고 분명히 명령하셨다. 제사 방법과 희생제물의 종류까지 구체적으로 일일이 알려주셨다. 그런데 왜 여기서는 그렇게 하라고 명령한 적이 없다고 하시는가?

그것은, 그렇게 명령하신 목적이나 이유 곧 그 정신에 초점을 맞췄기 때문이다. 모든 제사의 정신은 '희생제물'이 아니라 하나님께 대한 '순종'이었다. 따라서 '순종 없는 희생제물'은 하나님께 아무것도 아니었다. 생각해 보라! 온 천지만물이 전부 하나님의 소유인데, 그까짓 소 몇 마리와 양과 염소 몇 마리가 왜 필요하겠는가!

(27-28) "그러므로 예레미야야, 네가 그들에게 이런 말을 선포해도, 그들은 네 말을 조금도 듣지 않을 것이다. 네가 아무리 외쳐 불러도, 그들은 네게 아무 대답도 하지 않을 것이다. 그러니 너는 그들에게 전하기를 '너희는 너희 하나님의 말씀에 조금도 귀 기울여 듣지 않는다. 너희의 악한 행실을 고칠 생각을 전혀 하지 않는 고집 센 백성이다. 그러므로 너희에게서는 어떤 진실도 찾아볼 수 없게 되었으니, 모든 진실이 너희 입에서 끊어져 버렸다.'라고 하여라."

하나님은 고집 센 유다 백성들이 귀를 막고 아무 말도 들으려 하지 않는다는 것을 잘 알면서도, 예레미야에게 계속해서 메시지를 선포하라고 명하신다. 이처럼 아무리 선포하고 또 선포해도 어차피 유다 백성들이 듣지도 않고 자신들의 악한 행실을 고치지 않을 것이 빤한데, 굳이 수고롭게 하나님의 말씀을 전해야 할 필요가 있을까?

사실, 예레미야 선지자는 그렇게 선포하기를 싫어했지만(20:7-9), 하나님의 명령에 순종하여 계속해서 메시지를 선포해야만 했다. 하나님은 장차 징벌과 심판의 날에 유다 백성들이 변명을 하지 못하도록, 또는 경고를 받지 않았다고 항의하지 못하도록, 예레미야로 하여금 듣기를 거부하는 백성들에게 계속해서 메시지를 선포하기를 원하셨다. 이런 관점에서, 예레미야의 초창기 메시지는 유다 백성들의 회개 및 변화를 기대하면서 설득하는 메시지를 선포했지만, 후반기 메시지는 하나님의 작정된 징벌과 심판을 선고하는 형식을 띠었다.

유다 백성의 불순종에 대한 하나님의 징벌과 심판 (7:29-34)

(29-31) 예루살렘 백성들아, 너희는 너희 머리털을 잘라 내던져버리고, 황폐하게 된 벌거숭이산으로 올라가서 목놓아 슬피 울어라. 주께서 크게 진노하셔서 이 세대를 완전히 버리셨기 때문이다. 주께서 이렇게 말씀하셨다. "유다 백성들은 내 눈앞에서 온갖 악한 짓을 저질렀다. 그들은 내 이름으로 일컬어지는 거룩한 집에 가증스러운 이방 우상들을 세워놓아 그곳을 크게 더럽혔다. 또한 그들은 '힌놈의 아들의 골짜기'에다 도벳 산당을 지어놓고, 거기서 자신들의 아들들과 딸들을 불에 태워 희생제물로 이방 우상에게 바쳤다. 그런 가증한 짓은 내가 명한 적도 없고, 내 마음에 생각조차 해본 적도 없다."

장차 유다 백성들은 하나님의 두려운 징벌과 심판을 피할 수 없었다. 그날에 유다 백성들과 예루살렘 주민들은 자신들의 머리털을 자른 채 황폐해진 민둥산에 올라가 목놓아 슬피 울 것이었다. 고대 세계에서 긴 머리털은 영광과 위엄의 상징이었다. 따라서 그것을 자른다는 것은 수치와 모욕과 비천함의 상태에 빠졌다는 것을 나타내는 상징적인 행위였다(욥 1:20; 미 1:16).

유다 백성들이 그런 처참한 상태에 빠지게 된 까닭은, 그들 스스로가 자행한 온갖 죄악들 때문이었다. 그중에서도 '우상숭배'가 결정적이었다. 당시 그들은 하나님의 거룩한 집인 성전 마당에까지 이방 우상들을 세워놓았고, 또한 '힌놈의 아들의 골짜기'에다 도벳 산당을 지어놓고 자신들의 자녀들을 이방 우상에게 희생제물로 바치고 있었다.

'도벳'은 '불사르는 곳'이란 뜻으로, 예루살렘 남서쪽에 위치한 '힌놈의 아들의 골짜기'에 있는 사당(祠堂)을 가리킨다. 본래 그 골짜기는 예루살렘 성읍에서 배출된 온갖 쓰레기들을 불태워 처리하는 장소였는데, 타락한 시대에 예루살렘 주민들은 그곳에다 '도벳 사당'을 지어놓고,

이방 우상인 몰렉(Molech)에게 자신들의 자녀를 희생제물로 삼아 불살라 바치는 장소로 사용하고 있었다.

> (32-34) "그러므로 보라, 나 주가 말한다. 때가 이르면, 사람들은 그곳을 '도벳'이라 부르거나 '힌놈의 아들의 골짜기'라고 부르지 않고 '살육의 골짜기'라고 부를 것이다. 그 까닭은, 그때에는 대적의 칼에 살육당한 사람들이 너무도 많아, 죽은 시체들이 곳곳에 차고 넘쳐서 묻을 곳이 없을 것이므로, 이곳 도벳 골짜기에 살육당한 수많은 시체들이 그대로 버려져 방치될 것이기 때문이다. 그러면 그 골짜기에 버려진 이 백성의 시체들은 공중의 새들과 땅의 들짐승의 먹이가 될 것인데, 그럴지라도 그것들을 쫓아줄 사람 하나 없을 것이다. 정녕 그때에는 내가 유다 성읍들과 예루살렘 거리에서 환호하며 기뻐하는 소리를 완전히 끊어버릴 것이므로, 신랑신부가 기뻐하며 즐거워하는 소리도 더 이상 들리지 않을 것이다. 이는 그 땅이 온통 황폐하게 될 것이기 때문이다."

장차 유다 땅과 예루살렘 성읍에 하나님의 두려운 징벌과 심판이 임하는 그날에 '도벳 산당'이 있는 '힌놈의 아들의 골짜기'는 더는 본래의 그 이름들로 불리지 않고 '살육의 골짜기'라는 이름으로 불릴 것이었다. 그 까닭은, 그 골짜기에 대적의 칼에 살육당한 수많은 시체들이 무수히 버려져 그대로 방치될 것이기 때문이었다. 이제껏 자신들의 자녀들을 죽여 이방 우상에게 제물로 바친 그곳에, 이제는 자신들이 대적의 칼에 살육당해서 아무도 돌보지 않는 쓸쓸한 시체로 버려지게 되는 것이다. 지은 죄대로 처벌받은 자업자득이었다.

8

유다에 임할 형벌

그날에 대적이 너희 무덤을 파서
그 뼈들을 너희가 그토록 섬기던
우상의 제단에 내던질 것이니
사는 게 죽는 것보다 더 괴로우리라

유다 백성들의 불순종에 대한 하나님의 징벌과 심판 (8:1-3)

(1-3) 주께서 또 말씀하신다. "그때에는 대적들이 와서 유다의 왕들과 고관들의 뼈를, 제사장들과 선지자들의 뼈를, 그리고 예루살렘 모든 사람들의 뼈를 그들의 무덤에서 끄집어낼 것이다. 그런 다음에, 대적들은 그들이 살아있을 당시에 그토록 숭배하며 온갖 제물을 갖다 바치고 좇아다녔던 이방의 신들, 곧 해와 달과 하늘의 별들 앞에 그들의 뼈를 내던질 것이다. 그럴지라도 흩어진 그 뼈들을 거두고 모아다가 무덤에 안치해줄 사람이 아무도 없겠고, 모두 썩어서 땅의 거름이 되고 말 것이다. 그러므로 이 악한 백성들 가운데 살아남은 자들, 곧 내게서 쫓겨나 사로잡혀간 각처의 땅에서 살아남은 자들은 너무도 괴롭고 수치스러워 사는 것보다 차라리 죽는 것을 더 원하게 될 것이다. 이는 나 주의 말이다."

몸서리쳐질 만큼 아주 강력하고 무시무시한 경고의 말씀이다. 장차 하나님의 징벌과 심판의 날에, 유다의 왕들과 고관들과 제사장들과 선지자들의 뼈를 비롯해서 예루살렘의 일반 백성들의 뼈까지 그들의 무덤에서 끄집어내져, 그들이 생전에 그토록 숭배했던 이방 우상들 앞에 내던져질 것이라는 메시지다. 고대 세계에서 이 같은 끔찍한 일은 실제로 있었다.

고대 문화에서는 사람을 묻을 때 생활용품이나 보석과 같은 재산을 함께 묻었다. 그것들이 죽음 이후의 삶에서 도움을 줄 것이라고 믿었기 때문이다. 일차적으로 바빌로니아 군사들은 왕들과 고관들의 무덤에서 이런 값진 물건들을 약탈하려고 그들의 무덤을 파헤쳤을 것이다. 나아가 이차적으로 바빌로니아 군사들은 단순히 재물을 약탈하는 것에 만족하지 않고, 익히 알려진 반(反)바빌로니아 인물들의 무덤을 파헤침으로써 이미 죽은 자들을 더욱 크게 모욕하고자 했을 것이다.

어쨌든, 고대 사회에서 자기 무덤이 파헤쳐진다는 것은 씻을 수 없는 모욕과 수치였다. 우상숭배자들은 그런 모욕과 수치를 자신들이 생전에 그토록 열렬히 섬겼던 이방 우상들 앞에서 버젓이 당할 것이었다. 하지만 헛되고 거짓된 이방 우상들은 자기를 숭배한 자들에게 아무런 도움도 주지 못하는 것이다. 결국 하나님을 버리고 이방 우상을 섬긴 자들의 자업자득이었다.

유다의 고집 세고 완고한 죄악 (8:4-12)

(4-7) 주께서 내게 말씀하셨다. "예레미야야, 너는 이 백성에게 말하라. 그들에게 전하기를 '넘어지면 일어나지 않을 사람이 어디 있겠느냐. 떠나간 사람은 다시 돌아오는 법이 아니더냐. 그런데도 이 백성은 떠나간 채 돌아올 줄 모른다. 어찌하여 예루살렘은 항상 떠나갈 줄만 알고 돌아올 줄은 모르느냐. 그들은 계속 거짓을 고집한 채 돌아오기를 거부한다. 나는 그들이 무슨 말을 하는지 귀 기울여 자세히 들어보았다.

그러나 그들은 참된 것을 말하지 않으며, 어느 누구도 자기 잘못을 뉘우치지 않는다. 자기가 무슨 짓을 하는지 돌이켜 생각해 보는 사람도 없다. 마치 전쟁터를 향하여 사정없이 돌진하는 말처럼, 모두가 자기 길만 계속 고집하며 우악스럽게 살아간다. 하늘을 나는 학도 정해진 제 철을 알고, 비둘기와 제비와 두루미도 모두 돌아올 때를 아는데, 오직 내 백성은 내가 정한 주의 법규를 알지 못한다.'라고 하여라."

도무지 돌이킬 줄 모른 채 계속해서 죄악의 길로만 치닫는 유다 백성, 그들을 바라보는 하나님의 안타깝고 답답한 심경이 잘 드러나 있다. 세상이 상식이나 자연 질서에 의해 순리대로 진행되듯, 주님의 백성은 주님의 법대로 살아가야 마땅했다. 그런 점에서, 그들이 잠시 하나님을 떠났을지라도 머잖아 다시 돌아오는 것이 순리요 상식이었다. 그런데 유다 백성은 특이하게도 계속해서 항상 떠나기만 하고 도무지 돌아올 줄을 몰랐다. 한낱 철새만도 못한 어리석고 아둔한 모습이었다.

하나님께서 예로 드신 학(鶴), 비둘기, 제비, 두루미 등은 기후 변화를 감지하고 계절을 따라 알맞은 서식지로 이동하는 철새들이다. 이 철새들은 본능적으로 하나님께서 정하신 자연 질서에 순응한다. 그런데 만물의 영장인 사람, 그중에서도 만민 가운데 선택받은 유다 백성은 하나님께서 정하신 법규에 순종하지 않고 그 법규를 거역함으로써 한낱 철새만도 못한 무가치한 존재가 되고 말았다. 앞서 이사야 선지자는 자신들의 주인을 망각해버린 이스라엘 백성을 자기 주인을 알아채는 소와 나귀에 비견하여, 그들의 어리석음과 배은망덕함을 지적하기도 했다(사 1:3).

(8-9) 주께서 또 말씀하신다. "그런데도 너희가 어찌 말하기를 '주님의 율법이 있기에 우리에게는 지혜가 있다.'라고 할 수 있느냐. 너희 서기관들의 거짓된 붓이 율법을 변조하여 거짓되게 해석하고 있다. 그러므로 너희 지혜롭다고 하는 자들은 수치를 당할 것이고, 놀라고

두려워서 허둥지둥하는 가운데 사로잡혀갈 것이다. 도대체 나의 말을 무시하고 거부한 자들에게 무슨 지혜가 있을 수 있겠느냐."

유다 사회에서 '서기관'은 하나님의 율법을 베끼고 연구하고 해석하는 전문적인 율법학자를 가리킨다. 당시에 이들은 율법을 곡해하고 그릇되게 해석하는 잘못을 범했고, 그래서 이방 우상에 대한 숭배를 용납하고 합리화하는 거짓을 행했다. 그러면서 그들은 백성들의 입맛에 맞도록 '평강'을 외쳤다(11절). 그들은 유다 사회의 종교지도자로서 마땅히 진리를 가르쳐야 할 의무가 있었고 또한 그러한 영향력을 지녔다. 하지만 그들은 진리의 붓을 꺾고 거짓의 붓으로 백성들을 미혹하고 있었다.

(10-12) "그러므로 내가 그들의 아내들을 다른 나라의 사내들에게 넘겨주겠고, 그들의 논과 밭도 이 땅의 정복자들에게 넘겨주겠다. 그것은, 이 백성의 가장 작은 자로부터 큰 자에 이르기까지 모두가 탐욕에 눈이 멀었고, 또 선지자로부터 제사장에 이르기까지 다 거짓을 일삼고 있기 때문이다. 내 백성은 지금 심각한 병에 시달리고 있는데도, 그들은 그냥 어루만져 주면서 말하기를 '괜찮다, 괜찮다!'라고 한다. 어디 한 구석 성한 데가 없는데도, 그들은 '평안하다, 평안하다'라고 하면서 거짓 위안만 일삼고 있다. 그들은 가증스런 죄악을 저지르면서도 수치스러워할 줄 모르고 얼굴조차 붉힐 줄 모른다. 그러므로 그들은 몰락하는 자들과 함께 엎어지고 말 것이다. 내가 그들을 벌할 때에, 그들은 모두 고꾸라지고 쓰러져 비참하게 죽게 될 것이다. 이는 나 주의 말이다."

유다 백성들은 가장 작은 작로부터 큰 자까지, 즉 남녀노소와 빈부귀천 및 지도자들과 일반 백성을 막론하고 모두가 타락하고 부패했다. 일반 백성들은 진리의 말씀보다 귀에 달콤한 말을 듣고 싶어 했고, 지도자들은 백성들의 비위에 맞춰 거짓을 말하고 가르쳤다. 그래서 심각한 병이 있는데도 "괜찮다, 괜찮다"라고 말했고, 어디 한 구석 성한 데가 없는데도 "평안하다, 평안하다"라고 가르쳤다.

어쩌면 유다의 종교 지도자들은 스스로에게 속았을 수도 있다. 당시 예루살렘 성전에서 하나님께 희생제사를 드리고 있던 종교 지도자들은 그곳은 하나님의 거룩한 임재 처소이기 때문에 이방 군대에 의해 절대로 함락되지 않을 것으로 굳게 믿고 있었다. 하지만 그것은 착각이고 거짓이었다. 그들은, 하나님은 헛된 제사보다 마음의 순종을 원하고 계신다는 진리를 망각하고 있었다. 그리하여 그들은 거짓을 가르쳤고, 백성들은 그 거짓을 믿고 있었다. 그래서 유다 백성들은 모두가 타락했고, 그 결과로 하나님은 강조적인 표현으로 예루살렘 성읍에서 '단 한 명의 의인'이라도 있으면 그 성읍을 용서할 것이라고까지 말씀하셨다(5:1).

유다의 죄악에 대한 하나님의 징벌과 심판 (8:13-17)

(13-17) 주께서 말씀하신다. "내가 이 백성의 농작물들을 모조리 거두어 가겠다. 그들의 포도나무에는 포도송이가 없을 것이고, 그들의 무화과나무에는 무화과가 없을 것이다. 모든 잎사귀들마저 몽땅 시들어버릴 것이다. 내가 그들에게 준 모든 것들을 그들에게서 다 거두어 가겠다." 그러면, 유다 백성들이 놀라서 탄식하기를 "우리가 그냥 이대로 여기에 앉아만 있을 수 있는가. 모두 모여라! 죽을 때 죽더라도, 견고한 성읍으로 도망가자! 어차피 하나님께서는 우리를 죽여 없애기로 작정하셨다. 우리가 주께 죄를 지었기 때문에, 주께서는 우리에게 독이 든 물을 마시게 하셨다. 우리는 평강을 바랐지만, 좋은 일은 끝내 오지 않았다. 상처가 낫기를 바랐지만, 도리어 두려운 일밖에는 벌어지지 않았다. 대적들은 이미 저 북쪽 단 지파의 땅에 이르렀고, 그들의 수많은 군마들이 우는 소리에 온 땅이 크게 흔들린다. 우리의

대적들이 이 땅과 그 안에 모든 것들을 짓밟고, 이 땅의 뭇 성읍들과 그 안에 사는 주민들을 몽땅 집어 삼키려고 몰려왔다."라고 할 것이다. 이에 주께서 말씀하셨다. "그렇다. 내가 너희에게 무서운 뱀을 보내겠다. 어떤 술법으로도 통제할 수 없는 맹렬한 독사 떼를 보내어, 그것들로 너희를 사정없이 물게 하겠다."

진리를 배격한 채 거짓에 빠져, 작은 자로부터 큰 자에 이르기까지 모두가 하나같이 타락과 부패의 삶을 살아가고 있는 유다 백성들에게 하나님의 징벌은 마땅하고 당연한 것이었다. 그래서 하나님은 이방 군대를 통해 유다 땅의 모든 농작물을 약탈하고 아낌없이 짓밟겠다고 선포하신다. 그러면, 유다 백성들도 자신들의 죄악에 대한 대가로 하나님께서 자신들을 죽이시기로 작정하신 줄 깨닫고 공포에 질려 허겁지겁 도망치기에 바쁠 것이다. 그러면서 하나님이 자신들에게 '독이 든 물'을 마시게 했다고 울부짖을 것이다. 이에 대해 하나님은 '무서운 뱀'과 '맹렬한 독사 떼'를 보내어 유다 백성을 사정없이 물게 할 것이라고 답하셨다.

물론, 여기서 '독이 든 물'이나 '무서운 뱀'이나 '맹렬한 독사 떼'는 실제로 그러한 것들을 통해 징벌하신다는 의미는 아니다. 그것들은 징벌의 날에 유다 백성들에게 임할 하나님의 심판이 그만큼 고통스럽고 치명적인 것이 될 것임을 나타내는 상징적인 표현들이다.

한편, '북쪽 단(Dan) 지파의 땅'은 전통적으로 이스라엘의 북쪽 경계 지역으로 인식되었다(신 34:1).

유다의 고통에 대한 예레미야의 탄식 (8:18-22)

(18-22) 주여, 참으로 슬프고 답답합니다. 이 멍든 가슴이 어떻게 위로를 받을 수 있겠습니까. 제 심장이 놀라 벌떡거립니다. 먼 땅에서

> 들려오는 내 딸 내 백성의 부르짖음을 들으소서. 그들이 부르짖기를 "이제 주께서는 시온을 떠나시고 거기 계시지 아니한단 말인가? 이제는 우리 왕이 더 이상 그곳에 계시지 아니한단 말인가?"라고 하니, 주께서 대답하시기를 "그러기에 어쩌자고 새겨 만든 신상들과 이방의 헛된 우상들로 나를 자극하여 분노하게 하였느냐?"라고 하셨습니다. 그러자 그들이 또 부르짖기를 "추수 때가 끝나고 여름도 다 지나갔는데, 주께서는 아직도 우리를 구해주시지 않는단 말인가?"라고 합니다. 오, 주여! 내 딸 내 백성이 매를 맞아 상처를 입었으므로 내 마음도 상처를 입었습니다. 오직 슬픔과 두려움만이 저를 온통 사로잡고 있습니다. 아, 슬프다! 길르앗 산지에는 내 딸의 상처를 고쳐줄 유향이 있고, 그곳에는 내 백성의 상처를 치료해줄 의사가 있건만, 어찌하여 내 딸 내 백성의 상처는 조금도 치료받지 못하고 있단 말인가.

하나님의 징벌과 심판을 받은 유다 백성들, 그 결과로 그들의 고통과 울부짖음을 듣는 예레미야 선지자의 안타까운 탄식이 서술된 부분이다. 먼저 예레미야는 '먼 땅' 곧 유다 백성들이 포로로 잡혀간 바빌로니아 땅에서 들려오는 그들의 절망적인 부르짖음을 듣는다(19절). 그 부르짖음은 "어찌하여 주께서는 시온(예루살렘)에 계시지 아니한가?"라는 것이다. 시온에 하나님의 성전이 있으므로, 주께서는 당연히 거기 있을 줄 생각한 것이다. 그러나 그들의 부르짖음에 대한 하나님의 대답은 이것이다. 유다 백성들이 하나님을 떠나 이방 우상을 숭배했기에, 하나님께서도 시온의 성전을 떠나가셨다는 것이다. 그 결과, 유다 백성들이 먼 땅의 포로가 된 것이다. 이때 예레미야는 머잖아 닥치게 될 유다 백성들의 바빌로니아 유수(幽囚)가 확실할 것으로 믿고, 그들의 부르짖음을 충분히 예상했던 것이다.

이어 예레미야는 먼 땅에서 들려오는 유다 백성들의 또 다른 부르짖음을 듣는다. 그것은 "추수 때가 끝나고 여름도 다 지나갔는데, 주께서는 아직도 우리를 구해주시지 않는단 말인가?"라는 부르짖음이었다(20절). 이런 부르짖음은 아무런 소망 없는 절망의 부르짖음이다. 여기서 '추수'는 밀 수확을 가리킨다. 밀 수확은 흔히 4월부터 6월까지 이어졌는데, 만일 밀 수확이 흉작으로 끝날 경우에는 포도나 무화과나 올리브 열매 같은 과실 추수라도 기대했고, 이 같은 과실 추수는 늦여름까지 이어졌다.

그런데 늦여름이 지나도 과실조차 제대로 추수하지 못하면, 백성들은 기아에 허덕일 수밖에 없었고, 그 해는 먹을 것 없는 혹독한 겨울이 기다리고 있을 뿐이었다. 먼 땅에 포로로 끌려간 유다 백성들의 상태가 이와 똑같았다. 그들은 타락과 반역의 길에서 돌이켜 회개의 열매를 맺을 기회가 거듭거듭 주어졌지만, 늦여름이 지나도록 다 놓치고 말았다. 그래서 예레미야는 한탄한다. "길르앗 산지에는 내 딸의 상처를 고쳐줄 유향이 있지 아니한가, 그곳에는 내 백성의 상처를 치료해줄 의사가 있지 아니한가!"(22절)

길르앗 사람들은 약재와 화장품 재료로 널리 알려진 유향을 재배했다. 유향 약재가 많으니 의술이 발달하고 좋은 의사들이 있었다. 그럼에도 유대인들은 길르앗보다는 무작정 이방의 의사를 좋아했고 그곳에서 치료를 받으려 했으니 병에서 낫기는 글렀다. 물론 비유다. 상처가 있으면 빨리 치유를 받아야 하고, 그 상처에 좋은 약재와 의사가 이스라엘 땅의 하나님께 있는데, 왜 엉뚱한 이방 땅으로 가서 치료를 받으려 한단 말인가! 그러니 이제라도 하나님의 치유 능력을 믿고 그분께 순종하는 심령으로 죄악을 회개하면 건강과 축복이 주어지는데 왜 고집을 부리고 여전히 이방을 의지하는가라는 한탄이다.

이처럼 이스라엘의 잘못된 처신으로 상처는 치유되지 못한 채 그대로 곪아터져, 이제 그들에게는 파괴, 약탈, 망국, 포로 됨, 노역, 압제 등의 혹독한 고통만이 기다릴 뿐이었다. 그런 동족의 처참한 모습을 바라보는 예레미야는 그저 슬프고 답답할 뿐이었다.

9

죄악과 징벌

너희 예루살렘 여인들은
딸들에게 우는 법을 가르쳐라
죽음이 창문을 넘어왔으니
이 땅에 시체들이 널브러지리라

유다의 죄악상과 그에 대한 심판 (9:1-9)

(1-2) 아, 내 머릿속이 물로 가득 차고, 나의 두 눈이 눈물샘이 된다면 차라리 나으련만! 그러면, 내가 비참하게 살육당한 내 딸 내 백성을 위하여 밤낮으로 통곡하며 실컷 울 수 있을 텐데! 아, 내가 저 황량한 광야에 나그네의 머물 곳을 마련할 수 있다면 차라리 좋으련만! 그러면, 내가 이 타락한 백성을 떠나 그곳에 홀로 머물 수 있을 텐데! 참으로 이 백성은 이방 우상들과 음행을 일삼고, 주님을 거역하고 배반하는 무리들이로다.

유다의 죄악상을 바라보고, 또한 그로 인한 하나님의 처절한 심판을 예상하며 예레미야는 두 가지를 소원했다. 하나는, 머릿속이 물로 가득차고 두 눈이 눈물샘이 되는 것이다. 그러면 밤낮 실컷 울고 통곡해도 눈물이 마르지 않고 계속 흘러나올 것이기 때문이다.

다른 하나는, 아무도 없는 황량한 광야에 자기가 머물 곳을 마련하는

눈물의 선지자 예레미야—"내가 주야로 울리라."

것이다. 그러면 주님을 거역하는 타락한 백성을 떠나 그곳에 홀로 머물 수 있을 것이기 때문이다. 예레미야는 하나님의 심판으로 머잖아 유다 백성들이 처참한 지경에 빠지게 될 것을 심히 가슴 아파했다. 그러했기에 동족의 가증한 죄악들을 차마 계속해서 지켜볼 수 없었다. 그래서 예레미야는 그런 곤란한 상황에서 도피하고 싶은 심정으로 사랑하는 동족을 떠나 외딴 광야에서 홀로 머물고 싶다고 말한 것이다.

> (3-6) 주께서 말씀하신다. "그들의 혀는 언제라도 거짓을 쏠 수 있도록 준비된 활과 같다. 그들 사이에 판치는 것은 온통 거짓말뿐이고, 진실은 어느 구석에도 없다. 그들은 악에 악을, 죄에 죄를 더하면서 부지런히 돌아다닐 뿐, 나를 알지도 못하고 자기들의 하나님으로 인정하지도 않는다. 그러니 너희는 각자 친구를 조심하고 형제조차도 믿지 말라. 형제들끼리도 서로 속이고, 친구가 친구를 비방하고 다니기 때문이다. 그들은 저마다 서로를 속일 뿐 진실을 말하는 사람이 하나도 없다. 그들은 자기들의 혀에 거짓말하는 법만 가르치고, 온종일 죄를 짓고 돌아다니느라 스스로를 피곤케 한다. 참으로 너 예레미야는 그들의 거짓 한가운데 살고 있구나. 그들은 서로 속고 속이면서 언제나 거짓을 일삼으며 살고 있기 때문에 아무도 나를 알려고 하지 않는다."

하나님은 당시 유다 백성들 사이에 만연하고 있는 '거짓과 거짓말'에 대해 지적하시면서 그런 부패하고 타락한 현상을 강하게 질책하신다. 당시 유다 백성들은 예레미야의 심판 경고를 무시한 채 자신들의 상황이 그리 나쁘지 않으며, 하나님은 자신들을 결코 버리지 않을 것이라는 거짓을 서로에게 말하고 있었다. 거짓 종교지도자들에게 미혹되어 백성들도 서로에게 '평강'을 말하고 있었다. 심판이 절대로 임하지 않을 것이라며, 스스로를 속이고 또한 이웃을 속이고 있었다. 이런 거짓 외에도, 일상생활과 사업에서 간교한 혀로 상대방을 속이고, 심지어 형제와 친구까지도 속이고 배신하는 온갖 사기와 거짓말이 횡행하고 있었다.

> (7-9) 그러므로 전능하신 만군의 주께서 말씀하신다. "보라, 내가 내 딸 내 백성을 어떻게 처리할꼬? 그들을 금속처럼 용광로 불 속에 던져 넣고 녹이고 연단하겠다. 그밖에는 내 백성의 죄를 달리 처리할 길이 없구나. 그들이 혀로 내뱉는 모든 말은 독이 잔뜩 묻은 화살 같아서 모두가 남을 죽이는 거짓말뿐이다. 겉으로는 이웃에게 평화를 말하지만, 속으로는 서로를 해칠 궁리만 한다. 그런 백성을 내가 어찌 벌하지 않을 수 있겠느냐. 그런 나라를 내가 어찌 응징하지 않을 수 있겠느냐."

'내 딸 내 백성' 곧 유다 백성들의 가증한 죄악에 대하여 하나님의 징벌과 응징이 필연적일 수밖에 없음을 보여준다. 그러나 하나님의 징벌과 응징은 '내 딸 내 백성'을 대상으로 하는 것인 만큼, 이방 나라들과 민족들과는 달리 완전한 멸망이나 영원한 파멸은 아니었다. 단지 용광로 불 속에 넣어 녹이고 연단하는 것이었다(7절). 말하자면 극렬한 시련과 고통의 불 속에 던져 넣어 잡다한 불순물들을 제거함으로써 하나님의 백성에 합당하도록 순결하고 정결하게 만드는 것이었다. 바로 이것이 '내 딸 내 백성' 된 유다 백성을 향한 하나님의 심판 목적이었다.

하나님의 심판으로 인한 예루살렘의 황폐함 (9:10-26)

(10-11) 아, 나는 이제 산들을 바라보며 슬피 울고, 광야의 초원을 위하여 통곡한다. 그토록 아름답던 산과 초원이 모조리 불에 타서 황무지로 변하였기 때문이다. 이제 그곳에는 지나다니는 사람이 아무도 없고, 거기서는 가축 떼의 울음소리도 그쳐서 쓸쓸하고 적막할 뿐이다. 공중의 새들도 다 날아가 모두 사라지고, 들의 짐승들도 다 달아나 모두 없어졌다. 주께서 말씀하신다. "내가 예루살렘을 폐허더미로 만들어, 승냥이나 우글거리는 들짐승의 소굴이 되게 하겠다. 유다의 성읍들도 황폐하게 만들어 아무도 살 수 없게 하겠다."

예레미야는 영안을 떠서 참으로 서글픈 광경을 목도한다. 그토록 아름답던 유다의 산하와 예루살렘의 정경이 하나님의 심판으로 완전한 폐허더미가 되어, 사람이나 가축은 살 수 없고 승냥이들만 우글거리는 들짐승의 소굴이 된 처참한 광경을 바라본 것이다. 여기서 승냥이는 '자칼'을 가리키는데, 이 짐승은 사람의 정착지와는 동떨어진 곳에 사는 야생 동물이다. 따라서 승냥이 소굴이 있는 장소는 완전히 파괴되어 버림받은 폐허임을 뜻한다. 머잖아 유다 산하와 예루살렘 도성이 그런 폐허가 되는 것이다. 그럴지라도 누구도 탓할 수 없는 것이, 그것은 그들이 뿌린 죄악을 스스로 거두어들인 마땅한 결과이기 때문이다.

(12-16) 이 나라가 왜 망했는지, 이 땅이 왜 황무지로 변했는지, 여기서 왜 지나다니는 사람의 흔적조차 찾아볼 수가 없게 되었는지, 그 까닭을 알 만큼 지혜 있는 사람이 과연 누구인가? 주께 가르침을 받아, 그 까닭을 설명해 줄 사람이 과연 누구인가? 주께서 대답해 주셨다. "그 까닭은 이러하다. 내가 그들 앞에 나의 율법을 세워주었으나, 그들이 그것을 무시하고 저버렸기 때문이다. 그들은 내 말에 귀를 기울이지 않았고, 나의 율법을 따르지도 않았다. 대신에 그들은 자기들

의 고집 센 마음의 완악함을 따라 제멋대로 행동하였고, 또 자기 조상들에게서 배운 대로 이방의 바알 신들을 섬기며 따랐다." 그러므로 전능하신 만군의 주, 이스라엘의 하나님께서는 이렇게 작정하셨다. "보라, 내가 이 백성에게 독초를 먹이고, 독을 탄 물을 마시게 하겠다. 또한 그들은 물론이고, 그들의 조상들도 알지 못하던 온 세상의 뭇 민족들 가운데로 그들을 뿔뿔이 흩어버리겠다. 정녕 그들이 모조리 멸망할 때까지 내가 칼을 보내 그들을 치고 또 치겠다!"

유다가 망하고 예루살렘이 황무지로 변한 까닭은 무엇일까? 이에 대해 하나님께서 직접 대답해 주신다. 그것은 유다 백성들이 하나님의 율법을 무시한 채 그들의 조상들이 했던 대로 이방의 바알 신들을 섬겼기 때문이었다. 유다의 조상들이나 그들의 후손들이 하나님 대신에 이방 우상을 섬긴 까닭은 자기들의 고집 센 마음의 완악함을 따랐기 때문이다.
사실, 유다 백성들은 무엇이 그르고 무엇이 옳은 일인지를 잘 알고 있었다. 많은 하나님의 선지자들이 그들에게 하나님의 메시지를 분명히 들려주었고, 아울러 죄악의 끔찍한 결과에 대해서도 거듭 경고했기 때문이다. 무엇보다 그들 앞에는 하나님의 율법이 뚜렷이 세워져 있었다. 그럼에도 그들은 일부러 하나님의 율법을 무시한 채 자기들의 헛된 욕망과 고집 센 마음의 완악함을 좇아 이방 우상을 섬겼다. 이처럼 그들은 다 알면서도 징벌과 응징의 불구덩이 속으로 스스로 걸어 들어간 것이다.

(17-22) 전능하신 만군의 주께서 또 말씀하신다. "너희는 잘 생각해서, 초상집에 다니며 대신해서 곡을 해주는 여인들을 불러오도록 하라. 능숙하게 곡하는 여인들을 불러오라. 그리고 부탁하기를 '속히 와서, 우리를 위해 통곡을 해주시오. 그래서 우리의 눈에서 눈물이 줄줄 흘러내리게 하고, 우리의 눈꺼풀에서 눈물이 펑펑 쏟아지게 해주시오.'

라고 하여라." 보라, 시온에서 통곡하는 소리가 들려온다. 예루살렘 백성들이 크게 울며 부르짖기를 "아, 우리가 아주 망하고 말았구나! 우리가 큰 수치를 당하고 말았구나! 침략자들이 우리의 집들을 모두 헐고 부수었으니, 우리가 고향 땅을 떠날 수밖에 없구나!"라고 하는구나. 너희 예루살렘 여인들아, 주님의 말씀을 들어라. 귀를 활짝 열고, 주께서 하시는 말씀을 들어라. 너희는 딸들에게 애곡하는 법을 가르치고, 너희끼리도 장송곡 부르는 법을 서로 가르치고 배워라. 무릇 죽음이 우리의 창문마다 넘어왔고, 우리의 왕실에까지 침투하였다. 보라, 죽음이 밖을 돌아다니며 골목마다 뛰어놀던 우리 아이들을 없애려 하고, 광장에 모여 있는 우리 청년들을 죽이려 한다. 주께서는 또 이런 말씀을 전하도록 내게 명령하셨다. "보라, 들판에 거름더미가 널려 있듯이 온 땅에 시체들이 널려 있을 것이다. 또한 추수하는 사람의 뒤에 곡식이 떨어져 있듯이 이 땅에 수많은 시체들이 널브러져 있겠지만 그 시체를 거둘 사람이 아무도 없을 것이다."

고대 유다 사회에서는 장례식 때에 고인(故人)의 죽음을 두고 상주나 조문객이 애곡하는 것을 예의로 여겼다. 따라서 장례식장에서는 곡소리가 그치질 않았다. 이 같은 장례 문화로 인해 전문적으로 곡하는 여인들까지 생겨나게 된다. 그래서 이제 하나님은 유다 백성들에게 그런 곡하는 여인들을 불러오라고 명하신 것이다(17절).

비슷한 맥락에서 예루살렘 여인들에게 명하기를, 딸들에게 애곡하는 법을 가르치고 또한 너희들끼리도 장송곡 부르는 법을 서로 가르치고 배우라고 하신 것이다(20절). 이렇게 명하신 까닭은 분명했다. 머잖아 유다 온 땅이 거대한 초상집과 장례식장으로 변할 것이기 때문이다. 하나님의 두려운 진노의 심판으로 인해 죽음이 모든 사람들에게 덮치고, 그 결과로 유다 온 땅에 시체가 널브러질 것이기 때문이다. 그래서 그날에 대비하여 미리 애곡하는 법을 연습하고 배워두어야 하는 것이다.

과연 심판의 그날이 왔을 때 유다 백성들은 저마다 통곡했고, 예레미야 역시 슬피 울었다. 그렇게 슬피 울면서 지은 다섯 편의 노래가 바로 '예레미야애가'다.

(23-24) 주께서 또 말씀하신다. "지혜 있는 자는 자신의 지혜를 자랑하지 마라. 힘이 센 사람은 자신의 힘을 자랑하지 마라. 아무리 부자라도 자신의 부유함을 자랑하지 마라. 너희가 자랑하려면, 오직 이것을 자랑하라. 곧 분별력이 있어 나를 아는 것과 나 주는 자비와 공의와 의로움을 온 땅에 베푸는 분임을 깨닫는 것, 바로 이런 것들을 자랑하라. 그렇다! 나는 진실로 이런 일들을 기뻐한다. 이는 나 주가 하는 말이다."

유다 백성들은 자신들의 지혜와 힘과 부유함을 자랑해서는 안 되었다. 하나님에게서 비롯되지 않은 인간적인 지혜와 힘과 부유함은 심판의 날에 아무런 가치를 지니지 못할 것이기 때문이다. 죽음 앞에서 무용지물(無用之物)이 될 것이기 때문이다. 따라서 유다 백성들이 정작 자랑해야 할 것은 하나님을 아는 분별력이었다. 유다 백성들에게 그런 분별력 곧 명철이 있을 때 그들은 비로소 하나님은 자비, 공의, 의로움을 온 땅에 베푸시는 분임을 깨닫고, 그분의 뜻에 합당하게 살아갈 것이다. 그런 올바른 삶만이 유다 백성이 자신들을 심판의 불길과 죽음의 칼날에서 구할 수 있는 길이었다.

(25-26) 주께서 또 말씀하신다. "보라, 그날이 오고 있다. 그날이 오면, 내가 할례를 받은 자들과 할례를 받지 못한 자들을 막론하고, 모두를 다 벌할 것이다. 곧 이집트, 유다, 에돔, 암몬, 모압, 그리고 살쩍을 바싹 깎은 저 멀리 광야에 사는 모든 족속들에게 내가 일일이 벌을 내릴 것이다. 그것은, 이 모든 족속들이 할례를 받지 못했고,

이스라엘 또한 그들의 마음에 할례를 받지 못했기 때문이다."

당시에 유다 민족을 제외한 모든 민족들이 할례를 시행하지 않은 것은 아니다. 이집트나 에돔, 그리고 어떤 아랍 부족들은 할례를 시행했다는 역사적인 증거가 있다. 하지만 그들의 할례와 유다 민족의 할례는 달랐다. 이방 민족들의 할례는 단지 악을 쫓아내기 위한 미신적인 의식이거나 혹은 위생적인 목적에 그치는 할례였다. 유대인들처럼, 마음의 할례에 대한 외적인 표시로서 하나님과의 언약 관계를 상징하는 그런 할례는 아니었다. 그렇기에 성경에서 '할례 받은 자'는 유대인을, '할례 받지 않은 자'는 이방인을 가리키는 말로 사용되었다.

장차 심판의 그날에 하나님께서는 할례를 받은 유다 민족과 할례를 받지 않은 이방 민족을 모두 징벌할 것이다. 그 까닭은, 모두가 하나님의 율법에서 벗어나 죄악을 자행했기 때문이다. 할례를 받지 않은 이방 민족들은 하나님을 알지 못한 채 자신들의 탐욕을 좇아 우상을 섬겼기 때문이고, 할례를 받은 유다 민족은 비록 몸에는 할례를 받았어도 마음에는 할례를 받지 못했기 때문이다(26절).

'마음에 할례를 받는다.'란 말의 의미는 이러하다. 몸의 할례가 육체의 포피(包皮)를 제거하는 것처럼, 마음의 할례는 마음속의 온갖 죄악 된 요소를 제거함으로써 하나님의 뜻에 합당하도록 올곧은 삶을 살아가는 것을 뜻한다(4:4). 한편, 얼굴의 살쩍(뺨의 귀 앞에 난 머리털)을 바짝 깎은 광야 족속은, 자신들의 신전에서 제사를 드릴 때 살쩍을 바짝 깎는 관습을 지닌 아랍의 어느 민족을 가리키는 말이다.

10

무익한 우상숭배

나무에 금과 은으로 장식한
우상은 허수아비와도 같구나
마른 나무토막 같은 우상은
주님과는 비교도 안 되네

우상의 헛됨 (10:1-5)

(1-5) 이스라엘 백성아, 주께서 너희에게 하시는 말씀을 들어라. 주께서 말씀하신다. "너희는 이방 민족들의 길을 따르지 말며, 그들의 풍습을 본받지 말아라. 또 그들이 하늘의 징조를 보고 떨며 두려워하더라도, 너희는 그들처럼 그것을 두려워하지 말아라. 이방 민족들의 모든 규례와 풍습은 모두 터무니없이 허황된 것들이다. 그들이 섬기는 신들이 대체 무엇이냐? 그것은, 사람들이 숲에서 베어낸 나무를 기술자가 도끼로 그 모양을 다듬은 것들에 불과하다. 거기다가 은과 금으로 요란하게 장식하고, 망치로 못을 쾅쾅 박아서 단단히 고정시켜 넘어지거나 흔들거리지 않도록 세워놓은 것들이다. 그러므로 그런 것들은 논이나 밭에 세워놓은 허수아비와 하등 다를 것이 없다. 그것들은 제 힘으로 걸어 다닐 수도 없기 때문에 언제나 사람들이 메고 다녀야 한다. 그런 것들이 어찌 너희에게 재앙을 내리거나 복을 베풀 수 있겠느냐. 그러니 너희는 그것들을 조금도 두려워하지 말아라."

이스라엘은 열방 중 특별히 하나님께 선택을 받아 거룩한 제사장 나라가 되었다(출 19:5-6). 따라서 이스라엘은 이방 민족들의 길을 따르지 말고, 오직 하나님의 법도를 따라야 했다. 여기서 '이방 민족들의 길'은 이방 사람들의 풍습이나 종교 등을 뜻한다. 그 대표적인 것이 '우상숭배'다. 이방 사람들은 하늘의 징조를 살핀다든지, 또는 나무나 돌을 잘 다듬은 뒤 거기에 은과 금으로 장식하여 자신들의 신을 만들어놓고 숭배했다.

하늘의 징조는 일식(日蝕)이나 유성, 혹은 천체의 여러 현상들을 관찰하면서 사람의 운명과 일의 길흉을 내다보던 미신적 행위를 가리킨다. 이집트나 바빌로니아 등 고대 세계의 많은 이방 나라들에서 이 같은 행위가 널리 행해지고 있었다. 또한 이방 사람들은 돌이나 나무를 잘 다듬어 여러 형상을 만든 후에 거기에 은금의 장식을 더하여 그럴듯하게 우상을 만들었다. 그런 뒤에 그 우상들에게 바알, 아세라, 몰렉, 그모스, 아피스, 아문, 벨(므로닥), 느보 등등의 이름을 붙인 뒤 희생제물을 연신 갖다 바치며 열렬히 숭배했다.

하지만 그런 우상들의 본질은 숲에서 베어난 '나무'이고, 땅에서 파낸 '돌'에 불과했다. 제 힘으로는 스스로 걸어 다닐 수조차 없는 것들로서, 자신을 숭배하는 인간들에게 어떤 복도 베풀 수 없고 어떤 저주도 할 수 없는 허황된 존재다. 마치 논밭에 세워놓은 '허수아비'와 하등 다를 바 없다. 조금도 두려워할 대상이 아니다. 그런데도 하나님의 선민 된 유다 백성들이 이방 민족들의 행위를 본받아 그런 우상들을 섬기고 있으니, 그 얼마나 답답한 노릇이며, 그 얼마나 어리석은 작태인가!

예레미야가 하나님의 권능을 찬양함 (10:6-16)

(6-9) 주여, 온 천지에 주님과 같으신 분은 없습니다. 진실로 주께서는 위대하시며 그 권능이 크십니다. 온 세상 만민의 왕이시여, 주님이야말

로 온 세상의 왕이신데 누가 감히 주님을 두려워하지 않을 수 있겠습니까. 모든 사람들이 주님을 섬기며 높이는 일은 지극히 당연한 일입니다. 온 세상의 모든 왕들과 현인들 가운데 주님 같으신 분은 아무도 없기 때문입니다. 사실, 그들은 모두가 분별력이 없고 미련한 자들입니다. 그들이 우상에게서 가르침을 받고자 하지만, 그 우상은 다만 나무토막에 불과할 따름이기 때문입니다. 그들의 우상은 나무를 다듬고 깎아 만든 모양에, 금속 세공업자가 다시스에서 수입한 얇은 은과 우바스에서 가져온 금 조각으로 잘 덮어씌워 만든 것입니다. 또 거기다가 청색, 자색 옷을 입혀놓은 것에 불과하니, 모두가 솜씨 좋은 기술자들의 손끝에서 나온 것입니다.

예레미야는 온 천지만물의 창조자요 만왕의 왕 되시는 주님의 크신 권능을 찬양하면서, 이와 뚜렷이 대비되는 허황된 우상의 본질에 대해 명확하게 언급하고 있다. 앞서 하나님께서 지적하셨듯이(3-5절), 예레미야 역시 우상의 본질은 단지 '나무토막'에 불과할 따름이라고 지적한다. 숲에서 베어낸 나무토막을 잘 다듬고 깎은 뒤에 거기에 은과 금을 덮어씌워 만든, 솜씨 좋은 기술자들의 손끝에서 비롯된 사람들의 작품이라고 말한다.

따라서 하나님의 최대 걸작품으로서 만물의 영장 된 사람이 단지 자기 손으로 만든 우상을 섬기고 두려워하며 숭배한다는 것은 참으로 어불성설이며 지극히 아둔하고 미련한 짓이다.

한편, 은과 금의 수입처로 소개된 '다시스'는 오늘날 스페인 지역의 '타르테수스'로 추정되고, '우바스'는 인도나 아라비아 지역의 어느 도시로 추정된다.

(10-13) 그러나 주여! 오직 주님은 참 하나님이시요, 살아 계시는 하나님이시며, 영원한 왕이십니다. 주께서 한번 진노하시면 땅이 크게

흔들리고, 주께서 분노하시면 뭇 민족들이 감당할 수 없습니다. 그러므로 너희는 우상을 섬기는 자들에게 이렇게 선포하여라. "하늘과 땅을 만들지 않은 신들은 이 땅에서 모두 사라지고 하늘 아래에서 모두 멸망할 것이다!" 그러나 하나님께서는 권능으로 땅을 창조하셨고, 지혜로 세상을 세우셨으며, 명철로 하늘을 펼치셨다. 주께서 목소리를 발하시어 호령하시면, 하늘에 있는 많은 물들이 출렁인다. 또 주님은 땅끝에서부터 구름을 일으키시고, 비를 내리시기 위해 번개를 만드시며, 하늘 창고에서 바람을 내보내신다.

목석으로 만들어진 우상의 무능 및 헛됨과는 본질적으로 다르게, 천지만물을 창조하시고 주관하시며 자신의 뜻대로 호령하시는 하나님의 크신 권능이 묘사되었다. 따라서 이 같은 사실이 우상을 섬기는 자들에게 널리 선포되었다. "하늘과 땅을 만들지 않은 신들은 이 땅에서 모두 사라지고 하늘 아래에서 모두 멸망할 것이다!"(11절). 그런데 이 구절은 특별히 아람어로 기록되었다. 그 까닭은, 그 메시지는 이방의 우상숭배자들을 대상으로 삼고 있기 때문이다. 그들은 히브리어보다 아람어에 친숙한 자들로서, 예레미야는 이 메시지를 그들에게 꼭 전달하고 싶었기 때문에, 당시 국제 공용어로 널리 사용되고 있던 아람어를 사용한 것이다.

(14-16) 그러나 사람들은 누구나 어리석고 지식이 없다. 우상을 만든 세공업자들은 자신들이 새겨 만든 그 우상들로 인해 수치를 당할 것이니, 그들이 부어 만든 우상들은 다 거짓된 것이요, 그것들 안에는 생명의 호흡이 전혀 없기 때문이다. 그렇다! 그것들은 죄다 쓸데없는 헛된 형상들이요, 다만 조롱거리에 불과한 것들이다. 주께서 벌하실 때, 그것들은 영영 멸망하고 말 것이다. 그러나 야곱의 유산이신 주님은 그런 것들과 전혀 다르시니, 진실로 주님은 만물을 지으신 분이요, 이스라엘을 자기 소유의 지파로 삼으신 분이시다. 그분의 이름은

우상은 거짓된 것이고, 그것들 안에는 생기가 없다

'전능하신 만군의 주'시다.

우상은 세공업자들의 손에 의해 새겨 만들어졌고, 주물공들의 손에 의해 부어 만들어진 나무나 돌, 또는 금이나 은에 불과하다. 따라서 생명의 호흡이 없는 그런 헛되고 거짓된 우상을 섬기는 자는 수치를 당할 수밖에 없고 영영 멸망할 수밖에 없다. 이와 반대로, 천지만물을 지으신 '전능하신 만군의 주'를 섬기는 자는 영광을 얻게 될 것이고 영원한 생명을 얻게 된다. 그런 주께서 이스라엘을 자기 지파로 삼으시고 또한 야곱(이스라엘)의 유산(분깃)이 되셨는데, 참으로 배은망덕하고 지극히 어리석게도 이스라엘 백성이 주님을 떠나 우상을 섬긴다면, 어찌 하나님의 두려운 진노의 심판을 피할 수 있겠는가!

예레미야 선지자의 탄식과 상처 (10:17-22)

(17-18) 예루살렘 백성들아, 너 포위된 도성에 사는 자들이여, 너희는

이제 이 땅을 떠날 것이니 각자 자기 짐을 꾸려라. 주께서 말씀하시기를 "보라, 내가 이번에는 이 땅에 사는 사람들을 먼 곳으로 내던질 것이다. 그들에게 심한 고통을 주어, 그들 스스로 자신들의 죄악을 깨닫게 하겠다."라고 하셨다.

선지자들을 통한 하나님의 거듭된 경고에도 불구하고, 고집 세고 완악한 유다 백성들은 우상숭배의 죄악에서 돌이키지 않았다. 그러자 하나님은 그 백성을 심판할 수밖에 없었고, 그 징벌의 결과가 나라의 멸망과 이방 땅의 포로 됨이었다. 그래서 예레미야는 예루살렘 백성들을 향해 (머잖아 있을 그날의 심판을 대비하여) 각자 자기 짐을 꾸려 본토를 떠날 채비를 하라고 말한 것이다.

하지만 다행스럽게도 하나님의 심판 목적은 유다 백성들의 영원한 멸절이 아니었다. 그들에게 고통을 주어, 그들 스스로 죄악을 깨달아 주께로 돌이키게 하려는 것이었다. 바로 이것이 영원히 멸절시키는 이방 민족들과는 달리, 택한 백성을 향한 주님의 크신 은혜요 긍휼이었다. 하나님께서는 크신 진노 가운데서도 자기 백성과 맺은 언약에 끝까지 신실하셨던 것이다.

(19-22) 아, 참으로 아프다, 내 상처여! 내 상처가 이토록 심하니, 이제는 고칠 길이 없게 되었구나. 그러나 내가 스스로에게 말하기를 '이것은 어차피 내가 겪어야 할 고난이니, 내가 견뎌내야만 할 것이다.'라고 하였다. 보라, 내 장막은 갈기갈기 찢어졌고, 내 천막 줄도 모조리 끊어지고 말았다. 내 딸 내 백성들은 모두 내 곁을 떠나가고 더 이상 한 명도 보이지 않는다. 그러니 내 쓰러진 장막을 다시 세워주고 그 덮개를 펼쳐줄 사람이 아무도 없다. 이 땅의 목자라는 자들은 다 미련하고 지각이 없어서 주님을 찾지도 않고 주께 묻지도 않는다. 그러니 이 백성들이 다 망하고, 그들의 양 떼가 모두 흩어지고 말았다.

들어보아라, 멀리 북방 땅에서 들려오는 왁자지껄한 저 함성을! 적들이 유다의 성읍들을 폐허로 만들고, 그곳을 자칼들의 소굴로 만들려고 크게 떠들며 요란스럽게 몰려오고 있다.

예레미야는 자신이 상처를 입었다며 아픈 마음을 부여잡고 탄식하고 있다. 먼저 예레미야는 유다 땅에 만연한 죄악으로 인해 정신적인 고통과 영적인 고뇌를 심하게 겪음으로써 상처를 입었다. 또한 예레미야는 유다 백성들과 자신을 일체화시켜 조만간 피할 수 없는 죄악의 대가로 유다가 고통 겪을 상황을 예견함으로써 상처를 입었다. 그리고 예레미야는 조만간 북방의 침략자들이 유다를 짓밟고, 그 땅의 자녀들을 포로로 끌고 갈 상황을 고통 중에 목도함으로써 벌써부터 심한 상처를 입고 있었다.

본문에서 예레미야는 유다의 지도자들을 '목자'로, 일반 백성들을 '양 떼'로 비유하면서, 유다가 대적들의 말발굽 아래 짓밟히게 된 원인으로 무엇보다 주님을 찾지도 않고 주님께 묻지도 않은 지도자들의 몰지각과 어리석음을 지적하고 있다. 지도자들은 권한이 막중하고 영향력이 큰 만큼, 그 책임 문제에 있어서도 더 큰 질책과 추궁을 받아야 하는 것이다.

선지자 예레미야의 중보기도 (10:23-25)

(23-25) 주여, 사람의 목숨은 사람에게 달려 있지 않고, 그의 발걸음을 인도하는 것도 사람에게 달려 있지 않습니다. 저는 그것을 알고 있습니다. 주여, 그러므로 저 곧 이 백성의 잘못을 징계하시되 주님의 진노대로 하지 마시고, 주님의 자비를 따라 너그럽게 징계하소서. 만일 주께서 주님의 진노대로 징계하시면, 제가 영영 멸망할까 심히 두렵습니다. 주님의 두려운 진노는 주님을 전혀 알지 못하는 이방 족속들에게,

> 곧 주님의 이름을 부르지 않는 이방 민족들에게 쏟아부으소서. 그것은, 그들이 야곱의 집 곧 주님의 백성 이스라엘을 잡아먹었기 때문입니다. 참으로 그들은 이스라엘을 마구 짓밟아 모조리 삼켜버리고, 그 땅을 온통 황무지로 만들어버렸습니다.

"저는 그것을 알고 있습니다." 다른 것은 몰라도, 선지자는 주께서 자기 백성의 앞길을 인도하신다는 것을 잘 알고 있었다. 그래서 예레미야는 동족을 위해 중보기도를 한다. 이때 예레미야는 자신을 동족인 유다 백성들과 완전히 일체화시키고 있다. 그래서 백성들이 받을 징계를 자신의 것으로 온전히 받아들인다. 이 같은 상황에서 예레미야는 그동안 지은 온갖 가증한 죄악들로 인해 주께 징계를 받는 것은 피할 수 없지만, 다만 활활 불타는 크신 진노대로 징계하지 마시고, 주님의 크신 자비와 긍휼에 따라 징계해 주실 것을 기도한 것이다.

대신에 예레미야는 유다를 심판하기 위해 징벌의 도구로 쓰임 받은 이방 민족들에게 주님의 진노대로 두려운 심판을 해주실 것을 주께 요청했다. 그 까닭은, 유다의 징벌 도구로 쓰임 받은 바빌로니아는 유다를 파괴하는 과정에서 일말의 동정심 없이 자신들의 악한 감정대로 무자비하게 약탈, 살육, 강간, 착취, 폭압 등의 온갖 죄를 저질렀기 때문이다. 그러니 그들은 그런 자신들의 죄악에 대해 마땅한 책임을 져야 했다.

11

언약을 깨뜨린 유다

너희는 주를 섬기기로 약속하고는
수많은 이방 신을 섬기다니
이제 주께서 재앙을 내릴 것이니
어디 이방 신에게 도움 청해 보아라

이스라엘이 하나님과 맺은 언약을 깨뜨림 (11:1-17)

(1-5) 주께서 선지자 예레미야에게 하신 말씀이다. "예레미야야, 너는 이 언약의 말을 듣고, 유다 백성과 예루살렘 주민들에게 전하라. 너는 이스라엘의 하나님, 나 주가 이렇게 말씀하셨다고 그들에게 선포하라. 이르기를 '이 언약의 말씀에 순종하지 않는 자들은 모두 저주를 받을 것이다. 이 언약은, 내가 용광로 불 속 같은 이집트에서 너희 조상들을 데리고 나왔을 때 그들과 맺은 것이다. 그때에 나는 그들에게 말하기를 "너희는 내 말에 순종하고, 내가 너희에게 명령한 대로 살아라. 그러면 너희는 내 백성이 될 것이고, 나는 너희의 하나님이 될 것이다."라고 하였다. 그런 뒤, 나는 너희 조상들에게 젖과 꿀이 흐르는 땅을 주기로 약속하였고, 오늘날 너희가 살고 있는 곳이 바로 그 땅이다.'라고 하여라. 그래서 내가 주께 대답했다. "아멘, 주여!"

과연 그랬다. 하나님은 이스라엘 백성을 이집트의 종살이에서 건져내신 후 시내산으로 인도하셨고, 거기 시내산 아래에서 그들과 언약을 맺었다(출 24:1-11). 언약의 내용은 하나님께서 말씀하신 그대로다(4절). 이스라엘은 오직 하나님만을 자신들의 유일한 신으로 섬기기로 하였고, 하나님은 이스라엘을 자기 백성으로 삼아 그들을 지키고 보호해 주시기로 하였다. 그런 언약하에서 하나님께서는 젖과 꿀이 흐르는 가나안 땅을 이스라엘 백성에게 주셨다.

'언약'이란 본래 '자르다'(cut)란 뜻의 히브리어 '바라'에서 파생된 말이다. 이 말은 고대 중근동 지역의 언약 관습을 내포하고 있는데, 그들은 상호 간에 언약을 맺을 때 희생의 동물을 잡은 후에 그 고기를 잘라 둘로 나눠놓고 그 사이를 지나갔다. 그러한 언약 의식의 의미는 이러했다. 만일 언약 당사자들 중 누구든지 언약을 어긴다면, 그는 희생 동물의 고기처럼 자름(죽임)을 당한다는 것이었다. 이처럼 목숨을 담보 삼은 언약은 그 언약 당사자들이 죽음을 불사하고서라도 반드시 지켜야 할 것임을 뜻한다. 그래서 하나님께서는 그 언약을 신실하게 지키셨다. 그런데 이스라엘은 그 언약을 지키지 않았다. 이제 주님은 그런 사실을 말씀하신다.

(6-8) 주께서 또 내게 말씀하셨다. "예레미야야, 너는 유다의 성읍들과 예루살렘의 거리에 나가서 이런 말을 전하여라. 그들에게 이르기를 '너희는 이 언약의 말에 귀를 기울이고 그 말대로 행하라. 내가 너희 조상들을 이집트 땅에서 데리고 올라올 때부터 오늘날까지, 나는 거듭해서 내 말에 따르라고 너희들에게 경고하였다. 그런데도 너희는 나의 말에 귀를 기울이지 않았고, 모두가 각자 제멋대로 자기 고집에 따라 살면서 악한 마음으로 온갖 죄를 저질렀다. 그래서 나는 만일 내 언약을 지키지 않으면 내가 벌을 내리겠다고 경고했던 그대로 너희에게 재앙을 내렸다. 그런데도 너희는 내 언약을 지키지 않았다.'라고 하여라."

하나님과 이스라엘 사이에 맺은 '시내산 언약'에 대하여, 언약을 깨뜨린 자는 이스라엘이었다. 따라서 하나님께서는 언약의 규정에 따라 이스라엘에게 재앙을 내리셨다. 언약을 맺을 때, 하나님께서는 처음부터 명백히 순종에 따른 축복과 불순종에 따른 저주를 일러주셨다(신 28:15-68). 그런 저주의 언약 속에는 만일 이스라엘이 하나님을 버리고 이방 우상을 섬길 경우, 그들의 땅과 백성에게 재앙을 내릴 것이라는 규정이 분명히 포함되어 있었다. 따라서 유다 백성에 대한 하나님의 재앙은 단순히 감정에 따른 분풀이가 아니라, 언약 규정에 따른 정당한 형(刑) 집행이었다.

(9-12) 주께서 또 내게 말씀하셨다. "유다 백성과 예루살렘 주민들이 내게 반역하고 있다. 그들의 조상들이 내 말을 듣지 않고 다른 이방 족속의 이상한 신들을 섬기더니, 이제는 그 후손들도 자기들 조상의 허물과 죄악을 그대로 반복하고 있다. 이처럼 이스라엘 집과 유다 집 모두 내가 그들의 조상들과 맺은 언약을 지키지 않았다. 그러므로 나 주가 말한다. 이제는 내가 그들이 피할 수 없고 빠져나갈 수 없는 큰 재앙을 내리겠다. 그때에 그들이 내게 살려달라고 아우성을 쳐도 나는 응답하지 않을 것이다. 그러면 유다의 모든 성읍 백성들과 예루살렘 주민들은 자신들이 분향하고 섬겨오던 이방 신들에게로 달려가서 살려달라고 부르짖겠지만 아무 소용이 없을 것이다. 그런 헛된 이방 신들은 아무리 재앙이 닥쳐도 그들을 조금도 돕지 못할 것이다."

이스라엘 집과 유다 집, 곧 북왕국 이스라엘과 남왕국 유다가 모두 하나님과 맺은 언약을 깨뜨렸다. 오직 하나님만 자신들의 유일한 신으로 섬기겠다고 굳게 맹세하고서도, 그들은 그런 맹세를 헌신짝처럼 던져버리고 이방 족속들의 별별 이상한 신들을 다 섬겼다. 그래도 하나님은 언약 규정에 따라 곧바로 재앙을 내리지 않고, 선지자들을 통해 그들의 잘못을 계속 지적하면서 속히 돌이킬 것을 거듭 촉구했다.

그런데 이마저도 무시당하자, 마침내 하나님은 큰 재앙을 내리시기로 작정하셨다. 따라서 심판의 날에 유다 백성들과 예루살렘 주민들은 하나님께 부르짖어도 소용없고, 이방 신들에게 도움을 요청해도 아무 소용 없을 것이었다. 도움을 베풀 수 있는 하나님은 이미 심판하시기로 작정하셨기 때문이고, 이방 신들은 아무런 도움을 베풀 수 없는 헛되고 거짓되며 무익한 것들이기 때문이다.

> (13-14) "유다야, 너는 네 성읍들의 수효만큼이나 많은 이방 신들을 가졌다. 예루살렘아, 너는 너의 길거리들의 수효만큼이나 많은 이방 제단을 쌓아놓고는 수치스러운 물건, 곧 바알에게 분향을 하였다. 그러므로 예레미야야, 너는 이 백성을 위하여 내게 기도하지 말아라. 그들을 위해 호소하지도 말고 간구하지도 말아라. 그들이 큰 재앙을 당하여 아무리 내게 부르짖고 호소할지라도, 나는 그들의 부르짖음을 듣지 않겠고 그들의 호소에 응답하지 않을 것이다."

유다 백성들은 하나님을 버리고 이방 신들을 섬기되, 조금 과장하자면 유다 성읍들의 수효만큼 혹은 예루살렘 길거리들의 수효만큼이나 온갖 종류의 다양하고 이상한 신들을 아주 많이 섬겼다. 그래서 하나님은 유다 백성들과 예루살렘 주민들을 심판하시기로 굳게 작정하셨다. 이런 맥락에서 하나님께서는 예레미야에게 그 백성들과 그 주민들을 위해 더는 기도하지 말라고 하신 것이다.

유다 백성들과 예루살렘 주민들은 오랜 세월에 걸쳐 회개할 기회를 많이 가졌다. 하지만 그들은 모든 기회를 무시하고 배척했다. 기회는 흘러넘치도록 충분했지만, 그들은 회개하기를 계속 거부했다. 따라서 이제는 너무도 완악해지고 강퍅해져서 회개하기에 너무 늦어버린 것이다. 그래서 하나님은 사실상 "더 이상은 그들을 위한 호소나 탄원을 듣고 싶지 않다. 나의 마음은 이미 굳게 정해졌다."라고 말씀하심으로써, 유다에 대해 이미 내리시기로 작정하신 심판을 강조하신 것이다.

(15-17) 주께서 유다 백성을 책망하신다. "내가 사랑하는 백성이 악한 짓을 일삼더니, 내 성전에 들어와 무슨 짓을 하고 있는 것이냐. 내게 희생제물만 많이 바친다고 해서, 닥쳐오는 재앙을 피할 수 있을 것 같으냐. 죄를 저지르고서도 구원의 기쁨을 누릴 수 있을 것 같으냐. 유다야, 한때는 나 주도 너희를 '잎이 무성하고 좋은 열매를 많이 맺는 올리브나무'라고 자랑스럽게 불렀다. 그러나 이제는 아무 쓸모 없게 되었다. 그러므로 내가 천둥 같은 요란한 소리와 함께 네 잎을 전부 불살라버리고 네 가지를 모조리 부러뜨리겠다." 그렇다! 너 유다야, 너를 심은 전능하신 만군의 주께서 네게 큰 재앙을 내려 너를 멸망시키기로 작정하셨다. 그것은, 네가 주님을 버리고 이방 신 바알에게 분향함으로써 유다 집과 이스라엘 집 모두 주님 앞에서 가증한 악을 저질러 주님의 분노를 크게 자극했기 때문이다.

올리브나무(감람나무)는 팔레스타인에서 흔한 나무로 등불용이나 의약용으로 쓰이고, 식용의 기름도 추출해내는 아주 쓰임새 많은 실용적인 나무다. 팔레스타인 도처에서 자라는 이 나무는 아름다움, 힘, 번영 및 하나님의 축복 등을 나타내며, 특별히 하나님께서 사랑하시는 이스라엘 민족을 상징한다. 한때 유다는 그처럼 하나님께 사랑받던 쓸모 있는 존재였다.

그래서 하나님도 유다를 향해 '잎이 무성하고 좋은 열매를 많이 맺는 올리브나무'라고 자랑스럽게 불렀다(16절). 그런데 유다가 하나님을 버리고 이방 우상을 섬기면서 그 나무는 이제 아무 쓸모 없게 되었다. 그래서 하나님은 쓸모없게 된 유다를 멸망시키기로 작정하셨던 것이다. 한때 그토록 사랑했고 자랑스러웠던 '그 올리브나무' 곧 '유다'를 도끼로 찍고 불사르는 하나님의 심정은 얼마나 아팠을까. 그런 하나님의 심정을 알기에 심판의 메시지를 전달하는 예레미야 선지자 역시 두 눈에서 눈물 그칠 날이 없었다.

예레미야를 죽이려는 아나돗 사람들의 음모 (11:18-23)

(18-19) 주께서 친히 내게 알려주셨기에, 나는 내 고향 아나돗 사람들의 악한 음모를 알았다. 주께서는 그들의 모든 악한 행위를 내게 다 보여주셨다. 처음에 나는 도살장으로 끌려가는 순한 양과 같이, 나의 대적들이 나를 죽여 없애려고 온갖 궁리를 다 하고 있는데도 그것을 전혀 모르고 있었다. 그들은 나를 두고 악한 음모를 꾀하기를 '우리가 저 나무를 열매가 달린 채로 베어버리자. 저 사람을 세상에서 없애버려, 그 이름이 더 이상 기억되지 못하도록 하자.'라고 하였다.

예레미야의 고향인 아나돗 마을의 사람들은 예레미야를 죽이려고 음모를 꾸미고 있었다. 자신의 고향 마을 출신인 예레미야가 동족의 죄악을 연일 지적하고 꾸짖으면서 '나라의 멸망과 예루살렘의 파괴'라는 반역적이고 매국적인 메시지를 선포하고 있었기 때문이다. 그래서 그들은 그 나무(예레미야)와 열매(예언의 메시지)를 베어버려 아예 세상에서 없애고자 했던 것이다. 처음에 예레미야는 이 같은 고향 사람들의 음모를 전혀 모르고 있었다. 하지만 하나님께서 그 사실을 친히 알려주시어 비로소 알게 되었다. 아마도 하나님은 꿈이나 환상을 통해 알려주셨을 것이다.

(20-23) 그래서 나는 주께 기도하였다. "전능하신 만군의 주여, 오직 공의로 심판하시며 사람의 생각과 마음을 다 아시는 주여, 저의 억울한 사정을 주께 다 아뢰었으니, 주께서 저들에게 갚아주소서. 그리하여

나로 주님의 보복하시는 광경을 보게 하소서!" 그때에 주께서 아나돗 사람들에 대해 내게 일러주셨다. "네 고향 아나돗 사람들이 네 목숨을 노리면서 너를 향해 이르기를 '너는 주님의 이름으로 예언하지 마라. 그렇지 않으면, 우리 손에 틀림없이 죽게 될 것이다.'라고 하고 있다." 그러나 전능하신 만군의 주가 말한다. "보라, 내가 그들을 벌하겠다. 아나돗 성읍의 젊은이들은 칼에 맞아 죽을 것이고, 그곳의 자녀들은 기근으로 굶어죽을 것이다. 벌할 때가 되어 내가 아나돗 주민들에게 마침내 재앙을 내리면, 그들 가운데 살아남을 자가 하나도 없을 것이다."

고향 아나돗 성읍의 사람들이 자신을 죽이려는 음모를 꾸미고 있다는 사실을 알게 되었을 때, 예레미야는 그들을 용서해달라고 기도하지 않고, 의외로 그들에게 보복해달라고 기도했다. 이처럼 용서가 아니라 보복을 위한 선지자의 기도는 우리를 혼란스럽게 한다. 하지만 우리는 예레미야가 자신의 사적인 복수를 위해서가 아니라, 하나님의 공적인 복수를 위해 기도하고 있다는 사실을 깨달아야 한다. 하나님의 복수는 분풀이나 앙갚음의 감정에 기초하고 있는 것이 아니라, 공의의 정당한 집행이라는 사실을 인식할 필요가 있다. 과연, 하나님께서는 예레미야의 기도에 응하여 심판의 날에 아나돗 성읍의 사람들을 철저히 징벌하시겠노라고 답변하셨다.

12

예언자의 탄식과 질문

악인의 길은 왜 형통합니까
그들은 입술로만 주를 섬길 뿐
마음은 멀리 떠나 있으니
속히 그들을 끌어내어 벌하십시오

예레미야의 탄식과 질문 (12:1-4)

(1-4) 주여, 제가 주님 앞에서 제 주장을 펼 때면, 언제나 주님께서 옳으셨습니다. 하지만 주님, 주님의 공의에 대해 꼭 여쭙고 싶은 것이 있습니다. 어찌하여 악한 자의 길이 형통하고, 거역하는 자의 삶이 편안한 것입니까? 그들이 뿌리를 내리고 쑥쑥 자라서 열매를 풍성히 맺는 것은 주께서 다 그들을 굳게 심으셨기 때문이 아닙니까? 그들을 보십시오. 그들이 입술로만 주님께 가까이할 뿐, 그들의 마음은 주님에게서 멀리 떠나 있습니다. 그러나 주님, 주께서는 저를 잘 아십니다. 저의 속을 다 들여다보시는 주께서는 제가 언제나 온전한 마음으로 주님 편에 서 있다는 것을 잘 아십니다. 그러므로 주님, 도살할 양을 그 우리에서 끌어내듯이, 그들을 그 안락한 자리에서 끌어내소서. 그리하여 그들을 따로 떼어놓으신 후에 도살할 날을 정해놓으소서. 도대체 이 땅이 언제까지 더 슬퍼해야 합니까? 언제까지 들녘의 모든 풀들이 말라죽어야 합니까? 이 땅에 사는 사람들이 사악하여, 온갖

짐승과 새들마저 사라져가고 있습니다. 그런데도 사람들은 깨닫지 못하고 스스로 말하기를 "우리가 무슨 일을 하든, 하나님은 우리를 보지 못한다."라고 합니다.

"어찌하여 악한 자의 길이 형통하고, 거역하는 자의 삶이 편안한 것입니까?" 예레미야의 이 질문은 오늘날 성도들도 하나님을 향해 하고픈 질문이다. 예레미야와 우리뿐만 아니라 성경의 많은 신앙인들이 하나님의 공의가 잘못 집행되는 것처럼 보이는 것에 관하여 탄식을 쏟아냈고 불만을 호소했다. 다윗 시대의 성전 지휘자인 아삽은 악인의 번영에 관하여 탄식했고(시 73장), 예레미야와 동시대에 활동한 하박국 선지자 역시 유다보다 더욱 악한 바빌로니아의 번성과 강성함에 대해 의심하고 혼란스러워했다.

물론 하나님은 신앙인들의 불평과 의심과 탄식을 무시하거나 멸시하지 않으신다. 하지만 하나님은, 우리가 그보다 더욱 인간의 생각을 뛰어넘는 하나님의 지혜와 섭리와 의로움을 겸손히 인정하고 믿음으로 받아들이기를 원하신다. 한낱 피조물 된 사람은 창조주 되시는 전지전능하신 하나님의 길을 가히 측량할 수 없기 때문이다.

예레미야의 질문에 대한 하나님의 답변 (12:5-6)

(5-6) "네가 발로 뛰는 사람들과 경주를 해도 피곤하다면, 어떻게 말과 경주를 할 수 있겠느냐? 네가 평탄한 땅에서도 걸려 넘어진다면, 요단 강가의 무성한 덤불 속에서는 어찌하려느냐? 그렇다. 앞으로 닥쳐올 무시무시한 핍박에 비하면 고향 사람들의 박해 정도는 아무것도 아니다. 비록 네 형제와 네 가족들조차 너를 속이고 배반했더라도, 그들까지도 너를 죽이자고 목소리를 높이고 있더라도, 너는 낙심하지 말고 용기를 내라. 그들이 네게 좋은 말을 하더라도, 너는 그들을

믿지 마라."

예레미야의 질문에 대한 하나님의 답변이다. 그런데 하나님의 답변은 선지자의 질문(1절)에 대한 것이 아니라, 선지자 자체에 초점을 맞춘 것이었다. 즉, 하나님은 '고향 아나돗 사람들의 살해 음모'라는 현재의 고난보다 장차 닥칠 더 큰 고난에 대하여 마음의 준비를 단단히 하도록 예레미야를 타이르고 격려하셨다.

"나는 너를 선지자로 불러, 네 사명을 이룰 수 있도록 함께하겠다고 약속했다. 그런데 이제 난관이 시작되자 그만두려 하다니, 이 정도의 일에 나가떨어지면 도대체 진짜 경주가 시작되면 어떻게 할 작정이냐? 네가 평범하기 짝이 없는 사람들과 달리기를 해도 피곤하면, 날렵하고 승부욕이 강한 탁월한 말들과는 어찌 경주하겠느냐? 조용한 땅에서만 안일하게 살려고 한다면, 요단 강가의 무성한 덤불 속에서는 어떻게 살아갈 수 있겠느냐?"

이 정도의 고난에 낙담한다면 이보다 더욱 큰 고난에는 어찌하겠으며, 이 정도의 일로 낙심한다면 앞으로 더 큰 일을 어떻게 감당하겠느냐는 책망이다. 과연 이후에 예레미야는 매를 맞고 옥에 갇히고 깊은 구덩이에 던져지고 강제로 먼 땅으로 끌려가는 등 숱한 고난을 겪게 된다. 그렇지만 "나는 주님과 함께 달리겠다!"는 심정으로 의연히 잘 버텨나갔다.

유다에 대한 심판 선언 (12:7-13)

(7-9) 주께서 말씀하신다. "내가 내 집을 버렸고, 나의 유산도 내던졌다. 내가 마음 깊이 사랑하는 자를 원수들의 손아귀에 넘겨주었다. 그 까닭은, 나의 소유된 내 사랑하는 백성이 숲속의 사자처럼 되어 나를 향해 으르렁거리며 달려들었기 때문이고, 그리하여 이제는 내가 그들을 미워했기 때문이다. 내 소유된 내 백성은 눈에 잘 띄는 얼룩무늬

매처럼 되었으니, 다른 모든 매들이 그 얼룩무늬 매를 에워싼 채 공격하려 한다. 그러니 너희는 이번 기회에 온갖 야생 동물들도 다 불러 모아 그 얼룩무늬 새를 다 함께 뜯어먹게 하여라."

원래 유다는 하나님께 택함 받은 그분의 소유된 나라로, 그분께 크신 사랑을 받은 백성이었다. 그런데 아주 배은망덕하게도, 유다는 마치 숲속의 사자처럼 하나님을 향해 으르렁거리며 불순종하고 거역했다. 그 결과, 하나님께서도 유다를 미워하여 그들에 대한 보살핌을 거두시고 그들을 열방의 먹잇감으로 던져놓았다. 이 같은 유다의 상황이 '매 떼 가운데 얼룩무늬 매'에 비유되었다(9절).

맹금류인 매들의 세계에서, 한 무리의 매들은 이상한 색깔의 무늬를 가진 매를 보면 일제히 공격한다. 그 이상한 얼룩무늬 색깔의 새를 자신들과는 다른 종류로 간주하고, 모두가 일시에 에워싸고 달려들어 찢어놓는 것이다. 비유하자면, 매들이 노니는 '열방의 세계'라는 공중에서 유다가 그런 이상한 무늬 있는 매가 되어, 열방의 공격을 받는 좋은 먹잇감으로 전락하게 된 것이다.

(10-13) "보라, 수많은 목자들이 이 땅으로 몰려와서 내 포도원을 망쳐놓고 내 밭을 마구 짓밟아버렸다. 그들은 내가 기뻐하는 내 땅을 삭막한 황무지로 만들었다. 그들이 내가 사랑하는 이 땅을 황무지로 만들었으므로, 황무지가 된 이 땅이 나를 향해 슬피 통곡한다. 이처럼 온 땅이 삭막한 황무지로 변했는데도, 그 일로 슬퍼하는 사람이 아무도 없다. 보라, 이 땅을 망치는 자들이 유다 광야의 모든 벌거숭이 언덕들 위에 이미 이르렀고, 주의 칼이 유다 땅의 이쪽 끝에서 저쪽 끝에 이르기까지 온통 휩쓸고 다니니, 어느 한 사람인들 그 목숨이 안전할 수 있으랴! 그때에 이 백성은 밀을 심어도 가시만 잔뜩 거두겠고, 땀 흘려 수고해도 아무 소출이 없을 것이다. 정녕 그날에, 이 백성은

주의 맹렬한 분노로 인해 추수할 것이 아무것도 없을 것이므로 큰 수치를 느낄 것이다."

하나님은 자신을 배반하고 거역한 유다를 '얼룩무늬 매'처럼 만들어 열방의 먹잇감으로 던져놓았다(7-9절). 그 결과, 유다는 열방의 약탈과 유린의 대상이 되고 말았다. 수많은 대적들이 우르르 몰려와 하나님의 포도원이며 밭인 유다를 마구 짓밟아 삭막한 황무지로 만들어버렸다. 유다 온 땅을 온통 휩쓸고 다니며 닥치는 대로 죽이고 빼앗고 짓밟고 베어내고 불살라버렸다.

사람은 살육당하고 여자는 강간당하며 재산은 빼앗기고 성읍은 파괴되며 가옥은 불살라지고 숲의 나무들은 베어졌다. 한때 열매를 풍성히 맺어 푸르른 올리브나무 같던 유다가 돌덩이와 모래, 엉겅퀴와 찔레만 무성한 삭막한 황무지로 변했다. 그래서 밀을 심어도 가시만 거둘 뿐이었다. 아무리 땀 흘려 부지런히 땅을 일구어도 아무런 소출을 기대할 수 없었다. 그야말로 유다는 버림받은 폐허가 되고 말았다. 온 땅에 수치만 가득했다. 하나님을 버린 자들의 영육(靈肉) 상태가 이와 같다.

뭇 나라들에 대한 심판 선언 (12:14-17)

(14-17) 주께서 또 말씀하신다. "내가 내 백성 이스라엘에게 유산으로 준 땅을 짓밟고 파괴한 모든 악한 이웃 나라들에 대해 말한다. 보라, 내가 그들을 그들이 사는 땅에서 다 쫓아내고, 그들 가운데 붙잡혀 있는 유다 백성들을 가려 뽑아 인도해내겠다. 하지만 내가 내 백성 유다를 가려 뽑아 인도해낸 후에는, 그들 이웃 나라 사람들을 다시 불쌍히 여겨 그들 각 사람을 각각 그들의 고향 땅으로 돌아가게 하겠다. 그들은 이전에 내 백성에게 바알의 이름으로 맹세하도록 가르쳤는데, 만일 그들이 내 백성의 도를 부지런히 배워서 이제는 '주께서 살아계심

을 두고 맹세합니다!'라고 하면서 내 거룩한 이름으로 맹세한다면, 나는 그들 또한 내 백성들 가운데 자리 잡게 할 것이다. 그러나 그들이 내 말에 순종하지 아니하면, 나는 그 나라와 그 민족을 뿌리째 뽑아 완전히 멸망시킬 것이다. 이는 나 주의 말이다."

세 가지 중요한 메시지가 선포되었다.

첫째, 하나님을 거역한 유다 곧 이스라엘이 심판을 받았듯이, 하나님의 백성과 그 땅을 짓밟은 이웃 나라들 곧 열방도 그들의 죄로 인해 심판을 받을 것이다. 그래서 유다와 이스라엘을 공격하여 짓밟은 아시리아, 이집트, 바빌로니아, 아람, 모압, 블레셋, 암몬, 에돔 같은 이웃의 악한 나라들이 그들의 죄에 따라 각각 징벌을 받게 된다.

둘째, 하나님께서 언젠가는 열방 가운데 흩어진 유다 백성을 가려 뽑아 그들의 본토로 인도해 들일 것이다. 과연, 후일에 하나님은 페르시아 왕 고레스의 귀환 조서를 통해 이 일을 이루셨고(주전 537년경), 각처의 유대인들은 모두 3차에 걸쳐 대규모로 본토 이스라엘 땅으로 귀환하였다.

셋째, 유다 백성들을 가려 뽑아 본토로 인도하신 후에는 유다를 짓밟은 이웃 나라들의 백성들도 불쌍히 여겨 그들을 그들의 본토로 돌려보낼 것이고, 또한 그들이 하나님의 도(道, 말씀)를 배워 '주님의 이름으로 맹세한다면' 이스라엘 백성들 가운데 자리 잡고 살도록 허락하실 것이다. 말하자면, 징벌을 통해 열방의 민족들이 회개하고 하나님의 율법을 배워 순종한다면, 하나님께서 그들도 자기 백성으로 받아들이실 것이라는 말씀이다.

이사야, 예레미야, 에스겔 같은 후기 선지자들의 메시지를 살펴보면, 이처럼 유다(이스라엘) 백성의 회복은 단순히 그들만의 회복으로 끝나는 것이 아니라, 반드시 열방을 향한 초청으로까지 이어지고 있음을 알 수 있다. 구속사적으로 볼 때, 육적(肉的) 이스라엘은 사실상 예루살렘 성전의 파괴와 더불어 종결되었다(주전 586년경). 그 이후로는 영적(靈

的) 이스라엘이 탄생하게 되는데, 그 구성원들은 더 이상 혈통으로서가 아니라 오직 '하나님의 도(道)' 곧 '메시아 복음'으로 인해 이루어지는 것이다.

따라서 유다와 이스라엘 백성은 물론이고, 열방의 모든 나라들과 민족들도 누구든지 '메시아 복음'을 믿고 받아들이면, 아브라함의 영적 후손이 되어 '영적 이스라엘'에 편입되는 영광을 누릴 수 있게 되었다. 이 같은 진리는 신약시대에 이르러 더욱 밝히 드러났다(롬 10:11-13; 갈 3:28-29). 오늘날 팔레스타인에서 아주 멀리 떨어진 동방의 한반도에 살고 있는 우리가 '영적 이스라엘'에 편입되어 하나님의 백성 된 것은, 모두 이 같은 하나님의 은혜로운 초청이 있었기 때문에 가능해진 것이다. 할렐루야!

13
베 허리띠와 포도주 항아리

베 허리띠를 도로 찾으니
썩어서 도저히 쓸 수가 없구나
예레미야야, 포도주 항아리마다
포도주를 가득 채워 백성을 취하게 하여라

썩은 베 허리띠의 비유 (13:1-11)

어느 날, 주께서 예레미야에게 말씀하신다.

"예레미야야, 너는 가서 베로 만든 허리띠를 사라. 그런 뒤, 그것을 네 허리에 매고, 그것이 물에 닿지 않도록 조심하여라."

예레미야는 주께서 명하신 대로 베 허리띠를 사서 자기 허리에 매고 다녔다. 그리고 얼마 후, 주께서 다시 예레미야에게 말씀하신다.

"예레미야야, 너는 네 허리에 맨 그 베 허리띠를 들고, 유프라테스 강가로 가서 그것을 바위틈에 숨겨놓아라."

예레미야는 주님의 지시가 무얼 뜻하는지 이해할 수 없었지만, 주께서 명하신 대로 순종했다. 그는 예루살렘을 떠나 아주 먼 길을 여행하여 유프라테스 강가로 가서 자신이 구입해서 동여매고 다녔던 베 허리띠를 풀어 그곳의 어느 바위틈에 숨겨두고, 그곳을 표시해 두었다. 그로부터 여러 날이 지난 후, 주께서 다시 예레미야에게 말씀하신다.

"예레미야야, 너는 이제 다시 유프라테스 강가로 가서, 거기 바위틈에

"베 허리띠를 유프라테스 강가의 바위틈에 감추라."

숨겨두었던 너의 그 베 허리띠를 가져오도록 하여라."

예레미야는 주께서 명하신 대로 즉시 유프라테스 강가로 가서, 전에 숨겨두었던 바위틈에서 그 베 허리띠를 찾아냈다. 그러나 이제 그 베 허리띠는 썩어서 아무짝에도 쓸모없게 되었다. 당연히 그럴 수밖에 없었다. 여기 '베 허리띠'는 일할 때 허리를 동여매는 '모시 허리띠'를 가리키는데, 그 마른 띠를 강둑의 바위틈에 오래 놓아두면, 물기와 진흙 등으로 인해 썩을 수밖에 없다. 그리고 썩은 띠는 아주 쉽게 끊어지므로 띠의 기능을 상실하여 더 이상 아무짝에도 쓸모가 없게 된다. 이 비유는, 유다가 하나님에게서 떨어져 나간 결과 부패하게 되어 폭삭 썩게 되었고, 이제는 더 이상 쓸모없게 됨으로써 땅에 버려져 짓밟히게 될 수밖에 없음을 뜻한다. 아닌 게 아니라, 바로 그때에 주께서 예레미야에게 말씀하신다.

(8-11) "나 주가 말한다. 그렇다! 보라, 이런 식으로 내가 유다의 교만과 예루살렘의 큰 교만을 완전히 썩게 하겠다. 이 사악하고 교만한 백성이 내 말에 순종하기를 거부하고, 자기들의 고집 세고 악한 마음에 따라 다른 이방 신들을 따라다니며 그것들을 섬기고 숭배하였다. 그러니 이 백성도 썩은 베 허리띠처럼 아무짝에도 쓸모없게 될 것이다. 나 주가 또 말한다. 허리띠가 사람의 허리를 붙어있는 것처럼, 나도 이스라엘과 유다를 내 몸의 허리띠처럼 내게 꼭 붙어있게 하려 했다.

그래서 그들을 내 사랑하는 백성으로 삼아 그들로 내 이름을 빛내도록 하고, 내게 영광을 돌리게 하며, 나를 찬양하게 하려 했다. 그러나 그들은 내 말을 듣지 않았다."

띠는 허리에 매여 있을 때 비로소 띠로서의 의미가 있다. 여기서는 특별히 '제사장의 베띠'와 관련된 것이다. 결국 이 비유는 열방에 대한 이스라엘의 제사장적인 성격을 나타낸다(출 19:5-6). 즉, 이스라엘과 유다는 하나님께 택함 받은 열방의 제사장으로서 열방을 하나님께로 인도해야 할, 하나님께 매인바 된 베띠와 같은 존재였다. 그것은 참으로 명예로운 직책이었고 영광된 사명이었다.

하지만 하나님 없이, 하나님을 떠나 제멋대로 살겠다고 고집 피웠던 이스라엘과 유다의 교만은 썩은 베띠같이 무익하고 쓸모없는 존재가 되고 말았다. 베띠 된 이스라엘과 유다는 하나님의 허리를 떠나 이방 우상의 허리에 매이기를 원했던 것이다. 그 결과, 이스라엘과 유다는 부패하고 썩게 됨으로써 불행하게도 본래 부여받은 명예로운 직책과 영광스러운 사명을 감당하지 못했던 것이다.

가득 찬 포도주 항아리의 비유 (13:12-14)

(12-14) "예레미야야, 그러므로 너는 이 백성에게 이 말을 전하여라. '이스라엘의 하나님께서 말씀하셨다. 포도주 항아리마다 포도주를 가득 채워라.' 그러면, 사람들이 네게 이렇게 대꾸할 것이다. '포도주 항아리에 포도주를 가득 채워야 한다는 걸 모르는 사람도 있단 말이냐.' 그러면 너는 그들에게 대답하기를 '보라, 주께서 말씀하신다. 내가 이 땅에 사는 모든 사람들을 잔뜩 취하게 하겠다. 다윗의 보좌에 앉은 왕들을 비롯해서, 제사장들과 선지자들과 예루살렘에 사는 주민들을 모두 술에 잔뜩 취하게 하겠다. 그런 다음에, 그들끼리 서로

부딪히게 하여 싸우게 할 것이니, 심지어 아버지와 아들 간에도 서로를 죽이게 하겠다. 그때에 내가 그들을 조금도 불쌍히 여기지 않고, 누구의 사정도 들어주지 않으며, 누구에게도 자비를 베풀지 않고 모두를 멸망시킬 것이다.'라고 하여라."

'가득 찬 포도주 항아리'의 비유가 지닌 교훈은 이러하다. 항아리에 포도주가 가득 차듯 유다 온 땅에 죄악이 가득 차서, 왕을 비롯하여 제사장들과 선지자들 및 예루살렘의 일반 주민들에 이르기까지 모두가 그 죄악의 술에 만취하여 비틀대고 있다는 의미다. 그렇게 모두가 술에 취해 정신을 잃고 비틀대며 서로 간에 물어뜯고 싸우는 와중에 하나님의 심판이 졸지에 임하여 그들 모두를 철저히 멸망시킬 것이라는 메시지다.

회개를 촉구하는 선지자의 경고 (13:15-27)

(15-19) 유다 백성들아, 너희는 귀 기울여 들어라. 주께서 말씀하시니, 거만을 떨지 말고 겸손히 귀를 기울여라. 주께서 흑암을 이 땅에 몰고 오시기 전에, 너희가 캄캄한 산을 헤매다가 발이 걸려 넘어지기 전에, 너희가 바라던 소망의 빛을 주께서 죽음의 그늘로 바꾸어 캄캄한 흑암으로 만들기 전에, 너희는 너희 하나님 주께 영광을 돌려라. 너희가 이 말을 듣지 않는다면, 너희의 교만 때문에 내 심령은 은밀히 흐느껴 울 것이고, 또한 주님의 양 떼가 사로잡힌 채 포로로 끌려감을 인하여 내 두 눈에서는 비통한 눈물이 쉴 새 없이 흐르게 될 것이다. 주께서 내게 말씀하셨다. "너는 유다의 왕과 왕후에게 이르기를 '너희는 보좌에서 내려와 낮은 곳에 앉아라. 너희 영광의 왕관이 머리에서 벗겨져 떨어졌다.'라고 하여라. 보라, 유다 남방의 성읍들이 다 포위될 것이지만, 그 포위망을 뚫어줄 사람이 아무도 없을 것이므로 온 유다 백성들이 남김없이 포로로 잡혀갈 것이다."

하나님의 무서운 진노의 심판이 이르기 전에, 속히 회개하고 돌이켜 택함 받은 백성답게 주께 영광 돌리는 삶을 살아가라는 메시지다. 죄악의 술에 잔뜩 취해 있는 유다 백성들을 향해 회개를 촉구하는 선지자의 눈물겨운 경고다. 아닌 게 아니라 예레미야 선지자는 흐느껴 우는 심령으로 이 메시지를 외쳤다. 또한 머잖아 하나님의 심판을 받아 이방 땅에 포로로 끌려가는 동족의 모습을 상상하며 두 눈에서 비통한 눈물을 쉴 새 없이 흘리며 이 메시지를 전했다. 그래서 그는 '눈물의 선지자'였다.

특별히 하나님은 이때 예레미야에게 유다의 왕과 왕후에게 몰락의 메시지를 선포하라고 명했다(18절). 당시 유다의 왕은 '여호야긴'(일명, 여고니야)이고, 왕후는 그의 모친인 '느후스다'를 가리킨다. 여호야긴은 어린 나이인 18세에 유다 왕위에 올랐기 때문에, 모친의 섭정을 받고 있었다. 과연 나중에 선지자의 경고대로, 여호야긴은 재위 3개월 만에 바빌로니아의 제2차 침공(주전 597년경)을 당해 포로로 잡혀 바빌로니아 땅으로 끌려갔다(왕하 24:8-12)

(20-23) 주께서 말씀하신다. "예루살렘아, 눈을 들어 저 북쪽을 바라 보라. 네 원수들이 너를 멸하러 네게로 밀어닥치고 있다. 그런데 네게 주어진 네 양 떼, 너의 아름다운 양 떼는 지금 어디에 있느냐? 너와 동맹을 맺음으로써 네 친구 되었던 자를 나 주가 네 위의 통치자로 삼아 너를 지배하게 하면, 네 심정이 어떠하겠느냐? 너는 그 고통을 차마 견디지 못하여 마치 아이 낳는 여인처럼 울부짖을 것이다. 그때에 너는 마음속으로 탄식하기를 '내가 어쩌다가 이토록 무서운 재앙을 당하게 되었을까?'라고 하겠지만, 그것은 네 죄악이 너무나 무겁고 컸기 때문이다. 그래서 네 치마가 찢겨지고 강제로 겁탈을 당한 후에 맨발로 끌려가게 된 것이다. 보라, 구스 사람이 자신의 검은 피부색을 바꿀 수 있느냐? 표범이 자기 몸의 반점들을 없앨 수 있느냐? 만일

그렇게 할 수 있다면, 악에 물든 너희도 선한 일을 행할 수 있을 것이다."

아름다운 양 떼인 '유다'를 침공하려고 저 북쪽에서 오는 원수들은 이전에 유다가 동맹 국가로 삼아 크게 의지하였던 '바빌로니아'를 가리킨다. 그렇게 한때 유다의 친구 되었던 바빌로니아가 이제는 원수가 되고 침략자가 되어 유다를 정복한 뒤에 가혹하게 지배하게 된 것이다. 선지자는 이 같은 상황을 '치마가 찢겨지고 강제로 겁탈당한 처녀'에 비유했다(22절). 과연, 이때로부터 30~40여 년이 흐른 뒤에 느부갓네살 왕이 이끄는 바빌로니아 군대의 침공으로 유다의 온 국토는 원수들의 말발굽 아래에 철저하게 유린당했고, 유다 백성들은 모든 것을 빼앗긴 채 살육당하거나 겁탈당했고, 살아남은 자들은 포로가 되어 포승줄에 꽁꽁 묶인 채 먼 이방 땅에 맨발로 끌려가게 되었다(주전 586년경).

한편, 예레미야 선지자는 당시에 유다 백성들이 자신들의 죄악을 회개하고 선(善)을 행하는 것이 얼마나 불가능할 정도로 어려운지를 나타내 보이기 위해 친숙한 속담 하나를 인용하였다. "구스 사람이 자신의 검은 피부색을 바꿀 수 없고, 표범이 자기 몸의 반점들을 없앨 수 없다"(23절). 그만큼 죄악의 술에 깊이 만취되어 있었다. 그렇지만 이 속담은 유다 백성의 변화가 절대로 불가능하다는 것을 뜻하지는 않는다. 그들 스스로의 힘으로는 돌이켜 회개할 가망이 없다는 것을 뜻한다. 따라서 오직 전능하신 하나님만이 유다 백성들에게 기적적인 변화를 가져다줄 수 있었다.

(24-27) "그러므로 내가 이제 너희를 사막의 거센 바람에 흩날리는 검불처럼 산산이 흩어버리겠다. 나 주가 말한다. 바로 이것이 네가 마땅히 받을 대가요, 내가 헤아려서 네게 할당해 준 몫이다. 그런 까닭은, 네가 나를 잊어버리고 이방의 거짓 신들을 의지하였기 때문이

다. 그렇다! 그때에 내가 네 치마를 얼굴까지 들어 올려 네 수치를 온전히 드러낼 것이다. 지금껏 나는 너의 간음 행위와 음탕한 소리, 그리고 이 땅의 들판과 언덕들 위에서 자행한 온갖 역겹고 추잡한 네 매춘 행위를 다 지켜보았다. 예루살렘아, 정녕 네게 재앙이 임할 것이다. 도대체 얼마나 오랜 세월이 흘러야 네가 깨끗하게 되겠느냐."

이스라엘은 출애굽 후에 시내산에서 희생제물을 잡아 하나님과 더불어 피의 언약을 맺었다(출 24:1-11). 그것은 부부의 혼인 서약 같은 것이었다. 이스라엘은 오직 하나님만을 섬기기로 맹세했고, 하나님은 이스라엘을 자기 백성 삼아 사랑하고 보호하기로 약속했다. 그런 언약 이후에 하나님은 신실하게 그 약속을 지켰다. 그런데 이스라엘은 그 맹세를 깨뜨리고 하나님을 떠나 이방의 우상들과 놀아났다. 그러자 하나님은 숱한 선지자들을 보내 속히 돌이켜 자신에게 돌아오라고 애타게 호소하고 강력하게 촉구하며 무시무시하게 경고했지만, 이스라엘은 그 모든 메시지를 전부 배격하고 들은 척도 하지 않았다.

그러자 마침내 하나님은 그 백성을 징벌하시기로 작정하셨다. 그 징벌은 마치 여인의 치마를 그녀의 얼굴까지 들어 올리는 것과 같은 것이었다(26절). 하체를 드러내는 것은 곧 얼굴조차 들 수 없는 엄청난 '수치'를 뜻한다. 실제로 고대 사회에서 행실이 문란한 여인은 군중 앞에서 옷을 벗기거나 치마를 머리에 뒤집어쓰게 함으로써 공개적인 수치를 안겨주었다(사 47:3; 호 2:3).

마찬가지로 하나님께 성실하지 못하고 유다의 들판과 언덕에서 이방 우상들과 음탕하게 놀아남으로써 창녀가 된 이스라엘 곧 유다는 말로 형언할 수 없는 크나큰 수치를 당하게 될 것이었다. 그것은 실제로 국토의 유린, 성읍의 파괴, 백성의 살육, 여인의 겁탈, 나라의 망함, 이방 땅의 포로 됨, 비천한 포로 신분의 종살이 같은 것들이었다.

14
예레미야의 중보 기도

유다 땅에 큰 가뭄이 왔네
모든 우물은 물이 마르고
모든 논밭은 쩍쩍 갈라지고
들나귀는 들개처럼 헐떡거리네

유다 땅에 임한 극심한 가뭄의 재앙 (14:1-6)

(1-6) 주께서 유다 땅에 임한 극심한 가뭄에 관해 예레미야에게 하신 말씀이다. "보라, 온 유다가 슬퍼하고 뭇 성읍들마다 지치고 초췌한 사람들로 가득하다. 모두가 땅바닥에 주저앉아 크게 탄식하고 울부짖으니, 그 소리가 예루살렘에서 하늘로 치솟아 오르고 있다. 귀족들은 하인들에게 물을 길어 오라고 시키지만, 하인들이 우물에 나가도 물을 구할 수가 없다. 그래서 하인들은 빈 물통만 들고 돌아오기가 부끄러워 손으로 머리를 감싼다. 온 땅에 비 한 방울 내리지 않으니 논밭이 쩍쩍 갈라진다. 그러니 농부들은 어찌할 줄 몰라 애만 태우며 탄식할 뿐이다. 방금 새끼를 낳은 들판의 암사슴은 푸른 풀을 찾지 못해 갓 낳은 새끼를 내다버린다. 들나귀들도 목마름을 참지 못하여 벌거벗은 메마른 언덕 위에 서서 들개마냥 헐떡거린다. 뜯어먹을 풀이 없으므로, 그것들의 눈이 흐릿해져 앞을 제대로 보지 못한다."

유다 온 땅을 덮친 극심한 가뭄의 생생한 묘사다. 본래 메마른 광야지대가 많은 팔레스타인에 하나님의 재앙으로 인해 극심한 가뭄까지 겹치니, 그야말로 우물에서 물을 구하기가 하늘의 별따기처럼 불가능한 상황이 되고 말았다. 그러니 주인의 명에 따라 물을 구하러 우물에 나간 하인들은 도저히 물을 구할 수 없어 두 손으로 자신들의 머리만 감쌀 뿐이다. 두 손으로 머리를 감싸는 행위는 극심한 낙담과 좌절과 슬픔을 표현하는 행동이다.

사람뿐만 아니라 암사슴이나 들나귀 등 들판의 뭇짐승들도 극심한 가뭄으로 물을 못 먹고 뜯어먹을 푸른 풀도 찾지 못해, 혀를 길게 내뽑고 헐떡거리는 들개(재칼)마냥 온몸이 늘어진 채 숨만 헐떡거릴 뿐이다. 특히 새끼에 대한 보호 본능과 애정이 강한 동물로 알려진 암사슴은 푸른 풀을 찾지 못해 갓 낳은 제 새끼를 내다버리는 지경에 이른다. 이때의 가뭄은 일반적인 자연현상이 아니라, 유다 백성들의 죄악에 대한 하나님의 징벌로 임한 것이므로 견디기 어려운 것이었다. 죄악에 빠진 사람들 때문에 죄 없는 짐승들까지 고난을 겪고 있다(롬 8:19-22).

유다 백성들을 위한 예레미야의 중보기도 (14:7-9)

(7-9) "주여, 우리의 죄악이 우리에 대하여 아무리 불리한 증언을 할지라도, 주님의 거룩하신 이름과 크신 영광을 위해서라도 우리를 제발 도와주소서. 진실로 우리의 타락이 크고, 우리가 주께 많은 죄를 지었습니다. 그러나 이스라엘의 소망이시여, 환난 때의 구원자이시여, 우리를 살려주실 분은 오직 주님뿐이십니다. 그런데도 어찌하여 주께서는 이 땅에 잠시 머무는 이방 사람처럼, 하룻밤 잠깐 묵는 나그네처럼 그렇게 행동하십니까. 어찌하여 주께서는 깜짝 놀라 어안이 벙벙해진 사람처럼, 구해줄 아무 힘도 없는 용사처럼 그렇게 행동하십니까. 그러나 주여! 주께서는 어찌하든지 지금도 우리 가운데 계시고, 우리는 어디까지나 주님의 이름으로 불리는 백성들이오니, 부디 우리를 버리지

마소서!"

유다 온 땅이 극심한 가뭄을 겪고 있는 중에 예레미야가 유다 백성들을 위해 하나님께 중보기도를 올리는 장면이다. 예레미야는 주님의 거룩하신 이름에 호소하고 있는데(7절), 유대 사회에서 '이름'은 그 사람의 인격과 속성을 나타냈다. 그래서 예레미야는 지은 죄로 인해 징벌 받아 마땅한 백성이지만, 주님의 거룩하신 이름에 맞도록 주님의 긍휼과 은혜에 따라 유다 백성들을 다루어 주실 것을 바라서 주님의 이름에 호소한 것이다.

또한 이때 예레미야는 주님을 유다 땅에 잠시 머무는 '이방 사람'(거류인)이나 '나그네'에 비유했다(8절). 이는 극심한 가뭄으로 인해 숨이 막 넘어갈 듯 헐떡이고 있는 유다 백성들의 곤고함을 마치 자신과는 아무런 상관 없는 이방 사람이나 나그네인 양 그저 물끄러미 바라보고만 계시는 하나님의 모습을 비유한 말이다.

그렇게 느낄 수밖에 없다. 유다 백성들의 죄악에 대한 징벌로 유다 땅에 재앙을 내리시는 주체가 하나님이신 만큼, 유다 백성들의 회개로 인해 하나님께서 그 마음을 돌이키지 않는 한, 그 가뭄의 재앙을 거두어들이지 않고 그대로 계속 놔두실 것이기 때문이다. 결국 예레미야는 고집 세고 완고한 유다 백성들이 회개함으로써 재앙이 그치기를 기대하기보다는, 긍휼과 은혜가 풍성하신 하나님의 속성에 전적으로 기대어 어찌하든지 유다를 불쌍히 보시고 부디 재앙을 거두셔서 유다를 버리지 말아 달라고 호소하고 있는 것이다.

유다 땅에 임할 칼, 기근, 전염병의 재앙 (14:10-12)

(10-12) 그때에 주께서는 이 백성에 대하여 이렇게 말씀하셨다. "그들은 나를 떠나 죄악의 길을 걷기를 좋아하니, 그들 스스로 자기들의

발을 한 곳에 묶어두지 못한다. 그러니 나는 그들을 받아들일 수 없다. 이제 나는 그들의 죄악을 더 이상 두고 보지 아니하고, 그들의 모든 죄를 다 기억하여 그들에게 벌을 내리겠다." 주께서 내게 또 말씀하셨다. "예레미야야, 너는 이 백성에게 은총을 베풀어 달라고 내게 더 이상 기도하지 말아라. 이제는 그들이 아무리 금식하며 부르짖어도 내가 더 이상 그들의 소리를 듣지 않겠고, 그들이 아무리 많은 번제물과 곡식예물을 나의 제단에 갖다 바쳐도 내가 더 이상 그것들을 받지 않겠다. 도리어 나는 그들 위에 칼과 기근과 전염병의 재앙을 보내 그들을 다 멸하기로 작정하였노라."

하나님께서 예레미야 선지자의 중보기도를 부드럽게 거부하시는 장면이다. 그 까닭은 이러하다. 첫째, 하나님은 참고 참으시다가 마침내 심판하시기로 작정하셨기 때문에 더 이상 기도에 응답하지 않기로 하셨다. 유다 백성들은 너무나 오랫동안 하나님의 경고에 귀를 기울이지 않았기에, 이제는 사실상 심판이 진행되고 있었다. 둘째, 유다 백성들 스스로 기도 응답을 가로막고 있었기 때문이다. 심판이 진행되는 와중에서도 그들의 멈출 줄 모르고 계속되는 죄악, 불순종, 완악함, 위선 등이 거대한 장벽이 되어 하나님과 그들 사이를 가로막고 있었다.

예레미야의 중보기도와 하나님의 답변 (14:13-18)

(13-16) 그때 내가 이렇게 아뢰었다. "아, 참으로 슬픈 일입니다. 오, 주여, 보소서! 이 나라의 선지자들은 이 백성에게 예언하기를 '이 나라에는 영영 전쟁도 없고, 기근도 없을 것이다. 주께서 이곳에 확실한 평강을 주실 것이다.'라고 합니다." 그러자 주께서 내게 말씀하셨다. "그렇게 말하는 선지자들은 내 이름을 빌어 거짓말을 하고 있는 것이다. 나는 그들을 보낸 적도 없고, 그런 말을 하라고 명령한 적도 없다. 그런데도 그들은 거짓 환상과 허황된 점술과 온갖 헛된

것들과 자기들 마음속에서 꾸며낸 간교한 속임수들로 너희에게 예언하고 있는 것이다. 그러므로 내가 이런 선지자들을 벌하겠다. 내가 보내지도 않았건만 내 이름을 빌어 이 땅의 백성들에게 예언하기를 '이 땅에는 전쟁과 기근이 영영 임하지 않을 것이다!'라고 거짓으로 예언하는 자들에 대하여 나 주가 분명히 말한다. 이들 거짓 선지자들은 모두 전쟁과 기근으로 멸망할 것이다. 또 이런 거짓 선지자들의 거짓 예언을 받아들인 사람들도 예루살렘 거리에 내던져져서 전쟁과 기근으로 죽게 될 것인데, 그때에 그들의 시체를 묻어줄 사람조차 없을 것이다. 또 그들의 아내와 자녀들까지도 모두 그처럼 비참하게 죽을 것이다. 그렇게 해서, 내가 그들의 죄악대로 그들 위에 다 갚아줄 것이다."

유다가 하나님의 심판을 받아 멸망하게 된 이유들 중 강력한 것 하나는 '거짓 선지자들' 때문이다. 거짓 선지자들이란 하나님께 보냄을 받지도 않았고, 또한 하나님께로부터 아무런 메시지를 받지 않았음에도 불구하고, 마치 하나님께 메시지를 받고 보냄 받은 자인 것처럼 백성들을 향해 '하나님의 이름으로' 예언을 하는 자들을 가리킨다.

당시 거짓 선지자들은 하나님의 선지자인 예레미야와는 정반대로 유다 땅과 예루살렘에 '전쟁'과 '기근' 대신에 '안전'과 '평강'이 있을 것임을 예언했고, 백성들은 자신들의 욕망에 따라 이 같은 거짓 선지자들의 달콤한 말에 쉽게 미혹되었다. 그러나 심판의 날에 거짓을 예언한 거짓 선지자들은 물론이고, 거짓 선지자들의 말에 미혹된 자들까지 하나님의 징벌을 받아 멸망에 이르고 말 것이었다.

(17-18) "그러므로 예레미야야, 너는 이제 유다 백성들에게 이렇게 전하라. 이르기를 '내 사랑하는 처녀 딸 내 백성이 참혹하게 얻어맞아 아주 깊은 상처로 고통을 당하고 있기에, 내 두 눈에서는 눈물이 줄줄 흘러내려 밤낮으로 그 눈물이 그치지 않는다. 내가 들녘으로

나가면 칼에 맞아 죽은 사람들의 시체가 곳곳에 널브러져 있고, 성읍 안으로 들어오면 기근으로 굶은 채 여기저기 병들어 죽어가는 사람들뿐이다. 제사장들과 선지자들도 어찌할 바를 알지 못하고 온 땅을 이리저리 떠돌며 헤매고 있다.'라고 하여라."

하나님의 메시지는 아주 끔찍한 것이었다. 심판의 날에 유다 온 땅과 예루살렘 성읍에서 펼쳐질 참혹한 광경에 대한 것이었다. 그것은 전쟁의 칼, 기근의 굶주림, 역병의 확산이었다. 그 결과, 유다 온 땅과 예루살렘 성읍은 제대로 수습조차 되지 못한 채 여기저기에 널브러져 있는 시체들로 가득했다. 그야말로 참혹한 광경이었고, 그런 광경을 바라보는 선지자의 두 눈에서는 밤낮으로 눈물이 줄줄 흘러내리고 있었다. 아마도 하나님의 선지자들 가운데 예레미야가 가장 많은 눈물을 쏟아냈을 것이다. 왜냐하면 그는 유다의 처절한 멸망과 예루살렘의 비참한 함락 과정을 살아생전 자신의 두 눈으로 생생히 목도했기 때문이다. 그래서 그는 '눈물의 선지자'가 될 수밖에 없었다.

유다 백성들을 위한 예레미야의 중보기도 (14:19-22)

(19-22) "주여, 주께서는 유다를 완전히 버리셨습니까? 주님의 마음이 진정으로 시온을 미워하시는 것입니까? 어찌하여 우리를 치시고 치료해 주시지 않으십니까? 우리가 평안을 바랐지만, 어디에도 좋은 것이란 없습니다. 우리가 치료받기를 기다렸지만, 사방에는 놀람과 두려움뿐입니다. 주여, 우리가 주님 앞에 우리의 악함과 우리 조상들의 죄악을 모두 인정합니다. 진실로 우리가 주님을 거역하고 주님께 죄를 지었습니다. 그러나 주여, 주님의 거룩한 이름을 위해서라도 우리를 미워하지 마소서. 주님의 영광의 보좌를 욕되게 하지 말아주소서. 우리와 맺으신 주님의 언약을 기억하시고, 부디 그 언약을 취소하지 마소서. 온 세상

뭇 민족들이 섬기는 허무한 우상들 가운데 능히 땅 위에 비를 내릴 수 있는 우상이 어디 있겠습니까. 그렇다고 하늘이 제 스스로 소나기를 내릴 수 있겠습니까. 결코 아닙니다! 우리 하나님 주여, 능히 그렇게 하실 수 있는 분은 오직 주님뿐입니다. 그러므로 우리의 소망도 오직 주님께 있습니다. 그 모든 것을 만드시고 행하시는 분은 오직 주님뿐이시기 때문입니다."

유다와 예루살렘이 전쟁, 기근, 전염병 등의 끔찍한 징벌과 재앙에서 벗어나는 길은 두 가지였다. 하나는, 유다 백성들과 예루살렘 주민들의 '회개'였다. 그러나 아무리 애쓰고 노력해도, 고집 세고 완악한 그들의 회개를 기대할 수는 없었다. 그것은 불가능하다고 판단했다(13:23). 다른 하나는, 언약에 신실하신 하나님의 자비로운 속성에 무조건 매달리는 것이었다. 예레미야는 두 번째 길을 택하기로 마음먹었다.

예레미야는 하나님께서 이스라엘과 세우신 언약을 새로이 기억시키고 있다. 사실, 하나님은 자신이 세운 언약을 결코 잊지 않으신다. 따라서 그분께 언약을 기억시킬 필요가 없다. 그렇지만 지금 예레미야는 필사적이었다. 그는 유다가 먼저 언약을 깨뜨려서 그것을 무용지물로 만들었기 때문에, 유다의 신실성에 근거해서는 하나님의 도움을 요청할 명분이 없다는 사실을 잘 알았다. 그래서 예레미야는 언약에 나타난 하나님의 자비로운 인격과 속성에 무작정 호소하기로 한 것이다. 오직 언약에 신실하신 하나님만이 깨어진 언약 관계를 새롭게 복원시킬 수 있었기 때문이다. 유다가 영영 멸망하지 않고 다시금 회복할 수 있는 길은 그 길만이 유일하다고 판단했던 것이다. 그리고 예레미야가 선택한 길이 옳았다. 유다의 반역과 예루살렘의 패역에도 불구하고, 언약에 신실하신 긍휼의 하나님께서는 그 백성을 영영 멸하지 않으시고 마침내는 자기 백성을 구원과 회복의 길로 인도하셨기 때문이다.

15
예언자의 탄식과 하나님의 위로

주여, 정말 슬프고 괴롭습니다
주께서 내게 주신 말씀을 전하면
모두 핍박하고 죽이려 하니
강한 손으로 나를 붙들어 주십시오

돌이킬 수 없는 하나님의 심판 (15:1-9)

(1-4) 그때에 주께서 내게 말씀하셨다. "예레미야야, 지금 모세와 사무엘이 내 앞에 서서 그토록 간청한다 해도, 내 마음이 이 백성들에게로 향하지 않을 것이다. 나는 더 이상 이 백성들을 보고 싶지 않으니, 그들을 내 앞에서 쫓아버려라. 그때에 만일 그들이 네게 묻기를 '우리가 어디로 가야 하느냐?'라고 하면, 너는 그들에게 대답하기를 '주님의 말씀에, 죽을 사람들은 죽음 앞으로 나아가고, 칼에 맞아 죽을 사람들은 칼 앞으로 나아가고, 기근을 당할 사람들은 기근 앞으로 나아가고, 포로로 끌려갈 사람들은 포로 되는 길로 나아가라고 하셨다.'라고 하여라. 나 주가 분명히 말한다. 내가 이 백성을 벌하려고 네 가지 무서운 재앙을 풀어놓았다. 그것은, 쳐서 죽이는 칼과 찢어발기는 개와 쪼아 먹는 공중의 새와 집어삼키는 땅의 들짐승이다. 유다 백성들이 이런 지경에 처하게 되는 비참한 꼴을 보고는 온 세상 만민들이 크게 놀랄 것인데, 그들이 이토록 무서운 형벌을 받게 된 것은 히스기야

의 아들인 유다 왕 므낫세가 예루살렘에서 저지른 온갖 역겨운 죄악들 때문이다."

하나님께서는 비록 모세와 사무엘이 간청한다고 해도 마음을 돌이키지 않겠다고 말씀하신다. 이는 유다를 심판하기로 작정하신 하나님의 뜻이 아주 확고하여 이제는 돌이키지 않을 것임을 보여준다. 모세와 사무엘은 출애굽 시대와 사사 시대에 각각 사역했던 위대한 신앙의 인물로, 이스라엘의 사죄를 위해 하나님께 중보기도를 드린 대표적인 두 인물이다. 그런데 이들의 중보기도조차 하나님의 마음을 돌이킬 수 없을 만큼, 당시 유다와 예루살렘의 죄악은 이미 한계선을 넘었음을 알 수 있다. 후일에 에스겔 선지자는 노아, 다니엘, 욥을 들어 유다의 죄악을 고발하기도 했다(겔 14:14).

유다 백성들에 대한 심판은 죽음, 칼(살육), 기근, 포로 됨으로 나타날 것이다. 이는 유다가 전쟁의 참화로 심판당할 것임을 시사한다. 또한 유다 백성들을 징벌하시려고 하나님께서 풀어놓으신 무서운 재앙 네 가지가 있다. 그것들은 '쳐서 죽이는 칼'과 '찢어발기는 개'와 '쪼아 먹는 공중의 새'와 '집어삼키는 땅의 들짐승'이었다(3절). 이들 중 '쳐서 죽이는 칼'과 '찢어발기는 개'는 살아있는 자들을 죽이는 재앙이고, '쪼아 먹는 공중의 새'와 '집어삼키는 땅의 들짐승'은 이미 죽은 자들 곧 시체를 다시금 해치는 재앙이다.

하나님께서는 유다가 그토록 무서운 형벌을 받게 된 주요 원인을 일러주셨다. 그것은 '히스기야의 아들인 유다 왕 므낫세의 온갖 역겨운 죄악들' 때문이었다(4절). 부왕 히스기야를 이어 유다의 제14대 왕위에 오른 므낫세(주전 697-642년)는 유다 왕들 중 최장의 기간인 55년 동안 유다를 통치하면서 그야말로 온갖 역겨운 죄악들을 자행했다. 그는 하나님의 성전 안에 온갖 우상들의 제단을 쌓을 만큼 열렬한 우상숭배자였고, 또한 무죄한 자들의 피를 심히 많이 흘리게 한 폭군이었다(왕하

21:1-18).

그런데 여기서 한 가지 묵상해 볼 주제가 있다. 왜 굳이 유대 멸망의 핵심 원인인 '므낫세'를 말할 때, 하나님께서는 그의 부친 히스기야를 언급하여 '히스기야의 아들 므낫세'라고 했을까? 사실, 히스기야 왕은 자기 아들 므낫세와는 정반대로 유다 역사에서 가장 유능하고 경건하며 신실한 왕들 중 일인이었다. 그런 히스기야 왕이 죽을병에 걸렸을 때, 하나님은 애당초 그의 목숨을 거두어 가시기로 마음먹으셨다(왕하 20:1).

그런데 이사야 선지자로부터 하나님의 그러한 뜻을 전달받은 히스기야 왕이 그대로 면벽한 채 울며불며 살려달라고 하도 매달리는 바람에 하나님께서 15년을 더 연장해 주셨다(왕하 20:1-6). 그런데 바로 이 기간에 유다 역사상 가장 악한 므낫세가 태어났던 것이다. 므낫세가 부왕 히스기야를 이어 유다 왕위에 오를 때 그의 나이 12세였기 때문이다(왕하 21:1). 이로 미루어 볼 때, 만일 히스기야가 하나님의 애당초 뜻을 받아들이고 자신의 죽음을 담담히 받아들였더라면, 향후 유다의 역사가 므낫세에 의해 그토록 빨리 망가지지는 않았을 것이다. 그러기에 어떤 상황에서도 우리가 하나님의 뜻에 전적으로 따르면, 결국엔 그것이 우리에게 유익이 되고 선(善)이 되는 것임을 절실히 깨달아야 할 터이다.

(5-9) 주께서 말씀하신다. "예루살렘아, 누가 아직도 너를 불쌍히 여기겠느냐? 네가 멸망하는 것을 누가 슬퍼하겠느냐? 누가 네게 들러서 네 안부라도 물어보겠느냐? 너는 나를 버렸고 나에게서 등을 돌렸다. 그래서 내가 내 손을 네게로 뻗어 너를 멸망시킨 것이다. 내가 뜻을 돌이켜 너를 불쌍히 여기는 것도 이젠 지쳤으므로, 더 이상은 네 죄악을 계속 참고 견딜 수 없노라. 그러므로 보라, 농부가 키로 곡식을 까불러서 쭉정이를 바람에 날려버리듯이, 내가 그 땅의 여러 성문에서 키질하여 유다 백성을 날려버리겠다. 그들이 죄악의 길에서

돌이키지 않았으므로, 내가 그들은 물론이고 그들의 자식들까지 모조리 죽여 없애겠다. 내가 이 땅의 여인들을 과부로 만들어, 해변의 모래알보다도 과부들이 더 많게 하겠다. 내가 또 대낮에 짓밟고 파괴하는 침략자들을 이 땅으로 끌어들여 갑자기 이 백성을 치게 하고, 젊은이들과 그들의 어머니들까지 치게 함으로써 그들로 졸지에 놀라게 하고 두려워 떨게 하겠다. 그래서 일곱 자식을 낳은 어머니는 여러 아들들을 잃고는 심신이 아주 쇠약해져 그만 기절하고 말 것이다. 그때에 그 여인에게는 대낮이라도 해가 떨어진 한밤중처럼 캄캄하게 될 것이니, 그녀는 수치와 절망 가운데서 자기 인생을 끝마치게 될 것이다. 그리고 그 여인의 살아남은 자식들도 결국 대적의 칼에 맞아 다 죽고 말 것이다. 이것은 나 주의 말이다."

하나님은 타락한 유다 백성들에게 오랜 세월에 걸쳐 숱한 선지자들을 보내어 회개를 촉구하며 장차 있을 두려운 심판에 대해 거듭 경고했다. 하지만 우이독경(牛耳讀經), 유다 백성들은 들은 척도 하지 않았다. 그래서 하나님의 인내도 바닥났고 하나님의 긍휼도 지쳤다. 따라서 이제 남은 것은 여러 차례 경고한 대로 이방의 무자비한 군대 곧 바빌로니아 군대를 보내어 유다 온 땅을 짓밟고 유다 온 백성을 살육하는 것뿐이었다.

그 결과, (조금 과장하자면) 전쟁터에서 남편을 잃은 유다 땅의 과부들이 해변의 모래알보다도 더 많겠고, 또한 일곱 자식을 낳은 어머니는 여러 아들들을 잃고는 심신이 아주 쇠약해져 그만 기절하고 말 것이었다. 사실, 유대 사회에서 슬하에 많은 아들들을 가진 여인은 아주 복된 여인으로 간주되었다. 많은 아들들은 가정의 든든한 버팀목이었기 때문이다. 하지만 심판의 날에, 그 여인은 전쟁터에 나간 아들들의 연속적인 사망 소식을 전해 듣게 될 것이다. 그것은 그 여인이 기력을 잃고 기절할 만큼 축복이 저주로 바뀌는 크나큰 슬픔이요 재앙이었다.

예레미야의 탄식과 호소 (15:10-18)

(10-14) 주님의 말씀을 듣고 내가 탄식하였다. "아, 참으로 내게 재앙이로다! 나의 어머니여, 어찌하여 저를 낳으셨나요? 온 땅 어디를 가더라도 모두 나와 싸우려 하고, 모두 나를 해치려고 덤벼드는 사람들뿐입니다. 내가 아무에게서도 빌린 적도 없고 아무에게도 빌려준 적도 없는데, 모두가 나를 향해 온갖 저주를 퍼붓습니다." 그때 주께서 내게 말씀하셨다. "내가 진실로 너를 강하게 붙들어주겠고, 너로 복을 누리게 하겠다. 재난이 닥칠 때, 너를 저주하던 원수들이 너에게 찾아와 무릎 꿇고 간청하게 하겠다. 쇠를, 곧 북방에서 오는 쇠와 놋을 능히 부러뜨릴 수 있는 자가 누가 있겠느냐." 유다 백성아, 너희가 온 나라에서 자행한 모든 죄악들로 인해 내가 너희의 재산을, 곧 너희가 모은 재산 전부를 원수들에게 값없이 그냥 넘겨주어, 그들로 모조리 약탈해 가게 할 것이다. 나는 또 너희가 알지 못하는 땅에서 너희로 하여금 너희 원수들을 섬기는 그들의 노예가 되게 할 것이다. 지금 너희를 향한 나의 분노가 불꽃처럼 활활 타오르고 있으니, 이 맹렬한 불꽃이 너희를 모조리 태워버릴 것이다."

하나님의 선지자로서 예레미야는 유다 백성을 향한 하나님의 뜻, 곧 그들에 대한 하나님의 혹독한 징벌과 심판의 메시지를 전해야 했다. 그래서 예레미야는 애타는 심령으로 동족의 죄악을 지적하면서 회개를 촉구했고, 또한 눈물로써 머잖아 임할 하나님의 심판을 외쳤다. 그러나 유다 백성들에게서 돌아온 응답은 저주와 핍박뿐이었다. 예레미야가 이런 사실을 하나님께 호소하자, 하나님은 예레미야를 위로하시고 격려하신다. 그러면서 심판의 날에는 그들이 예레미야를 찾아와 무릎 꿇고 간청하게 될 것이라고 일러주셨다.

과연 실제로 그랬다. 마침내 바빌로니아 군대가 유다를 침공하자(주전 588년), 다급해진 시드기야 왕이 자기 신하들을 예레미야에게 보내어 도움의 기도를 간청했다(21:1-2; 37:3). 한편 '북방에서 오는 쇠와 놋'은 쇠와 놋처럼 강력한 세력으로, 혹은 쇠와 놋으로 만든 강력한 무기를 가지고, 머잖아 북방에서부터 유다를 침공해 올 '바빌로니아 군대'를 가리킨다.

> (15-18) "주여, 주께서는 모든 것을 다 아시오니 저를 기억하시고 돌보아주소서. 저를 위해 저를 핍박하고 제 목숨을 노리는 자들을 물리쳐주소서. 그들에게 원수를 갚아주소서. 주께서 너무 오래 참으시면, 이 몸이 죽게 될지도 모릅니다. 제가 당하는 이 치욕들이 모두 주님 때문임을 주께서는 잘 아시지 않습니까. 전능하신 만군의 주 하나님이시여, 저는 주님의 이름으로 불리는 자입니다. 주님의 말씀이 제게 내리면, 저는 그 말씀을 그대로 받아 삼켰습니다. 진실로 주님의 말씀은 저의 기쁨과 즐거움이었습니다. 저는 다른 사람들과 함께 앉아서 그들과 더불어 웃고 떠들며 기뻐할 수 없습니다. 주께서 강한 손으로 저를 붙잡아 홀로 외롭게 앉아 있도록 하시기 때문입니다. 참으로 주께서는 이 백성에 대한 주님의 분노를 저의 입에 가득 채우셨습니다. 어찌하여 나의 이 고통은 언제까지 끝날 줄을 모르고, 도리어 내 상처가 더욱 심해져서 나을 기미조차 보이지 않는 것입니까. 참으로 주께서는 제게 대하여 사막의 여행자들을 속이는 시내, 곧 건조한 때에 물이 바싹 말라버린 시내와 같습니다."

예레미야가 동족 유다 백성들에게 선포한 메시지는 조국 유다의 멸망과 도성 예루살렘의 파괴, 그리고 전쟁의 패배 및 이방 땅의 포로 됨 등이었다. 이 같은 메시지를 외쳐야 하는 예레미야는 참으로 안타깝고 비통했지만, 하나님께서 자신의 입에 그런 메시지를 넣어주셨기 때문에 그대로 선포할 수밖에 없었다.

그 결과, 예레미야는 동족에게 '매국노' 혹은 '반역자'로 찍혀 그들과 함께 어울릴 수 없었고, 그들에게서 온갖 고통을 겪었다. 그들은 예레미야가 선포한 심판의 메시지가 싫어서, 예레미야를 여러 번 투옥시켰고 기회가 닿는 대로 계속해서 죽이려 했다. 예레미야는 자신의 그런 처량한 신세를 하나님께 호소하면서 하나님을 '물이 바싹 말라 사막의 여행자들을 속이는 시내'에 비유했다(18절). 왜 그런 비유를 했을까?

비록 예레미야가 하나님과 밀접한 관계를 유지했을지라도, 그도 가족과 이웃과 동족이 있는 인간이었다. 그런데 하나님의 메시지를 아무리 외치고 또 외쳐도 유다 백성들의 응답은 무관심과 조롱, 그리고 완고한 배척과 끈질긴 핍박뿐이었다. 그런 세월이 오래 지속되자, 예레미야는 자신의 선지자 사명에 대해 낙담하고 의심을 품었다. 그래서 예레미야는 하나님을 '물이 바싹 마른 시내'에 비유하면서, 그런 사명을 부여하신 하나님께 대하여 자신의 소외감과 실망감을 드러낸 것이다.

'물이 바싹 마른 시내'란 멀리서 보면 물이 흐르고 있을 법한 시내의 형태를 갖추었지만, 막상 가까이 가서 보면 물이 흐르지 않는 바싹 마른 시내를 가리키는데, 이런 시내는 갈증에 지친 사막의 여행자들에게 큰 실망감을 안겨주었다. 말하자면, 사막의 여행자들을 속인 시내인 것이다. 실제로 '와디'(wadi)라 불리는 팔레스타인의 간헐천들은 비가 오면 물이 콸콸 흘러내리는 시내를 이루었다가, 비가 한동안 오지 않으면 언제 물이 흘렀느냐 듯 바싹 마른 맨바닥을 드러내곤 했다.

예레미야를 향한 하나님의 위로와 격려 (15:19-21)

(19-21) 그때에 주께서 내게 대답하셨다. "네가 회개하고 내게로 돌아오면, 내가 너를 다시 받아들여 나를 섬기는 내 종으로 삼겠다. 네가 천박하고 가치 없는 소리를 하지 않고 귀하고 값진 말을 한다면, 너는 세상을 향해 선포하는 나의 입이 될 것이다. 너는 이 백성을 네게로 돌아오게 하되, 네가 그들에게로 돌아가서는 안 된다. 나는

너를 이 백성 앞에 놋쇠로 만든 성벽처럼 세워두겠다. 그들은 너를 쳐서 무너뜨리려고 하겠지만, 결코 너를 이기지 못할 것이다. 내가 언제나 너와 함께하여 너를 구해줄 것이기 때문이다. 이는 나 주의 말이다. 내가 너를 모든 악한 자들의 손에서 건져주고, 모든 난폭한 자들의 손에서 구해주겠노라."

바로 직전에 예레미야는 하나님을 '물이 바싹 마른 시내'에 비유하면서 참으로 힘들고 고달픈 자신의 선지자 사명에 대하여 한탄하고 호소했다(15-18절). 본문은 그에 대한 하나님의 답변이고, 동시에 그런 예레미야를 위로하시고 격려하시는 장면이다. 이때 하나님은 모든 대적들의 공격으로부터 예레미야를 보호해주고 건져주며 구해줄 것이라고 약속하시면서 그를 '놋쇠로 만든 성벽'처럼 세워두겠다고 하셨다(20절). 어떤 창칼의 공격에도 끄떡없는 '놋쇠 성벽'은 아주 견고하여 어느 누구도 감히 무너뜨릴 수 없기 때문이다.

이처럼 하나님은 모든 고통과 핍박에서 자유롭게 해줄 것이라고 약속하지 않으시고, 다만 모든 대적들의 거센 공격에서 능히 버틸 수 있도록 함께하시고 붙들어주시겠다고 약속하셨다. 악하고 부패한 시대에 선지자의 사명을 수행한다는 것이 매 순간 참으로 고달프고 고통스럽지만, 하나님이 함께하시고 붙들어주시면 충분히 감당해낼 수 있기 때문이다. 그러므로 모든 시대를 초월하여 하나님께로부터 사명을 받은 모든 주님의 일꾼들은 눈앞에 놓인 시련과 핍박을 없애 달라고 기도하는 대신에, 주어진 사명을 잘 감당할 수 있도록 주께서 언제 어디서나 항상 함께하셔서 자신을 붙들어달라고 기도해야 한다.

16
임박한 재난

예레미야는 혼인하지 마라
초상집이나 잔칫집에도 가지 마라
유다 땅에 재앙을 내릴 것이니
기쁨과 웃음이 사라지리라

행위 예언을 통한 심판의 메시지 (16:1-9)

(1-4) 그때 주님의 말씀이 내게 내렸다. 이르시기를 "예레미야야, 너는 이 땅에서 아내를 맞아들이거나 아들딸을 두지 말아라. 온 세상의 주로서, 내가 네게 일러주겠다. 장차 이 땅에서 태어날 자식들이나 자식을 낳을 부모들에게 어떤 무서운 일이 벌어질지 내가 일러주겠다. 그들은 모두 지독한 질병에 걸려 죽을 것이다. 그럴지라도 그들을 위해 슬피 울어줄 사람도 없겠고, 그들의 시체를 묻어줄 사람도 없을 것이다. 그들의 시체는 들판에 거름더미처럼 널브러져 있게 될 것이고, 칼에 맞아 죽거나 기근으로 굶어죽은 자들의 시체는 공중의 새와 들짐승의 밥이 될 것이다."

예레미야는 머잖아 유다 백성들에게 닥칠 하나님의 처절한 심판에 관해 외쳤다. 그런데 만일 예레미야가 결혼하고 자녀를 낳아 단란한 가정을 이루어 살아간다면, 그것은 그의 메시지 내용과 어울리지 않는다.

그러면 유다 백성들은 예레미야의 메시지를 신뢰하지 않게 될 것이었다. 그래서 하나님은 유다 백성들에게 임할 그날의 심판과 재앙이 아주 끔찍할 것이라는 사실을 나타내기 위해 예레미야로 하여금 처자식 없는 독신생활을 하도록 명하셨다. 그의 실제적인 삶으로 메시지의 신실함을 드러내기 원하셨던 것이다.

이처럼 하나님은 예레미야의 '행위 예언'을 통해 안일함과 무감각에 빠진 유다 백성들이 진리를 깨닫고 회개하기를 바랐다. 또한 하나님께서 예레미야에게 독신생활을 명하신 것은, 그로 하여금 비상한 유다 왕국의 말기에 하나님의 선지자 소명에 전념토록 하려는 것이었다. 또한 머잖아 닥칠 대재앙의 날에 그가 가족들의 죽음으로 인해 상심하지 않도록 하려는 배려이기도 했다.

(5-7) 주께서 또 말씀하셨다. "이제부터 너는 초상집에 가지 말아라. 초상집에 가서 곡을 하지도 말고, 누구에게 조의를 표하지도 말아라. 내가 이 백성에게서 모든 평강을 빼앗았고, 나의 사랑과 자비를 거두어 들였기 때문이다. 이는 나 주의 말이다. 내가 심판을 베푸는 그날에, 이 땅의 높은 자나 낮은 자를 막론하고 이 나라의 모든 자들이 죽게 될 것이다. 그럴지라도 그들의 시체를 묻어줄 사람이 하나도 없겠고, 죽은 자들을 위해 애곡해 줄 사람도 아무도 없을 것이다. 가까운 사람이 죽더라도, 자기 몸에 상처를 내거나 머리털을 밀어 슬픔을 표시할 사람이 아무도 없을 것이다. 또한 죽은 자의 유가족을 위로하기 위해 빵을 떼어 그들에게 음식을 권하는 사람도 없을 것이며, 어버이를 잃고 슬퍼하는 사람들에게 위로의 술잔을 건네줄 사람도 없을 것이다."

하나님은 또한 예레미야에게 초상집에 들어가서 애곡하지 말라고 명하셨다. 이것 역시 실제적인 삶과 행동으로 메시지를 전하는 '행위 예언'이다. 머잖아 하나님의 심판으로 유다 땅에 임할 대재앙의 날 곧 유다 멸망의 날에는 죽은 자들이 도처에 너무도 흔할 것이기 때문에, 구태여 죽은 자를 위해 애곡할 필요조차 없게 될 것이라는 메시지였다.

하나님께서는 또한 심판의 그날에는 죽은 자를 위해 몸에 상처를 내거나 머리털을 미는 사람도 아무도 없을 것이라고 하셨다. 이 같은 행위는 죽은 자에게 애도를 표하고 그 넋을 달래주려는 이방의 장례 풍습이었다. 하나님의 율법은 이런 행위를 금지했는데(레 19:27; 신 14:1), 당시 유다 땅에는 이 같은 이방의 가증한 풍습이 만연해 있었다.

> (8-9) 주께서 또 말씀하셨다. "이제부터 너는 잔칫집에도 가지 말아라. 잔칫집에 가서 사람들과 함께 앉아 음식을 먹거나 포도주를 마시지 말아라. 전능하신 만군의 주, 이스라엘의 하나님이 말한다. 보라, 내가 유다 온 땅에서 모든 기쁨과 즐거움이 전부 사라지게 하겠다. 내가 너의 눈앞에서 너의 시대에 신랑의 기뻐하는 소리와 신부의 즐거워하는 소리가 더 이상 들리지 않도록 모두 끊어놓고 말겠노라."

초상집에 가서 곡하지 말라고 명한 하나님께서는 또한 예레미야에게 결혼 잔칫집에도 가서 음식을 먹거나 포도주를 마시지 말라고 명하셨다. 초상집의 경우처럼, 이것 역시 조만간 닥쳐올 대재앙의 날 곧 유다 멸망의 날에는 유다 온 땅에 결혼잔치의 기쁨이 완전히 사라지게 될 것임을 알게 하려는 행위 예언이었다.

심판의 원인인 우상숭배 (16:10-13)

> (10-13) 주께서 말씀하셨다. "예레미야야, 네가 이 백성에게 이런 말을 모두 전하면, 그들이 네게 묻기를 '주께서는 어찌하여 그런 재앙을 우리에게 내린단 말이냐? 우리가 도대체 무슨 죄악을 저질렀단 말인가? 우리가 주 하나님께 지은 죄가 무엇이냐?'라고 하거든, 그러면

너는 그 백성들에게 대답하기를 '주께서 하신 말씀이니 똑똑히 들어라. 너희 조상들은 나를 버리고 떠나 다른 이방 신들을 따라다녔고, 그것들을 섬기고 숭배하였다. 그들은 또 나를 버리고 나의 율법을 지키지 않았다. 하지만 너희는 너희 조상들보다 더욱 악하다. 너희는 자신들의 악하고 완악한 마음에 따라 제멋대로 행동하면서 내 말에 순종하지 않았다. 그러므로 내가 너희를 이 땅에서 모두 쫓아내겠다. 너희도 알지 못하고, 너희 조상들도 알지 못했던 머나먼 땅으로 너희를 모조리 쫓아버리겠다. 그러면 너희는 사로잡혀간 그 낯선 땅에서 밤낮으로 다른 이방 신들을 섬길 것이다. 정녕 그리 될 것은, 내가 너희에게 더 이상 은혜를 베풀지 않을 것이기 때문이다.'라고 하여라."

예레미야가 하나님의 징벌과 심판의 메시지를 외쳤을 때, 유다 백성들은 정말로 자신들의 죄가 무엇인지 몰랐을 수도 있다. 그들은 거짓 선지자들과 그릇된 종교 지도자들에 의해 깊이 영향을 받았기 때문에, 죄를 죄로 인식하지 못하는 깊은 죄악 불감증에 빠졌을 것이다. 그래서 유다 백성들은 자신들의 죄악이 대체 무엇이기에 하나님께서 그런 끔찍한 재앙을 내리시는지 진짜로 궁금할 수도 있었다.

하나님은 그들의 죄가 무엇인지 똑똑히 일러주도록 예레미야에게 명하셨다. 그것은 한 마디로 '우상숭배'였다. 일찍이 시내산에서 맺은바(출 24:1-8) 하나님만 자신들의 유일한 신으로 섬기겠다는 언약을 저버리고 이방 우상들을 따르고 섬긴 것이 그들의 죄악이었다. 이 같은 우상숭배가 모든 죄악의 뿌리가 되어, 거기로부터 살인, 음행, 거짓, 탐욕, 강도, 착취, 부정부패 등 온갖 죄악의 열매가 주렁주렁 맺혔던 것이다.

장차 실현될 바빌로니아 포로민의 귀환 (16:14-15)

(14-15) 주께서 말씀하셨다. "보라, 장차 그날이 올 것이니, 그날에는

사람들이 맹세할 때에 '이스라엘 백성을 이집트 땅에서 인도해내신 주께서 분명히 살아계심을 두고 맹세하건대'라고 말하지 아니하고, 그 대신에 '이스라엘 백성이 쫓겨가서 살던 북방 땅과 그 외 세상 모든 나라들에서 그들을 인도해내신 주께서 분명히 살아계심을 두고 맹세하건대'라고 말할 것이다. 그렇다! 장차 그날이 오면, 내가 그들을 포로로 잡혀갔던 각처에서 해방시켜, 옛적 내가 그들의 조상들에게 주었던 그들의 땅으로 다시 인도해 들일 것이다."

처절하고 끔찍한 심판의 메시지 와중에서 한 줄기 빛처럼 밝게 비치는 회복과 소망의 메시지다. 이방 민족들과는 달리, 하나님께서는 유다 백성을 영영 버리거나 멸하시지 않고, 언젠가는 그들의 땅으로 다시 인도해 들이실 것이라는 약속이다. 따라서 그 이후에 사람들이 하나님을 두고 맹세할 때는 예전처럼 '이집트에서 이끌어내신 하나님'으로 말하지 않고, '북방 땅과 세상 모든 나라들에서 이끌어내신 하나님'으로 말할 것이었다.

그렇다면 왜 하나님은 그토록 패역하고 불신실한 유다 백성을 회복시키셨을까? 이로 볼 때, 하나님의 징벌은 그분의 자비에 대한 또 다른 측면이었다. 말하자면 하나님의 징벌은 자기 백성을 회개와 회복의 장소로 데려가는 마지막 수단이었다. 죄악으로 찌든 유다 백성들이 하나님의 심판을 면할 수는 없었지만, 그럴지라도 하나님은 징벌과 연단의 시기가 지나면 포로였던 사람들 중 남은 자들을 본국으로 다시 인도해 들이실

내 백성을 그들의 땅으로 인도할 것이다

것을 계획하셨다. 이처럼 하나님은 자기 백성들의 거듭된 배반과 거역에도 불구하고, 일찍이 그들의 조상 된 아브라함과 맺은 언약을 신실하게 지키셨다(창 12:1-3, 7).

유다 백성들의 죄악에 대한 하나님의 징벌 (16:16-18)

(16-18) 주께서 말씀하셨다. "하지만 지금은 내가 많은 어부들을 이 땅으로 보낼 것이니, 그들은 유다 백성을 낚을 것이다. 그런 다음에는 내가 또 많은 사냥꾼들을 보낼 것이니, 그들은 유다의 모든 산들과 언덕들과 바위틈에서 유다 백성을 사냥할 것이다. 내가 이 백성이 행하는 악한 짓들을 낱낱이 다 지켜보고 있기에, 아무도 내 얼굴 앞에서 숨을 수 없고, 아무도 자신들의 죄악을 내 눈앞에서 감출 수 없다. 나는 그들의 모든 죄와 악행에 대해서 두 배로 되갚아줄 것이다. 그것은, 그 백성들이 미운 물건인 이방 우상들의 시체들로 내 거룩한 땅을 더럽혔고, 온갖 역겨운 우상들로 내 기업의 땅을 가득 채워놓았기 때문이다."

장차 바빌로니아 군대에 의해 일방적으로 침략당하는 유다 백성들이 '낚싯감' 또는 '사냥감'에 비유되었다. 심판의 날에 그만큼 그들은 처절하게 짓밟히고 유린당하고 살육당하는 신세가 될 것이었다. 이때 하나님은 유다 백성들이 지은 죄악에 대해 두 배로 징벌을 내리겠다고 하셨는데, 이 표현은 문자적으로 '갑절'을 의미하는 말이 아니다. 그것은 '충분히' 혹은 '완전히'라는 의미다. 하지만 실제로는 긍휼의 하나님께서 자기 백성이 지은 죄악보다 적고 가볍게 징벌을 내리셨다.

이방 우상들은 하나님께 죄다 역겹고 미운 물건인데, 유다 백성들은 그런 미운 물건의 시체들로 하나님의 거룩한 땅을 더럽혔다(18절). 여기 '미운 물건의 시체들'은 각종 우상의 제단에 바쳐진 죽은 짐승의 고기를 가리킨다. 하나님에게 있어 우상은 구역질이 날 정도로 미운 물건이고, 따라서 그 미운 물건과 관련된 사람들과 희생제물도 가증한 것으로 취급되었다. 하나님 앞에서 그런 우상의 제물은 구역질이 나올 만큼 썩은 냄새에 불과했다.

장차 뭇 민족들이 주께로 돌아올 것임 (16:19-21)

(19-21) "주여, 주님은 나의 힘이요, 나의 요새시며, 환난의 날에 내가 피할 피난처이십니다. 장차 온 세상의 뭇 민족들이 땅끝에서부터 주께로 돌아와서 고백하기를 '우리 조상들이 섬기던 신들은 모두가 거짓되고 허무합니다. 저희에게 아무 쓸모 없고 무익할 따름입니다. 사람이 어떻게 자기의 신들을 만들어서 섬길 수 있겠습니까. 어찌 그런 것들이 신이 될 수 있겠습니까.'라고 할 것입니다." 이에 주께서 응답하셨다. "그러므로 보라, 내가 그들을 가르치겠노라. 이번에는 내가 그들에게 나의 권능과 힘을 똑똑히 보여주어서, 나야말로 그 이름이 '주'라는 사실을 그들로 분명히 깨우쳐 알게 하겠노라."

장차 회복과 구원의 그날이 오면, 유다 백성을 비롯한 온 세상의 뭇 민족들은 밝히 깨닫게 될 것이다. 자기들의 조상들과 자신들이 그토록 열심히 섬기던 목석(木石)의 우상이 어떤 존재인지 그 실체를 알게 될 것이다. 한 마디로, 그것들은 '거짓되고 허무하며 아무 쓸모 없고 무익한 것'으로서(19절), 사람의 손에 의해 만들어진 그것들은 절대로 자신들의 신이 될 수 없다는 사실을 비로소 알게 될 것이다.

그러면 그때에 주님은 오직 자신만이 주(主) 곧 '여호와'라는 사실을 온 천하에 분명히 밝히실 터인데, '스스로 있는 자'란 뜻의 '여호와'는 살아계신 전능자로서 또한 언약에 신실하신 구속자(救贖者)이심을 나타내는 이름이다(출 3:14; 6:3-6).

17

죄로 인한 형벌

마음판과 제단 뿔 위에
유다의 죄가 철필로 새겨졌다
너희 자녀조차 우상을 섬기니
포로가 되어 먼 땅에 끌려가리라

유다의 죄악과 하나님의 형벌 (17:1-4)

(1-4) 주께서 말씀하신다. "유다 백성들아, 너희의 죄악은 너희 마음판 위에 철필로 기록되었고, 너희 제단의 뿔들 위에 금강석 촉으로 새겨져 있다. 너희 자녀들조차도 유다 땅의 높은 산들 위에와 푸른 나무들 곁에 쌓아놓은 바알의 제단들과 세워놓은 아세라 목상들을 기억하고 있다. 그러므로 내가 너희의 모든 보물들과 산당들을 원수들의 손에 넘겨주어 약탈하게 하리니, 너희가 이 땅의 도처에서, 이 나라의 방방곡곡에서 내게 죄를 지었기 때문이다. 이제 너희는 너희 자신들의 잘못으로 내가 너희에게 준 유산의 땅을 잃고 말 것이다. 나는 너희를 너희 원수들의 손에 넘겨주어 너희가 알지 못하는 낯선 땅으로 끌려가게 하리니, 그러므로 너희는 머나먼 땅으로 끌려가서 너희 원수들을 섬기는 노예가 될 것이다. 너희가 나의 분노를 자극하여 불꽃처럼 활활 타오르게 하였으니, 이 불꽃이 너희를 영원토록 태울 것이다."

하나님을 버리고 이방 우상들을 섬긴 유다 백성들의 죄악은 결코 지워질 수 없었다. 그 죄악은 그들의 마음판(양심)과 희생제물을 바친 우상 제단의 뿔들 위에 철필과 금강석 촉으로 깊이 새겨져 있었기 때문이다. 철필과 금강석 촉은 돌판에 비문(碑文)을 새겨 넣을 때 사용되는 도구다. 그렇게 철필과 금강석 촉으로 돌판에 새겨진 글자는 가장 영구적인 기록이 될 수 있었다(욥 19:24). 예레미야는 유다 백성들의 죄악, 특히 우상숭배의 죄악이 그처럼 영구적으로 지워지지 않을 것임을 강조하기 위해 이처럼 묘사했다.

그렇게 우상을 섬긴 죄악의 대가는 참혹했다. 본토에서 쫓겨나 낯선 이방 땅으로 끌려가, 거기서 자신들을 무자비하게 짓밟은 원수들을 섬겨야만 했다. 우상을 섬긴 결과로 원수들을 섬기는 크나큰 치욕을 겪어야 했던 것이다. 하나님은 마땅히 자신에게로 돌려져야 할 경배가 이방 우상에게로 향하는 것을 차마 견디지 못하시고 크게 질투하신다(출 34:14). 우상에게서 돌이키기 전에는, 자기 백성을 향한 활활 타오르는 그 질투의 분노가 결코 꺼지지 않는다.

사막의 떨기나무와 물가에 심겨진 나무 (17:5-11)

(5-8) 주께서 말씀하신다. "나를 버리고 떠나가서, 사람의 도움을 의지하고 육체를 자기 힘으로 삼는 자는 저주를 받을 것이다. 그런 사람은 사막의 떨기나무 같아서, 아무도 살지 않는 외롭고 거친 땅, 돌덩이들만 잔뜩 쌓여 있는 척박한 광야, 모래바람만 휘몰아치는 메마른 황야에서 아무런 낙도 없이 살게 될 것이다. 그러나 무릇 주를 믿고 주께 의지하는 그 사람은 복을 받을 것이다. 그런 사람은 물이 넉넉한 시내 곁에 깊이 뿌리를 내리고 심긴 나무 같아서, 아무리 가물어도 아무런 걱정이 없다. 내리쬐는 여름철의 뙤약볕도 하나도 두렵지 않고, 그 잎사귀는 항상 푸르고 싱싱하다. 오랫동안 비가 내리지

않는 심한 가뭄에도 전혀 걱정할 것이 없고, 언제나 좋은 열매를 주렁주렁 맺을 것이다."

시편 1장을 연상시키는 말씀이다. 두 종류의 사람이 각각 사막의 떨기나무와 물가에 심긴 나무에 비유되었다. '사막의 떨기나무'는 하나님을 버리고 떠난 사람을(5절), '물가에 심긴 나무'는 하나님을 믿고 의지하는 사람을 가리킨다(7절). '사막의 떨기나무'는 광야지대에서 자라는 작은 관목으로, 가지만 앙상한 채 가시가 있어 아무런 가치가 없는 나무다. 반면 '물가에 심긴 나무'는 충분한 수분의 공급으로 때를 따라 풍성한 열매를 주렁주렁 맺을 수 있다(시 1:3). 하나님은 생수의 근원으로서(13절), 오직 하나님께만 참된 생명이 있기 때문이다. 이런 관점에서, 후일 예수님은 자신을 모든 영혼의 갈증을 영구적으로 해소시키는 영원한 생명수에 비유하셨다(요 4:14).

(9-11) 주께서 또 말씀하신다. "보라, 사람의 마음은 세상 모든 것들보다 더욱 거짓되고 심히 썩었다. 누군들 사람의 마음속을 알 수 있으랴! 오직 나 주만이 사람의 마음을 속속들이 다 안다. 사람의 심장을 살피고, 사람의 폐부를 감찰한다. 그래서 나는 각 사람의 행실에 따라 보상해주고 그들의 행위대로 갚아준다. 그러므로 부정한 방법으로 재산을 쌓아 모은 사람은 다른 새가 낳은 알을 품고 있는 자고새 같다. 그런 사람은 자기 인생의 한창 때에 모든 재산을 다 잃게 될 것이고, 말년에는 빈손으로 죽는 어리석은 자의 신세가 되고 말 것이다."

사람의 심장을 살피고 폐부를 감찰하시는 주님은 사람의 속마음을 속속들이 다 아시고, 각자의 행실에 따라 선악 간에 갚아주신다. 선을 행한 자에게는 선(善)으로, 악을 행한 자에게는 악(惡)으로 갚아주신다. 일례로, 착취나 고리나 뇌물수수 등 부정한 방법으로 재산을 축적한 사람에 대해서는 결국 그의 재산을 다 빼앗아 말년에 빈손이 되게 하시는데, 그런 사실이 '다른 새가 낳은 알을 품고 있는 자고새'에 비유되었다.

자고새는 메추라기 비슷한 꿩과(科)의 새로, 알을 많이 품고 있는 새로 유명하다. 대략 20-25개의 알을 품는데, 자기가 낳지 아니한 알들도 자주 품는다. 하지만 알들이 부화하여 날아갈 수 있는 상태로 자라나게 되면, 그것들은 어느새 어미 자고새의 품을 떠나 어디론가 훨훨 날아가 버린다. 그런 모습은 마치 불의로 쌓아놓은 재물이 어느 순간에 덧없이 모두 사라지는 것과 같다(잠 23:5).

주님을 향한 예레미야의 탄원 기도 (17:12-18)

(12-18) 주여, 오랜 옛적부터 온 세상 위에 드높은 이스라엘의 영광스러운 보좌가 우리의 성소에 있습니다. 이스라엘의 소망이신 주여, 무릇 주님을 저버린 자들은 모두 수치를 당할 것입니다. 그들은 땅의 티끌 속에 쓰인 이름처럼 사라져 없어질 것입니다. 그들은 생수의 근원이신 주님을 떠나간 자들이기 때문입니다. 주여, 제 병을 고쳐주소서. 그러면 제가 나을 것입니다. 저를 다시 한 번 살려주소서. 그러면 제가 살아날 것입니다. 제가 찬양을 바칠 분은 오직 주님뿐입니다. 사람들이 저를 향해 비웃는 소리를 들어보소서. 그들은 말하기를 '주의 말씀이 어디에 있다는 것이냐? 있다면, 어디 한 번 그 말씀대로 이루어지게 해보라!'라고 합니다. 그럴지라도 저는 주님의 목자가 되지 않으려고 도망친 적이 없습니다. 제가 재앙의 날이 닥쳐오기를 바란 것도 아님을 주께서는 다 아십니다. 또한 제가 입술을 열어 무엇을 말했는지도 주께서는 전부 아십니다. 그러하오니 주여, 주께서 저를 두려움 가운데 몰아넣지 마소서. 진실로 주님은 재앙의 날에 저의 피난처이십니다. 저를 핍박하고 제 목숨을 노리는 사람들로 수치를 당하게 하시고, 저는 수치를 면하게 하소서. 그들로 두렵게

하시어 벌벌 떨게 하시고, 저는 조금도 두렵지 않게 해주소서. 그들 위에 재앙의 날이 덮치게 하시되 갑절의 형벌로 그들을 전부 멸하소서.

타락한 유다 말엽(주전 7세기)에 하나님의 선지자로 활동한 예레미야는 동족인 유다 백성들로부터 온갖 시련과 박해를 받았다. 사람들은 예레미야의 예언을 비웃고 배척했으며, 심지어 잡아 죽이려고 했다. 그러했기에 예레미야는 모든 사정을 다 아시는 하나님 앞에 자기 처지를 아뢰며 탄원할 수밖에 없었다. 자신을 박해하는 악한 자들을 벌하시고, 자신은 모든 수치에서 면하게 해달라고 호소했다.

예레미야 선지자가 유다 백성들에게서 배척과 비웃음을 당한 것은 그들의 타락하고 안이한 삶의 태도를 정죄하면서 그들에게 임박한 하나님의 심판과 재앙을 선포했기 때문이다. 하지만 당시 유다 백성들은 거짓 선지자들에 의해 선포된 '평강과 안전'을 굳게 믿었다. 그래서 그들은 예레미야를 사이비 거짓 선지자로 취급하면서 비웃고 배척했던 것이다. 하지만 오래지 않아 예레미야의 예언이 한 치의 오차 없이 그들에게 그대로 임했을 때(주전 586년), 유다 백성들의 어리석음은 명백히 입증되었고, 그 결과로 그들은 씻을 수 없는 큰 수치를 당하고 말았다.

안식일을 거룩히 지킬 것을 유다 백성들에게 촉구함 (17:19-27)

(19-22) 주께서 내게 이렇게 말씀하셨다. "너는 가서, 유다의 왕들이 출입하는 문과 백성들이 출입하는 예루살렘의 모든 성문 앞에 서라. 그런 뒤, 거기에서 그들에게 이렇게 외치라. 외치기를 '이 성문으로 출입하는 유다의 왕들과 온 유다의 백성들과 예루살렘의 주민들아, 너희는 귀 기울여 주님의 말씀을 들어라. 주께서 이렇게 말씀하셨다. 너희는 스스로 조심하여 안식일에는 어떠한 짐도 지지 말고, 또 짐을

가지고 예루살렘 성문 안으로 들어오지 마라. 안식일에는 너희 집 밖으로 어떤 짐도 운반하지 말고, 또 아무 일도 하지 마라. 내가 너희 조상들에게 명령한 대로, 오직 너희는 안식일을 거룩하게 지켜라.' 라고 하여라."

유다 백성들이 하나님께 택함 받은 구별된 백성임을 나타내는 중요한 표지(標識) 중 하나는 '안식일 준수'였다. 태초 6일 동안의 창조사역 이후에 일곱째 날에 쉬시고 그날을 복되게 하신 하나님의 안식을 본받아, 이스라엘 백성들도 제7일째 되는 날은 모든 노동을 멈추고 편히 안식하면서 하나님께 예배드리는 일에 전념해야 했다. 그래서 하나님은 시내산에서 부여하신 십계명 중 네 번째 계명으로 '안식일의 거룩한 준수'를 명하셨다. 그것은 하나님의 백성들에게 있어 그만큼 중요한 규정이었기 때문이다. 이런 점에서, 안식일에는 짐을 지고 성문을 출입해서는 안 되었다. 안식일에 짐을 지고 성문을 드나든다는 것은 장사나 매매 등을 위한 노동 행위로 하나님의 계명을 명백히 어기는 죄였기 때문이다.

(23-27) "예레미야야, 너는 계속해서 유다 백성들을 향해 외치기를 '그러나 너희 조상들은 내 말을 듣지 않았고, 아예 귀를 기울이지도 않았다. 그들은 목을 뻣뻣하게 세운 채 자기들의 완고한 고집만 내세우고 나의 명령을 거부하였다. 그러므로 나 주가 말한다. 너희는 이제 내 말에 순종하여라. 만일 너희가 내 말을 듣고, 스스로 조심하여 안식일에 짐을 싣고 이 성문으로 들어오지 아니하고, 안식일을 거룩히 지켜 그날에는 아무 일도 하지 아니하면, 그러면 다윗의 가문에서 대대로 왕들이 나와서 대신들과 함께 이 성문 안으로 들어올 것인데, 왕과 대신들이 전차와 군마를 탄 채 유다 백성들과 예루살렘 주민들을 거느리고 다 함께 이 성문 안으로 당당하게 들어올 것이다. 그리고 이 예루살렘 도성은 굳게 세워져 언제까지나 많은 사람들로 붐빌

> 것이다. 또 유다의 여러 성읍들에 사는 사람들과 예루살렘 주변 지역에 사는 사람들과 베냐민 땅의 주민들과 야산 지대와 산악 지대와 남방 지역에 사는 사람들이 다 함께 번제물과 희생제물과 곡식예물과 유향과 감사제물을 손에 들고 올라와서 주님의 성전에 바칠 것이다. 그러나 만일 너희가 내 말을 듣지 아니하고, 안식일을 거룩히 지키지 아니하여 안식일에 짐을 지고 이 성문 안으로 드나들면, 내가 예루살렘 성문들에 불을 질러 그 모든 성문들은 물론이고 예루살렘 궁전까지 모조리 불태워 버릴 것인데, 그때에는 아무도 그 불을 끄지 못할 것이다.'라고 하여라."

안식일을 거룩하게 잘 지키면 유다의 왕위가 견고하고 예루살렘이 대대로 번창할 것이지만, 그렇지 아니하면 유다의 왕위가 끊어지고 예루살렘이 불타 없어질 것이라는 말씀이다. 이처럼 '안식일 준수'는 나라의 존망을 좌우할 만큼 극히 중요했다. 유다 백성들이 안식일을 거룩하게 잘 지킨다는 것은 단순히 그 사실 하나만으로 그치지 않고, 그들이 하나님의 백성답게 하나님의 말씀대로 신실하게 살아간다는 것을 뜻하기 때문이다.

이스라엘 백성들이 안식일을 준수해야 하는 1차적 근거는 하나님의 창조 사역이고(창 2:1-3), 2차적 근거는 출애굽 구속 사역이다(신 5:15). 오늘날 성도들은 특히 2차적 안식에 근거하여, 죄인들에게 참 안식의 소망을 주신 예수 그리스도의 부활의 날 곧 주일(主日)을 안식의 날로 삼아 지키고 있다. 이처럼 안식일이 '주일'의 개념으로 승화된 신약시대에 살고 있는 오늘날 우리에게는 구약시대에 이스라엘 백성들에게 적용된 안식일의 문자적인 규례는 그대로 적용되지 않는다. 그렇지만 하나님께서 안식일 규례를 세우신 그 목적과 정신은 오늘날에도 여전히 유효하다.

18

토기장이와 레바논산의 만년설

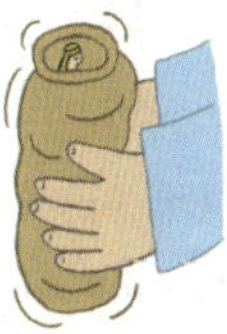

토기장이는 마음대로 그릇을 빚는다
진흙이 토기장이 손에 있듯이
우리도 주님 손에 달렸으니
유다는 속히 죄악에서 돌이키라

토기장이와 토기그릇의 비유 (18:1-12)

어느 날, 주께서 예레미야에게 말씀하신다.

"예레미야야, 너는 이제 일어나 토기장이의 집으로 내려가라. 거기에서 내가 너에게 나의 말을 들려주겠다."

예레미야는 하나님의 말씀대로 자리에서 일어나 토기장이의 집으로 내려갔다. 어느 토기장이의 집에 이르렀을 때, 때마침 토기장이가 물레를 돌리며 일하고 있었다. 고대 이스라엘에서는 요리를 하거나 물이나 기름 혹은 곡물을 담을 때, 진흙으로 만든 단지나 도자기를 이용하였다. 토기장이는 진흙 덩어리가 물레 위에서 돌아가는 동안 손으로 그 진흙을 단지나 도자기 모양으로 빚었다.

'흐흠…, 솜씨가 아주 좋은데….'

토기장이의 집에 다다른 예레미야는 토기장이가 일하는 모습을 한참 동안 가만히 지켜보고 있었다. 그런데 토기장이는 진흙으로 그릇을 빚다가 모양이 본래 의도한 대로 제대로 나오지 않으면, 그 진흙을

자신이 원하는 대로 그릇을 만드는 토기장이

가지고 자기의 좋은 뜻대로 다른 그릇을 새로이 빚기도 했다. 바로 그때 주께서 예레미야에게 말씀하신다.

(6-10) "나 주가 말한다. 이스라엘 백성들아, 토기장이가 진흙에게 행하는 것처럼 나도 너희를 능히 그렇게 다룰 수가 없겠느냐. 이스라엘 백성들아, 진흙이 토기장이의 손 안에 있듯이 너희도 내 손 안에 있다. 만일 내가 어떤 민족이나 나라를 뿌리 뽑거나 부수거나 멸망시키겠노라고 말했다고 하자, 그렇더라도 그 백성이 마음을 고쳐먹고 죄의 길에서 돌이켜 더 이상 악한 짓을 행하지 않으면, 나도 마음을 돌이켜 그들에게 내리기로 작정하였던 재앙을 거두어들이겠다. 만일 내가 또 어떤 민족이나 나라를 심고 세워서 튼튼하게 만들겠노라고 말했다고 하자, 그렇더라도 그 백성이 내 말에 순종하지 않고 나의 눈앞에서 악한 짓만 일삼는다면, 나도 마음을 돌이켜 그들에게 약속했던 모든 좋은 것들을 도로 거두어들이겠다."

앞서 예레미야에게 토기장이의 집을 찾아가 그가 일하는 모습을 지켜보게 하신 까닭이 있다. 바로 온 세상의 뭇 나라들과 민족들에 대하여 하나님은 '토기장이'와 같고, 그들은 '진흙'과 같다는 것을 일깨워주기 위해서였다. 토기장이는 진흙을 가지고 자신이 원하는 모양의 그릇을 빚는다. 그러다가 본래 원했던 모양이 나오지 않으면, 그 진흙으로 다른 새로운 모양을 빚기도 한다. 요컨대, 토기장이는 진흙을 가지고 자신이 원하는 대로 이렇게도, 혹은 저렇게도 할 수 있는 것이다. 진흙에 대해 토기장이는 '절대주권'을 지닌다.

온 세상의 뭇 나라들과 민족들에 대해 하나님께서 그런 절대주권을 갖고 계신다. 하나님께서 본래 어떤 나라나 민족을 멸망시키기로 작정하셨다가도, 그들이 죄의 길에서 돌이키면 하나님께서도 마음을 돌이켜 그들을 멸망시키지 않으신다. 이와는 반대로 하나님께서 본래 어떤 나라나 민족에게 복을 주시기로 작정하셨다가도, 그들이 하나님께 불순종하여 악을 행하면 하나님께서도 마음을 돌이켜 그들에게 재앙을 내리시는 것이다. 이 같은 하나님의 말씀은 대대로 선민사상에 푹 빠져 어떤 일이 있어도 하나님께서 유다와 예루살렘을 버리지 않을 것이라고 굳게 믿고 있던 당시의 유다 백성들에게 큰 충격으로 다가갔을 것이다.

(11-12) "그러므로 너는 이제 유다 백성들과 예루살렘 주민들에게 전하기를 '주께서 너희에게 전하신 말씀이다. 보라, 내가 너희를 칠 계획도 다 마련하였고, 너희에게 내릴 재앙도 모두 준비하였다. 그러니 너희는 이제라도 마음을 고쳐먹고 속히 악한 길에서 돌이켜, 너희의 길과 행실을 올바르게 하여라.'라고 하여라. 그럴지라도 그들은 네게 대답하기를 '다 헛된 말이다. 아무 소용없다. 우리는 우리의 계획대로 계속 살아갈 것이고, 비록 악하고 고집 센 행동이라 해도 우리는 각자 우리 좋을 대로 살아갈 것이다'라고 할 것이다."

이로 볼 때, 유다 백성들과 예루살렘 주민들에게 임한 끔찍한 재앙은 그들 스스로가 초래한 것이었다. 회개의 기회나 기간이 부족했던 게 결코 아니었다. 모든 경고와 설득과 촉구와 호소에도 불구하고 끝끝내 고집 피우며 자기들의 좋을 대로 살아간 그들 스스로의 죄악과 불순종 때문에 나라가 망하고, 예루살렘이 불타 파괴되고, 자신들은 이방 땅의 포로가 된 것이다.

우상을 숭배하는 유다의 가증함에 대한 하나님의 징벌 (18:13-17)

(13-17) 그러므로 주께서 내게 다시 말씀하셨다. "도대체 이런 일에 대해 들어본 적이 있는지, 너는 온 세상의 뭇 민족들에게 물어보라. 보라, 내 백성 처녀 이스라엘이 아주 가증스러운 일을 저질렀다. 레바논 산의 바위투성이 경사면에 눈이 사라지고 없는 것을 본 적이 있느냐? 멀리 거기서부터 흘러내리는 차디찬 물줄기가 마른 적이 있더냐? 하지만 내 백성 이스라엘은 나를 잊어버렸다. 나를 까맣게 잊고, 그 대신에 온갖 허무한 우상들을 만들어 놓고서는, 그 앞에서 향을 피우고 절을 한다. 우상이 무엇이냐? 그것들은 이스라엘 백성들로 하여금 옛적부터 걸어오던 바른 길에서 벗어나게 하고, 전혀 닦지 아니한 요상한 곁길로 새게 하여, 결국 그들을 고꾸라뜨리는 것들이 아니더냐! 또한 우상은 그들의 땅을 놀랍도록 황폐하게 만들어, 영원한 비웃음거리로 만들어버리는 것들이 아니더냐! 그렇게 되면, 그 땅으로 지나다니는 사람들마다 모두 놀라 머리를 절레절레 흔들 것이다. 보라, 이제 내가 내 백성의 가증한 죄악으로 인하여 그들의 원수를 이 땅으로 불러들이겠노라. 그래서 그 원수 앞에서 그들을 사정없이 흩어버릴 것인데, 마치 거센 동풍에 쭉정이 날리듯 할 것이다. 정녕 그 두려운 재앙의 날에, 내가 그들에게 등을 보이고 아무런 도움도 베풀지 않을 것이다."

유다 백성의 우상숭배를 꾸짖는 본문에서 하나님은 특이하게도 유다 백성을 향해 '처녀 이스라엘'로 불렀다(13절). 그것은, 하나님께 대하여 이스라엘은 시내산에서 맺은 언약대로 신앙의 순수한 영적 순결을 지켜야하는 처녀가 되어야만 했기 때문이다. 그런데 레바논 산 위의 만년설(萬年雪)과 거기서 흘러내리는 차디찬 물줄기는 어제나 오늘이나 내일도 변함없이 그대로건만, 처녀 이스라엘은 하나님과 맺은 신의를 저버리고 이방의 다른 많은 연인들과 스스럼없이 창녀 짓을 자행함으로써 이제는 그 순결한 처녀성을 상실하고 말았다. 즉, 처녀 이스라엘은 신랑 되는 하나님께 불성실하였고, 다른 많은 이방 우상들을 숭배함으로써 영적 간음을 행했던 것이다.

그 결과, 하나님께서는 처녀 이스라엘에게 재앙을 내릴 것인데, 그 재앙은 끔찍한 '전쟁의 참화'였다. 이방의 강력한 군대가 유다를 침공하여 온 국토를 짓밟고 백성들을 살육하며 성읍들을 파괴할 것인데, 그 광경은 마치 거센 동풍에 쭉정이가 날리는 것과 같을 것이었다. 그리고 이때 하나님은 유다 백성들에게 등을 보일 것이다(17절).

'등을 보인다'는 말은 다가올 재앙의 날에 유다 백성들을 돕지 않겠다는 뜻을 나타내는 상징적인 표현이다. 큰 재앙이 유다 온 땅을 덮칠 때, 유다 백성들은 도움을 주려고 자신들에게로 나아오는 하나님의 얼굴을 보는 대신에, 자신들을 외면한 채 멀리 떠나가는 하나님의 등을 볼 것이었다. 사실 이 같은 모습은, 이전에 유다 백성들이 하나님께 등을 돌리고 우상에게로 나아간 것과 같은 방식이었다(2:27). 그들이 뿌린 대로 거두는 자업자득이었다.

예레미야를 죽이려는 음모와 그의 호소 (18:18-23)

(18) 그때에 유다 백성들과 예루살렘 주민들이 서로에게 이렇게 말했다. "자, 우리가 좋은 꾀를 내어 예레미야를 해치워버리자! 그런 자는 죽어도 하등 아쉬울 게 없다. 그가 아니더라도 제사장들이 우리에게 율법을 가르쳐주고, 지혜로운 자들이 책략을 베풀어주며, 선지자들이 하나님의 말씀을 전해준다. 그러니 우리가 다 함께 모여 우리의 혀로 그를 치고, 그가 지껄이는 예언의 말에 조금도 신경을 쓰지 말자."

유다의 평강과 예루살렘의 안전을 예언하는 다른 (거짓)선지자들과는 달리, 예레미야는 거침없이 우상숭배의 죄악을 지적하면서 하나님의 준엄한 심판을 외치자 곱게 보일 리 없었다. 게다가 이방 군대의 침공으로 말미암는 예루살렘의 함락과 유다의 멸망까지 예언하자, 유다 백성들과 예루살렘 주민들은 더는 참지 못하고 예레미야를 반역자와 매국노로 간주하여 그를 해치워버리기로 마음먹었다. 그를 죽여 없앰으로써 자신들을 향한 그의 예언을 그치게 만들 심산이었다. 회개함으로써 죄를 씻어내기는커녕, 죄에 죄를 더하는 더욱 악한 길로 치닫고 있었다.

(19-23) 그러자 예레미야가 주께 기도하였다. "오, 주여, 나의 호소를 들어주소서. 나의 대적들이 떠드는 저 목소리를 들어보소서. 나는 저들에게 선을 행했지만, 저들은 도리어 악으로 되갚으려 합니다. 지금 저들은 내 목숨을 해치려고 구덩이를 파놓았습니다. 그렇지만 나는 저들을 향한 주님의 분노를 돌려놓으려고 애썼고, 또한 주님 앞에 서서 저들을 위해 선한 말로 힘껏 변호했습니다. 주여, 이 같은 사실을 기억해주소서. 그러므로 주여, 저들에게 벌을 내리소서. 저들의 자녀들은 기근으로 굶어죽게 하시고, 저들 자신도 원수의 칼에 넘겨주소서. 저들의 아내들은 남편과 자녀들을 다 잃어 과부들이 되게 하시고, 장년들은 질병에 걸려 죽게 하시며, 청년들은 전쟁터에 나가 칼에 찔려 죽게 하소서. 약탈하는 군사들로 저들의 각 집안에 갑자기 들이닥치게 하시어, 집집마다 "사람 죽는다!"라는 아우성이 터져 나오게 하소서. 그런 까닭은, 저들이 나를 죽이려고 구덩이를 깊이 파놓았고 내 발을 옭아 채려고 올가미를 설치해놓았기 때문입니다. 그러나 주여, 주께서는 저들이 나를 죽이려고 어떤 계략을 짜놓았는지 다 알고 계십니다. 저들의 죄를 용서하지 마소서. 저들의 허물을 눈감아주지 마시고, 저들로 주님 앞에서 거꾸러지게 하소서. 주께서 진노하시는 날에, 저들에게 그리 행하셔서 저들로 다 망하게 하소서."

예레미야는 자신을 죽이려고 음모를 꾸미는 유다 백성들과 예루살렘 주민들에 대하여 격렬하게 대응하고 있다. 그는 자신의 예언 활동을 그치게 하려고 온갖 사악한 음모와 계책을 꾸미는 동족들로 인해 오랫동안 엄청난 마음의 고통과 육체적 박해를 겪었다. 그럴지라도 예레미야는 동족을 위해 하나님께 중보기도를 했다. 그들의 죄를 용서해달라고 빌고 빌었다.

그러나 그들은 예레미야의 그런 호의를 도리어 악으로 갚았다. 예레미야는 동족을 위해 최선을 다했지만, 동족들은 더욱 예레미야를 해치려고 혈안이 되어 있었다. 결국 예레미야는 하나님께 공의로운 판결을 요청한 것이다. 그것은 개인적인 분노의 표출이 아니라 하나님의 공의를 확립하기 위해서였다. 의심할 바 없이 그 결과는 유다 백성들과 예루살렘 주민들에 대한 하나님의 준엄한 징벌로 나타날 것이었다.

19

깨진 토기 항아리

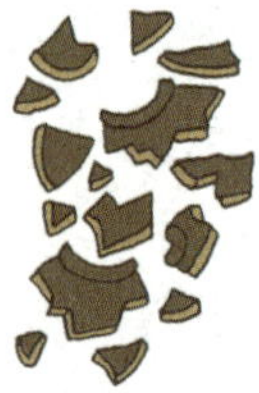

너는 항아리를 던져 깨뜨려라
토기 항아리가 산산조각 나듯
주께서 유다 백성을 세게 내던져
깨뜨려 버린다고 하여라

깨진 토기항아리의 비유 (19:1-15)

(1-5) 주께서 내게 말씀하셨다. "예레미야야, 너는 가서 토기장이에게서 항아리를 하나 사라. 그런 다음, 이 백성의 장로들과 제사장들 가운데 몇 사람을 데리고 '하시드 문' 입구 곁에 있는 '힌놈의 아들의 골짜기'로 내려가라. 거기서 너는 내가 네게 일러주는 말을 그들에게 그대로 선포하여라. 그들에게 선포하기를 '너희 유다 왕들과 예루살렘 주민들아, 주님의 말씀을 들어라. 전능하신 만군의 주 이스라엘의 하나님께서 너희에게 이렇게 말씀하셨다. 보라, 내가 이곳에 재앙을 내리겠다. 그 재앙은 너무나 엄청나서, 그 소식을 듣는 사람마다 귀가 울려 아플 것이다. 그것은, 그들이 나를 버렸기 때문이다. 그들은 나를 버리고, 이곳을 심히 더럽혔다. 그들은 이곳에 온갖 우상의 제단들을 만들어놓고, 자신들은 물론이고 자기 조상들도 알지 못하던 다른 이방 신들에게 향을 피워 올리고, 또한 죄 없는 사람들의 피로 이곳을 가득 채웠다. 그들은 또 이방 신 바알을 섬기려고 산당을 짓고, 심지어

자기 자녀들까지 불살라 바알에게 희생제물로 바쳤다. 나는 이런 가증한 일을 그들에게 명령한 적도 없을 뿐더러 내 마음에 생각조차 해본 적도 없다.'라고 하여라."

하나님께서 예레미야에게 내린 명령은 이러하다. 먼저 토기장이에게서 항아리를 하나 산 다음에, 메시지의 증인들로 삼기 위해 장로들과 제사장들 몇 사람을 대동하고 '하시드 문' 입구 곁에 있는 '힌놈의 아들의 골짜기'로 내려가서, 거기서 하나님께서 주시는 메시지를 선포하라는 것이다. 그 메시지의 핵심은 이러했다. 머잖아 하나님께서 유다 땅에 무시무시한 재앙을 내릴 것인데, 그 까닭은 유다 백성들이 이방의 가증한 우상들을 섬겼기 때문으로, 심지어 자신들의 자녀들까지 제물 삼아 우상을 섬기는 가증한 죄악을 저질렀기 때문이라는 것이다.

'하시드 문'은 '질그릇 조각의 문'이란 뜻으로, 예루살렘 성읍의 깨어진 질그릇 조각들을 내다버리는 문으로 보인다. 그리고 '힌놈의 아들의 골짜기'는 예루살렘 성읍 남쪽의 교외에 있는 골짜기로, 단순히 '힌놈의 골짜기'로도 불린다. 예레미야 당시에 이 골짜기에는 어린아이를 제물로 삼아 바치는, 이른바 인신제사(人身祭祀)로 유명한 '도벳 사당'이 있었다. 그렇다면 한 가지 강력한 의문이 든다. 아무리 우상을 섬겨도 그렇지, 어떻게 부모가 자기 자녀를 제물로 바칠 수 있단 말인가?

고대 세계에서 우상에게 자녀를 제물로 바치는 부모들은 그렇게 함으로써 우상의 호의를 입어 자신이 원하는 복(福)을 받을 수 있을 것이라고 생각했다. 유아 사망률이 높은 고대에 분명 아이들은 어른들보다 그 가치가 아주 하찮게 여겨졌다. 그래서 고대의 부모들은 갓난아이가 더 자라 생존 가능성이 있을 때까지는 이름조차 짓지 않았다.

이런 분위기 속에서 만일 원치 않는 자녀가 있다거나 또는 한 자녀를 희생시킴으로써 다른 자녀들에게 반사이익이 돌아간다면, 고대의 부모들은 그 자녀를 우상에게 제물로 바쳤던 것 같다. 분명 자녀를 희생제물로 삼는 인신제사는 오늘날의 우리에게는 상상조차 할 수 없는 엄청난 충격이다. 하지만 주변 이교도의 타락한 영향을 받아 우상숭배에 깊이 빠져든 고대 이스라엘 백성들에게 있어 그런 행위는 아주 심각한 죄악으로 받아들여지지 않았던 것 같다. 그러했기에 안타깝고 슬프게도 당시에는 우상에게 어린아이를 제물로 바치는 인신제사가 실제로 행해지고 있었다.

(6-9) "너는 계속해서 그들에게 선포하기를 '그러므로 나 주가 말한다. 보라, 사람들이 앞으로 이곳을 더 이상 '도벳'이나 '힌놈의 아들의 골짜기'라고 부르지 않고 '살육의 골짜기'라고 부르게 될 날이 올 것이다. 내가 이곳에서 유다와 예루살렘 사람들의 계획을 모조리 수포로 돌아가게 만들겠다. 내가 그들의 목숨을 노리는 원수들의 손에 그들을 넘겨주어 모두 원수들의 칼에 찔려 죽게 하겠고, 그들의 시체는 공중의 새들과 들짐승들에게 먹이로 주어, 그것들로 그들의 시체를 뜯어먹게 하겠다. 내가 또 이 예루살렘 도성을 완전히 폐허로 만들어 뭇 사람들의 조롱거리가 되게 하리니, 이곳에 임한 모든 재앙들로 인하여 이리로 지나가는 사람들마다 놀라서 고개를 절레절레 흔들며 모욕하고 비웃을 것이다. 그 두려운 재앙의 날, 그들의 목숨을 노리는 무자비한 원수들이 이 도성을 포위하여 그들이 큰 곤경에 빠지게 되면, 그들은 너무나 굶주린 나머지 자기 자녀들까지 잡아먹고, 친구들과 이웃들끼리도 서로 잡아먹을 것이다.'라고 하여라."

장차 심판의 날에 우상에게 인신제사가 행해지던 도벳 사당이 있는 힌놈의 아들의 골짜기는 '살육의 골짜기'로 불리게 될 것이라는 말씀이다. 왜냐하면 유다와 예루살렘을 침공한 이방 군대의 무자비한 칼날 아래 무시무시한 살육이 마구 자행되어, 수많은 시체들이 그 골짜기에 던져지고 쌓여질 것이기 때문이다. 그렇게 살육 골짜기에 산더미처럼 수북이

쌓인 시체들은 수습할 사람조차 없어 다만 공중의 새와 들짐승의 먹이가 될 뿐이었다.

이뿐 아니었다. 심판의 그날에는 예루살렘 도성이 적군들에게 오랫동안 포위됨으로 인해 먹을 것이 다 떨어져 계속 굶주린 결과, 사람들이 거의 제정신을 잃고 자기 자녀들까지 잡아먹고, 친구들과 이웃들끼리도 서로 잡아먹는 끔찍하고 처참한 광경이 벌어질 것이었다. 이처럼 정말로 사람이 인육(人肉)을 먹는 일이 실제로 가능한 것일까?

그렇다. 하지만 그것은 최악의 극단적인 상황에서만 일어났다. 대부분의 경우에 성읍이 적군에게 오랫동안 포위되어 먹을 것이 더 이상 없을 경우에 일어났다. 오래 전에 아람 군대에게 포위된 사마리아 성읍에서 그런 일이 있었고(왕하 6:28-29), 조만간 바빌로니아 군대에게 포위될 예루살렘 성읍에서도 그런 끔찍한 일이 발생할 것이었다. 예루살렘 성읍은 최종 함락되기까지 느부갓네살 왕이 이끄는 바빌로니아 군대에 의하여 시드기야 왕 제9년 10월 10일부터 제11년 4월 9일까지 1년 6개월 동안 포위되었다(왕하 25:1-5). 평소에는 상상조차 할 수 없지만, 심지어 자기 자녀까지 잡아먹는 일이 발생하는 전쟁의 참화는 실로 끔찍하고 무시무시하다.

(10-13) "그렇게 선포한 다음, 예레미야 너는 네가 데리고 간 사람들이 보는 앞에서 네가 들고 갔던 그 토기항아리를 힘차게 내던져 산산조각이 나도록 깨뜨려라. 그리고 그들에게 이렇게 전하라. 이르기를 '전능하신 만군의 주께서 너희에게 이렇게 말씀하셨다. 보라, 토기장이의 항아리가 한 번 깨뜨려지면 다시 이전의 상태로 회복될 수 없다. 그렇듯이 나도 이 백성과 이 성읍을 산산이 조각나도록 완전히 깨뜨려 버리겠다. 그러면 이곳 도벳은 계속 밀려드는 시체들로 차고 넘쳐서 더 이상 묻을 곳을 찾지 못하게 될 것이다. 나 주가 말한다. 내가

예루살렘 도성과 그곳 주민들에게 그렇게 행하여, 이 성읍을 도벳 곧 '힌놈의 아들의 골짜기'처럼 만들어버릴 것이다. 그렇다. 예루살렘의 모든 집들과 유다 왕들의 집들이 모두 도벳 땅처럼 더럽혀질 것이다. 그것은, 이 땅의 모든 백성들이 자기 집의 지붕 위로 올라가 하늘의 모든 별자리들을 섬기며 향을 피워 올리고, 다른 이방 신들에게 술을 부어 제물로 바쳤기 때문이다.'라고 하여라."

하나님의 메시지를 선포한 다음에, 예레미야는 앞서 토기장이에게서 구입한 항아리를 증인들로 대동한 장로들과 제사장들이 보는 앞에서 도벳 사당이 있는 힌놈의 아들의 골짜기를 향해 힘껏 던져 산산조각 나도록 깨뜨려야 했다. 이는 일종의 '행위 예언'을 한 셈인데, 항아리가 산산조각 나도록 깨뜨려진 것처럼 머잖아 있을 하나님의 심판으로 유다와

힌놈의 아들의 골짜기에서 항아리를 깨뜨리다

예루살렘이 그렇게 산산조각 나도록 깨뜨려진다는 메시지였다. 그렇게 산산이 깨뜨려지는 까닭은, 유다 백성들과 예루살렘 주민들이 하나님을 떠나 하늘의 일월성신을 섬기고 이방의 각종 우상들을 섬겼기 때문이다.

> (14-15) 예레미야가 주님의 명령대로 도벳 곧 '힌놈의 아들의 골짜기'로 내려가서, 주께서 예언하게 하신 모든 말씀을 그대로 선포한 뒤에 토기항아리를 세게 던져 깨뜨렸다. 그런 뒤에 다시 예루살렘으로 돌아와, 주님의 집 뜰 곧 성전 뜰에 서서 온 백성에게 선포했다. 이르기를 "전능하신 만군의 주 이스라엘의 하나님께서 이렇게 말씀하셨다. '보라, 내가 이제까지 예고했던 모든 재앙을 예루살렘 도성과 그 주변의 모든 성읍들 위에 그대로 내리겠다. 그것은, 이 백성들이 목을 뻣뻣이 세운 채 고집을 부려 내 말을 듣지 않았기 때문이다.'라고 하였다."

예레미야가 토기항아리를 세게 던져 산산이 깨뜨린 행위는 백성들에게 '행위 예언'으로 충분히 인식되었다. 고대 세계에서 그처럼 실물로 예언하는 행위는 매우 보편적인 것이었기 때문에, 백성들은 항아리를 깨뜨리는 예레미야의 행위를 '유다의 멸망과 예루살렘의 파괴'를 뜻하는 것으로 쉽게 알아차렸다. 그래서 이 예언 직후에 예레미야는 그 일로 인해 매를 맞고 감금되었다(20:1-2).

하나님께서는 예레미야를 통해 온갖 방법으로 유다 백성들의 죄악을 일깨워주며 준엄한 경고를 주었다. 하지만 백성들은 끝내 자신들의 죄악에서 돌이키지 않고, 그 대신에 완악한 마음으로 하나님의 메시지를 전하는 신지자를 배척하고 핍박할 뿐이었다. 회개의 기회와 기간은 차고 넘치도록 충분했다. 하지만 유다 백성들은 그 모든 기회를 스스로 박차고 마치 불나방처럼 멸망의 불구덩이 속으로 치닫고 있었다.

20
예레미야의 탄식

주여, 내가 파멸의 예언을 하자
사람들이 나를 죽이려고 합니다
내가 예언하지 않으려 하면
말씀이 가슴속에서 타오릅니다

성전 책임자 바스훌이 예레미야를 핍박함 (20:1-6)

"아니, 예레미야 저자가 힌놈의 아들의 골짜기에서 토기항아리를 깨뜨린 뒤에 예루살렘 성전 뜰에서 유다의 멸망과 예루살렘의 파괴를 선포하다니! 저런 고약하고 괘씸한 자가 있나! 어디서 감히 함부로 예루살렘의 파괴를 입 밖으로 내뱉는단 말인가!"

(1-2) 당시 주님의 집 곧 예루살렘 성전의 책임자는 임멜의 아들인 제사장 바스훌이었다. 그는 예레미야가 성전 뜰에 서서 예언하는 말을 들었다. 그 일로 화가 잔뜩 난 바스훌은 예레미야 선지자를 체포하여 심하게 때린 다음에 그에게 차꼬를 채워 성전의 '베냐민 위쪽 문'에 있는 옥에 가두었다.

당시 여호야김 왕(주전 609-598년경) 때의 제사장 바스훌은 성전의 총감독으로서, 성전 구역 내의 질서를 유지하는 치안의 책임을 맡은 자였다. 그런데 그가 성전 뜰에서 유다의 멸망과 예루살렘의 파괴를 선포하는 예레미야의 심판 예언을 들었을 때, 그는 예레미야의 그런 행위가 백성을 불안케 하고 나라에 해를 끼치는 불온한 행위라고 판단했다.

매 맞고 차꼬에 채워진 예레미야 선지자

그래서 그는 자신의 권한으로 예레미야에게 태형을 가한 후에 나무 고랑으로 채워 '베냐민 위쪽 문'에 있는 옥에 감금시킨 것이다. '베냐민 위쪽 문'은 요담 왕(주전 750-731년경) 때에 성전의 북쪽 편에 건축한 '여호와 성전의 위쪽 문'과 같은 것으로(왕하 15:35; 겔 9:2), 아마도 그 문이 베냐민 땅과 연결되어 있기에 그런 명칭으로 불린 것 같다.

(3-6) 다음 날, 바스훌이 예레미야를 차꼬에서 풀어주었다. 그때 예레미야가 바스훌에게 말했다. "주께서 이제 네 이름을 '바스훌'이라 부르지 말고 '마골밋사빕'이라 부르라고 하셨다. 이제 너는 주께서 네게 대하여 하시는 말씀을 들어라. 주께서 이르시기를 '보라, 나는 너와 네가 사랑하는 모든 사람들로 끔찍한 일을 당하도록 하겠다. 네가 사랑하는 모든 사람들이 원수의 칼에 찔려 죽을 것이고, 너는 그 비참한 광경을 네 눈으로 직접 다 지켜볼 것이다. 내가 온 유다 백성을 바빌로니아 왕의 손에 넘겨줄 것인데, 그때에 바빌로니아 왕은 유다 백성들을 사정없이 칼로 쳐 죽일 것이고, 살아남은 자들은 모조리 사로잡아 바빌로니아 땅으로 끌고 갈 것이다. 내가 또 이

예루살렘 도성의 모든 재물과 재산과 귀중품들은 물론이고, 유다 왕들의 모든 보물들까지 너희 원수들의 손에 다 넘겨줄 것인데, 그들은 그 모든 것들을 남김없이 모조리 약탈하여 바빌로니아 땅으로 옮겨갈 것이다. 그날에 너 바스훌은 네 집의 모든 식구들과 함께 포로로 사로잡혀 바빌로니아 땅으로 끌려갈 것인데, 너는 그 땅에서 죽어 거기에 묻힐 것이다. 너뿐만 아니라, 이제까지 너의 거짓 예언을 듣고 따른 네 모든 친구들도 너와 똑같은 신세가 될 것이다.'라고 하셨다."

'바스훌'은 '모든 곳에 평강'이란 뜻이다. 예레미야는 그런 그의 이름을 바꿔 '마골밋사빕'이라 불렀는데, 그 뜻은 이전과는 정반대로 '사방의 두려움'이다. 이 같은 개명은 예언적인 것으로, 참된 하나님의 선지자를 박해하는 자들에게, 곧 제사장 바스훌을 비롯하여 모든 유다 백성들에게 장차 하나님의 무시무시한 심판으로 말미암아 사방에서 밀려드는 큰 두려움에 빠질 것임을 암시하는 이름이다. 구체적으로 그것은 바빌로니아 왕 곧 느부갓네살 왕의 지휘 하에 펼쳐지는 살육, 약탈, 불사름, 파괴, 포로 됨 같은 끔찍한 전쟁의 참화로 나타날 것이었다(4-6절).

예레미야 선지자의 갈등과 탄식 (20:7-18)

(7-9) 오, 주여, 주께서 저를 속이셨으므로 제가 주께 속임을 당하였고, 주께서 저보다 강하시므로 제가 주께 지고 말았습니다. 그 결과로 저는 사람들의 비웃음거리가 되었습니다. 저를 보는 사람마다 하루 종일 나를 비웃고 조롱합니다. 입만 열면, 제가 그들의 폭력을 고발하고 그들의 파멸을 선언하기 때문입니다. 이와 같은 주님의 말씀을 전함으로 인해 저는 하루 종일 조롱과 수치를 당합니다. 고통과 상처가 너무도 심하여, 제가 마음속으로 되뇌기를 '내가 다시는 주님을 말하지 않겠다. 다시는 주님의 이름으로 선포하지 않겠다!'하고 다짐하지만, 그러면 주님의 말씀이 제 가슴 속에서 불길처럼 타올라 제 뼛속까지

태울 지경이 됩니다. 주님의 말씀을 입 밖에 내지 않으려고 몸부림을 치다가, 결국엔 그 불꽃의 고통을 제 스스로가 견디지를 못합니다.

사실 예레미야는 처음에 선지자의 소명을 거절했다(1:6). 하지만 하나님께 설득당하여 결국 선지자가 되었는데, 그 길이 너무나 험난하고 고통스러워 하나님께 속았다고 생각하기에 이르렀다. 마음속의 솔직한 감정이 그러했다. 그렇지만 예레미야는 하나님께서 자신에게 거짓말을 했다고는 말할 수 없었다. 왜냐하면 하나님은 예레미야가 선포할 메시지가 환영받지 못하고 배척당할 것이라고 미리 일러주셨기 때문이다(7:27).

어쨌든 예레미야는 자신이 선택받아 하나님의 메시지를 선포하도록 하나님에 의해 강력하게 붙들린바 되었다고 느꼈다. 분명히 외부적인 속박은 없었지만, 하나님의 내적인 권유로 인해 예레미야는 맡은바 자신의 선지자 소명을 차마 거부할 수 없었다. 그는 나름대로 저항해보기도 했지만, 스스로의 마음속에서 활활 타오르는 소명감으로 인해 결국엔 하나님의 뜻에 자신의 뜻을 굴복시킬 수밖에 없었다. 하나님께 소명받아 하나님의 손에 붙들린 자의 어쩔 수 없는 운명이었다.

(10-13) 보십시오. 많은 사람들이 저를 비방하고, 사방에서 저를 향해 "그를 고발하라! 우리도 그를 고발하겠다!" 하면서 아우성치니, 저에게는 온통 두려움뿐입니다. 심지어 저와 가까운 친구들도 제가 잘못되기를 기다립니다. 그들은 서로에게 말하기를 "그가 유혹에 빠져 실수라도 하게 하면, 그때 우리가 그를 재빨리 덮쳐 그에게 보복하자!" 라고 합니다. 하지만 주님, 주께서는 항상 저와 함께 계시며, 모든 순간에 저를 보호해주시는 강한 용사이십니다. 그러므로 저를 핍박하던 자들이 도리어 넘어질 것이고, 그들은 저를 결코 이기지 못할 것입니다. 그들의 모든 계획은 실패로 돌아갈 것이고, 그들은 큰 수치를 당한 터인데, 그 수치는 영영 잊히지 않을 것입니다. 전능하신 만군의

주여, 주께서는 의로운 자를 시험하시어 그 마음과 생각을 감찰하시는 분이십니다. 이제 제가 저의 모든 사정을 주님께 다 아뢰었으니, 주께서 저의 대적들에게 복수해주소서. 그리하여 저로 그들이 벌 받는 것을 보게 하소서. "주님께 노래하라. 너희는 주님을 찬양하라. 주께서는 힘없고 가난한 자들의 목숨을 악인들의 손아귀에서 건져주신다."

당시 숱한 부류의 사람들에게서 온갖 핍박을 받고 있던 예레미야는 그런 대적들에 대해 하나님께서 복수해 주시기를 바라는 기도를 드렸다. 예레미야뿐만 아니라, 성경 속의 다른 의인들도 때때로 자신의 원수에 대해 보복해 주시기를 하나님께 기도하곤 했다. 하지만 이러한 그들의 기도는 개인의 감정에 기초한 것이 아니라, 어디까지나 하나님의 공의에 기초한 것이었다. 즉, 도무지 견딜 수 없는 원수들의 악행에 대해 하나님의 공의가 조속히 실현되기를 간절히 바란 것이다. 따라서 그것은 '원수 갚는 일은 하나님께 달려 있다'는 성경의 가르침에 부합되는 기도라고 볼 수 있다(롬 12:19).

(14-18) 아, 내가 태어났던 그날이 저주를 받았더라면! 나의 어머니가 나를 낳았던 그날이 복되지 않았더라면! 나의 아버지에게 이르기를 '사내아이야! 자네에게 아들이 생겼어!'라고, 나의 출생 소식을 전하여 나의 아버지를 기쁘게 했던 그 사람이 저주를 받았더라면! 그 사람은 주께서 가차 없이 허물어뜨리신 후 조금도 후회하지 아니하시는 멸망당한 성읍 같아야 하는 건데! 그 사람이 아침에는 울부짖는 소리를 듣고, 정오에는 전쟁의 왁자지껄한 소리를 들었어야 하는 건데! 아, 어찌하여 주께서는 나를 어머니 뱃속에서 죽이지 아니하셨고, 어찌하여 나로 내 어머니의 뱃속을 내 무덤으로 삼지 못하게 하셨으며, 어찌하여 내가 어머니 뱃속에서 영원히 나오지 않도록 내 어머니의 배를 항상 부른 채로 놔두지 아니하셨단 말인가! 아, 어찌하여 내가

어머니 뱃속에서 나와서 온갖 고생과 슬픔을 다 겪고, 나의 나날들을 수치와 모욕 가운데서 보내고 있단 말인가!

유다 백성들에게 하나님의 메시지를 전하던 예레미야가 백성들의 끊임없는 조롱과 배척과 핍박으로 인해 극도의 고통을 느끼는 가운데 자신의 처지를 한탄하는 내용이다. 그는 차라리 자신이 세상에 태어나지 않았거나 혹은 어머니 뱃속에서 낙태되었기를 바라고 있다. 하지만 이는 예레미야가 삶의 괴로움으로부터 벗어나기 위한 도피 수단으로 자신의 번민과 절망을 나타내는 시적인 표현일 뿐, 실제로 낙태를 인정하는 말은 아니다. 옛적에 사탄에게 무자비하게 공격받았던 욥(Job)도 이와 유사한 표현 방식으로 하나님 앞에 자신의 신세를 한탄한 적이 있었다(욥 3장).

하나님은 예레미야를 자신의 일꾼으로 부르셔서 그가 사랑하는 조국과 동족을 향하여 준엄한 심판을 선포하도록 명하셨다. 이 같은 사역으로 인해, 예레미야는 동족에게서 '반역자' 또는 '매국노'라는 비방을 들으며 백성들에게 한없이 미움을 받고 배척과 핍박을 받았다. 사람들은 틈만 나면 눈엣가시 같은 예레미야를 죽이려 했고, 심지어 친한 벗들조차도 예레미야가 잘못되기를 바랐다(10절).

이런 상황에서 예레미야는 세상의 많고 많은 사람들 중에 하필이면 자신을 불러 동족에 대해 심판과 재앙을 선포할 선지자로 삼으신 하나님께 대하여 신세 한탄을 하지 않을 수 없었다. 하나님께서도 그런 상황을 십분 이해하셨을까? 이에 하나님은 예레미야를 위로하고 다독이면서 좋은 말로 약속해주셨다. 그를 '놋 성벽'처럼 견고하게 만들어 외부의 모든 공격을 능히 견뎌낼 수 있게끔 하시겠고, 또한 항상 함께 하셔서 모든 대적들의 손에서 구해주실 것이라고 약속하셨다(15:20-21).

21

유다의 멸망 예고

예레미야가 주의 말씀을
두 신하에게 그대로 전달하네
주께서 작정하고 유다를 치시니
역병과 기근과 칼에 망하리라

유다 왕 시드기야에 대한 예언 (21:1-7)

유다 왕 시드기야가 말기야의 아들 바스훌과 마아세야의 아들 제사장 스바냐를 예레미야에게 보냈을 때, 주님의 말씀이 예레미야에게 내렸다. 그때에 그들이 예레미야 선지자에게로 나아와서 왕의 말을 전한다. 시드기야는 유다의 제20대 왕으로(주전 597-586년경), 요시야의 아들이고 여호야긴의 숙부다. 조카인 여호야긴 왕이 바빌로니아로 잡혀간 후에 바빌로니아의 느부갓네살 왕에 의해 유다 왕위에 오른 인물이다. 본명은 '맛다니야'인데, 그의 통치 기간 중에 유다가 멸망함으로써(주전 586년) 그는 유다의 마지막 왕이 되고 말았다. 그가 예레미야에게 전한 말은 이러하다.

(2절) "지금 바빌로니아 왕 느부갓네살이 우리 예루살렘 도성을 포위하여 공격하고 있다는 사실을 그대도 잘 알 것이오. 그러니 어서 주님께 간구하여 도움을 요청해주시오. 옛적처럼, 주께서 오늘날 우리를 위해

기적을 베풀어주시면 느부갓네살 왕이 우리에게서 물러날 것이오."

때에 바빌로니아의 왕 느부갓네살이 유다를 공격한 이유는 이러하다. 본래 유다 왕 시드기야는 느부갓네살에 의해 유다 왕으로 세움 받았다(왕하 24:17). 그런데 왕위에 오른 시드기야는 처음에는 바빌로니아 왕을 섬겼지만, 이후에는 친(親)이집트파의 회유에 빠져 느부갓네살 왕을 거역했다. 그러고는 주변의 암몬, 모압, 에돔, 두로 등과 반(反)바빌로니아 동맹을 맺고 바빌로니아에 대항하였다. 이에 격노한 느부갓네살 왕은 시드기야 재위 9년째에 바빌로니아 군대를 직접 이끌고 대대적인 침공을 감행했던 것이다(주전 588년, 왕하 25:1). 시드기야 왕의 말을 전달받은 예레미야가 주님께 받은 말씀을 왕의 신하들에게 그대로 전한다.

(3-7) "그대들은 시드기야 왕에게 전하시오. 이르기를 '이스라엘의 하나님 주께서 말씀하시기를, 너희가 지금 너희 도성을 포위하고 있는 바빌로니아 왕과 갈대아 군사들과 맞서 싸우려고 하고 있으나, 나는 너희들의 손에서 무기를 모두 거두어들여 이 도성 한가운데에 모아놓겠다. 그것은 도리어 내가 너희를 치려고 작정했기 때문이다. 그렇다. 내가 친히 치켜든 손과 강한 팔로 너희를 치되, 불타는 진노와 분노와 격분으로 가차 없이 너희를 칠 것이다. 사람이든 짐승이든 막론하고, 내가 이 도성에 사는 것들은 무엇이든 가리지 않고 다 칠 것이니, 모두가 무서운 전염병에 걸려 죽을 것이다. 나 주의 말이다. 만일 전염병과 전쟁과 굶주림에서 살아남은 자가 있으면, 나는 그들을 시드기야 왕과 그의 대신들과 함께 바빌로니아 왕 느부갓네살의 손, 곧 너희 대적의 손, 곧 너희 생명을 찾는 자들의 손에 다 넘겨주겠다. 그러면 너희 대적은 너희 모두를 칼로 쳐 죽일 것이되, 너희를 조금도 불쌍히 여기거나 가련하게 보지 아니하고, 인정사정없이 무자비하게 쳐 죽일 것이다.'라고 하여라."

바빌로니아 군대의 침공을 받은 시드기야 왕은 예레미야 선지자를 통해 하나님의 도우심을 요청했다. 하지만 도우심에 관한 약속을 받기는 커녕 도리어 하나님께서 강한 팔로 유다 백성을 직접 치실 것이라는 말만 전해듣게 된다. 그런 두려운 답변을 듣게 된 이유는 자명하다. 유다 백성들이 이방 우상을 숭배함으로써 하나님과 맺은 언약을 깨뜨렸기 때문이고, 또한 선지자를 통해 거듭거듭 회개를 촉구했지만 그들이 하나님의 경고를 끝내 무시했기 때문이다.

과연 시드기야에 대한 예레미야의 예언은 그대로 성취되었다. 바빌로니아 군대에 의해 예루살렘 성읍이 함락될 때(주전 586년), 유다 왕 시드기야와 그의 신하들은 사로잡혀서 처형당하거나 또는 포로가 되어 바빌로니아 땅으로 끌려갔다. 특히 시드기야 왕은 바빌로니아 왕 앞으로 끌려가 자기 아들들이 자신의 눈앞에서 처형당하는 것을 직접 보았다. 이때 시드기야의 나이는 한창 젊은 32세였는데, 그렇다면 그의 아들들은 아주 어린 나이에 처형당했음을 알 수 있다.

그런 다음에 시드기야 자신은 두 눈이 뽑힌 채로 쇠사슬에 결박당하여 바빌로니아 땅으로 끌려가 죽을 때까지 그곳 감옥에 갇혀있었다(왕하 25:1-7). 이처럼 바빌로니아 왕 느부갓네살이 시드기야를 잔인하게 다룬 것은 그가 자신에 의해 세움 받은 왕이었음에도 불구하고, 자신에 대한 충성의 서약을 어기고 주변 나라들과 군사동맹을 맺고 모반을 꾀했기 때문이다(겔 17:16). 그래서 바빌로니아 왕은 다른 속국의 왕들에 대한 본보기로서 시드기야를 가혹하게 다루었다.

유다 백성들에 대한 예언: 생명의 길과 죽음의 길 (21:8-10)

(8-10) 주께서 내게 말씀하셨다. "예레미야야, 너는 또 이 백성에게 전하여라. 이르기를 '주께서 말씀하신다. 보라, 너희는 지금 갈림길에 서있다. 내가 너희 앞에 생명의 길과 죽음의 길을 놓아두었다. 누구든지

이 예루살렘 도성에 계속 버티고 남아있는 사람은 전쟁과 굶주림과 전염병으로 인해 죽음을 면치 못할 것이다. 그러나 누구든지 이 도성 밖으로 나가, 너희를 포위하고 있는 갈대아 군사들에게 항복하는 사람은 죽지 않고 살 것이되, 마치 자기 목숨을 전리품처럼 얻게 될 것이다. 주께서 밝히 말씀하신다. 내가 이 도성으로 얼굴을 향하고 있는 것은 복을 내리기 위함이 아니라 재앙을 내리기 위함이다. 그러므로 이 도성은 바빌로니아 왕의 손에 넘어갈 것이고, 그 왕은 이 도성을 모조리 불살라 철저히 파멸시킬 것이다.'라고 하여라."

예레미야는 하나님의 말씀에 따라 유다 백성들에게 생명의 길과 죽음의 길을 선포하였다. '생명의 길'은 예루살렘 도성 밖으로 나가 갈대아 군사들 곧 바빌로니아 군대에게 항복하는 것이고, '죽음의 길'은 갈대아 군사들에게 항복하지 않고 예루살렘 도성 안에 끝까지 버티고 있는 것이었다. 말하자면 예레미야는 유다 백성들에게 항복할 것을 권했다. 그 까닭은, 당시 상황에서 바빌로니아 왕에게 항복하는 것만이 그나마 죽지 않고 목숨을 부지할 수 있는 유일한 길이었기 때문이다.

이것은 비겁하고도 구차하게 목숨을 구걸하라는 권유가 아니었다. 예레미야의 말은, 바빌로니아를 하나님의 심판 도구로 인정하고 바빌로니아를 통한 하나님의 징벌을 순순히 받아들이라는 의미였다. 또한 그렇게 하는 것은, 유다 백성들이 자신들의 죄를 인정하고 회개한다는 의미이기도 했다. 그러나 이 같은 예레미야의 말은 유다 백성들에 의해 매국적인 발언으로 간주되어 일언지하에 배척당했고, 그 결과로 예레미야는 동족에게서 더욱 심한 핍박을 받았다.

유다 왕실에 대한 예언 (21:11-14)

(11-14) 주께서 또 내게 말씀하셨다. "너는 유다 왕실에 이렇게 전하라.

이르기를 '너희는 주께서 하시는 말씀을 들어라. 다윗의 후손들아, 너희는 아침마다 공의로운 판결을 내려, 억울하게 고통받는 사람들을 압제자들과 착취자들의 손에서 구해주어라. 그렇지 않으면 너희의 모든 악행으로 인해 내 분노가 활활 타올라서 너희를 덮쳐버릴 것이니, 그때에 그 진노의 불길을 끌 자가 아무도 없을 것이다. 나 주가 또 말한다. 너희는 예루살렘 왕궁이 골짜기의 위쪽, 가파른 바위 위에 세워진 것만 믿고서 말하기를 "누가 우리를 칠 수 있으랴!", "누가 여기까지 들어올 수 있으랴!" 하고 큰소리치고 있다. 그러나 내가 너희 대적이 될 것이니, 내가 손수 너희를 칠 것이다. 내가 너희의 악한 행실에 따라 너희를 벌할 것이다. 내가 너희들의 숲에 큰불을 놓아 사방의 모든 것들을 다 태워 없앨 것이다.'라고 하여라."

시온산(Mt. Zion)의 견고한 바위 위에 우뚝 세워진 유다의 도성 예루살렘은 주변의 여러 골짜기들을 굽어보고 있는 그야말로 범접 불가의 천연 요새였다. 예루살렘 백성들은 이 같은 지형의 이점 때문에 예루살렘을 난공불락의 성읍으로 생각하고 "누가 여기까지 들어와, 감히 우리를 칠 수 있단 말인가!"하면서 큰소리치고 있었다. 그래서 그들은 예루살렘의 함락을 외치는 예레미야의 메시지를 한껏 비웃고 있었다.

그러나 예루살렘은 지킬 수 있는 건 '지형(地形)'이 아니라, 그 도성의 '올곧음'이었다. 공의로운 판결로 인해 그 도성 안에 억울하게 고통받는 사람들이 없어야만 그 도성이 무너지지 않고 계속 서있을 수 있었다. 그렇지 않으면, 아무리 천연 요새의 지형을 갖추었다고 해도 예루살렘은 결코 굳건히 서있을 수 없었다. 그 도성의 악행으로 인해 하나님께서 손수 그 도성을 치실 것이기 때문이다. 과연 예루살렘 도성 안에 악행이 흘러넘치자, 하나님은 바벨로니아 군대를 징벌의 도구로 삼아 그토록 천연 요새인 예루살렘을 철저히 파괴하고 완전히 불태워버렸다(주전 586년경, 왕하 25:1-5)).

22

유다 말기 왕들의 운명

포로로 잡혀간 왕 살룸은
잡혀간 그 땅에서 죽을 것이다
불의로 왕궁을 짓는 왕 여호야김은
시신이 성문 밖에 던져지리라

유다 왕실에 대한 예언 (22:1-9)

(1-5) "예레미야야, 너는 유다 왕의 궁전으로 내려가서 이 말을 전하라. 이르기를 '다윗의 왕위에 앉은 유다 왕아, 너는 이제 주께서 네게 하시는 말씀을 들어라. 또한 이 궁전 문들을 통해 들어오는 너의 모든 신하들과 백성들도 함께 이 말씀을 듣도록 하라. 나 주가 말한다. 너희는 힘써 공평과 정의를 실현하여라. 억울하게 빼앗기고 착취당하는 사람들을 탄압하는 자들의 손아귀에서 건져주고, 이방인들과 고아들과 과부들을 억누르거나 괴롭히지 말고, 죄 없는 사람들의 무죄한 피를 흘리지 말아라. 너희가 이 말을 잘 듣고 그대로 실천하면, 다윗의 왕위에 앉을 왕들이 그의 대신들과 함께 전차와 군마를 타고서 유다 백성들과 예루살렘 주민들을 거느리고 이 궁전 문으로 당당하게 들어오게 될 것이다. 그러나 만일 너희가 나의 말을 듣지 않고 무시해버리면, 내가 나를 두고 맹세하건대 이 왕궁이 폐허가 되어 황량해질 것이다. 이것은 나 주의 말씀이다.'라고 하여라."

어느 날, 주께서 또 예레미야에게 말씀하신 내용이다. 본문에서 예레미야 선지자가 하나님의 메시지를 선포하는 대상인 왕, 곧 '다윗 왕위에 앉은 유다 왕'은 유다 왕국 최후의 왕이 된 '시드기야'(주전 597-586년)를 가리킨다. 그는 악하고 우유부단한 왕으로서, 국내적으로는 우상숭배와 부정부패 및 불공정의 악정을 행했고, 국외적으로는 바빌로니아에 순복하라는 예레미야의 충고를 듣지 않고 친(親)이집트 신하들의 말에 귀를 기울이다가 결국 나라를 망하는 길로 이끌고 말았다.

예레미야가 본문의 메시지를 전할 때만 해도 시드기야 왕이 그 메시지에 귀를 기울였다면 유다와 예루살렘은 멸망치 않고 구원받을 수도 있었다. 하나님의 말씀에 따라 우상숭배를 척결하고 부정부패를 일소하면서 공평과 정의를 실현했더라면, 그리고 정치적, 경제적, 사회적으로 3대 약자에 속하는 이방인(나그네), 고아, 과부를 착취하는 자들로부터 보호해주었더라면, 하나님의 보호와 도우심 하에 유다와 예루살렘은 멸망하지 않고 다윗의 왕위를 계속 이어나갈 수 있었다. 그러나 결국 유다와 예루살렘이 멸망한 것은, 하나님의 말씀에 불순종함으로써 하나님의 진노를 자초했기 때문이었다.

예레미야를 통해 시드기야 왕에게 메시지를 전하시면서 하나님께서는 자신의 약속이 확실하다는 것을 강조하기 위해 '자기 자신'을 두고 맹세하셨다(5절). 사실, 하나님께서 말씀하시는 모든 것은 전적으로 진실하기 때문에, 하나님은 자신의 약속을 확신시키기 위해 맹세할 필요가 전혀 없었다. 하지만 보다 충격적으로 메시지를 전달하기 위해, 그리고 약속의 신실함을 더욱 강조하기 위해, 하나님께서는 인간들의 방식에 따라 자신의 말씀에 맹세를 하셨다. 그렇지만 하나님은 자신보다 더 권위 있는 다른 무엇을 찾을 수 없기에 최고 최선의 대상인 자기 자신을 두고서 맹세하신 것이다. 이 같은 사실로 미루어볼 때, 하나님의 말씀이 반드시 성취될 것이라는 점은 의심할 여지가 추호도 없다. 그리고 머잖아 그렇게 그대로 성취되었다(주전 586년).

(6-9) 주께서 또 유다 왕실에 대하여 이렇게 말씀하셨다. "비록 네가 나에게 길르앗의 숲 같고, 레바논 산의 꼭대기같이 아름답고 귀할지라도, 이제는 내가 너를 거친 광야로 만들고, 더 이상 사람이 살 수 없는 폐허의 성읍으로 만들겠다. 내가 너를 파멸시킬 사람들을 네게로 보낼 것인데, 그들은 손에 도끼를 들고서 너의 아름다운 백향목들을 가차 없이 찍어 불속으로 던져 넣을 것이다. 그때에 세상의 뭇 민족들이 이 예루살렘 성읍으로 지나가면서 서로 수군거리기를 '주께서 어찌하여 이 큰 도성을 이토록 폐허로 만드셨단 말인가?'라고 할 것이다. 그리고 그들은 또한 서로에게 대답하기를 '그들이 자기들의 하나님과 맺었던 주님의 언약을 깨뜨리고, 다른 신들에게 절하고 그 신들을 섬겼기 때문이다.'라고 할 것이다."

길르앗 지역의 숲 같고 레바논산의 백향목같이 아름답고 수려한 예루살렘 성읍을 도끼로 가차 없이 찍어 불속으로 던져 넣을 자는 바빌로니아 군대를 이끄는 '느부갓네살 왕'(주전 605-562년)이다. 불순종하고 패역한 예루살렘을 심판하기 위해 하나님께서 그를 징벌의 도구로 택했기 때문이다. 또한 후일에 하나님께서는 교만하고 무자비한 바빌로니아를 심판하기 위해 바사(페르시아)의 '고레스 왕'(주전 558-530년)을 징벌의 도구로 택하셨다(사 44:28). 이처럼 만왕의 왕이시며 절대 주권자이신 하나님께서는 세상의 뭇 왕들을 자신이 원하시는 뜻대로 활용하신다.

장차 폐허가 된 예루살렘 성읍을 두고서 그토록 아름답고 수려했던 성읍이 왜 그처럼 황량하게 변했는지, 그 원인에 대해서 세상의 뭇 민족들은 분명한 답을 알고 있었다. 그들의 수군거림 가운데 나타나있듯, 예루살렘 백성들이 하나님과 맺은 언약을 깨뜨린 뒤 하나님을 떠나 이방의 다른 신들을 섬겼기 때문이었다. 곧 '우상숭배'가 유다 멸망의 제1원인이었고, 예루살렘 폐허의 최대 원인이었다.

유다 왕 살룸에 대한 예언 (22:10-12)

(10-12) 유다 백성들아, 너희는 이미 죽은 왕을 위해 울지 말고 그의 죽음을 놓고 통곡하지 말아라. 그 대신에 차라리 이집트 땅으로 포로로 잡혀간 그의 아들을 위하여 울어라. 그는 자기가 태어난 고국 유다 땅으로 다시 돌아오지 못하고 먼 이방 땅에서 죽을 것이다. 이는 자기 아버지 요시야를 이어 유다 왕위에 올랐으나, 얼마 못 되어 이집트로 포로로 잡혀 간 유다 왕 살룸에 대하여 주께서 하신 말씀이다. "그는 영영 이곳으로 돌아오지 못하고, 잡혀간 그 땅에서 죽을 것이다. 그는 고국 유다 땅을 다시는 볼 수 없을 것이다."

이미 죽은 왕은 '요시야'(주전 640-609년)다. 그는 이집트 왕 바로-느고(Pharaoh Neco)와 맞선 '므깃도 전투'에서 아깝게 전사했다(왕하 23:29-35). 남왕국 유다의 역사에서 요시야 왕은 보기 드문 선왕(善王)으로, 그의 죽음은 통렬한 아픔이었다. 그래서 유다 백성들은 요시야 왕의 죽음을 놓고 오래도록 통곡했다.

이집트 땅으로 포로로 잡혀간 요시야 왕의 아들은 '여호아하스'로 불리는 '살룸'이다. 그는 요시야의 넷째 아들로, 부왕 요시야가 이집트와 치른 므깃도 전투에서 전사하자 그의 뒤를 이어 23세에 유다의 제17대 왕으로 올랐다(주전 609년). 하지만 이집트 왕 바로-느고는 살룸을 3개월 만에 폐위하고, 요시야의 둘째 아들인 '여호야김'을 유다 왕으로 삼아 친(親)이집트 정부를 세웠다(주전 609-598년).

한편, 폐위된 살룸은 이집트로 끌려가 거기서 죽었다(왕하 23:31-34). 당시까지만 해도 유다는 이집트의 영향력 아래 놓여있었다. 이후 '갈그미스 전투'(주전 605년경, 렘 46:2)에서, 이집트가 바벨로니아에게 크게 패한 뒤에 유다에 대한 이집트의 지배력은 급격히 소멸되고, 대신 바빌로니아가 유다를 지배하기 시작했다.

유다 왕 여호야김에 대한 예언 (22:13-19)

(13-19) 불의로 자기 왕궁을 짓고 불법으로 자기 누각을 올리면서도, 고용한 자기 백성들에게는 한 푼의 품삯도 주지 않는 자여, 네게 재앙이 임할 것이다! 그러면서도 그는 자랑하기를 "내 왕궁은 크고 넓게 지을 것이고, 내 누각도 높고 아름답게 만들 것이다."라고 한다. 그래서 그는 자기 왕궁을 위하여 넓은 창문을 달고, 백향목 판자를 벽에 덧붙이고, 붉은 색으로 덧칠을 한다. 그러나 너 유다 왕이여, 네가 더욱 많은 백향목을 사용하여 더욱 크고 넓은 집을 짓는다고 해서 좋은 왕이 될 수 있다고 생각하느냐? 네 아버지 요시야는 크고 넓은 왕궁을 짓지 않았어도 잘 먹고 잘 마시지 않았느냐? 그는 법과 공의를 실천하였기 때문에 하는 일마다 잘 되었다. 네 아버지 요시야는 불쌍하고 가난한 사람들의 억울한 사정을 잘 보살펴주었고, 그로 인해 모든 일이 형통하였다. 바로 그것이 나를 올바로 아는 것이 아니겠느냐! 이는 나 주의 말이다. 그러나 네 눈과 마음은 불의한 이익을 탐하는 데 온통 기울어 있고, 무죄한 자의 피를 흘리는 것과 무고한 자를 탄압하고 착취하는 데에만 쏠려 있다. 그러므로 나 주가 요시야의 아들 여호야김에 대해 이렇게 말한다. "그가 죽을지라도 '아, 슬프다, 형제여! 아, 슬프다, 자매여!' 하고 애도하는 자가 아무도 없겠고, 그의 죽음을 두고 '아, 슬프다, 우리 통치자여! 아, 슬프다, 우리 왕이여!' 하고 통곡하는 사람도 전혀 없을 것이다. 그 대신에 도리어 그의 시신은 예루살렘 성문 밖에 아무렇게나 내던져져서 마치 나귀같이 매장당할 것이다."

유다의 제18대 왕인 '여호야김'에 대한 예언이다. 그는 요시야 왕의 둘째 아들로서, 동생인 살룸(여호아하스) 왕이 3개월 만에 폐위되어 이집트로 끌려간 이후, 이집트 왕 '바로-느고'에 의해 유다 왕위에 올라 11년 동안 유다를 통치했다(주전 609-598년). 그는 이집트의 봉신(封臣)답게 강력한 친(親)이집트 정책을 시행했는데, 이집트에 바칠 공물을 거두기 위해 백성을 무자비하게 수탈하는 악정을 일삼았다. 그렇게 수탈한 재물로 자기 왕궁을 호화롭게 짓고 호의호식하였으며, 그런 악한 왕 아래에서 신하들도 불법과 부정부패와 착취를 자행했다. 따라서 여호야김 왕은 바빌로니아와 화친할 것을 권하는 예레미야의 메시지를 거들떠보지도 않았고, 그런 메시지를 전하는 예레미야를 크게 배척하고 핍박했다.

그 결과, 여호야김 왕에 대하여 비참한 종말이 예언되었다. 그가 죽을 때 어떤 백성도 슬퍼하지 않을 것이고, 심지어 그의 시신은 '죽은 나귀같이' 취급당할 것이었다(19절). 유대 사회에서 나귀는 부정한 동물로 간주되었고, 그래서 그 시체는 아무렇게나 버려졌다. 유다 왕 여호야김의 시신이 그러할 것이었다. 왕답게 정당한 예우나 명예로운 장례식 없이 매장조차 당하지 못할 뿐더러, 죽은 나귀처럼 수치스럽게 아무렇게나 내던져질 것이었다. 유다와 예루살렘을 최악의 상태로 이끈 여호야김은 그처럼 누구에게서도 애도를 받지 못하고, 쓸쓸히 들판에 버려져 들짐승의 밥이 될 비참한 운명을 맞이하게 될 것이었다. 한때의 세상 권력과 호의호식이 완전히 무용지물이 되는 악인의 비참한 종말이었다(시 37:35-36).

임박한 예루살렘의 멸망에 대한 예언 (22:20-23)

(20-23) 예루살렘 주민들아, 너희는 레바논 산으로 올라가서 울부짖어라. 바산 고원과 아바림 산지로 올라가서 통곡하여라. 너희를 사랑하

여 너희와 동맹을 맺은 자들이 다 망하고 말았다! 너희가 안전하고 평안할 때, 나는 이미 너희에게 계속해서 경고했지만 너희는 내 말을 도무지 들으려 하지 않았다. 너희는 어릴 때부터 그렇게 내게 불순종했는데, 그것이 네 습관이 되었다. 너희 목자들은 거센 바람에 모조리 휩쓸려갈 것이고, 너희를 사랑하는 자들도 모두 포로가 되어 사로잡혀 갈 것이다. 정녕 그날에 너희는 너희가 저질렀던 온갖 죄악들로 인해 수치와 모욕을 당할 것이다. 아, 레바논의 아름다운 백향목으로 견고하게 지은 예루살렘 궁전에서 안락하게 살고 있는 자들이여, 재앙의 그날이 오면, 아이 낳은 여인의 고통 같은 무시무시한 고통이 너희를 덮칠 것인데, 그때의 네 신세는 참으로 비참하고 불쌍할 것이다.

'레바논산'은 이스라엘 땅의 북쪽 경계 지역이고, '바산 고원'은 동쪽 경계 지역이며, '아바림 산지'는 남쪽 경계 지역이다. 물론, 서쪽 경계 지역은 '지중해'다. 하나님께서 마침내 손을 들어 심판하시는 그날에, 이스라엘 온 땅이 전쟁의 참화에 휩쓸려 예루살렘 궁전의 왕과 신하들로부터 일반 가옥에 사는 모든 백성들에 이르기까지 모두가 아이 낳은 여인의 고통 같은 무시무시한 고통을 겪게 될 것이라는 예언이다. 그런 고통을 겪게 되는 원인은 계속 경고했지만 끝내 그 경고를 듣지 않고 무시한 '불순종' 때문이었다. 불순종하는 자기 백성에 대하여 하나님께서 참고 또 참으시다가 마침내 격노하셔서 무시무시한 매를 드신 것이다.

유다 왕 고니야에 대한 예언 (22:24-30)

(24-30) 주께서 말씀하신다. "나 주가 나의 살아있음을 두고 맹세하건대, 유다 왕 여호야김의 아들 너 고니야야, 네가 설령 내 오른손에 낀 인장반지라고 할지라도 나는 너를 빼어내겠다. 너를 빼어내어, 네 목숨을 노리는 자들의 손에, 곧 네가 두려워하는 바빌로니아 왕 느부갓네살의 손과 갈대아 군사들의 손에 너를 넘겨주겠다. 그러면

너는 너를 낳아준 네 어머니와 함께 사로잡혀 너희가 태어나지 않은 머나먼 이방 땅으로 끌려가게 될 것인데, 너희는 결국 거기서 죽게 될 것이고, 너희가 돌아오기를 간절히 바라는 이곳 고국 땅으로는 다시는 돌아오지 못할 것이다. 이 사람 고니야는 깨진 항아리처럼 내버려진 존재인가? 아무도 원하지 않는 쓸모없는 질그릇인가? 어찌하여 그와 그의 자손들이 다 쫓겨나서, 전혀 알지 못하는 낯선 땅에 내팽개쳐졌는가? 아- 땅이여, 땅이여, 땅이여! 주의 말씀을 들어라. 나 주가 말한다. 너희는 이 사람 고니야에 대해 기록하기를 '이 사람은 자식도 없이, 일평생 형통하지 못한 채 불행만 겪은 사람'이라고 써라. 그렇다. 그의 자손들 가운데는 아무도 형통한 사람이 없을 것이므로, 다윗의 보좌에 앉아 유다를 다스릴 왕이 나오지 않을 것이다."

'고니야'는 요시야의 손자이며 여호야김의 아들로, '여호야긴' 혹은 '여고냐(여고니야)'와 동일한 인물이다. 부왕 여호야김을 이어 18세의 나이로 유다 제19대 왕위에 올랐으나(주전 598년), 예레미야의 경고를 무시한 채 여전히 친(親)이집트, 반(反)바빌로니아 정책을 고수했다.

바빌로니아 땅에 끌려간 유다 왕 고니야

그 결과, 고니야는 왕위에 오른 지 3개월 10일 만에 폐위되어, 다른 포로들과 함께 머나먼 이방 땅인 바빌로니아로 끌려갔다(왕하 24:8-16, 주전 597년경). 이후 그를 대신하여 요시야의 막내아들이자 고니야(여호야긴)의 숙부인 시드기야가 유다 제20대 왕위에 올랐는데(주전 597년), 결국 시드기야 왕을 마지막으로 유다가 멸망했기 때문에 고니야의 후손들은 더 이상 유다 왕위에 오를 수 없었다.

하나님은 고니야의 폐위 및 포로 됨과 관련해서 '손의 인장반지를 빼어 다른 이들에게 넘겨주는 것'에 비유하였다(24-25절). 고대에 인장반지는 왕의 권위를 상징하는 물건이었다. 법령이나 조약, 또는 왕의 이름으로 발송되는 서신과 같은 정부 문서는 반지에 새겨진 인장(印章)을 찍어야만 효력을 지닐 수 있었다. 이처럼 인장반지가 왕의 권위를 나타냈기 때문에, 왕은 다른 사람에게 자신을 대신해서 국사를 돌볼 수 있는 권한을 위임할 때에만 이 반지를 빼어주었다.

이런 맥락에서 유다의 왕은 택한 백성을 대표하는 자로서 '하나님의 인장반지'에 비유될 만큼 소중하고 권위 있는 존재였다. 하지만 그 왕이 하나님께 거역한다면, 하나님은 그것을 손에서 빼어 다른 이들에게 넘겨줄 것이었다. 그것은 곧 왕의 지위에서 쫓겨나 치욕을 당하게 될 것임을 의미한다.

23

거짓 예언자

내 양 떼를 흩어지게 한 목자들아
내가 너희의 악행을 징벌하고
내 양 떼 중 남은 자들을 불러 모아
참된 목자를 그들 위에 세우리라

남은 자들의 귀환과 장차 메시아의 통치 (23:1-8)

(1-4) 주께서 말씀하신다. "내 목장의 양 떼를 죽이고 흩어지게 한 목자들아, 너희에게 재앙이 내릴 것이다. 이스라엘의 하나님 나 주가 내 백성을 먹이고 기르는 목자들에게 말한다. 너희는 내 양 떼를 흩어버리고 쫓아내고 돌보지 않았다. 그러므로 보라, 내가 너희의 악행을 인하여 너희를 벌하겠다. 또한 내가 내 양 떼 가운데 남은 자들을 그들이 쫓겨갔던 온 세상의 모든 곳에서 다시 불러 모아, 그들의 목장으로 다시 데려다 놓을 것인데, 거기에서 그들은 다시 번성하여 큰 무리를 이룰 것이다. 그때에 내가 양 떼를 돌볼 참된 목자들을 그들 위에 세울 것이니, 이후로 양들은 더 이상 놀라거나 두려워하지 않겠고, 한 마리도 잃어버리는 일도 없을 것이다. 이는 나 주의 말이다."

두 가지 사실이 예언되고 있다. 하나는, 목장의 양 떼를 돌보지 않고 흩어버리고 죽인 악한 목자들에 대한 심판이다. 이들은 당시 나라의 지도자가 되어 백성들을 우상숭배와 부패와 타락의 구렁텅이로 이끈 악한 왕, 제사장, 선지자, 고위관료 등을 가리킨다.

다른 하나는, 남은 자들이 목장으로 다시 돌아왔을 때 그들을 잘 돌보고 보살필 참된 목자들에 대한 약속이다. 이들은 고레스 대왕의 칙령으로 말미암아 유다 백성들의 본토 귀환이 이루어졌을 때, 귀환하는 백성들을 잘 인솔하고 또 본국에서 잘 보살핀 선한 지도자들을 가리킨다. 예를 들면, 1차 귀환 때의 '스룹바벨'이나 2차 귀환 때의 '에스라', 그리고 3차 귀환 때의 '느헤미야' 같은 지도자들이 이에 해당한다.

> (5-8) 주께서 또 말씀하신다. "보라, 때가 이르면 내가 다윗의 가문에서 한 의로운 가지를 돋아나게 할 것이다. 그 왕은 자기 백성을 지혜롭게 통치할 것이며, 세상에서 공평과 정의를 실현할 것이다. 정녕 그날이 오면, 유다는 구원을 받겠고 이스라엘은 평안을 누릴 것이다. 그리고 그 왕은 '주, 우리의 의'라는 이름으로 불릴 것이다." 그러므로 주께서 이렇게 말씀하신다. "보라! 그날이 오면, 사람들이 맹세할 때 더 이상 '이스라엘 백성을 이집트 땅에서 인도해내신 주께서 살아계심을 두고 맹세하건대'라고 말하지 않고, 그 대신에 '이스라엘 백성을 저 북방 땅, 곧 그들이 쫓겨나서 살던 모든 나라에서 그들을 인도해내신 주께서 살아계심을 두고 맹세하건대'라고 말할 것이다. 정녕 그때가 되면, 내 백성 이스라엘이 모두 돌아와 각자 자신들의 고향 땅에서 살게 될 것이다."

두 가지 사건이 예언되고 있다. 하나는, 메시아의 출현이다(5-6절). 장차 때가 이르러 '다윗의 가문에서 돋아날 한 의로운 가지'는 바로 신약시대에 이 땅에 출현하실 '메시아 예수'를 가리킨다. 여기서 '가지'(히, 체마흐)는 나무의 몸통이 잘려나간 그루터기에서 새롭게 돋는 '싹'을 말한다. 이것은 완전히 멸망된 다윗 왕조의 혈통에서 새롭게 나타날 한 왕을 가리키는데, 곧 '메시아 예수'인 것이다. 지금껏 다윗 가문의 혈통에서 완벽한 왕은 없었으나, 오직 메시아 예수는 정의와 공의를 실현함으로써 자기 백성에게 참된 구원과 평안을 제공하는 온전한 왕이 되실 것이다. 그래서 사람들은 그를 '주, 우리의 의(義)'라고 부르게 될 것이다.

다른 하나는, 장차 본국 귀환의 그날이 오면 사람들은 더 이상 출(出)이집트를 이루신 주님의 이름으로가 아니라 출(出)바빌로니아를 이루신 주님의 이름으로 맹세하게 된다는 것이다(7-8절). 출이집트의 역사도 놀랍고 위대하지만 그보다 출바빌로니아의 역사가 더욱 놀랍고 위대하다는 사실을 강조하고 있다. 이스라엘 백성들의 이집트 거주는 하나님의 뜻에 의한 것이었음에 비해, 그들의 바빌로니아 유수(幽囚)는 그들 자신들의 범죄로 인한 것이었다. 따라서 출바빌로니아의 역사는 출이집트의 역사보다 더욱 하나님의 크신 사랑과 은혜가 부각된 행위인 것이다.

거짓 선지자들에 대한 경고 (23:9-32)

(9-12) 거짓 선지자들에 대한 주님의 거룩한 말씀을 듣고서, 내 심장이 터질 것 같고 내 뼈가 떨린다. 나는 마치 포도주에 취한 사람처럼 온 정신이 몽롱해졌다. 진실로 이 나라에는 음행하는 자들로 가득 차 있다. 그로 인해 주님의 저주가 이 땅에 임하니, 땅이 슬퍼하고 광야의 푸른 풀들이 모두 메말랐다. 사람들은 저마다 악한 길을 걷고, 자기들의 힘을 남용하여 불의를 자행한다. 주께서 말씀하신다. "선지자도 썩었고, 제사장도 썩었다. 나는 그들이 심지어 내 성전 안에서도 사악한 짓을 행하는 것을 목격하였다. 이는 나 주의 말이다. 그러므로 그들의 길은 흑암 가운데 미끄러운 데를 걷는 것 같아서, 떠밀려 고꾸라지겠고 영영 일어나지 못할 것이다. 정해진 대로 그들을 벌할 때가

이르면, 내가 그들에게 두려운 재앙을 내릴 것이다. 이는 나 주의 말이다.

이스라엘 사회에서 제사장들과 선지자들은 하나님의 말씀에 따라 백성들을 올바른 길로 인도할 영적 지도자들이었다. 하지만 예레미야 당시에 거짓 선지자들과 부패한 제사장들은 도리어 백성들을 우상숭배와 부도덕한 길로 인도함으로써 그들을 타락시켰다. 놀랍게도 예루살렘은 우상숭배와 부정부패의 길을 걷다가 결국 멸망해버린 북왕국 사마리아의 길을 똑같이 따르고 있었다.

당시에 거짓 선지자들과 부패한 제사장들에 의해 예루살렘에서 자행되고 있었던 대표적인 악행은, 각종 우상을 숭배하는 가운데 이교도의 악습을 좇아 성전 창기를 두고 인신제사를 드리는 행위였다. 이런 일들은 하나님께서 구역질할 정도로 아주 역겹고 가증한 행위였다. 그래서 하나님은 그런 사실을 지적하신다.

(13-15) 나는 일찍이 사마리아의 선지자들에게서 이런 불미스럽고 불쾌한 일을 당하였다. 그들은 이방 신 바알의 이름으로 예언하면서 내 백성 이스라엘을 그릇된 길로 인도하였다. 그런데 이제 내가 예루살렘의 선지자들에게서 그런 가증하고 끔찍한 광경을 보게 되었다. 그들은 음행을 하고 거짓말을 일삼는다. 악을 행하는 자들의 편을 들어주기 때문에 아무도 자신들의 악함을 뉘우칠 생각조차 하지 않는다. 내가 보기에, 그들은 소돔 사람들과 하등 다를 것이 없고, 그들의 예언을 따르는 예루살렘 주민들은 고모라 사람들과 똑같다." 그러므로 전능하신 만군의 주께서 예루살렘의 거짓 선지자들에 대해 이렇게 말씀하셨다. "보라, 내가 그들에게 쓰디쓴 음식을 먹이고, 독이 든 물을 마시게 하겠다. 그것은 예루살렘의 선지자들에게서 죄악이 흘러나와 이 나라 전체에 퍼졌기 때문이다."

부패한 제사장도 문제지만, 그보다 더욱더 거짓 선지자들이 백성들을 그릇된 길로 이끌었다. 거짓 선지자들은 하나님의 이름을 빙자하여 백성들에게 예언함으로써 그들의 말이 마치 하나님의 말씀인 것처럼 전달되었기 때문이다. 따라서 모든 죄악은 거짓 선지자들의 입에서 흘러나와 유다와 예루살렘 전체에 널리 퍼졌다. 그 결과로, 장차 거짓 선지자들은 거짓을 예언한 그 입으로 쓰디쓴 음식을 먹고 독이 든 물을 마셔야 하는 준엄한 징벌을 받을 것이었다(15절).

그렇다면 어떻게 거짓을 말하는 자들이 하나님의 선지자로 행세할 수 있었을까? 예레미야 시대에 유다의 거짓 선지자들은 백성들의 세속적인 욕구에 따라, 그리고 자신들의 타락한 심성에 따라 거의 대부분 이교도의 악습을 수용하였다. 이렇게 하는 과정에서, 그들은 온갖 거짓으로써 자신들의 행위를 정당화시켰고, 하나님의 참된 말씀을 제멋대로 왜곡시켰다. 그리고 타락한 백성들은 자신들의 세속적 욕망을 충족시켜 주는 거짓 선지자들의 달콤한 말을 좋아했고 기꺼이 받아들였다.

> (16-22) 전능하신 만군의 주께서 말씀하신다. "너희 유다 백성들아, 너희는 선지자들이 너희에게 하는 말을 듣지 마라. 그들은 너희에게 헛된 것들을 말하여 헛된 희망을 품게 하고 있다. 그들이 말하는 환상은 나 주에게서 나온 것이 아니라, 그들 자신의 마음속에서 제멋대로 지어낸 것이다. 그들은 나를 멸시하는 자들에게도 말하기를 '주께서 말씀하신다. 너희가 평안할 것이다.'라고 한다. 자기들의 고집대로 완고한 마음에 따라 살아가는 자들에게도 말하기를 '너희에게 어떤 재앙도 내리지 않을 것이다.'라고 한다. 그러나 모두 거짓말이다! 그렇게 말하는 선지자들 가운데 어느 누구도 나 주의 회의에 참석한 자가 없다. 어느 누구도 귀를 기울여 내 말을 들어본 자가 없다. 보라, 그러므로 나 주의 분노가 폭풍처럼 터져 나와 모든 죄인들을 심판하겠

고, 회오리바람처럼 휘몰아쳐 모든 악인들의 머리를 후려치겠다. 나의 분노가 터지면, 내가 뜻했던 모든 일이 다 이루어지기까지는 결코 돌이키지 않을 것이니, 마침내 너희가 그것을 분명히 깨닫게 될 날이 있을 것이다. 나는 분명 그런 선지자들을 보낸 적이 없건만 그들은 스스로 이리저리 뛰어다니면서 자기들의 말을 하고, 나는 분명 그들에게 아무 말도 한 적이 없건만 그들은 내 이름으로 예언을 선포한다. 만일 그들이 정말로 나의 회의에 참석했더라면, 그들은 내 백성에게 나의 말을 그대로 선포하여서 그들로 악한 길에서 돌이키게 하였을 것이다."

예레미야 당시에 유다 사회에서는 거짓 선지자들이 설치고 있었다. 참된 신지자는 하나님에게서 보내심을 받아 하나님의 메시지를 전하면서 하나님의 뜻대로 살아가는 자인 반면, 거짓 선지자는 하나님께 보내심을 받지 않은 자로서 하나님의 이름을 빙자하여 자기의 말을 하면서 자기 욕망을 추구하면서 살아가는 자다.

일례로, 당시 예레미야, 다니엘, 에스겔, 스바냐, 하박국 같은 하나님의 선지자들은 백성들의 죄악을 지적하고 회개를 촉구하는 가운데 하나님의 심판을 외쳤다. 하지만 거짓 선지자들은 예루살렘에 하나님의 성전이 있음을 강조하면서 유다의 승리와 예루살렘의 평강을 외쳤다. 둘 다 하나님의 이름으로 메시지를 외쳤기 때문에, 백성들은 자신들의 입맛에 맞는 거짓 선지자들의 말을 따랐다. 그 결과로, 그들은 죄악 가운데 멸망하고 말았다.

한편, 하나님께서는 거짓 선지자들에 대하여 그들이 '주(여호와)의 회의'에 참석한 적이 없다고 말씀하셨는데(18절), 이는 수사학적인 표현이다. 하나님은 스스로 완전하시고 전지전능하신 분이시기 때문에, 인간들처럼 어떤 회의를 통해 무엇을 결정하지 않으신다. 따라서 이 같은 표현은, 단지 거짓 선지자들은 하나님의 계시를 전혀 알지 못한다는 사실을 강조하기 위해 수사학적으로 묘사했을 뿐이다(22절).

(23-24) 주께서 또 말씀하신다. "나는 가까운 곳에만 있는 하나님이고, 먼 곳에는 없는 하나님이란 말이냐. 나 주가 말한다. 내가 찾을 수 없는 곳에 숨어 있을 수 있는 사람은 아무도 없다. 온 천지의 모든 곳에 내가 있고, 온 세상 어디에도 내가 없는 곳은 없다."

하나님의 무소부재(無所不在)를 보여주는 말이다. 하나님은 온 천지의 모든 곳에 계시고, 모든 때에 계신다. 또한 그분은 '내재적(內在的)'임과 동시에 '초월적(超越的)'이다. 그분은 우리가 이해할 수 있는 범위보다 더욱 크신 분이시다. 하지만 그분은 아버지로서 자녀 된 자기 백성들과 친밀하게 관계를 맺고 계시는 분이시다.

(25-32) 주께서 말씀하신다. "보라, 내 이름으로 거짓 예언을 선포하는 선지자들이 있다. 그들은 말하기를 '내가 꿈에서 보았다! 내가 꿈에서 계시를 받았다!'라고 한다. 이런 선지자들이 언제까지 거짓된 마음을 품고, 도대체 언제까지 마음속에서 거짓으로 지어낸 간사한 것들을 계속 예언하려 하는 것이냐. 그들의 조상들이 바알 신을 숭배하느라 내 이름을 까맣게 잊었듯이, 지금 그들은 이처럼 헛된 꿈 이야기를 서로 간에 주고받으면서, 내 백성들로 하여금 내 이름을 잊게 하려고 궁리하고 있다. 그러므로 나 주가 말한다. 꿈속에서 계시를 얻었다고 하는 거짓 선지자들에게는 그렇게 자기들의 꿈 이야기나 계속하도록 놓아두어라. 그러나 정말로 내 말을 받은 참 선지자는 내 말을 충실히 전해야 한다. 한낱 쭉정이에 불과한 자들을 어찌 알곡에 견줄 수 있으랴. 나 주가 말한다. 내 말은 활활 타오르는 불과 같고, 바위를 산산조각으로 부수는 망치와 같다. 그러므로 나 주가 말한다. 보라, 자기들끼리 서로 간에 말을 도적질하면서, 내가 한 말이라면서 거짓말

을 하고 다니는 거짓 선지자들을 내가 칠 것이다. 그렇다. 나 주가 말한다. 보라, 거짓된 혀를 놀려 '주께서 말씀하셨다' 하고, 내 이름으로 예언을 선포하는 거짓 선지자들을 내가 절대로 그냥 두지 않겠다. 나 주가 밝히 말한다. 보라, 거짓되고 허황된 자기들의 꿈 이야기를 내게 받은 예언이라고 하는 자들, 그러면서 거짓과 헛된 교만으로 내 백성을 미혹하여 그릇된 길로 이끌어 가는 자들을 내가 칠 것이다. 나는 그들을 보낸 적도 없고, 선지자로 지명한 적도 없다. 그러므로 그들은 이 백성에게 아무런 도움이 되지 못하고, 오로지 해악만 끼칠 뿐이다. 내가 그들을 반드시 치리니, 이는 나 주의 말이다."

참된 선지자와 거짓 선지자를 분간하는 기준은 분명하다. 하나님의 이름으로 예언하는 그 선지자가 하나님께 보내심을 받았느냐, 그렇지 않았느냐가 기준이다. 하나님께 보내심을 받은 자라면 하나님의 이름으로 예언하는 것이 옳고 합당하다. 그러나 하나님께 보내심을 받지 않았는데도 마치 하나님께 보내심을 받은 양 하나님의 이름을 빙자하여 예언한다면 그는 거짓말쟁이다. 이런 자들은 자기 꿈과 자기 말을 하나님께 받은 계시인 것처럼 허위로 포장하여 전달하는 사기꾼에 불과하다. 따라서 이런 거짓 선지자들은 거짓 예언으로 백성들을 미혹하여 그릇된 길로 인도하기 때문에 장차 하나님께 더욱 엄중한 심판을 받는다.

그런데 참으로 안타까운 사실은, 백성들이 참된 선지자의 메시지는 완강히 거부하고 거짓 선지자의 예언은 잘 받아들여 그들에게 쉽게 미혹을 당한다는 점이다. 그 까닭은, 인간의 본성상 사람들은 좋게 말하는 축복의 메시지를 듣기를 좋아하기 때문이다. 그래서 당시 유다 백성들이 심판과 징벌을 외치는 예레미야 선지자를 배척하고, 평강과 축복을 말하는 거짓 선지자의 말에 마음이 끌린 것은 이상할 것도 없다. 후일에 사도 바울은 이 같은 현상에 대해 '귀가 가려워서 자기의 사욕을 따른다.' 라고 표현했다(딤후 4:3).

주님의 엄중한 말씀 (23:33-40)

(33-36) 주께서 내게 말씀하셨다. "예레미야야, 이 백성들 가운데 선지자나 제사장이나 혹은 어떤 사람이 네게로 찾아와서 묻기를 '주님의 엄중한 말씀이 무엇이냐?' 하거든, 너는 그들에게 대답하기를 '무슨 엄중한 말씀을 말하는 것이냐? 주께서 말씀하시기를 "그런 말을 하면, 내가 너희를 버릴 것이다."라고 하셨다' 하여라. 또 만일 선지자나 제사장이나 이 백성 가운데 어떤 사람이든지 네게 말하기를 '이것이 주님의 엄중한 말씀이다.'라고 하거든, 너는 그들에게 대답하기를 '주께서 말씀하시기를 "내가 그 사람과 그 사람의 온 집안에 벌을 내릴 것이다."라고 하셨다.' 하여라. 너는 또 그들에게 일러주기를 '이제부터 친구들이나 친척들끼리 서로 말할 때는 "주께서 무엇이라고 대답하셨느냐?" 혹은 "주께서 무슨 말씀을 하셨느냐?"라고 말하고, 다시는 "이것은 주님의 엄중한 말씀이다."라는 말을 사용하지 마라!'라고 하여라. 그 까닭은 이러하니, 누구든지 '주님의 엄중한 말씀'이라는 말을 사용하는 사람에게는, 정말로 주님의 말씀이 엄하고 무거운 짐이 되어, 그에게 아주 힘들고 부담스럽게 작용할 것이기 때문이다. 그렇다! 그런 표현은, 살아계시는 하나님, 전능하신 만군의 주 우리 하나님의 아주 귀하고 가치 있는 말씀을 너희가 왜곡하고 모독하는 일이 된다는 것을 명심하여라.

주님의 엄중한 말씀은 곧 유다와 예루살렘을 징벌하시겠다는 하나님의 무겁고 두려운 심판의 말씀을 가리킨다. 하나님께서는 예레미야 선지자를 통해 이 같은 '엄중한 말씀'을 유다 백성들에게 선포하도록 명하셨다. 그런데 유다 백성들은 예레미야가 선포하는 '엄중한 말씀'을 듣고도 자숙하지 않았다. 자숙하고 회개하기는커녕 "주님의 엄중한 말씀이라고? 그게 대체 뭔데? 아이고, 무서워라!"라는 식으로, 빈정대는 어투로 예레미야 선지자의 메시지를 배척하고 경멸했다. 그래서 하나님께서는 그런 자들에게 정말로 '엄중한 말씀' 그대로 무겁고 두려운 징벌의 심판을 내릴 것이라고 경고하신 것이다.

(37-40) 그러므로 예레미야야, 이제 너는 거짓 선지자들에게 '주께서 네게 무엇이라고 대답하셨느냐?' 혹은 '주께서 네게 무슨 말씀을 하셨느냐?' 하고 물어보아라. 그러면 그들은 '주님의 엄중한 말씀'이라는 표현을 계속 사용할 것이다. 그러면 너는 그들에게 말하기를 '주께서 말씀하신다. 내가 사람을 보내어 '주님의 엄중한 말씀'이라는 표현을 사용하지 말라고 그렇게 일렀는데도, 너희가 계속해서 '주님의 엄중한 말씀'이라고 말하고 있으니, 내가 정말로 엄중한 태도로 너희를 부담스러운 짐짝처럼 집어던질 것이다. 내가 너희를 완전히 잊고, 내가 너희 조상들과 너희에게 주었던 이 도성을 뿌리째 뽑아 아주 멀리 내던져버릴 것이다. 그러면 너희는 대대로 영원한 치욕과 결코 잊히지 않는 영원한 모욕을 겪게 될 것이다.'라고 하여라."

유다 왕국의 멸망 직전, 거짓 평강과 거짓 안전을 외치는 거짓 선지자들은 자신들이 선포하는 예언이야말로 '주님의 엄중한 말씀'이라고 주장했다. 하나님께서는 이렇게 자신의 말씀을 함부로 도용하는 거짓 선지자들에 대하여 정말로 무섭고 엄중한 태도로 그들을 부담스러운 짐짝처럼 집어던질 것이라고 경고하셨다.

머잖아 예레미야가 외친 주님의 엄중한 말씀대로 유다가 멸망하고 예루살렘 도성이 뿌리째 뽑히는 날이 이르면(주전 586년), 그동안 유다의 번영과 예루살렘의 평강을 줄기차게 외친 거짓 선지자들은 자신의 거짓 예언이 만천하에 밝히 드러나게 되므로, 그들은 대대로 영원토록 잊히지 않는 큰 치욕과 모욕을 겪게 될 것이었다. 하나님의 말씀을 훼방하고 모독한 마땅한 대가였다.

24

두 광주리의 무화과

주께서 두 광주리의 무화과를 보여주시네
한 광주리에는 좋은 무화과,
다른 광주리에는 나쁜 무화과
그 두 광주리를 분명히 보았네.

무화과 두 광주리의 비유 (24:1-10)

(1-2) 어느 날, 주께서 예레미야에게 환상 가운데 주님의 성전 앞에 놓인 무화과 두 광주리를 보여주셨다. 예레미야가 이런 환상을 보게 된 때는 바빌로니아 왕 느부갓네살이 유다 왕 여호야김의 아들 여고냐와 유다의 고관들과 기능공들과 대장장이들을 예루살렘에서 사로잡아 바빌로니아 땅으로 포로로 붙잡아간 이후였다. 무화과 두 광주리 가운데 한 광주리에는 처음 익은 무화과인 양 아주 좋은 무화과들이 담겨 있었다. 그러나 다른 한 광주리에는 아주 부실하여 먹을 수 없을 정도로 극히 나쁜 무화과들이 담겨 있었다.

"예레미야야, 네가 지금 무엇을 보느냐?"

환상 속에서 두 광주리에 담겨 있는 무화과들을 보고 예레미야가 의아하게 생각하고 있을 때, 주께서 예레미야에게 물으신다.

"네, 주님. 무화과들입니다. 그런데 좋은 것들은 아주 좋고, 나쁜 것들은 아주 나빠서 먹을 수 없을 정도입니다."

그러자 주님의 말씀이 예레미야에게 임한다.

두 광주리 안에 든 좋은 무화과와 나쁜 무화과

(5-7) "예레미야야, 이스라엘의 하나님인 나 주가 말한다. 내가 이곳 유다 땅에서 바빌로니아 사람들의 땅으로 옮긴 유다의 포로들을 이 좋은 무화과처럼 좋게 여길 것이다. 그래서 내가 그들을 잘 돌봐주어, 때가 이르면 그들을 이 땅으로 다시 데려오겠다. 나는 그들을 세울 것이고 다시는 허물지 않을 것이며, 그들을 심을 것이고 다시는 뽑지 않을 것이다. 나는 또 그들에게 나를 알 수 있는 마음을 주어서, 나야말로 '만군의 주'라는 사실을 분명히 깨닫도록 하겠다. 그리하여 그들로 하여금 온전한 마음으로 내게 돌아오게 하리니, 그때에 그들은 비로소 내 백성이 되겠고, 나는 그들의 하나님이 될 것이다."

바빌로니아 왕 느부갓네살은 모두 3차례에 걸쳐 유다를 침공하였고, 그때마다 유다의 왕과 신하들과 백성들을 포로로 잡아 자신의 땅으로 끌고 갔다. 제1차 침공은 유다 왕 여호야김 때에 있었고(주전 605년), 제2차 침공은 여호야김의 아들 여고냐(여호야긴) 때에 있었다(주전 597년). 마지막 제3차 침공은 유다의 마지막 왕이 된 시드기야 재위 9년째에 있었다(주전 588년). 이 메시지가 선포될 때에는, 제1차 및 제2차 침공은 이미 일어난 상태였고, 마지막 제3차 침공은 아직 일어나지 않은 상태였다.

그런데 하나님은 제1차 침공과 제2차 침공 때 바빌로니아 땅으로 이미 끌려간 자들은 처음 익은 실과처럼 먹기 좋은 '좋은 무화과들'로 보았다. 대체적으로 앞서 포로 된 자들 중에는 신실하고 의로운 자들이

다수 포함되어 있었기 때문이다. 예컨대, 다니엘과 그의 세 친구들은 제1차 바빌로니아 침공 때 포로가 되었고(주전 605년), 에스겔은 제2차 침공 때 포로가 되었다(주전 597년). 그 외에도 수많은 유다 백성들이 포로 된 바빌로니아 땅에서 자신들의 죄를 회개하고 우상을 떠나 하나님께로 돌이키는 신실한 삶을 살아가고 있었다. 그래서 하나님은 그들을 통해 이스라엘을 다시 회복시킬 은혜로운 계획을 갖고 계셨다(6-7절).

> (8-10) "나 주가 또 말한다. 그러나 유다 왕 시드기야와 그의 모든 대신들과 예루살렘에 남아있는 자들과 이곳 유다 땅에 남아있는 자들과 이집트로 도망가서 거기서 살고 있는 자들은 먹을 수도 없이 썩어버린 저 나쁜 무화과처럼 여겨서 그들을 모두 내버릴 것이다. 그리하여 내가 그들을 온 세상 모든 나라들과 민족들 가운데 산산이 흩어놓아 그들로 환난을 겪게 하겠다. 그 결과로 그들은 쫓겨난 모든 곳에서 뭇 사람들에게 치욕을 당하고 조롱거리가 되고 비웃음을 당하고 저주를 받을 것이다. 내가 또 그들 가운데 전쟁의 칼과 흉년의 굶주림과 독한 전염병을 보내어 그들을 가차 없이 치되, 내가 그들과 그들의 조상들에게 준 땅에서 그들이 모두 멸망할 때까지 그렇게 할 것이다."

하나님은 아직 바빌로니아의 포로가 되지 않은 백성들 곧 유다 땅에 남아 있는 시드기야 왕과 그의 신하들과 일반 백성들을 먹을 수 없을 정도로 썩어버린 '나쁜 무화과'로 보았다. 당시에 그들은 예레미야 선지자가 선포하는 하나님의 심판 메시지를 무시하고 배척하면서, 각종 이방 우상들을 숭배하는 가운데 가난한 자들을 착취하고 사회 공의를 짓밟는 등 극히 부패하고 타락한 삶을 살아가고 있었다. 따라서 조만간 있을 바빌로니아의 제3차 침공 때(주전 586년), 그들은 살육과 기근과 전염병 등 전쟁의 참화로 인해 끔찍한 재앙과 큰 수치를 겪게 될 것이었다.

25

70년 포로 생활

주께서 유다를 벌하시리라
북방의 바빌로니아가 침공하여
유다를 폐허로 만들 것이니
너희는 70년 동안 종노릇 하리라

유다 백성들의 불순종 (25:1-7)

(1-2) 요시야의 아들 여호야김이 유다 왕위에 올라 나라를 다스린 지 4년째 되던 해, 곧 바빌로니아의 느부갓네살 왕 원년에, 온 유다 백성들에 관한 주님의 말씀이 선지자 예레미야에게 임했다. 그래서 선지자 예레미야는 유다의 모든 백성들과 예루살렘 도성의 모든 주민들에게 주님의 말씀을 선포하였다.

요시야의 아들 여호야김의 통치 4년째 되던 해는 연대상으로 주전 605년경이다. 이 해는 아시리아를 함락시킨 바빌로니아와 중근동의 패권을 회복하려는 이집트 및 아시리아의 잔존 연합 세력 간의 큰 전쟁, 곧 '갈그미스 전쟁'이 있던 해다(렘 46:2). 이 전쟁에서 바빌로니아가 크게 승리함으로써 이제 중근동 지역의 패권은 바빌로니아로 넘어가게 된다.

이후로 바빌로니아는 바사(페르시아)의 고레스 대왕에게 무너지기까지 거의 70여 년 동안 중근동의 강대국으로 군림한다(주전 605~539년경). 예레미야의 선지자 활동은 이처럼 바빌로니아가 크게 득세하던 시기에 이루어졌는데, 그는 하나님의 계시로 말미암아 바빌로니아를 유다를 심판하기 위한 하나님의 징벌 도구로 인식하고 있었다.

(3) 유다 백성들과 예루살렘 주민들아, 내 말을 들어라! 아몬의 아들 요시야가 유다 왕이 된 지 13년째 되던 해부터 오늘날까지 23년 동안 주께서 내게 말씀을 내려 그 말씀을 선포하게 하셨으므로, 내가 너희에게 부지런히 주님의 말씀을 선포하였다. 하지만 너희는 내가 전하는 말에 조금도 귀를 기울이지 않았다.

예레미야는 요시야 왕 13년째 되던 해(주전 627년경)부터 선지자 사역을 시작했다. 그리하여 요시야 왕의 통치 기간 동안에 19년, 요시야의 아들인 여호아하스(살룸) 왕의 통치 기간 동안에 3개월, 요시야의 또 다른 아들인 여호야김(엘리야김) 왕의 통치 기간 동안에 4년, 그리하여 현재까지 도합 23년째 사역을 수행하고 있었다(주전 627~605년경). 이후 예레미야 선지자는 여호야김의 남은 통치 기간인 7년, 여호야김의 아들인 여호야긴(여고냐) 왕의 통치 기간인 3개월, 그리고 여호야긴의 숙부인 시드기야 왕의 통치 기간인 11년까지, 대략 19년 동안 선지자 사역을 더 감당한다. 그렇다면 예레미야의 공식적인 전체 선지자 활동 기간은 도합 42년가량이 된다(주전 627~586년경).

뿐만 아니다. 유다의 멸망과 예루살렘의 함락 이후, 예레미야는 그달랴 총독을 도와 유다 땅에서, 그리고 동족들에 의해 이집트 땅에 강제로 끌려가 그곳에서 마침내 순교하기까지 이후로 6년가량을 비공식적으로 선지자 사역을 더 감당한다. 그러니까 예레미야는 20세쯤에 처음 하나님께 선지자 소명을 받은 이래로 68세쯤 이집트 땅에서 순교하기까지, 도합 48년 동안 지독하게도 불순종하는 유다 백성들을 상대로 가시밭길을 걷는 고단한 선지자의 삶을 살아간 것이다(주전 627~580년경).

> (4-7) 주께서는 자신의 종들인 선지자들을 너희에게 보내되, 여러 선지자들을 거듭해서 부지런히 보내셨다. 하지만 너희는 주님의 선지자들을 아무도 받아들이지 않았고, 그들의 말에 조금도 귀를 기울이려고 하지 않았다. 주께서는 선지자들을 통해 너희에게 거듭 이르시기를 "이제 너희는 악한 길에서 돌아서고, 악한 행실을 모두 끊어버려라. 그렇게 하면, 내가 너희로 옛적에 너희 조상들과 너희에게 준 이 땅에서 영원히 살 수 있게 할 것이다. 너희는 또 다른 이방 신들을 찾아다니지 말고, 그것들을 섬기거나 숭배하지 말며, 너희 손으로 새겨 만든 우상들로 인해 나의 분노를 자극하지 마라. 그렇게 하면, 내가 너희를 보살펴주고 어떤 재앙도 내리지 않겠다고 약속하였다. 하지만 너희는 나 주의 말을 듣지 않았고, 너희 손으로 새겨 만든 온갖 우상들로 인해 나의 분노를 자극하여 너희 스스로 재앙을 불러들였다."라고 하셨다.

유다 백성들과 예루살렘 주민들에 대해 하나님의 두려운 심판이 집행되기 전, 그들에게 충분한 경고가 없었던 게 아니고, 또한 회개하기에 충분한 기간이 없었던 게 아니었다. 지겹도록 반복된 경고가 있었고, 넉넉한 회개의 기간도 주어졌다. 하지만 그 모든 기회를 무시하고 몽땅 날려버린 것은 유다 백성들과 예루살렘 주민들 스스로였다. 그들 스스로가 우상숭배에서 돌이키지 않고 계속적으로 하나님의 분노를 자극하여 마침내 스스로 재앙을 불러들인 것이다(7절). 따라서 유다 백성들과 예루살렘 주민들에게 전쟁의 끔찍한 참화로 임한 하나님의 두려운 징벌은 어느 누구의 탓도 아닌 그들 스스로의 자업자득이었다.

70년 동안의 포로생활이 예언됨 (25:8-11)

(8-11) 그러므로 전능하신 만군의 주께서 너희를 향해 이렇게 말씀하셨다. "너희가 내 말을 전혀 듣지 않았다! 그래서 이제 보라, 내가 저 북방의 모든 민족들과 더불어 바빌로니아 왕인 내 종 느부갓네살을 불러다가 너희를 치게 만들겠다. 이 땅과 이곳 주민들은 물론이고, 유다 주변의 모든 나라들까지 모조리 쳐서 그들 모두를 다 멸망시키겠다. 그래서 그들로 세상 사람들에게 놀람과 조롱거리가 되게 하겠고, 그들이 살던 땅은 영영 폐허가 되게 하겠다. 그날에 내가 너희 가운데서 기뻐하는 소리와 즐거워하는 소리를 모조리 거두어가겠고, 신랑신부의 웃는 소리도 더 이상 들리지 않게 하겠다. 또 모든 집에서 맷돌 가는 소리를 사라지게 하겠고, 등불 밝히는 집도 더 이상 찾아볼 수 없게 하겠다. 그리하여 유다 온 땅이 철저히 황폐하게 될 것이므로, 온 세상이 그 폐허를 보고 크게 놀랄 것이다. 또 그때에 너희와 너희 이웃 나라들은 70년 동안 바빌로니아 왕을 섬길 것이다."

유다를 비롯하여 유다 주변의 뭇 나라들(에돔, 모압, 암몬, 두로, 시돈 등)이 북방 민족의 침공을 받아 폐허가 될 것이라는 예언이다. 여기서 '북방 민족'은 바빌로니아 사람들을 비롯하여 바빌로니아 제국을 구성하고 있는 여러 민족들을 가리킨다. 이런 민족들은 실제로 유다의 먼 남쪽에 위치하고 있었지만, 그들을 '북방'의 민족들로 표현한 것은 유다를 침공하는 경로가 북쪽에서 이루어질 것이기 때문이다.

이때 하나님은 바빌로니아 왕 느부갓네살을 '내 종'이라고 부르셨다(9절). 이 표현은, 그가 하나님의 사랑을 입은 의로운 종이라는 뜻이 아니다. 다만 유다에 대해 하나님의 심판을 수행할 징벌 도구로 선택받았다는 뜻이다. 더불어 그가 수행해야 할 일이 막중하다는 뜻을 내포하고 있다.

이런 측면에서, 후일 유다를 해방시킬 도구로 선택된 바사(페르시아)

왕 고레스에 대해서도 하나님께서는 '내 목자'(사 44:28) 또는 '나의 기름 부음을 받은 자'(45:1)로 부르셨다. 따라서 하나님의 도구로 선택된 이방의 왕들은 자신들도 모르는 사이에 하나님의 종이 되어 그분의 목적을 이루고 있었던 것이다. 이처럼 만왕의 왕이시며 절대주권자이신 하나님은 세상의 뭇 왕들과 나라들과 민족들을 자신의 기쁘신 뜻대로 얼마든지 활용하신다.

바빌로니아에게 정복당한 유다는 '70년' 동안 바빌로니아 왕을 섬길 것이라고 예언되었다(11절). 여기 70년의 기간은 대체로 다음 두 가지 연대로 계산될 수 있다. 하나는, 유다 백성들이 제1차 바빌로니아의 포로 된 때로부터 제1차 예루살렘 귀환이 이루어진 때까지를 가리킨다(주전 605~537년). 다른 하나는, 예루살렘 성전이 파괴된 때로부터 고레스 대왕의 조서로 유다 귀환민들을 인솔하여 본토로 귀환한 스룹바벨 총독에 의해 성전 재건이 완료된 때까지를 가리킨다(주전 586년~516년).

바빌로니아에 대한 심판 선포 (25:12-14)

(12-14) 나 주가 말한다. "그러나 마침내 70년이 다 차면, 내가 바빌로니아 왕과 그 민족과 갈대아 사람들의 땅에 대해 그들이 저지른 죄악대로 벌을 내릴 것인데, 그러면 그 나라는 영영 황무지가 될 것이다. 그렇다. 내가 그 나라와 그 땅에 대해 예언한 모든 것들, 곧 선지자 예레미야를 통해 뭇 민족들에 대해 선포하고, 이 책에 기록한 나의 모든 재앙들을 그 땅에 그대로 내릴 것이다. 그때가 되면, 바빌로니아 백성들이 여러 민족들과 강한 왕들의 종이 되어 그들의 지배를 받으며 그들을 섬길 것이다. 정녕 그날에 내가 그들이 행한 대로, 곧 그들의 손이 저지른 악한 행위에 따라 그들에게 그대로 갚아줄 것이다."

바빌로니아 왕과 그의 제국이 단지 하나님의 도구에 불과할 뿐임을 알 수 있다. 하지만 바빌로니아의 몰락과 폐허는 이른바 토사구팽(兎死狗烹, 토끼가 죽으면 토끼를 잡던 사냥개도 필요 없게 되어 주인에게 삶아 먹히게 된다는 뜻으로, 필요할 때는 쓰고 필요 없을 때는 야박하게 버리는 경우를 이르는 말)이 아니다. 바빌로니아가 그렇게 된 까닭은, 바빌로니아 스스로의 교만과 죄악 때문이다. 자신들이 단지 도구일 뿐이라는 사실을 망각한 채 마치 주인인 양 교만한 태도로 아주 무자비하고 패역무도하게 행세한 죄악 때문에 그들도 결국 하나님께 버림받아 심판당하는 것이다. 이는, 바빌로니아에 앞서 아시리아가 북왕국 이스라엘을 치는 도구로 쓰임 받았다가 스스로의 교만과 죄악 때문에 하나님께 버림받아 패망한 것과 똑같은 이치다.

열국에 대한 심판 선포 (25:15-38)

(15-17) 주 이스라엘의 하나님께서 내게 말씀하셨다. 이르시기를 "예레미야야, 너는 내 손에서 내 진노의 포도주가 담긴 이 잔을 받아라. 그런 뒤 너는 내가 지시하는 모든 민족들에게로 가서 그 잔의 포도주를 마시게 하여라. 그러면 그들은 그 포도주를 마시고 정신을 잃은 채 미친 듯 비틀거리게 될 것인데, 그것은 내가 그들 가운데 전쟁의 칼을 보냈기 때문이다."라고 하셨다. 그래서 내가 주님의 손에서 그 진노의 포도주 잔을 받아들고, 주께서 나를 보내신 모든 민족들에게로 가서 그들로 그 잔을 마시게 하였다.

예레미야가 하나님께로부터 '진노의 포도주 잔'을 받은 뒤 모든 나라들과 민족들에게로 나아가서 그들로 하여금 그 잔을 받아마시게 했다는 내용이다. 이는 비유적인 표현으로서, 곧 예레미야 선지자가 모든 나라들과 민족들 각각에 대하여 하나님께 받은 진노의 심판 메시지를 그 나라들과 민족들을 향해 선포했다는 의미다. 그래서 예레미야는 곧이어 진노의 심판 메시지를 선포한 나라들과 민족들을 길게 열거하고 있다.

(18-26) 먼저 예루살렘과 유다의 성읍들과 그 나라의 왕들과 고관들에게 그 잔을 주어 마시게 하였더니, 그들 모두가 멸망하여 오늘날처럼 폐허와 놀람과 조롱거리와 저주의 대상이 되었다. 그 다음으로 내가 그 진노의 잔을 주어 차례대로 마시게 한 왕들과 족속들과 나라들은 이러하다. 곧 이집트 왕 파라오와 그의 모든 신하들 및 관리들과 그의 백성들, 이집트 땅에 사는 여러 족속들, 우스 땅의 모든 왕들, 블레셋 땅의 모든 왕들과 그 땅의 성읍들 곧 아스글론과 가사와 에그론과 아스돗 성읍에 살고 있는 블레셋 주민들, 에돔 족속과 모압 족속과 암몬 족속, 두로와 시돈의 모든 왕들, 바다 건너편 해안지역의 여러 왕들, 드단과 데마와 부스 지역의 주민들, 살쩍을 바짝 깎고 다니는 자들, 아라비아의 모든 왕들, 광야에 사는 이방 민족들의 여러 왕들, 시므리와 엘람과 메대 지역의 모든 왕들, 그리고 북방 땅 원근 각처의 모든 왕들이다. 내가 이 모든 왕들과 족속들과 나라들에게 그 진노의 잔을 주어 차례대로 술을 마시게 했다. 이렇게 땅 위의 모든 나라들에게 그 진노의 잔을 주어 술을 마시게 했다. 그리고 맨 마지막에는 세삭 왕이 그 진노의 술잔을 마시게 되어 있었다.

예레미야 선지자가 하나님께로부터 받은 '진노의 포도주 잔'을 건네주어 그들로 받아 마시게 한 나라들과 족속들이다. 즉, 예레미야가 하나님께로부터 받은 '진노의 심판 메시지'를 선포한 나라들과 민족들의 명단이다. 본문 중 두 가지를 살펴볼 수 있다. 하나는, 살쩍을 바짝 깎고 다니는 자들이란 표현이다(23절). 얼굴의 살쩍(뺨의 귀 앞에 난 머리털)을 바짝 깎고 다니는 자들은 자신들의 신전에서 제사를 드릴 때 살쩍을 바짝 깎는 관습을 지닌 아랍의 어느 민족을 가리키는 말이다.

다른 하나는 맨 마지막에 진노의 술잔을 받아마시게 되어 있는 '세삭 왕'이란 표현이다(26절). 여기서 '세삭'은 곧 '바빌로니아'를 가리키는 암호다. 당시 히브리어의 알파벳 철자 위치를 뒤바꾸어 사용하는 아트바쉬(Athbash)라는 암호 문자에 따른 것이다. 예를 들면, 히브리어 알파벳의 첫 글자인 '알렙'의 위치에 알파벳의 마지막 글자인 '타우'를 대입하고, 두 번째 글자인 '베드'의 위치에는 마지막에서 두 번째 글자인 '쉰'을 대입하여, 전체 글자를 이런 식으로 알파벳 순서를 뒤바꾸어놓는 암호 방식이다.

바빌로니아에 대하여 예레미야가 특별히 이렇게 처리한 이유가 있다. 그것은, 분명 예루살렘 함락을 목전에 둔 당시의 국내외 정세가 매우 심각했기 때문이다. 어쩌면 바빌로니아 군대가 유다를 멸망시키기 위해 북방에서 예루살렘으로 진격해오고 있는 급박한 상황일 수도 있다. 지금껏 예레미야는 유다 왕과 백성들에게 하나님의 징벌 도구인 바빌로니아 왕에게 항복할 것을 권고했다. 그런데 갑작스럽게 바빌로니아의 멸망에 관해 직설적으로 선포한다면 유다 왕과 백성들은 큰 혼란에 빠질 것임이 분명했다. 그래서 예레미야는 언젠가 바빌로니아도 다른 나라들과 똑같이 멸망의 운명을 겪게 될 것이라는 자신의 예언을 암호로 처리하는 것이 좋다고 생각했던 것이다.

(27-29) 주께서 내게 말씀하셨다. "너는 그들에게 전하기를 '전능하신 만군의 주 이스라엘의 하나님께서 말씀하셨다. 너희는 마셔라, 취하라, 토하라! 그래서 엎어지고 거꾸러져서 다시는 일어나지 마라! 이것은 내가 너희들 가운데 전쟁의 칼을 보냈기 때문에 그리 될 것이다.'라고 하여라. 그런데 만일 그들이 네 손에서 잔을 받아 마시는 것을 거절하거든, 너는 그들에게 말하기를 '전능하신 만군의 주께서 하시는 말씀이다. 너희는 반드시 이 잔을 마셔야 하고, 결코 그 잔을 마시지 않을 수 없을 것이다. 보라, 내가 내 이름으로 불리는 이 예루살렘 성읍에서부터

재앙을 내리기 시작하였다. 그러할진대 너희가 어찌 나의 형벌을 면할 수 있을 것 같으냐. 절대로 면할 수 없다! 그것은 내가 전쟁의 칼을 불러서 땅 위에 사는 모든 민족들을 가차 없이 칠 것이기 때문이다. 이는 나 만군의 주가 하는 말이다.'라고 하여라."

타락한 나라들과 민족들에 대한 하나님의 준엄한 심판이 유다에서부터 시작되어 모든 이방 나라들에 이르기까지 하나도 예외 없이 그대로 집행될 것이라는 예언이다. 어느 나라, 어떤 민족도 만군의 주님이시요 절대 주권자이신 하나님께서 건네는 '진노의 포도주 잔'을 거부할 수 없기 때문이다. 심지어 하나님의 백성 된 유다도 받아 마시기 때문에 하물며 다른 나라들이야 더욱 그 잔을 마땅히 받아 마셔야하기 때문이다.

(30-33) 주께서 내게 또 말씀하셨다. "너는 이 모든 말로 땅 위의 모든 민족들에게 예언하여라. 그들에게 선포하기를 '주께서 저 높은 데서 크게 외치신다. 그분의 거룩한 처소에서 천둥소리같이 우렁차게 외치시고, 그분의 양 떼가 있는 우리를 향하여 힘차게 고함치신다. 주께서 땅 위의 모든 세상 사람들을 향하여 포도 밟는 자들의 환호성처럼 크게 외치신다. 주님의 크고 두려운 음성은 땅 끝까지 힘 있게 울려 퍼질 것이니, 그것은 주께서 온 세상의 뭇 나라들을 꾸짖으시고, 땅 위의 모든 사람들을 심판하시며, 악인들을 모두 칼에 붙여 죽게 하실 것이기 때문이다. 이는 나 주의 말이다.'라고 하여라." 전능하신 만군의 주께서 또 말씀하신다. "보라, 재앙이 덮쳐서 이 민족에게서 저 민족에게로 빠르게 퍼져나가겠고, 무서운 폭풍이 일어나서 사방의 땅 끝에서 속히 번져나갈 것이다." 그렇다. 그날에는 주께 죽임당한 시체들이 땅의 이 끝에서 땅의 저 끝까지 널브러져 있을 것이다. 그런데도 죽은 자들을 위해 울어줄 사람도 없겠고, 시체들을 거두어 묻어줄 사람도 없을 것이다. 다만 시체들은 땅바닥에 흩뿌려진 거름더미

같을 것이다.

온 세상의 뭇 나라들과 민족들에게 진노의 포도주 잔을 건네어 받아마시게 하는 그날, 하나님께서는 마치 '포도 밟는 자들의 환호성처럼' 크고 두려운 음성으로 심판을 주관하실 것이다(30절). 일반적으로 포도를 밟는 자들은 보통 축하하는 분위기에 젖어있었다. 그들은 포도를 수확하는 기쁨에 겨워 소리를 크게 외쳤던 것이다. 하지만 본문에서는 하나님께서 세상의 악한 나라들을 짓밟기 위한 전쟁에서 크게 소리를 외칠 것이었다. 따라서 그것은 기쁨의 소리가 아니라 진노가 활활 타오르는 두려운 심판의 외침이었다.

한편, 그런 하나님의 외침이 크게 울려 퍼지는 '그날'은 하나님께서 바빌로니아를 징벌의 도구로 사용하여 유다를 비롯한 주변 나라들을 심판하시는 날을 가리킨다. 그리고 그러한 날은 예레미야가 살아있던 시기에 실제로 실현되었다. 그래서 예레미야는 철저히 파괴된 예루살렘을 보고 가슴 미어지는 슬픈 노래를 지어 불렀다. 그것이 '예레미야애가'다.

(34-38) 그러므로 너희 목자들아, 통곡하고 울부짖어라. 양 떼를 이끄는 지도자들아, 몸부림치면서 잿더미 위에서 뒹굴라. 도살되는 짐승처럼 이제 기한이 차서 너희가 죽을 차례가 되었기 때문이다. 이제 너희가 사정없이 엎어지고 거꾸러져서 귀한 도자기가 깨지는 것처럼 산산이 부서질 것이기 때문이다. 너희 목자들이 도망칠 곳은 어디에도 없고, 너희 양 떼를 이끄는 지도자들도 도망갈 곳이 어디에도 없다. 자, 귀를 기울여 목자들이 울부짖는 소리를 들어보고, 양 떼를 이끄는 지도자들이 통곡하는 소리를 들어보아라. 그것은 주께서 그들의 목초지를 황폐하게 만드셨기 때문이다. 주님의 불타는 진노의 열기로 인해 평화롭고 푸른 초원이 누런 황무지가 되어 적막하게 되어버렸다. 자, 보아라! 성난 사자가 자기 굴에서 으르렁거리며 나오

듯, 마침내 주께서 화를 내시며 자리에서 벌떡 일어나셨다. 그러므로 그 파멸시키는 자의 맹렬한 칼과 그분의 극렬한 진노로 말미암아 온 세상 목자들과 지도자들의 땅이 온통 폐허가 되어버렸다.

양 떼를 이끄는 목자들과 지도자들은 여러 나라의 통치자들을 가리킨다. 마침내 하나님의 심판이 임하는 그날에 세상의 뭇 왕들은 자신들의 나라가 짓밟히고 파괴되는 참담한 광경을 목격하게 될 것이고, 그래서 그들은 고통에 몸부림치며 잿더미 위에서 뒹굴게 될 것이었다. 고대에 땅의 티끌을 자신의 머리 위에 뿌린다든지 자기 옷을 찢는다든지, 또는 잿더미 위에 앉는다거나 뒹군다는 표현은 큰 고통과 굴욕과 슬픔과 수치를 나타내는 방식이었다.

이처럼 기한이 다 차서 회개의 기간이 끝나고 심판의 때가 이르면, 누구도 하나님의 두려운 징벌을 면할 수 없다. 사람이든 민족이든 나라든, 그들이 결국 멸망에 이르는 것은 그들 스스로의 죄악 때문이기도 하지만, 그보다는 회개의 기간에 그 죄악을 회개하지 않았기 때문이다. 회개의 기회를 놓치면, 그 후에는 오직 처절한 심판만 기다릴 뿐이다.

26

예레미야의 시련과 구출

예레미야가 주께서 시키신 대로 외치자
제사장들과 예언자들과 백성이
예레미야를 붙잡고 소리치네
이자는 죽어야 마땅하다

예레미야 선지자의 성전 설교와 그로 인한 재판 (26:1-24)

(1) 요시야의 아들 여호야김이 유다 왕이 되어 나라를 다스린 지 얼마 지나지 않았을 무렵, 주께서 예레미야에게 말씀하신다.

여호야김은 남왕국 유다의 3대 선왕(여호사밧, 히스기야, 요시야) 중 한 사람인 요시야의 둘째 아들이다. 그는 요시야의 뒤를 이어 유다의 제17대 왕이 된 동생 여호아하스(살룸, 주전 609년경)가 이집트 왕에 의해 폐위되어 이집트로 끌려간 뒤, 이집트 왕의 후원 하에 유다의 제18대 왕위에 올라 강력한 친(親)이집트 정책을 펼치며 11년 동안 나라를 통치한 인물이다(주전 609-598년경). 본명은 '엘리야김'이다(왕하 23:31-35). 따라서 본문의 메시지는 여호야김의 통치 초기인 주전 609년 9월경부터 주전 608년 4월경 사이에 주어진 것으로 보인다.

(2-3) "예레미야야, 나 주가 말한다. 너는 지금 예루살렘 성전으로 올라가서 그 뜰에 서서, 성전에 경배하러 올라오는 유다의 모든 성읍

> 사람들에게 내가 시키는 말을 그대로 전하되, 내가 네게 일러준 말을 한 마디도 빠뜨리지 말고 전하여라. 이번에는 혹시 그들이 내 말을 귀담아 듣고, 각자 자신들의 악한 길에서 돌이킬지도 모르지 않느냐. 만일 그렇게만 된다면, 나도 내 뜻을 돌이켜 그들의 온갖 악행 때문에 그들에게 내리기로 작정하였던 재앙을 내리지 않을 것이다.

진노의 심판을 내리기 전, 마지막 순간까지 회개를 통해 유다 백성들이 심판을 면하기를 바라시는 하나님의 애타는 심정이 잘 나타나 있다. 사실 지금까지 쌓은 죄악으로만 보면, 유다 백성들은 어떠한 선처도 없이 마땅히 심판을 받아야 했다. 하지만 그들이 지금이라도 회개한다면 뜻을 돌이켜 심판을 베풀지 않고 용서를 베풀어주시겠다는 것이다.

이처럼 하나님은 심판을 베풀어 멸망시키는 것보다는 되도록 긍휼을 베풀어 구원하기를 훨씬 기뻐하시고 간절히 원하신다. 그것이 하나님의 속성이다. 그런 속성으로 인해 비록 유다가 당장의 징벌을 피하지는 못했지만, 결국엔 그루터기에서 돋아난 의로운 가지인 '메시아'로 말미암아 최종적으로 구원받고 회복된다(23:5-6; 사 11:1-5).

> (4-6) 그러므로 너는 그들에게 이렇게 전하여라. 이르기를 '주께서 이렇게 말씀하셨다. 너희가 내 말을 듣지 아니하고, 내가 너희에게 준 율법을 따르지 아니하면, 또 내가 너희에게 이미 거듭해서 부지런히 보낸 나의 종 선지자들의 말을 지금껏 너희가 듣지 않았는데, 지금 또다시 너희가 내 말을 정녕 듣지 않는다면, 내가 이 성전을 옛적 실로의 성막처럼 폐허로 만들어버리고, 이 도성을 온 세상 모든 민족들의 저주의 대상이 되게 하겠다.'라고 하여라."

유다 백성들이 끝내 하나님의 말씀에 불순종하면, 지금의 예루살렘 성전이 옛적 실로의 성막처럼 철저히 폐허가 될 것이라는 경고의 메시지다. 실로(Shiloh)는 약속의 땅 가나안에서 언약궤가 맨 처음으로 안치된 하나님의 성소였다. 대제사장 엘리 시대에 그곳은 예배의 중심 처소였다. 그리고 사무엘은 그곳에서 자라 하나님께로부터 선지자로 부름을 받았다. 하지만 주전 1050년경, 이스라엘 백성들의 타락으로 실로는 완전히 파괴되었고, 이제는 들짐승들만 서식하는 폐허가 되고 말았다. 따라서 완전히 폐허화된 실로는 과거의 영광이 하나님의 진노의 심판을 막아주는 보증이 될 수 없다는 사실을 교훈해 주는 생생한 역사적 장소였다.

예레미야 선지자는 하나님의 명령에 따라 예루살렘 성전으로 올라가 성전 뜰에 서서 성전을 드나드는 유다 백성들을 향해 하나님의 말씀을 선포했다. 그때에 성전에 있던 제사장들과 선지자들과 일반 백성들이 예레미야의 그 메시지를 다 들었다. 예레미야가 주께서 전하라고 하신 모든 말씀을 빠짐없이 다 선포했을 때, 제사장들과 선지자들과 모든 백성들이 하나같이 화를 벌컥 내며 예레미야를 붙잡고 큰 소리로 외친다.

"그만 닥쳐랏! 이 예루살렘 성전이 옛적 실로의 성막처럼 폐허가 되고, 이 도성이 무너지고 황폐해져서 거주하는 사람이 없게 될 것이라고? 아니, 네가 어떻게 감히 주님의 이름으로 그런 엉터리 예언을 할 수 있단 말이냐!"

예레미야를 핍박하는 종교 지도자들과 백성들

이때 유다 백성들은 예레미야를 거짓 선지자로 의심했다. 누가 감히 하나님의 거룩한 성전이 파괴될 것이라고 말할 수 있단 말인가! 여태껏 다른 선지자들과 제사장들은 백성들에게 성전에 대한 하나님의 축복과 보호를 가르쳐왔기에, 그들은 하나님의 이름으로 성전 파괴를 예언하는 예레미야가 신성모독의 죄를 범했다고 생각한 것이다.

"뭣이? 성전에서 예레미야를 둘러싸고 그런 소동이 일어나고 있다고?"

성전 뜰에서 일어난 소식을 전해 듣고, 유다의 관리들이 궁궐에서 성전으로 급히 올라왔다. 그런 뒤, 그들은 이 사건을 판결하기 위해 성전의 '새 문' 입구에 자리를 잡고 앉았다. 이 문은 성전 북쪽에 있는 '에브라임 문'으로 추정된다. 이 문은 다른 출입문들에 비해 훨씬 뒤늦게 세워졌기에 '새 문'으로 불린 듯하다(왕하 15:35). 유다의 관리들이 판결을 위해 '새 문' 입구에 자리를 잡고 앉자, 제사장들과 선지자들이 유다의 관리들과 성전에 있는 모든 백성들을 향해 말한다.

(11) "여러분, 이자는 사형에 처해져야 마땅합니다. 여러분들 모두가 두 귀로 직접 들었듯이, 예레미야는 하나님의 이름으로 우리의 예루살렘 도성을 쳐서 예언하기를 '이 성읍이 멸망한다!'라고 말했습니다."

그러자 예레미야가 유다의 관리들과 그 자리에 있는 모든 백성들을 향해 말한다.

(12-15) "여러분이 방금 들었던 그 말씀대로, 주께서는 이 성전과 도성이 재앙을 당하게 될 것을 예언하라고 저를 보내셨습니다. 그러므로 여러분은 이제부터라도 생활 태도와 행실을 고치고, 여러분의 하나님이신 주님의 말씀에 귀를 기울이고 그분께 순종하십시오. 그러면 주께서도 자신의 뜻을 돌이켜 여러분에게 내리기로 작정하셨던 그 재앙을 내리시지 않을 것입니다. 보십시오. 이 몸은 지금 여러분의 손에 달려있습니다. 그러니 여러분 좋을 대로, 여러분이 옳다고 생각하는 대로 이 몸을 처분하십시오. 그러나 확신하건대, 여러분이 만일 나를 죽인다면, 여러분은 물론이고 이 도성과 거기에 사는 모든 주민들

이 죄 없는 자의 피를 흘린 죗값을 받게 될 것입니다. 왜냐하면 여러분이 들었던 이 모든 말씀을 전하라고 나를 보내신 분은 바로 여러분의 하나님이시기 때문입니다."

예레미야의 말이 끝나자, 그 말을 심각한 표정으로 듣고 있던 유다의 관리들과 그 자리에 있던 모든 유다 백성들이 예레미야를 고발한 제사장들과 선지자들에게 말한다.

(16) "보아하니, 이 사람은 사형선고를 받을 만한 죄를 짓지 않았소! 그는 우리 주 하나님의 이름으로 우리에게 말씀을 전한 것이 분명하오."

의외로 유다 관리들과 일반 백성들이 예레미야의 말을 쉽게 받아들인다. 타락한 제사장들과 거짓 선지자들은 군중을 선동하여 예레미야에게 적대감을 품도록 만들었지만(8-9절), 예레미야의 말을 들은 후 그들은 도리어 예레미야를 두둔하게 된 것이다. 그것은, 예레미야가 선포한 메시지가 거짓 선지자들의 메시지와는 달리 능력이 있었고 또 신실성이 돋보였기 때문일 것이다. 그때에 그 지방의 장로들 몇 사람이 앞으로 나서더니, 그들 역시 예레미야를 위해 변론한다.

(18-19) "유다 왕 히스기야 시대에, 모레셋 출신의 선지자 미가가 유다 백성들에게 예언하기를 '전능하신 만군의 주께서 이렇게 말씀하셨다. 시온은 쟁기질한 밭처럼 갈아엎어질 것이고, 예루살렘은 허물어져 폐허더미가 될 것이며, 성전이 우뚝 서있던 이 산은 쑥대밭이 될 것이다.'라고 하였지만, 미가가 그런 예언을 했다고 해서 히스기야 왕과 유다 백성이 그를 죽였습니까? 도리어 히스기야 왕은 주님을 두려워하여 주께 간구하지 않았습니까? 그리하여 주께서도 자신의 뜻을 돌이키시고, 그 백성들에게 예고하였던 재앙을 취소하시지 않았

습니까? 그런데 만일 우리가 예레미야를 죽인다면, 우리는 지금 우리 스스로 무서운 재앙을 불러들이는 꼴이 됩니다."

여기 언급된 '모레셋 출신의 선지자 미가'는 이른바 소선지서 12권 중 하나인 '미가서'를 쓴 인물로 보인다. 그는 이사야(Isaiah) 선지자와 더불어 히스기야 시대에 사역한 하나님의 선지자로서(주전 742-687년), 유다 사회의 죄악을 날카롭게 지적하면서 나라의 공의와 사회의 정의를 외친 인물이다. 이 같은 사역으로, 그는 이사야 선지자와 더불어 히스기야 왕의 선정(善政)과 종교개혁에 큰 영향을 주었다.

(20-23) 당시에 주님의 이름으로 예언하는 사람이 또 있었는데, 그는 스마야의 아들 '우리야'로 기럇여아림 출신이었다. 그도 역시 예레미야가 예언한 것처럼 예루살렘 도성과 유다 온 땅에 재앙이 닥칠 것을 예언하였다. 그때에 유다 왕 여호야김은 자기의 모든 용사들 및 관리들과 함께 우리야의 그런 예언을 듣고는 그를 죽이려고 하였다. 우리야는 이 소식을 듣고 두려워서 이집트로 도망갔다. 그러자 유다 왕 여호야김은 악볼의 아들 엘라단을 몇 사람의 수행원과 함께 이집트로 보냈다. 그들은 이집트로 내려가서 우리야를 끌어내어 여호야김 왕 앞으로 데려왔고, 왕은 그를 칼로 쳐 죽인 후에 그의 시체를 평민들을 위한 공동 묘실에 던져버린 일이 있었다.

당시 '우리야' 선지자는 분명 반역이나 매국이라는 죄를 뒤집어쓰고 처형되었을 것이다. 예레미야와 같이, 우리야도 하나님의 계시를 받아 다가올 유다의 멸망과 예루살렘 도성의 파괴를 예언했다. 그 결과로 목숨의 위협을 받게 되자, 그는 이집트로 도피했다. 이것은 유다 왕에게 그를 반역자로 몰고 갈 수 있는 명분을 주었다. 당시 유다 왕 여호야김은 강력한 친(親)이집트 정책을 펼치고 있었으므로, 이집트는 유다 왕의 요청에 기꺼이 응하여 우리야를 내주었던 것으로 보인다.

그리하여 유다 왕의 관리들이 우리야를 이집트에서 체포하여 마침내 유다 땅으로 끌고 왔을 때, 유다 왕은 그를 처형시켰다. 처형 후에는 반역자 또는 매국노로 취급하여 선지자에 합당한 장례식을 치러주지 않았다(23절). 그러므로 의심할 바 없이 당시에 하나님의 특별한 보호하심이 없었다면, 예레미야 선지자도 우리야와 똑같은 운명에 처해질 위급한 상황이었다. 그러나 이때 예레미야는 처형을 면할 수 있었다. 그것은 사반의 아들 '아히감'이 예레미야를 적극적으로 보호하여, 그를 죽이려는 사람들에게 예레미야를 넘겨주지 않았기 때문이다.

그렇다면 '아히감'은 누구이기에 그런 영향력을 발휘할 수 있었을까? 그의 아버지 사반은 요시야 왕 때의 서기관이었고, 아히감도 요시야 왕 때에 궁정의 고위관리였다. 말하자면, 그는 전통적으로 뼈대 있는 집안의 정치적인 원로였다. 따라서 요시야 왕이 죽은 이후에도 아히감은 정치적인 영향력을 유지할 수 있었다. 이 같은 사실은, 예루살렘 함락(주전 586년) 이후에 그의 아들인 그달랴가 유다 총독으로 임명된 사실을 통해서도 분명히 확인된다. 다행스럽게도 아버지 사반처럼 아히감도 하나님을 경외하는 신실한 자였다. 그러했기에 그는 자신의 영향력을 최대한 발휘하여 예레미야 선지자를 처형의 위기에서 구출해주었다.

이 같은 사실을 두고, 하나님의 섭리와 경륜의 차원에서 해석하자면 이러하다. 이집트에서 붙잡혀 와서 결국 처형당한 우리야 선지자는 하나님께 받은바 그의 소임을 다 마쳤기 때문에 하나님께서 그의 목숨을 거둔 것이고, 예레미야 선지자는 아직 감당해야 할 사명이 남아있기에 하나님께서 그의 목숨을 살려준 것이라고 볼 수 있다. 이처럼 하나님의 사람들은 주께 받는 사명이 남아있는 한, 어떤 경우에도 역사의 무대에서 절대로 내려가지 않는다.

27
이 멍에 어찌할까

예레미야는 시드기야 왕 초기에
나무 멍에를 만들어 목에 걸고
왕궁에 들어가 사신들에게 보여주며
그들의 왕들에게 예언을 전달하게 하네

유다의 주변 나라들에 대한 경고 (27:1-11)

때는 요시야의 아들 시드기야가 유다 왕이 되어 나라를 다스리고 있을 때다. 시드기야(Zedekiah)는 요시야 왕의 막내아들이며 여호야긴 왕의 숙부다. 바빌로니아의 느부갓네살 왕에 의해 조카인 여호야긴 왕이 폐위되어 바빌로니아 땅으로 끌려가자, 그를 대신하여 유다의 제20대 왕위에 올라 11년 동안 나라를 다스린 인물이다(주전 597-586년경). 그런데 불행하게도 그의 시대에 나라가 망했으므로, 시드기야는 350여 년 동안 유지해온 유다 왕국의 마지막 왕이 되었다(주전 930-586년경). 이런 시드기야가 유다 왕위에 올라 나라를 다스린 지 얼마 지나지 않았을 무렵, 주님의 말씀이 예레미야에게 임한다.

(2-4) "예레미야야, 너는 나무로 멍에를 여러 개 만든 후 밧줄을 달고, 그것을 네 목으로 직접 메어다가 지금 유다 왕 시드기야를 만나기 위해 예루살렘 왕궁으로 찾아온 각 나라의 사신들에게 그것들

을 나누어주어, 그들로 에돔 왕과 모압 왕과 암몬 왕과 두로 왕과 시돈 왕에게 전달하게 하여라. 너는 또 그들 각 나라의 사신들로 하여금 자기들의 왕에게 이렇게 전하게 하여라. '이것은 전능하신 만군의 주 이스라엘의 하나님께서 하신 말씀이니, 너희는 이 말을 너희 왕들에게 그대로 전하여라.'라고 하여라."

하나님께서 예레미야에게 이른바 '행위 예언'을 하라고 명하신 것이다. 멍에(yoke)는 수레나 쟁기를 끌게 하려고 마소의 목에 얹는 구부러진 막대를 가리킨다. 따라서 멍에는 '예속'이나 '속박'을 상징한다. 이제 하나님께서는 예레미야로 하여금 그런 멍에를 목에 걸고 예루살렘 왕궁으로 올라가서, 거기 와있는 각국(에돔, 모압, 암몬, 두로, 시돈)의 사신들에게 그것을 전달한 뒤에 그들로 그들의 왕들에게 메시지를 전하도록 하라고 명하신다.

(5-8) "너 예레미야는 계속해서 말하기를 '나 주는 큰 권능으로 팔을 뻗쳐 이 땅을 창조하였고, 땅 위에 사는 모든 백성들과 뭇 짐승들을 만들었다. 그리고 내가 원하는 대로 각각 합당한 사람에게 그 땅을 나누어주었다. 이제 나는 땅 위의 모든 나라들을 나의 종 바빌로니아 왕 느부갓네살의 손에 넘겨주려고 한다. 또한 땅 위의 온갖 들짐승들도 그의 손에 넘겨주어 그것들을 부리게 할 것이다. 그러므로 땅 위의 모든 나라들과 민족들은 바빌로니아 왕 느부갓네살과 그의 아들과 그의 손자를 섬겨야 한다. 그러다가 마침내 정한 때가 이르면, 그의 나라도 결국 멸망하여 다른 여러 민족들과 더욱 강한 왕들을 섬겨야 할 때가 올 것이다. 그러나 지금은 아니다. 지금은 내가 바빌로니아 왕 느부갓네살의 손에 모든 나라들과 민족들을 넘겨주었다. 그러므로 만일 땅 위의 어떤 나라나 민족이든지 바빌로니아 왕 느부갓네살을 섬기지 않고 그의 멍에를 자기 목에 메는 것을 거부한다면, 내가 바빌로

니아 왕의 손을 빌어 그들을 진멸시키되, 전쟁의 칼과 흉년의 굶주림과 독한 전염병으로 그렇게 할 것이다. 이는 나 주의 말이다.'라고 하여라."

예레미야가 각국의 사신들에게 전달한 메시지의 핵심은 이러하다. 곧 마치 멍에를 매듯 바빌로니아 왕 느부갓네살을 섬겨야 한다는 것이다. 그렇게 해야만 하는 까닭은, 만왕의 왕이시며 절대 주권자이신 하나님께서 당대에는 바빌로니아의 느부갓네살 왕의 손에 뭇 나라들과 민족들의 운명을 넘겨주었기 때문이다. 당시에 유다는 에돔, 모압, 암몬, 두로, 시돈 등의 주변 나라들과 연합하여 반(反)바빌로니아 동맹을 맺고 있었는데, 예레미야의 메시지는 그것이 잘못되었고, 하나님의 뜻에 어긋난다는 것이었다.

그렇다면 하나님께서는 왜 '바빌로니아의 느부갓네살 왕'에게 당대의 뭇 나라들과 민족들의 운명을 넘겨주었을까? 당시에 유다와 그 주변 나라들의 죄가 관영하여 징벌할 때가 이르렀다. 이 일을 집행하기 위해 하나님께서는 바빌로니아의 느부갓네살 왕을 택하셨다. 그것은 느부갓네살 왕이 다른 왕들보다 더 의로웠기 때문이 아니었고, 또한 바빌로니아가 다른 나라들보다 더 합당한 가치가 있었기 때문이 아니었다.

다만 당시에 강력한 제국을 형성했던 바빌로니아와 강력한 통치력을 지녔던 느부갓네살 왕이 하나님의 심판을 다른 나라들과 민족들에게 집행하기에 가장 알맞은 조건을 갖추고 있었기 때문이다. 이 외에도 인류 역사에서 하나님의 선택은 때로 놀랍고 당혹스럽기까지 하다. 그렇지만 세월이 흐르면 우리는 하나님의 선택이 언제나 합당하고 옳다는 사실을 확신할 수 있다.

(9-11) "너 예레미야는 계속해서 또 말하기를 '그러므로 너희는 너희의 선지자들이나 점쟁이들이나 꿈꾸는 자들이나 무당들이나 요술사들이 말하기를 '너희는 결코 바빌로니아 왕을 섬기지 않을 것이다.'라고

할지라도, 그 말을 믿지 마라. 그들은 너희에게 거짓을 예언하고 있는 것이다. 그 결과는 참으로 끔찍할 것이니, 너희는 너희 땅에서 모조리 사로잡혀 멀리 끌려갈 것이고, 나도 너희를 너희 땅에서 다 쫓아낼 것이니, 너희가 모두 멸망하고 말 것이다. 그러나 어느 나라, 어느 민족이든지 바빌로니아 왕의 멍에를 자기 목에 순순히 메고 그에게 복종하여 그를 섬기면, 나는 그들을 자기들의 땅에 그대로 머물게 하겠다. 그래서 그들은 자기들의 고향 땅에서 밭 갈고 농사 지으며 계속 살아갈 수 있을 것이다. 이것은 나 주의 말이다.'라고 하여라."

예레미야 선지자를 통해 선포된 하나님의 뜻은 아주 분명했다. 하나님께서는 당대에 바빌로니아의 느부갓네살 왕을 통해 유다와 그 주변 나라들의 죄악을 징벌하실 계획이셨다. 그러므로 어떤 나라나 민족이든지 이 같은 하나님의 뜻에 순응하여 바빌로니아의 느부갓네살 왕에게 대항하지 아니하고 그를 순순히 섬기면, 그들은 자신들의 목숨을 건질 뿐만 아니라 자신들의 고향 땅에서 밭 갈고 농사 지으며 계속 살아갈 수 있을 것이었다.

그렇지만 불행하게도 당시에 각 나라와 민족들의 왕들은 예레미야가 전달한 하나님의 메시지를 무시하고 배척했다. 그 대신에 '바빌로니아 왕을 결코 섬기지 않을 것이다'라고 예언하고 점치는 자기들 나라의 거짓 선지자들과 점쟁이들과 무당들과 요술사들의 말을 더욱 신뢰했다. 그 결과는 하나님의 말씀대로 아주 끔찍했다. 유다를 비롯하여 반(反)바빌로니아 동맹에 가담한 주변 나라들은 전쟁의 참화를 면치 못하고, 살육과 기근과 전염병에 폐허가 되고 말았다. 바빌로니아의 느부갓네살 왕이 이끄는 군대에 의해 철저히 짓밟히고 말았다. 스스로의 불신과 교만이 불러온 자업자득이었다.

유다 왕 시드기야에 대한 경고 (27:12-15)

각국의 사신들에게 하나님의 메시지를 전한 예레미야는 유다 왕 시드기야에게도 똑같은 말을 전한다.

(12-14) "왕이시여, 왕과 왕의 백성들은 바빌로니아 왕의 멍에를 순순히 목에 메고, 그와 그의 백성들을 섬기도록 하십시오. 그래야만 살아남을 수 있습니다. 주께서는 바빌로니아 왕에게 복종하지 않는 나라와 민족마다 칼과 기근과 전염병으로 전부 멸망시킬 것이라고 하셨습니다. 그러므로 주님의 말씀대로, 바빌로니아 왕을 섬기십시오. 어찌하여 왕과 왕의 백성들은 스스로 죽으려고 하십니까. 바빌로니아 왕에게 굴복하지 말라고 주장하는 선지자들의 말을 귀담아 듣지 마십시오. 그들은 거짓을 예언하고 있습니다."

지금 예레미야는 바빌로니아 왕에게 제발 항복할 것을 시드기야 왕에게 간곡히 권유하고 있다. 그것은 절대로 매국이나 굴욕이 아니었다. 바빌로니아 왕에게 항복하고 그 나라를 섬기는 것이 당대에 바빌로니아를 통해 나라들과 민족들의 죄를 징벌하시려는 '하나님의 뜻'이었기 때문이다. 따라서 당시에 바빌로니아를 섬기는 것은 결고 매국이나 굴욕의 행동이 아니라, 하나님의 뜻에 순복하는 행위로서 자신들의 죄를 인정하는 회개의 행동이기도 했다. 그래서 예레미야의 말대로 시드기야 왕이 바빌로니아 왕에게 항복하고 그 나라를 섬기기로 결정했다면, 유다는 망하지 않았고 예루살렘 도성도 파괴되지 않았을 것이다. 예레미야가 계속해서 시드기야 왕에게 말한다.

(15) "왕이시여, 주께서 제게 분명히 말씀하셨습니다. 이르시기를 '나 주가 그런 선지자들을 너희에게 보낸 일이 없거늘, 그들이 내

이름을 빌어 거짓으로 예언하고 있다. 그런데도 너희가 그런 자들의 말에 귀를 기울인다면, 내가 너희를 이 땅에서 쫓아낼 것이니, 너희는 정녕 거짓 선지자들과 함께 멸망하고 말 것이다.'라고 하셨습니다."

당시 유다와 예루살렘의 거짓 선지자들은 하나님의 성전이 있는 예루살렘이 절대로 이방 나라에 짓밟힐 리가 없고, 유다와 예루살렘에는 평강과 번영이 깃들 것이라고 하나님의 이름을 빌어 예언하고 있었다(렘 6:13-14). 이 같은 거짓 선지자들의 예언은 귀에 아주 달콤했기에, 많은 사람들이 예레미야의 쓰디쓴 예언을 배척하고 거짓 선지자들의 달콤한 예언을 추종하고 있었다. 결국 거짓 선지자들과 타락한 제사장들은 나라를 망친 주범들이었다. 어느 나라, 어느 민족이든 종교 지도자들까지 타락하면, 그 나라와 민족의 앞날은 암담하고 비관적일 수밖에 없다.

유다 백성들에 대한 경고 (27:16-22)

시드기야 왕에게 하나님의 메시지를 전달한 후, 예레미야는 유다의 제사장들과 모든 백성들에게도 똑같이 말한다. 예레미야의 호소는 간절하고도 절박하다.

(16-18) "여러분, 주께서 여러분에게 이런 말씀을 하셨습니다. 이르시기를 '지금 너희의 선지자들은 이전에 바빌로니아 군사들이 약탈해간 성전의 기물들이 예루살렘으로 속히 되돌아올 것이라고 말하고 있지만, 그런 소리는 귀담아 듣지 마라. 그들이 거짓을 예언하고 있으니, 그런 거짓말에 속지 마라. 너희는 거짓 선지자들의 말을 듣지 말고, 바빌로니아 왕을 섬기도록 하여라. 그러면 살아남을 수 있다. 어찌하여 너희는 이 예루살렘 도성을 잿더미로 만들려고 하느냐. 그들이 정녕 내게서 말을 받아 예언하는 참 선지자들이라면, 지금 성전과 유다 왕궁과

예루살렘 도성에 남아있는 기물들이나마 더 이상 바빌로니아에 빼앗기지 않게 해달라고 전능하신 만군의 주께 호소해야만 마땅하다.'라고 하셨습니다."

바빌로니아 왕 느부갓네살은 모두 3차례에 걸쳐 유다와 예루살렘을 침공하였다. 제1차 침공은 여호야김 왕 때에 있었고(주전 605년), 제2차 침공은 여호야김의 아들 여호야긴 왕 때에 있었다(주전 597년). 그리고 마지막 제3차 침공은 시드기야 왕 9년째에 있었는데(주전 588년), 이때 1년 6개월 동안 포위공격을 당한 끝에 결국 나라가 망했다(주전 586년). 예레미야가 본문의 메시지를 선포할 때는 제1차 및 제2차 침공은 이미 일어난 상태였고, 마지막 제3차 침공은 아직 일어나지 않은 상태였다.

바빌로니아 왕 느부갓네살은 유다와 예루살렘을 침공할 때마다 왕과 대신들과 백성들을 포로로 잡아갔고, 또한 예루살렘의 성전 기구들을 비롯한 나라의 보물들을 탈취해갔다. 고대 중근동 세계에서, 사람들은 그 나라의 수호신이 적군의 수호신에게 패배할 때 전쟁에서도 패한다고 생각했다. 그래서 통상적으로 승전국은 패전국의 신전(神殿)을 약탈함으로써 자신들의 승리를 온전한 것으로 확정지었다. 그래서 바빌로니아도 유다를 1차, 2차 침공하여 제압하고 굴복시킨 후에 예루살렘 성전을 약탈한 것이다. 그 결과, 많은 성전 기구들이 바빌로니아 땅으로 옮겨졌고, 이제 예루살렘 성전에 남아있는 제사 기구들은 그리 많지 않았다.

그런데 유다와 예루살렘의 거짓 선지자들은 바빌로니아에 빼앗긴 성전 기구들을 조만간 다시 되찾을 수 있을 것이라고 예언하고 있었다. 새빨간 거짓말이었다! 그래서 예레미야는 하나님의 뜻에 순응하여 바빌로니아에 항복하지 않는다면, 그나마 지금 예루살렘 성전에 남아있는 기구들까지 몽땅 빼앗길 것이라고 경고한 것이다. 그런데 이 같은 경고를 무시한 채 바빌로니아에 계속 대항하다가 유다는 제3차 침공을 당했고(주전 588년), 결국 이때에 나라가 망하고 예루살렘 성전 기구들을 몽땅 빼앗기고 말았다(주전 586년경).

(19-22) “여러분, 전능하신 만군의 주께서 성전의 청동 기둥들과 거대한 청동 물통과 그 받침대, 그리고 아직 예루살렘 도성에 남아있는 다른 여러 기물들에 대하여 이렇게 말씀하셨습니다. 이르시기를 ‘이런 것들은 바빌로니아 왕 느부갓네살이 유다 왕 여호야김의 아들 여고니야와 유다 및 예루살렘의 모든 귀족들을 예루살렘에서 바빌로니아 땅으로 사로잡아갈 때에 약탈해가지 않고 그냥 남겨두었던 것들이다.’라고 하셨습니다. 그러므로 전능하신 만군의 주 이스라엘의 하나님께서 성전과 유다 왕궁과 예루살렘 도성에 아직 남아있는 여러 기물들에 대해서 이렇게 말씀하셨습니다. 이르시기를 ‘그것들도 모두 바빌로니아 땅으로 옮겨갈 것이고, 내가 그것들은 돌아보아 다시 찾아올 때까지 그곳에 계속 있을 것이다. 그러다가 후일에 때가 이르면, 내가 그것들을 바빌로니아 땅에서 옮겨, 다시 이곳 예루살렘으로 가져올 것이다.’라고 하셨습니다.”

예레미야의 예언대로, 과연 바빌로니아의 제3차 침공 때 결국 나라가 망하면서 예루살렘 성전과 도성과 왕궁에 그나마 남아있던 여러 제사 기물들까지 전부 빼앗기고 말았다(주전 586년경). 이후 그것들은 바빌로니아 땅으로 옮겨져 거기에 계속 보관되어 있었다. 그러다가 바빌로니아가 바사(페르시아) 왕 고레스 대왕에게 망하고(주전 539년경), 이후 고레스의 칙령으로 유다 백성들이 본토로 돌아올 때, 그러니까 대략 50년 만에 본국 귀환민들에 의해 다시 예루살렘으로 되돌아왔다(주전 537년경, 스 1:7-11).

여기서 한 가지 의문이 생긴다. 왜 하나님께서는 자신의 성전이 이방 군대에 의해 약탈당하도록 허용하셨을까? 몇 가지 이유를 살펴볼 수 있다.

첫째, 유다를 징벌하기 위해서다. 유다가 하나님을 버렸기 때문에 하나님께서 이방 군대로 유다를 치신 것이다.

둘째, 거짓 선지자들의 거짓과 사기성을 드러내기 위해서다. 당시 거짓 선지자들은 바빌로니아에 빼앗긴 성전 기구들이 빠른 시일 내에 예루살렘으로 되돌려질 것이라고 예언하고 있었다(16절). 하지만 실제로는 그와 정반대로 예루살렘에 그나마 남아있던 성전 기구들까지 바빌로니아에게 빼앗기고 말았다.

셋째, 형식적인 성전 제사를 뿌리 뽑기 위해서다. 많은 성전 기구들이 바빌로니아의 1, 2차 침공 때 이미 탈취당한 상태였다. 그래도 그중 일부라도 남아있는 한, 유다 백성들은 형식적인 성전 제사를 통해 거짓 평강과 안전 속에 쉽게 빠져들곤 했다. 하나님께서는 그것마저 말끔히 없애버린 것이다.

28

거짓 예언자 하나냐

유다 왕 시드기야 4년
거짓 예언자 하나냐가 말하네
주께서 바빌로니아를 꺾었으므로
2년 안에 포로들이 돌아오리라

거짓 선지자 하나냐 (28:1-17)

그 해, 그러니까 시드기야가 유다 왕이 되어 나라를 다스린 지 오래 되지 않은 때인 그의 통치 4년째 되는 해의 5월, 기브온 출신인 앗술의 아들 하나냐가 주님의 성전에서 제사장들과 모든 백성들 앞에서 예레미야를 향해 말한다. 시드기야 통치 4년째는 주전 594년경이고, 하나냐의 고향인 기브온은 예루살렘에서 북서쪽으로 9.5km가량 떨어진 곳에 위치한 제사장들의 성읍이다(수 21:17). 이런 사실은 거짓 선지자 하나냐가 제사장 출신임을 암시한다. 그런 하나냐가 짐짓 엄숙한 어투로 예레미야를 보고 말한다.

(2-4) "전능하신 만군의 주 이스라엘의 하나님께서 내게 이같이 말씀하셨다. 이르시기를 '내가 바빌로니아 왕의 멍에를 꺾어버렸다. 그러므로 바빌로니아 왕 느부갓네살이 이곳 예루살렘에서 약탈하여 바빌로니아로 옮겨간 성전의 모든 기물들을 내가 2년 안에 이곳으로 다시

가져오겠다. 내가 또 바빌로니아로 끌려간 유다 왕 여호야김의 아들 여고니야를 비롯하여 유다의 모든 포로들을 이곳 예루살렘으로 다시 데려오겠다. 그것은 내가 바빌로니아 왕의 멍에를 꺾어버렸기 때문이다. 이것은 나 주의 말이다.'라고 하셨다."

하나냐의 이 같은 예언은 예레미야가 외친 예언과는 정반대다. 그 까닭은 명확하다. 하나냐가 '거짓 선지자'이기 때문이다. 거짓 선지자는 하나님에게서 받은 메시지를 전하는 것이 아니라, 자신의 생각과 바람에서 나오는 것을 '하나님의 이름을 빙자하여' 전하는 자다(27:15). 그런데 이 같은 거짓 선지자들의 예언은 유다 왕과 백성들의 귀에 달콤하고 솔깃했기 때문에 크게 인기가 있었고 기꺼이 환대를 받았다. 그런 인기와 환대를 바탕으로 거짓 선지자들은 일신상의 부귀영화를 마음껏 누리고 있었다. 하나냐가 예언을 마치자, 예레미야 선지자가 성전에 모인 제사장들과 모든 유다 백성들이 보는 앞에서 선지자 하나냐에게 대답한다.

(6-9) "아멘! 주께서 진실로 그렇게 해주시기를 바랍니다! 그대의 예언대로, 주께서 성전의 기물들과 유다의 모든 포로들을 바빌로니아에서 다시 이곳 예루살렘으로 돌려보내 주시기를 바랍니다! 그러나 이제 내가 그대와 모든 백성들에게 전하는 말을 잘 들으시오. 예로부터 그대와 나보다 앞서 살았던 선지자들이 많은 나라들과 큰 국가들에 대해서 전쟁과 재앙과 전염병을 예언해왔소. 그러나 그대처럼 평화를 예언하는 선지자는 그 예언이 사실로 입증되고 난 후에라야 그가 진정으로 주께로부터 보내심을 받은 참 선지자라는 것을 인정받게 될 것이오."

예레미야의 대답은 냉소적이다. 유다 백성의 일원으로서 예레미야 역시 하나냐의 예언대로 성취되기를 바랐다. 그러나 하나님의 참 선지자인 예레미야는 하나님의 뜻이 그렇지 않다는 것을 밝히 알고 있었기에, 실제로는 하나냐의 예언대로 되지 않을 것임을 확신하고 있었다. 그래서 전쟁이 아니라 평화를 외치는 하나냐가 참 선지자가 아니라 거짓 선지자라는 사실을 은연중에 나타내었다. 그러자 하나냐가 발끈하여 예레미야의 목에서 멍에를 벗겨내어 부러뜨려 버리고는, 모든 사람들이 보는 앞에서 이렇게 선포한다.

> (11) "여러분, 주께서 내게 분명히 말씀하시기를 '내가 앞으로 2년 안에 바빌로니아 왕 느부갓네살의 멍에를 모든 민족들의 목에서 벗겨다가 이렇게 산산이 부러뜨려버리겠다.'라고 하셨습니다."

때에 예레미야는 바빌로니아 왕에 의한 예속과 속박의 상징으로 멍에를 목에 메고 있었다. 그런데 하나냐는 예레미야의 목에서 그 멍에를 벗겨내어 해방과 자유의 상징으로 산산이 부러뜨려버린 것이다. 이처럼 거짓 선지자 하나냐의 말과 행동은 참 선지자 예레미야의 말과 행동과는 정반대였다. 따라서 유다의 왕과 백성들은 하나냐와 예레미야 가운데 한 사람의 말을 믿고 따라야 했다. 불행하게도 유다 백성들은 자신들의 귀에 달콤하고 입맛에 딱 맞는 거짓 선지자 하나냐의 말을 더욱 믿고 따랐다.

하나냐가 예레미야의 목에서 멍에를 빼앗아 꺾다

이처럼 하나냐가 얼굴색 하나 변하지 않고 하나님의 이름으로 거짓 예언을 아주 뻔뻔하게 선포하고, 또한 백성들이 그의 말을 더욱 신뢰하고 따르자, 예레미야 선지자는 더 이상의 변론은 무의미하다고 판단하고는 크게 탄식하며 자신의 갈 길로 떠나갔다. 얼마 후, 그러니까 하나냐 선지자가 예레미야 선지자의 목에서 멍에를 벗겨내어 부러뜨린 지 얼마 지나지 않아 주님의 말씀이 예레미야에게 임한다.

> (13-14) "예레미야야, 너는 하나냐에게로 가서 이렇게 전하여라. 이르기를 '주께서 이렇게 말씀하셨다. 너 하나냐는 나무로 만든 멍에를 부러뜨렸다. 하지만 너는 그 대신에 쇠로 만든 멍에를 짊어져야 할 것이다. 나 전능한 만군의 주 이스라엘의 하나님이 말한다. 내가 모든 나라들과 민족들의 목에 쇠로 만든 멍에를 메워 바벨로니아 왕 느부갓네살을 섬기게 하였으니, 그들은 반드시 그에게 굴복하여 그를 섬길 수밖에 없을 것이다. 내가 또한 들짐승들까지도 그의 손에 전부 넘겨주었다.'라고 하여라."

거짓 선지자 하나냐는 바빌로니아의 지배에 의한 유다의 예속과 속박을 부정하기 위해 나무 멍에를 부러뜨렸다(10절). 하지만 그가 아무리 거부하고 부정하더라도 바빌로니아의 유다 지배는 피할 수 없는 사실로서 하나님의 확고한 뜻이었다. 그래서 하나님은 '나무 멍에' 대신에 그보다 더욱 견고한 '쇠 멍에'를 짊어지게 될 것이라고 말씀하신 것이다. 이제 하나냐는 제아무리 애써도 그 쇠 멍에를 부러뜨릴 수 없었다.

하나님께서는 바빌로니아 왕 느부갓네살에게 들짐승까지도 전부 넘겨주었다고 말씀하셨다(14절). 여기서 '들짐승'은 비유적인 표현으로, 바빌로니아 왕 느부갓네살의 절대적인 지배 아래 있는 바빌로니아 제국 내의 여러 민족들과 나라들을 가리킨다(27:6). 머잖아 바빌로니아 왕 느부갓네살은 이런 거칠고 무자비한 들짐승들까지 모두 끌고 내려와 유다와 예루살렘을 무참하게 짓밟고, 그 어깨 위에 쇠 멍에를 짊어지게 할 것이었다. 이 같은 하나님의 명을 받은 참 선지자 예레미야는 거짓 선지자 하나냐에게로 나아가서 그에게 말한다.

(15-16) "하나냐여, 그대는 똑바로 들으시오! 주께서 그대를 보내지 않으셨거늘 그대는 이 백성을 속여 그들로 거짓말을 믿게 하였소. 그러므로 주께서 그대에게 이렇게 말씀하셨소. 이르시기를 '내가 너 하나냐를 더 이상 살려두지 않고 땅 위에서 없애버리겠다. 네가 나 주를 거역하는 거짓 예언을 했기 때문에 너는 금년이 다 가기 전에 죽을 것이다.'라고 하셨소."

하나님께서 하나냐를 징벌하셔서 그를 금년 내로 죽이시겠다는 두려운 메시지다. 그런 까닭은, 하나냐가 거짓 예언으로 백성들을 미혹하고 속였기 때문이다. 참된 선지자들처럼, 당시 거짓 선지자들도 '하나님의 이름으로' 예언했기 때문에 왕과 백성들에게 큰 영향력을 미쳤다. 특히 하나냐의 경우는 예레미야의 목에서 멍에를 벗겨내어 부러뜨리는 등 더욱 적극적인 말과 행동으로 거짓 예언을 발하여 백성들을 감쪽같이 미혹하고 속이는 죄를 범했다. 그렇기 때문에 하나님의 가혹한 징벌을 피할 수 없었다.

과연 예레미야의 경고대로, 거짓 선지자 하나냐는 나무 멍에를 부러뜨린 지 두 달 후쯤인 그해 7월에 갑자기 죽고 말았다. 그의 거짓 예언에 대한 하나님의 징벌이었다. 이 같은 사실에서 보듯, 예레미야처럼 참된 선지자의 예언에는 반드시 확실한 증험(證驗)이 뒤따른다. 하지만 하나냐처럼 거짓 선지자의 예언에는 아무런 증험 없이 그 반대의 결과만 나타날 뿐이다.

29

예레미야의 편지

바빌로니아에 사로잡힌 동족에게
예레미야가 편지를 보내네
너희는 그곳에서 집을 짓고
과수원 일구며 혼인하여 살아라

바빌로니아의 포로 된 백성들에게 보낸 예레미야의 편지 (29:1-23)

(1-3) 이것은 선지자 예레미야가 예루살렘에서 써 보낸 편지로서, 이전에 바빌로니아 왕 느부갓네살이 예루살렘에서 바빌로니아 땅으로 사로잡아간 유다의 포로들 가운데 살아남은 장로들과 제사장들과 선지자들과 그 밖의 모든 백성들에게 보낸 것이다. 예레미야가 이 편지를 쓴 때는 유다 왕 여고니야와 그의 어머니와 궁중의 내시들과 유다 및 예루살렘의 관리들과 기능공들과 대장장이들이 예루살렘에서 사로잡혀 바빌로니아 땅에 포로로 끌려간 뒤였다. 예레미야는 자신이 쓴 이 편지를 유다 왕 시드기야가 바빌로니아 왕 느부갓네살에게 사절로 보낸 사반의 아들 엘라사와 힐기야의 아들 그마랴의 편에 바빌로니아로 보냈다. 예레미야는 그 편지에서 다음과 같이 썼다.

예레미야가 바빌로니아의 포로 된 유다 백성들에게 이 편지를 쓴 때는 유다 왕 시드기야의 통치 4년째쯤 되던 때로 보인다(주전 594년경).

당시 상황은 주전 605년(제1차 침공)과 597년(제2차 침공)에 있었던 바빌로니아의 유다 침공으로 많은 백성들이 바빌로니아 땅에 포로로 잡혀간 상태였다. 일례로 다니엘과 그의 세 친구들은 제1차 침공 때 포로가 되었고, 에스겔은 제2차 침공 때 포로가 되었다.

특히 제2차 바빌로니아 침공 때는 유다 왕 여고니야(여호야긴)를 비롯하여 그의 어머니와 궁중의 내시들과 유다 및 예루살렘의 관리들과 기능공과 대장장이 등 수많은 유력한 사람들이 사로잡혀 바빌로니아 땅에 포로로 끌려갔다. 예레미야의 편지는 그들을 대상으로 쓰인 것인데, 유다 왕 시드기야가 바빌로니아 왕 느부갓네살에게 사절단으로 보낸 사신들의 편에 바빌로니아로 보냈다. 당시 예루살렘에서 바빌로니아까지는 무려 1,500km가 넘는 아주 먼 거리로, 한 달 이상은 족히 걸리는 장거리 여행길이었다. 예레미야가 쓴 편지의 내용은 이러하다.

> (4-9) "전능하신 만군의 주 이스라엘의 하나님이 포로 된 백성들에게 말한다. 곧 내가 예루살렘에서 바빌로니아 땅으로 사로잡혀가도록 한 모든 유다의 포로들에게 말한다. 너희는 그곳에 집을 짓고 오랫동안 살아갈 준비를 하여라. 그곳에 과수원을 일구고 그 열매를 따먹으며 살아라. 또 너희는 거기서 결혼도 하고 자녀들도 낳아라. 너희뿐만 아니라, 너희 자녀들까지도 각자 아내를 취하고 남편을 맞게 하여 그들도 거기서 자녀를 낳게 하여라. 그리하여 너희가 그곳에서 번성하고 너희 수효가 줄어들지 않도록 하여라. 또 너희는 내가 너희를 붙잡아가게 한 그 성읍의 번영과 평화를 위해서도 힘쓰고, 그것을 위해 주께 기도하여라. 그런 까닭은, 그 성읍이 평안해야 너희도 역시 평안할 것이기 때문이다. 전능하신 만군의 주 이스라엘의 하나님이 말한다. 지금 너희들 가운데서 듣기 좋은 소리나 하고 있는 선지자들과 점쟁이들에게 속지 말아라. 그들이 떠벌리는 꿈 이야기도 믿지 말아라.

사실, 그들은 내 이름을 팔아 너희에게 거짓을 예언하고 있을 뿐이다. 그들은 내가 보낸 자들이 결코 아니다. 나 주의 말이다."

예레미야가 바빌로니아 땅의 포로 된 백성들에게 편지를 쓴 중요한 이유는 그곳의 거짓 선지자들 때문이었다. 당시 예루살렘에서와 같이 포로 된 바빌로니아 땅에서도 거짓 선지자들이 활발하게 활동하고 있었다. 그들 거짓 선지자들은 그 땅의 유다 백성들에게 조만간 본국으로 귀환하게 될 것이라며 하나님의 이름으로 예언하면서 백성들을 거짓으로 미혹하고 있었다.

그러한 거짓 선지자들과는 달리, 예레미야는 바빌로니아의 포로 생활이 오래 지속될 것이므로, 그 땅에서 전답도 일구고 결혼도 하고 자녀도 낳으면서 번창하게 살아갈 것을 권고했다. 특히 바빌로니아의 평안을 위해 기도하라고 권고했다(7절). 그 까닭은, 유다 백성들을 바빌로니아 땅에 포로로 보내신 분은 하나님이시기 때문이라는 것이다.

즉, 바빌로니아가 유다를 정복하고 그 백성을 포로로 잡아간 것은 어디까지나 '하나님의 뜻'이었다. 따라서 바빌로니아의 평안을 위해 기도하는 것은, 유다 백성들이 자신들의 죄악을 인정하고, 하나님의 징벌을 순순히 받아들인다는 표시가 되는 것이다. 아울러 유다 백성들의 포로 기간은 70년의 긴 세월이 될 것이기에, 바빌로니아의 평안은 자신들의 평안한 삶뿐만 아니라 그 땅에서 하나님을 섬기는 데도 유익할 것이기 때문이다.

(10-14) "이제 나 주가 너희에게 분명히 일러둔다. 포로 된 그 땅 바빌로니아에서 너희가 70년을 다 채우면, 그제야 내가 너희를 돌아보겠다. 그리하여 그때는 너희를 이곳 예루살렘으로 다시 데려오겠다고 약속한 나의 선한 계획을 그대로 실행하겠다. 너희를 위한 나의 계획은 내가 잘 알고 있다. 그것은 너희에게 평안을 주려는 선한 계획이지,

너희에게 재앙을 주려는 흉한 계획이 절대로 아니다. 정녕 나는 너희 장래에 소망을 주려는 선한 계획을 갖고 있다. 이것은 나 주의 말이다. 그때가 되어 너희가 나를 찾고 나에게 와서 기도하면, 내가 너희의 기도를 들어줄 것이다. 너희가 온전한 마음으로 나를 찾고 찾으면, 너희는 반드시 나를 만날 것이다. 나 주가 말한다. 정녕 그때에 너희는 나를 찾을 것이고 만날 것이다. 그날에 내가 너희를 포로생활에서 해방시켜 다시 본토로 돌아가게 할 것이니, 곧 내가 너희를 흩어 멀리 쫓아 보냈던 모든 나라들에서 내가 너희를 다시 불러 모아, 전에 내가 너희를 사로잡혀가게 하였던 그곳 예루살렘으로 너희를 다시 데려다 놓을 것이다. 이는 나 주의 말이다."

하나님께서는 유다 백성들의 바빌로니아 포로생활은 '70년'으로 정하셨다(25:11; 29:10). 여기 '70년'은 '충분하고 온전한 기간'이란 뜻으로, 곧 하나님의 거룩한 수 '7'에다 완전수 '10'을 곱한 상징적인 숫자일 수 있다. 그렇지 않고, 이 70년을 실제적인 기간으로 보고 유다의 입장에서 생각해본다면, 대체로 두 가지 방식으로 계산될 수 있다. 첫째, 제1차 바빌로니아의 포로 된 때로부터 제1차 예루살렘 귀환이 이루어진 때까지(주전 605~537년). 둘째, 예루살렘 성전이 파괴된 때로부터 유다 총독 스룹바벨에 의해 성전 재건이 완료된 때까지(주전 586년~516년).

하나님께서는 유다 백성들의 포로생활과 본국 귀환이 유다 백성들을 위하는 하나님의 선한 계획이지, 결코 유다 백성들을 해치는 흉한 계획이 아님을 일러주셨다(11절). 당장에는 바빌로니아의 포로생활이 재앙처럼 보이는데, 실제로 그것은 유다의 죄악에 대한 하나님의 징벌이요 재앙이었다. 그러나 자기 백성을 향한 하나님의 궁극적인 계획은 재앙이 아니라 평안이었다.

따라서 멀리 내다보면, 바빌로니아의 포로생활은 유다 백성들에게 선함과 유익함으로 작용할 것이었다. 유다 백성들이 바빌로니아 땅에서 이방 우상을 섬긴 자신들의 잘못을 회개하고, 신앙의 연단과 성숙을 거쳐 언젠가 다시금 본국으로 돌아오게 되면, 그들은 더 큰 미래의 희망과 번영으로 나아갈 수 있을 것이기 때문이었다. 과연, 바빌로니아의 포로생활 이후로 유다 백성들은 적어도 우상숭배의 지긋지긋한 오랜 악습에서는 완전히 벗어났다.

(15-19) "여러분은 말하기를 '주께서 이곳 바빌로니아 땅에서도 우리를 위하여 선지자들을 세워주셨다.'라고 합니다. 그러나 여러분의 조속한 본토 귀환을 예언하는 그들의 예언은 전부 거짓입니다. 주께서는 지금 다윗의 보좌에 앉은 유다 왕 시드기야와 이곳 예루살렘 도성에 살고 있는 모든 백성들, 곧 여러분들과 함께 바빌로니아 땅에 포로로 잡혀가지 아니한 여러분의 모든 형제들에 대해서 이렇게 말씀하셨습니다. 이르시기를 '나 만군의 주가 말한다. 내가 그들에게 칼과 기근과 전염병을 보내어, 그들로 아주 쓸모없게 해서 아무도 먹을 수 없는 썩은 무화과처럼 만들어버리겠다. 그렇다. 내가 전쟁과 기근과 전염병으로 하여금 그들을 뒤쫓아 가서 죽이게 할 것이고, 그들을 온 세상의 뭇 나라들 가운데 흩어 학대와 천대를 받게 할 것이며, 또한 내가 그들을 쫓아 보낸 나라들과 민족들 가운데서도 그들로 저주와 공포와 비웃음과 모욕의 대상이 되게 할 것이다. 그것은 그들이 나의 말을 듣지 않았기 때문이다. 내가 그들에게 내 종 선지자들을 계속해서 부지런히 보냈어도, 그들은 내 말에 조금도 귀를 기울이지 않았다. 이는 나 주의 말이다.'라고 하여라."

당시 바빌로니아의 포로 된 유다 백성들 가운데 활동하고 있던 거짓 선지자들은 하나님의 이름으로 포로민들의 조속한 본토 귀환을 예언하고 있었다. 이에 예레미야는 그런 예언이 순전히 거짓임을 밝히면서, 포로민들이 본토 유다 땅으로 돌아오기는커녕 지금 유다 땅에 살고 있는 백성들조차 조만간 사로잡혀 포로가 되어 끌려갈 것이고, 온 세상 도처에 흩어져 뭇 세상 사람들의 저주와 공포와 비웃음과 모욕을 받게 될 것이라고 일러주었다. 앞서 하나님은 두 광주리에 각각 들어 있는 좋은 무화과와 나쁜 무화과 비유를 통해 똑같은 교훈을 일깨워주셨다(24:1-10).

> (20-23) "그러므로 내가 예루살렘에서 바빌로니아 땅으로 사로잡혀 가게 한 너희 포로들이여, 너희는 이제 나 주의 말을 들어라. 만군의 주 이스라엘의 하나님언 내가 골라야의 아들 아합과 마아세야의 아들 시드기야에 대해 말한다. 그들은 내 이름을 팔아 너희에게 거짓을 예언한 자들이다. 그러므로 보라, 내가 그들의 목숨을 바빌로니아 왕 느부갓네살의 손에 넘겨줄 것이니, 너희가 보는 앞에서 그가 그들을 쳐 죽일 것이다. 그러면 바빌로니아 땅에 사는 유다의 포로들 사이에서는 다른 사람을 저주할 때 말하기를 '주께서 너를 바빌로니아 왕이 불살라 죽였던 시드기야와 아합처럼 되게 하시기를 바란다.'라고 할 것이다. 그것은 그들이 이스라엘 가운데 도저히 저질러서는 안 될 짓들을 행했기 때문이다. 곧 그들은 자기 이웃의 아내들과 간음을 행하였고, 또 내가 시키지도 않은 거짓말을 내 이름으로 선포하였다. 나는 그들이 무슨 짓을 행했는지 다 알고 있고, 내가 바로 그 일의 증인이다. 이는 나 주의 말이다."

당시 바빌로니아 땅의 유다 포로민들 사이에서는 여러 거짓 선지자들이 활발하게 활동하고 있었다. 바빌로니아 땅으로 포로가 되어 끌려간 유다 백성들은 본국 예루살렘에 하나님의 성전이 건재하고 있는 한, 이내 본국으로 돌아갈 수 있을 것이라고 생각했다. 이 같은 유다 백성들의 허황된 믿음에 편승하여, 거짓 선지자들은 하나님의 이름으로 조속한 본국 귀환을 예언하면서 개인의 평안과 나라의 번영을 선포했다.

이처럼 거짓 선지자들은 유다 백성들이 듣고 싶어 하는 말을 '하나님의 이름으로' 예언함으로써 자신의 사적인 이익을 추구하고 백성들을 그릇된 길로 이끌었다. 그리고 유다 포로민들은 거짓 선지자들의 달콤한 미혹에 빠져 간통, 부정축재 등 그들의 부도덕한 죄악들은 간과한 채 마냥 허황된 꿈을 가지고 살았다.

당시 바빌로니아 땅의 유다 포로민들 가운데서 활동한 대표적인 거짓 선지자들이 골라야의 아들 '아합'과 마아세야의 아들 '시드기야'였다. 하나님은 이들 두 사람의 죄악을 엄히 물어 바빌로니아 왕을 통해 그들을 화형(火刑)에 처하게 했고, 또한 유다 백성들 사이에서는 대대로 저주의 이름들이 되게 하셨다.

거짓 선지자 스마야에 대한 예언 (29:24-32)

(24-28) 주께서 내게 말씀하셨다. "예레미야야, 너는 느헬람 사람 스마야에게 이렇게 전하여라. 전능하신 만군의 주 이스라엘의 하나님께서 이렇게 말씀하셨다. 너 스마야는 예루살렘 성전의 총책임자인 마아세야의 아들인 제사장 스바냐와 그 밖의 다른 모든 제사장들 및 예루살렘의 모든 백성들에게 네 이름으로 이런 편지를 써 보냈다. 곧 너는 편지에다 쓰기를 '스바냐 제사장이여, 주께서 제사장 여호야다를 대신하여 그대를 주님 성전의 책임 있는 제사장으로 세우신 것은, 무릇 자칭 선지자 행세를 하는 미치광이들을 모조리 체포하여 그들의 발에 차꼬를 채우거나 그들의 목에 칼을 씌워놓기 위함이었소. 그런데도 그대는 지금 어찌하여 자칭 주님의 선지자라 하는 아나돗 출신의 예레미야를 그냥 두고만 보고 있는 것이오? 그가 바빌로니아 땅에 포로로 붙잡혀온 우리들에게까지 편지를 써서 뭐라고 했는지 아시오? 우리가 앞으로도 오랫동안 이 포로 된 땅에 머물러있게 될 것이라고 하였소. 그러면서 우리더러 이곳에다 집을 짓고 머물러 살면서, 과수원을 일구어 그 열매를 따먹으며 살라고 하였단 말이오.'라고 하였다."

스마야(Shemaiah)는 당시 바빌로니아의 유다 포로민들 사이에서 활동하고 있던 거짓 선지자였다. 그는 예레미야가 자신들에게 써 보낸 편지를 읽고서는 격분하며 크게 반발하였다. 조속한 본국 귀환을 예언한 자신들과는 달리 예레미야는 오랜 포로생활을 예언하고 있었기 때문이다. 그래서 스마야는 즉각 편지를 써서 예루살렘의 성전 책임자인 스바냐를 비롯하여 그 외에 다른 제사장들과 예루살렘 백성들에게 보냈다.

그 내용은, 자칭 '주님의 선지자'라고 말하면서 거짓을 예언하는 아나돗 출신의 예레미야를 빨리 붙잡아 발에 차꼬를 채우거나 목에 칼을 씌워놓으라는 독촉이었다. 말하자면, 거짓 선지자가 참된 선지자를 핍박하는 형국이었다. 유다 왕국의 말엽, 이처럼 본토 유다 땅이든 포로된 바빌로니아 땅이든 유다 백성들 사이에서는 거짓 선지자들과 참된 선지자들이 뒤섞여 서로 다른 정반대의 예언을 선포하고 있었다.

그러면 어떻게 참된 선지자와 거짓 선지자를 구별할 수 있을까? 참된 선지자는 하나님의 보내심을 받아 하나님의 메시지를 전하면서 하나님의 뜻대로 살아가는 자다. 반면, 거짓 선지자는 하나님의 보내심을 받지 않은 자로서 자기의 말을 하면서 자기 욕망에 따라 살아가는 자다.

신구약 성경은 거짓 선지자에 대해 강력히 경고한다. 우리가 조금만 주의를 기울인다면, 그의 삶과 행동과 말 등을 통해 거짓 선지자에게서는 하나님의 뜻과 말씀에 어긋나는 세속적인 타락의 현상들을 충분히 찾을 수 있다. 무엇보다 거짓 선지자는 비록 하나님의 이름으로 전할지라도 예언의 결과에서 하나님의 선지자 된 아무런 증험이나 증표가 없는 자다. 따라서 믿는 자들은 이것저것 엄중히 따져 거짓 선지자들을 잘 분간하여 철저히 배척해야 한다.

"예레미야 선지자여, 이것 좀 보시오. 이건 바빌로니아에 잡혀간 스마야 선지자가 그대에 대하여 내게 보낸 편지라오. 내가 읽을 테니, 한번 들어보시오.”

주님 성전의 총책임자인 제사장 스바냐는 스마야가 보낸 편지를 예레미야에게 읽어주었다. 이 같은 사실은 성전 총책임자 스바냐 제사장이 예레미야에 대하여 호의를 지닌 신실한 사람임을 보여준다. 그때에 주님의 말씀이 예레미야에게 임한다.

> (31-32) “예레미야야, 너는 내가 지금 느헬람 사람 스마야에 대하여 내린 결심을 글로 적어, 바빌로니아 땅으로 사로잡혀간 유다의 모든 포로들에게 편지를 써 보내라. 편지에 쓰기를 ‘내가 스마야를 선지자로 세워서 너희 가운데 보낸 적이 없거늘, 그가 제멋대로 너희 앞에 나서서 선지자 행세를 하고, 거짓 예언을 선포하여 너희로 거짓된 것을 믿게 하였다. 그러므로 나 주가 말한다. 보라, 내가 느헬람 사람 스마야와 그의 자손들에게 벌을 내리겠다. 내가 앞으로 내 백성에게 선한 일을 베풀어 그들을 고향 땅 예루살렘으로 다시 데리고 갈 것이지만, 스마야는 그 선한 날들을 보지 못하겠고, 그뿐만 아니라 그의 자손들 가운데 어느 누구도 그런 복을 누리지 못할 것이다. 그것은 그가 제멋대로 나를 거역하는 거짓 예언을 하여 내 백성을 그릇된 길로 이끌었기 때문이다.’라고 하여라.”

장차 하나님께서 자기 백성에게 베푸실 ‘선하고 복된 날들’은 때가 되면 실현될 유다 백성들의 해방과 본국 귀환을 가리킨다. 하지만 거짓 선지자 스마야와 그의 자손들은 어느 누구도 그런 복을 누리지 못하고, 포로로 잡혀간 이방 땅 바빌로니아에서 모조리 죽어 멸문지화를 겪게 될 터였다. 그런 까닭은, 그들이 하나님의 참된 선지자인 예레미야를 대적함으로써 하나님을 거역하고, 하나님에게서 받지 않은 거짓 예언으로 유다 백성들을 그릇된 길로 이끌었기 때문이다. 신구약 성경을 막론하고 거짓 선지자들은 필히 비참한 종국을 맞는다(계 20:10).

30

이스라엘과 유다의 회복

주께서 예레미야에게 말씀하시네
내가 말한 것을 책에 기록하여라
때가 되면 포로가 된 내 백성을
고향 땅으로 돌아오게 하리라

이스라엘과 유다의 회복 (30:1-24)

(1-3) 어느 날, 주님의 말씀이 또 예레미야에게 임한다. 이스라엘의 하나님 주께서 예레미야에게 이렇게 말씀하신다. "예레미야야, 너는 내가 네게 말하는 것들을 모두 책에 기록하여라. 나 주가 말한다. 때가 이르면, 내가 이방 땅에 사로잡혀간 내 백성 이스라엘과 유다의 포로들을 다시 돌아오게 할 것이니, 내가 그들을 그들의 조상들에게 주었던 고향 땅으로 다시 돌아오게 하여 그 땅을 차지하고 살게 하겠다. 이는 나 주의 말이다."

이 같은 하나님의 계시에 근거해서, 예레미야도 유다 포로민들의 본국 귀환을 예언했다. 그러나 거짓 선지자들의 예언과는 달랐다. 당시 거짓 선지자들은 빠른 시일 내에 유다 포로민들의 본국 귀환이 있을 것이라고 예언했다. 예컨대, 거짓 선지자 하나냐는 '2년 안에' 본국 귀환이 이루어질 것이라고 하나님의 이름으로 예언했다(28:3). 하지만 예레미야는 '70년'의 오랜 시일이 걸릴 것이라고 예언했다(25:11; 29:10). 그래서 예레미야는 바빌로니아 땅의 유다 포로민들에게 그곳에서 농사도 짓고 결혼도 해서 자녀를 낳고 살라고 권고했다(29:5-6).

그렇지만 하나님께서 작정하신 70년의 세월이 흐르면, 그때는 본국 귀환이 반드시 있을 것임을 선포했다. 과연 후일에 그대로 실현되었다. 바빌로니아 군대의 침공으로 제1차로 유다 백성들이 바빌로니아 땅에 포로로 잡혀간 때부터(주전 605년) 70여 년의 세월이 흐른 뒤 바빌로니아를 정복한 바사(페르시아) 왕 고레스의 칙령으로 말미암아 유다 백성들은 마침내 본국 귀환의 날을 맞이할 수 있었다(주전 537년). 한편, 예레미야가 본문의 메시지를 선포한 때는 시드기야 왕의 통치 4~5년째 되던 해이므로(주전 593년경) 이후로는 대략 55년가량이 흐른 때에 본문의 예언이 성취되었다.

(4-7) 이것은 주께서 북쪽 왕국 이스라엘과 남쪽 왕국 유다에 관해서 하신 말씀이다. 주께서 말씀하신다. "두려움에 사로잡혀 벌벌 떨며 울부짖는 소리가 들려온다. 온통 공포뿐이고 어디에도 평화가 없다. 너희는 남자들도 아이를 낳을 수 있는지 물어보아라. 그런데 어찌하여 남자들이 모두 아이 낳는 여인처럼 손으로 배를 움켜잡고 그토록 몸부림치고 있느냐? 어찌하여 남자들이 모두 해산의 고통으로 죽을 것처럼 얼굴빛이 그토록 창백하게 변하였느냐? 아- 슬프다, 그날이여! 비할 데 없이 크고 무서운 날이 다가오고 있구나. 그날은 야곱의 후손들이 환난을 당하는 날이로다. 그러나 그들은 마침내 그 환난의 때에서 구원을 받을 것이로다."

야곱의 후손들 곧 북쪽 왕국 이스라엘과 남쪽 왕국 유다가 환난을 당하는 날은, 그들이 바빌로니아 군대의 침공을 받아 살육과 기근과 역병 등 큰 재앙을 당한 끝에 마침내 패망하게 되는 날을 가리킨다.

하지만 그날은 단지 끔찍한 재앙으로만 끝나는 그런 날이 아니다. 그러한 혹독한 재앙을 겪은 후에 그들은 마침내 그런 환난의 때에서 구원을 얻을 것이다. 그리하여 또 다른 '그날'에 그들은 바빌로니아의 멍에와 압제에서 벗어나 본토로 돌아오게 될 것이며(8절), 마침내는 다윗의 혈통을 좇아 태어날 영원한 유대인의 왕 '메시아'를 섬기게 될 것이다(9절). 이 같은 내용이 담긴 하나님의 말씀이 계속 이어진다.

(8-11) 전능하신 만군의 주께서 또 말씀하신다. "그날에 내가 너희의 목에서 멍에를 벗겨내어 꺾어버릴 것이고, 너희를 묶어두었던 밧줄도 끊어버릴 것이니, 다시는 너희가 이방 사람들의 종노릇을 하는 일이 없을 것이다. 대신에 너희는 너희 하나님 나 주를 섬길 것이고, 또한 내가 너희를 위해 왕으로 일으켜 세울 다윗의 후손을 섬길 것이다. 그러므로 나 주가 말한다. 내 종 야곱의 후손들아, 너희는 두려워하지 말라. 이스라엘아, 놀라지 말라. 보라, 그날에 내가 너희를 먼 땅에서 구해낼 것이고, 너희의 자손들을 포로 된 땅에서 건져내어 본토로 데려올 것이다. 그때에 야곱의 후손들이 본토로 다시 돌아와 평화와 안전 가운데서 오래도록 살 것이니, 이제는 아무도 너희를 두렵게 할 자가 없을 것이다. 나 주가 밝히 말한다. 정녕 그날에 내가 너희와 함께하여 너희를 구원할 것이다. 비록 내가 전에 너희를 사방에 흩어놓았던 땅 위의 모든 나라들과 민족들은 모조리 진멸한다 할지라도, 내가 너희를 진멸하는 일은 결코 없을 것이다. 다만 공의의 법에 따라 너희를 정당하게 징계할 것이고, 너희를 죄 없는 자로 여겨 처벌을 면하게 하지는 않을 것이다."

장차 그날에 하나님의 백성들에게 해방과 귀환, 평화와 안전이 찾아들 것이라는 소망의 메시지다. 그날이 오면, 하나님의 백성들은 더 이상 이방인들의 종노릇하지 않고(8절) 다윗 후손의 왕을 섬길 것인데(9절),

여기 '다윗 후손의 왕'은 다윗 가문에서 태어날 유대인의 왕을 가리키고, 궁극적으로는 다윗의 혈통을 좇아 태어난 '메시아 예수'를 가리킨다 (23:5). 이처럼 하나님은 자기 백성을 공의의 법에 따라 합당한 징계는 하시되, 이방인들처럼 완전히 진멸시키지는 않으시고 때가 되면 반드시 구원하시고 회복시킨다.

(12-17) 주께서 또 자기 백성에게 말씀하신다. "네 상처는 치료할 수 없고, 네 부상은 아주 심각하여 치유될 가망이 없다. 네 송사를 변호해줄 사람도 아무도 없고, 네 상처를 낫게 할 치료약도 없다. 또 너를 사랑하고 아끼던 자들도 모두 너를 잊어버렸고, 이제 네게 관심조차 없어 너를 찾지도 않는다. 그리고 나도 너를 쳐서 상하게 했는데 마치 원수를 치듯 그렇게 너를 쳤고, 또한 잔악한 자들을 징계하듯이 내가 너를 그렇게 혹독하게 징계하였다. 내가 그렇게 한 것은, 네 허물이 너무나 크고 네 죄가 너무도 많기 때문이다. 그런데 네가 어찌하여 네 상처를 놓고 그렇게 부르짖느냐? 네 상처의 고통은 치료될 수 없을 것이다. 네 죄악이 심히 무겁고 네 악행이 셀 수조차 없이 많기에, 내가 너를 쳐서 그렇게 된 것이다. 그럴지라도 무릇 너를 삼키는 자들은 그들로 삼켜지게 하겠고, 너를 쳐서 포로로 붙잡아 갔던 원수들은 그들로 포로가 되어 붙잡혀가게 할 것이며, 너를 약탈하는 자들은 그들로 약탈을 당하게 하겠고, 너를 착취하는 자들은 그들로 착취를 당하게 할 것이다. 나 주가 말한다. 비록 사람들이 너를 향해 '쫓겨나 버림당한 여인'이라 부르고, '찾아서 보살펴주는 사람 없는 시온'이라 할지라도, 정녕 내가 너를 보살펴 치료해주고, 네 상처를 고쳐 낫게 해줄 것이다."

하나님의 백성 된 '야곱의 후손' 곧 이스라엘과 유다 백성들은 그들 자신들의 큰 허물과 많은 죄악 때문에 어떻게 치료조차 할 수 없을 정도로 아주 심각하고 치명적인 상처를 입었다. 그들이 입은 심각하고 치명적인 상처는 이것이다. 일차적으로는 그들이 이방 나라들에게 입은 끔찍한 전쟁의 참화를 가리키고, 이차적으로는 크고 많은 죄악들로 인한 영혼의 피폐함을 가리킨다.

이 같은 그들의 상처는 너무나 중하여 그들 스스로는 도무지 고칠 수 없었다. 그러했기에 세상 사람들은 그들을 가리켜 '쫓겨나 버림당한 여인' 또는 '찾아서 보살펴주는 사람 없는 시온'이라 부르며 조롱했다. 그러나 그들에게도 단 하나의 소망이 있었다. 오직 하나님의 크신 긍휼과 은혜로는 그 상처를 능히 고칠 수 있었는데, 감사하게도 하나님께서는 자신이 직접 그 상처를 치료해서 고쳐줄 것이라고 약속하셨다(17절). 이 같은 하나님의 크신 긍휼과 은혜로 이스라엘과 유다 백성은 죽지 않고 다시 회복할 수 있었다. 이처럼 자기 백성을 향한 하나님의 사랑은 측량할 수 없을 정도로 무궁무진하다.

(18-22) 주께서 또 말씀하신다. "보라, 내가 야곱의 후손을 불쌍히 여겨, 포로 된 그들의 장막을 회복시켜 줄 것이다. 폐허의 언덕 위에 성읍을 다시 굳건히 세우고, 왕궁도 본래 있던 옛터에 다시 세워지게 할 것이다. 그날에 내 백성의 입에서는 감사의 노래가 터져 나오고 기쁨의 웃음소리가 흘러나올 것이다. 내가 또 내 백성을 번성하게 하리니 더 이상 그들의 수효가 줄어들지 않을 것이고, 내가 그들을 영예롭게 하리니 그들이 누구에게서도 멸시를 당하는 일이 없을 것이다. 정녕 그날에 그들의 자손은 옛날처럼 번성할 것이고, 그들의 회중은 내 앞에 굳게 서리니, 누구든지 그들을 억압하는 자마다 내가 벌을 내릴 것이다. 또 그들의 지도자는 같은 동족 가운데에서 나올 것이고, 그들의 통치자도 그들 가운데서 나올 것이다. 그때에 내가 그들의 통치자를 내게 가까이 오게 할 것이므로, 그가 내게 가까이 다가와

나와 가까운 사이가 될 것이다. 무릇 내가 허락하지 않는다면, 누가 감히 내게 가까이 나아올 수 있겠느냐. 그리하여 너희는 내 백성이 되겠고, 나는 너희 하나님이 될 것이다."

장차 그날에 하나님의 백성들이 영육 간에 회복될 것이라는 가슴 벅찬 소망의 메시지다. 그렇다면 장차 바빌로니아 포로생활에서 본토 예루살렘으로 귀환한 이스라엘 백성들은 어떻게 회복될 것인가? 본문에서 예레미야 선지자는 장차 이루어질 이스라엘의 회복을 구체적으로 열거했다.

첫째, 성읍과 왕궁이 재건될 것임(18절). 둘째, 기쁨과 감사의 절기가 회복될 것임(19절). 셋째, 자손이 번성하고, 국력이 회복될 것임(20절). 넷째, 왕권이 확립될 것임(21절). 다섯째, 신앙이 회복되어 하나님과의 관계가 새롭게 정립될 것임(21-22절).

여기서 주목할 것은, 나라의 회복과 더불어 '감사'가 함께 한다는 것이다(19절). 하나님께서 이스라엘을 회복시킬 때는 감사부터 회복시키시는 것이다. 감사 목소리에 이스라엘은 번성하고, 감사 목소리에 인구는 늘고, 감사 목소리에 존귀하게 된다. 감사가 불러오는 축복들이다. 황소의 고삐를 잡고 있으면 황소는 저절로 따라온다. 감사 목소리는 축복의 고삐다. 감사의 고삐를 잡고 있으면 축복은 저절로 따라온다. 이게 축복의 원리다.

이와 같은 이스라엘 백성들의 회복과 번영은 바빌로니아 포로생활을 마치고 본토로 귀환한 백성들에 의해 부분적으로 성취되긴 했다. 하지만 보다 온전한 성취는 장차 영적인 야곱의 후손들 곧 믿는 자들의 모임인 교회를 통해 영적 차원에서 비로소 성취될 것이었다.

(23-24) 보라, 주께서 폭풍과도 같은 진노를 터뜨리실 것이니, 회오리 바람 같은 진노가 악인들의 머리를 후려칠 것이다. 주께서 진노를

발하시면, 애초에 마음에 계획하신 모든 일을 다 이루실 때까지는 결단코 그 진노를 멈추지 않으실 것이니, 그 일이 다 이루어지고 난 후에야 비로소 너희가 그 사실을 깨닫게 될 것이다.

자기 백성에 대해서는 징계 후에 궁극적인 회복을 약속하신 하나님께서는 또한 자기 백성을 학대하고 압제한 이방의 악인들에 대해서는 폭풍과 회오리바람 같은 크신 진노로써 반드시 징벌하시겠다는 굳센 의지를 드러내신다. 이 같은 하나님의 진노는 이방의 악인들을 완전히 파멸시키기까지 절대로 멈추지 않을 것이다.

이런 하나님의 두렵고 준엄한 심판은 세상 마지막 날에 모든 불신 세력들에게도 똑같이 임하게 될 것이다. 성경의 전체적인 가르침에 비추어 말하자면, 골고다 언덕에서 십자가를 지신 '메시아 예수'를 두고 그를 믿는 자들에겐 은혜의 회복이 임하지만, 그를 불신하는 자들에겐 공의의 심판이 임하는 것이다.

31

새 언약의 노래

이스라엘아, 때가 되면
내가 다시 일으켜 세우리라
너희는 사마리아 언덕에서
포도원 일구고 열매 거두리라

북왕국 이스라엘의 회복 (31:1-22)

(1-6) 주께서 말씀하신다. "그때가 되면, 나는 이스라엘 모든 족속의 하나님이 될 것이고, 그들은 내 백성이 될 것이다. 나 주가 말한다. 전쟁의 칼에서 살아남은 백성들은 광야에서 은혜를 입게 될 것이니, 곧 내가 가서 이스라엘로 안식을 누리게 할 것이다." 옛적에 주께서 우리에게 나타나셔서 말씀하셨다. "내가 무궁한 사랑으로 변함없이 너를 사랑하였으므로 한결같은 인애로 너를 인도하였다. 내 사랑하는 처녀 이스라엘아, 그러므로 내가 너를 다시 세울 것이고, 너는 다시 굳건히 세워질 것이다. 네가 다시 탬버린을 흔들며 기뻐하는 무리들과 함께 어울려 흥에 겨워 춤출 것이다. 네가 다시 사마리아의 언덕들마다 기름진 포도원을 일굴 것이고, 농부들이 거기에 포도나무를 심고 그 풍성한 열매를 따 먹게 될 것이다. 네게 정녕 그런 날이 오리니, 곧 에브라임 산 위에서 망을 보던 파수꾼들이 큰 소리로 외치기를 '자, 일어나라! 우리 모두 시온으로 올라가서, 우리 주 하나님 앞으로 나아가자!'라고 할 날이 올 것이다."

본문에 언급된 '사마리아'나 '에브라임' 등의 표현은 '북왕국 이스라엘'을 가리키는 말들이다. '사마리아'는 북왕국 이스라엘의 도성이고, '에브라임'은 북왕국 이스라엘을 형성한 지파들 중 가장 크고 영향력 있는 지파이기 때문이다. 예레미야가 본문의 메시지를 선포할 당시에 북왕국 이스라엘은 이미 멸망당한 지 130여 년의 세월이 흐른 상태였다.

주전 722년경에 아시리아에 의해 멸망당한 후에 그 나라의 백성들은 세상 도처에 뿔뿔이 흩어졌다. 하지만 하나님께서는 야곱의 후손 된 그들을 결코 잊지 않고, 그들을 "내 사랑하는 처녀 이스라엘아!" 하고 부르시면서(4절), 장차 그때가 되면 그들 북왕국 이스라엘 백성들을 회복시킬 것이라고 약속하신다. 그들에 대한 구원과 회복의 약속은 이어진다.

> (7-9) 주께서 또 말씀하신다. "너희는 야곱을 위하여 기쁘게 노래하라. 온 세상 뭇 민족들 가운데 으뜸가는 민족을 위하여 외쳐라. 너희는 크게 찬양하며 외치기를 '주여, 주님의 백성을 구원하소서! 이스라엘의 남은 자들을 구원해주소서!'라고 하여라. 보라, 내가 그들을 저 북방 땅에서 이끌어 나오고, 사방의 땅 끝에서 불러 모을 것이다. 그때에 눈 먼 사람과 다리를 저는 사람과 아이를 밴 여인과 아이를 갓 낳은 여인도 모두 함께할 것이니, 그들이 큰 무리를 이루어 이곳 고향 땅으로 돌아올 것이다. 고향 땅으로 돌아올 때, 그들은 감격에 겨워 모두 기쁨의 눈물을 흘리며 돌아올 것이다. 또 그들이 내게 간구할 때에 내가 그들을 좋은 길로 인도하여 한 사람도 넘어지지 않게 하리니, 내가 그들을 시냇가의 평탄한 길로 인도할 것이다. 그것은 내가 이스라엘의 아버지이고, 에브라임은 나의 맏아들이기 때문이다."

두 가지 표현에 주목하라. 하나는 '이스라엘의 남은 자들'이란 표현이다(7절). 이들은 일차적으로 '생존자들'을 가리킨다. 주전 722년 북왕국

보라, 내 백성이 큰 무리를 이루어 돌아오리라

이스라엘의 멸망 이후에도 살아남은 사람들이나 또는 주전 586년 남왕국 유다의 멸망 이후에도 살아남은 사람들을 가리킨다. 이차적으로는 '믿는 자들'을 가리킨다. 그들은 장차 어느 시기에 자신들의 죄악에서 돌이켜 하나님께로 나아올 자들이다. 구속사적으로 보면, 이들이야말로 진정한 '남은 자들'(the Remnants)이라 할 수 있다.

다른 하나는 '에브라임은 나의 맏아들'이란 표현이다(9절). 여기서 '에브라임'은 '북왕국 이스라엘'을 가리키는 대유법적 표현이다. 주전 930년에 12지파로 구성된 통일왕국 이스라엘이 둘로 분열될 때 북왕국 이스라엘은 10지파로 구성되었고, 남왕국 유다는 2지파로 구성되었다. 그래서 더 많은 지파들로 구성된 에브라임 곧 북왕국 이스라엘을 '맏아들'이라 부른 것이다.

장차 그날에 하나님께서는 이방 땅에 포로 된 남왕국 유다의 백성들과 더불어, 그보다 훨씬 이전에 포로로 끌려가 세상 도처에 흩어져 살던 북왕국 이스라엘의 백성들도 다 불러 모아 저 멀리 북방 땅, 땅 끝에서부터 본국의 고향 땅으로 인도하실 것이었다. 이 말은 포로 된 유다 백성들이 바빌로니아에서 해방되어 본국으로 귀환할 때 북왕국 이스라엘 소속의 백성들도 그들과 함께 돌아올 것이라는 말이다. 예레미야 시대에 바빌로니아 땅은 저 멀리 북방에 있는 세상의 땅 끝으로 인식되었다.

(10-14) 온 세상 모든 민족들아! 너희는 나 주의 말씀을 듣고, 그 말씀을 멀리 있는 섬들을 향해 선포하여라. 큰 소리로 외치기를 "자기 백성 이스라엘을 온 세상 만국에 흩어놓으셨던 분께서 이제 그들을 다시 불러 모으셔서, 목자가 자기 양 떼를 돌보듯 그들을 잘 보살펴줄 것이다. 보라, 주께서 야곱의 후손들을 값 주고 해방시키시되, 그들보다 더 강한 자들의 손에서 그들을 구속하셨다. 이제 이스라엘 곧 야곱의 후손들은 고국 땅으로 돌아가 시온산의 높은 곳에서 주님을 찬양할 것이고, 주께서 주시는 좋은 선물들 곧 곡물과 새 포도주와 올리브기름과 어린 양 떼와 소 떼를 받고서 크게 기뻐할 것이다. 그때에 그들의 심령은 물 댄 동산처럼 풍요롭겠고, 다시는 걱정하거나 슬퍼하는 일이 없을 것이다. 정녕 그때가 되면, 처녀들이 춤추며 기뻐하겠고 젊은이들과 노인들이 다 함께 즐거워할 것이다. 그것은, 그날에 내가 그들의 슬픔을 기쁨으로 바꾸어줄 것이고, 또 그들을 다독이고 위로하여 그들이 근심에서 벗어나 즐거움을 누리도록 해줄 것이기 때문이다. 또 그때에 내가 온갖 기름진 것들로 제사장들의 마음을 흡족하게 해줄 것이고, 나의 각양 좋은 것들로 내 백성들을 만족하게 해줄 것이다. 이는 나 주의 말이다." 하여라.

장차 그날에 하나님의 권능의 손길로 자기 백성들에게 실현될 해방과 구원, 회복과 번영의 복된 삶에 대한 아름답고 가슴 벅찬 묘사다. 나라의 멸망으로 온 세상 도처에 흩어진 하나님의 백성들이 마침내 오랜 압제와 종살이에서 벗어나 남녀노소, 정상인과 장애인, 어린이와 임산부 가릴 것 없이 모두가 다 함께 모여 감격의 눈물을 흘리고 기뻐하는 가운데 고국 땅으로 돌아가 영육 간에 풍요롭고 안전하고 행복하게 지낼 것이라는 말씀이다. 한편, 본문에 언급된 '곡물과 새 포도주와 올리브기름'(12

절)은 이스라엘 땅의 특산물인데, 성경에서는 물질적인 풍요로움과 함께 영적인 만족을 상징하는 표현이다.

(15-17) 주께서 말씀하신다. "보라, 라마에서 크게 슬퍼하며 울부짖는 소리가 들린다. 그 소리는 자식을 잃은 라헬이 그 자식으로 인해 통곡하는 소리다. 그녀가 자식을 잃었으므로 위로받기조차 거절하니, 그것은 그녀에게 더 이상 자식이 없기 때문이다." 그러나 주께서 또 말씀하신다. "라헬아, 울음을 그쳐라. 이제 네 눈에서 그만 눈물을 거두어라. 그것은 네 수고가 헛되지 아니하여 네 일에 보상이 있을 것이기 때문이다. 보라, 그날에 네 자녀들이 네 대적의 땅에서 돌아올 것이다. 이는 나 주의 말이다. 그러므로 먼 훗날 네 미래에는 소망이 있다. 잃어버린 네 자녀들이 자기들의 고향 땅으로 돌아올 것이기 때문이다. 이는 나 주의 말이다."

라마(Ramah)는 예루살렘 북쪽 8km 지점에 있는 베냐민 영토의 성읍이다. 바빌로니아 군대에 사로잡혀 포로가 된 유다 백성들은 이곳에 모두 집결되어 먼 이방 땅인 바빌로니아로 끌려갔다(40:1). 역사적으로 이곳은 야곱의 둘째 아내인 라헬의 무덤이 있는 곳으로 여겨지는데(삼상 10:2-3), 라헬은 살아생전에 오랫동안 자녀가 없어 큰 슬픔을 간직하고 살았던 여인이었다. 그런데 포로 된 유다 백성들이 라마에 집결되어 바빌로니아 땅으로 끌려가는 그 슬픔, 마치 자녀를 잃는 것 같은 그 슬픔이 얼마나 컸든지 무덤에 있는 라헬조차도 그 슬픔에 동참하여 통곡한 것이다.

이는 실제로 죽은 라헬이 통곡했다는 의미가 아니라, 죽은 라헬조차도 그런 광경을 보고 통곡할 정도로 참으로 슬프고 고통스러운 상황이라는 수사학적 표현이다. 한편, 후일에 마태복음의 저자인 마태는 라헬이 자기 자식을 위해 통곡한다는 본절을 인용하여 헤롯에 의해 자식을 잃은 베들레헴 어머니들의 통곡에 적용시켰다(마 2:17-18).

어쨌든 이제 하나님은 그토록 슬퍼하며 통곡하는 라헬을 위로해주신다. 그녀가 잃어버린 자녀들을 장차 되찾을 수 있다는 소망의 메시지를 전달한다. 언젠가 포로로 끌려간 유다 백성들이 바빌로니아 땅에서 해방되어 본국의 고향 땅으로 돌아올 것이라고 말씀하신다. 정녕 라헬의 울음을 뚝 그치게 만드는 위로와 소망의 메시지가 아닐 수 없다.

> (18-20) 주께서 또 말씀하신다. "내가 에브라임이 스스로 탄식하며 애원하는 소리를 분명히 들었다. 그가 고백하기를 '주여, 주께서는 길들여지지 않아 멍에를 맬 줄 모르는 고집 센 송아지 같은 저를 징계하셨습니다. 제가 주께 징계를 받았사오니, 주여! 이제 저를 돌아보아 회복시켜 주소서. 주님은 나의 주 하나님이시오니, 제가 주께로 돌아가렵니다. 제가 지금껏 그릇된 길을 걸었으나 이제는 뉘우쳤습니다. 주께 교훈을 받고 깨달은 후에 제가 가슴을 치며 슬퍼했습니다. 진실로 저는 제 젊은 시절의 죄악으로 인해 온갖 수치와 모욕을 겪어야 했습니다.'라고 하는구나. 그렇다. 에브라임은 나의 사랑하는 아들이 아니냐. 내가 기뻐하는 자식이 아니냐. 내가 자주 그를 책망하고 징계하지만, 그에 대한 생각을 떨쳐버릴 수 없다. 내 마음이 언제나 그를 향하고 그를 측은히 여긴다. 그러므로 내가 반드시 그를 불쌍히 여겨 그를 보살펴줄 것이다. 이는 나 주의 말이다."

하나님께서 북왕국 이스라엘의 죄악을 물어 그들을 책망하고 징계하셨지만, 그들이 자신들의 잘못을 뉘우치고 회개하므로 다시금 불쌍히 여겨 그들을 회복시켜주시고 보살펴주실 것이라는 말씀이다. 이처럼 자신의 백성들을 대하는 하나님의 마음은 불쌍히 여기는 긍휼의 마음, 곧 측은지심(惻隱之心)이다. 하나님의 측은지심은 '창자를 끊어내는 아픔', 즉 단장의 고통이다. 창자가 꼬이는 엄청난 아픔이다. 곱든 밉든,

이스라엘은 하나님께서 택하신 자신의 아들이고 자식이기에, 그들을 징계해놓고서도 때린 하나님께서 더 아프다.

주목할 것은, 북왕국 이스라엘이 '에브라임'으로 불리고 있다는 점이다. 이때 '에브라임'은 이스라엘 12지파 중 하나인 에브라임 지파에 국한되는 말이 아니다. 솔로몬 사후, 통일왕국이 분열될 때 에브라임 지파는 북왕국을 이룬 10지파 중 가장 주도적인 지파로서, 이후로 에브라임은 '북왕국 이스라엘'을 대표하는 말로 종종 쓰였다.

한편, 북왕국 이스라엘은 남왕국 유다보다 대략 135년 전에 아시리아에 의해 먼저 멸망했다(주전 722년). 따라서 예레미야 당시에 북왕국 이스라엘 백성들은 포로 된 상태에서 이미 먼 이방 땅 곳곳에 흩어진 상태였다. 그러나 장차 회복과 구원의 날에, 남왕국 유다 백성들과 더불어 그들도 과거의 죄악에서 돌이켜 하나님께로 나아오게 될 것이고, 하나님은 긍휼의 마음으로 그들을 기꺼이 맞이할 것이었다.

> (21-22) 처녀 이스라엘아, 너는 너를 위해 길에다 푯말을 세우고, 너를 위해 안내판을 만들어 세워라. 그리고 네가 전에 지나갔던 길을 잘 기억해보아라. 그리하여 돌아오라, 이스라엘아! 네 고향 성읍으로 돌아오라. 신실치 못한 딸아, 네가 언제까지 더 방황하려느냐? 옛 생각을 버리고 주께로 돌아오라. 보라, 주께서 세상에 새 일을 창조하셨으니, 그것은 곧 여자가 남자를 안는 것이다.

푯말과 안내판은 길의 위치와 방향을 알려주는 것들인데, 그것들을 만들어 길에다 세우라는 말은 장차 있을 본국 귀환을 미리 준비하라는 의미다. 장차 하나님께서 세상에 '새 일'을 창조하실 그날, 곧 자기 백성을 포로 된 땅에서 해방시켜 본국으로 돌려보내실 그날은 반드시 이를 터인데, 그날에는 특이하게도 여자가 남자를 안는 일이 일어날 것이었다.

여기서 '안다'는 말은 '두르다', '보호하다', '돌보다', '사랑하다'란 의미다. 고대 이스라엘 사회의 전통적인 개념은 남자가 여자를 돌보고 사랑하고 보호하는 것이었다. 하지만 하나님께서 세상에 '새 일'을 창조하실 그때에는 지금까지와는 전혀 다른 새로운 개념이 생겨날 것인데, 그것은 곧 여자가 남자를 돌보고 사랑하는 일이 생겨날 것이었다. 이는 곧 여자(신부 된 이스라엘)가 남자(신랑 된 하나님)를 적극적으로 섬기고 사랑하게 될 것임을 의미하는 말이다. 다시 말해 그동안 이스라엘은 하나님께 사랑을 받아오기만 했지만, 새로운 시대에는 지난날의 잘못을 뉘우치고 회개한 이스라엘이 하나님을 신실하게 사랑하게 될 것임을 뜻한다.

남왕국 유다의 회복 (31:23-26)

(23-26) 전능하신 만군의 주 이스라엘의 하나님께서 말씀하신다. "내가 포로로 잡혀갔던 자들을 그들의 고향 땅으로 다시 데려올 때, 유다의 모든 성읍과 지역에서는 사람들이 이런 말을 다시 하게 될 것이다. 서로 말하기를 '오, 의의 처소여, 거룩한 산이여, 주께서 네게 복주시기를 원하노라!'라고 할 것이다. 그날에 유다 땅과 모든 성읍에는 사람들이 함께 모여 살 것이니, 농부들과 양 떼를 몰고 다니는 목자들이 한데 어울려 평화롭게 살게 될 것이다. 이는 내가 모든 피곤한 심령을 흡족하게 해주었고 모든 슬퍼하는 심령을 넘치도록 채워주었기 때문이다." 이에 내가 문득 잠에서 깨어보니, 꿈속에서 본 이 같은 놀라운 주님의 환상으로 인해 내 잠이 참으로 내게 달콤하였다.

바빌로니아의 오랜 포로생활에서 해방되어 마침내 본국으로 돌아온 이스라엘 백성들의 삶은 단순히 외적인 물질적 회복뿐만 아니라 내적인 심령의 회복까지 이루어져 영육(靈肉) 간에 풍요로움과 평안함과 만족함을 누리게 될 것이라는 말씀이다. 예레미야는 장차 그날에 실현될 이 같은 풍족한 광경을 꿈속의 환상을 통해 보았는데, 따라서 꿈에서 깨어났을 때 그 잠이 참으로 달콤할 수밖에 없었다.

북왕국 이스라엘과 남왕국 유다의 회복 (31:27-30)

(27-30) 주께서 말씀하신다. "보라, 때가 이르면 내가 이스라엘 집과 유다 집에 사람의 씨는 물론이고 짐승들의 씨도 뿌릴 것이다. 예전에는 내가 그들을 뿌리 뽑고 부수고 무너뜨리고 파멸시키고 재앙에 빠뜨리기 위해 눈을 부릅떴지만, 이제는 내가 그들을 심고 세우기 위해 항상 깨어 눈을 부릅뜰 것이다. 그때가 되면, 그들은 더 이상 '조상들이 신 포도를 먹었으므로 그 자식들의 이가 시다.'라는 속담을 말하지 않을 것이다. 정녕 그때가 되면, 아버지가 죄를 지었다고 해서 그의 아들이 그 벌을 받는 일은 없을 것이다. 그날에는 모든 사람이 각자 자신이 지은 죄에 대해서만 책임을 질 것이니, 곧 신 포도를 먹은 사람만이 그 이가 시릴 것이다."

본국으로 귀환한 북왕국 이스라엘 백성들과 남왕국 유다 백성들이 각자 자신들의 고향 땅에서 정착하여 살아갈 때, 하나님께서는 사람들의 씨는 물론이고 짐승들의 씨까지 뿌려 사람들은 자녀를 낳고 짐승들은 새끼를 낳아 나날이 번성하며 살아가게 하시겠다는 말씀이다. 이런 시대에는 사람들이 더 이상 '조상들이 신 포도를 먹었으므로 그 자식들의 이가 시다.'라는 속담을 말하는 일이 없을 것이었다.

본래 이 속담은 조상들의 죄 때문에 그 자손들이 징벌을 당한다는 잘못된 생각에서 비롯된 것이다. 조상들의 죄가 자손들에게 나쁜 영향을 미치는 것은 사실이지만, 그것이 자신들 스스로의 죄에 대한 책임을 면제시키는 변명이 될 수는 없다. 어디까지나 하나님은 조상들의 죄 때문이 아니라, 죄를 범한 당사자와 그 세대의 책임을 물어 징벌하시기 때문이다(겔 18:2).

이스라엘과 유다가 맺을 새 언약 (31:31-40)

(31-34) 주께서 말씀하신다. "보라, 그날이 이르면 내가 이스라엘 집 및 유다 집과 더불어 새 언약을 맺을 것이다. 이 언약은 옛적 내가 그들의 조상들의 손을 붙잡고 이집트 땅에서 인도해내던 때에 맺은 언약과는 다른 것이다. 그때에는 내가 그 언약을 통해 그들의 남편이 되었는데도, 그들은 나와 맺은 언약을 깨뜨려버렸다. 나 주가 말한다. 그러나 그날들 후에, 이제 내가 이스라엘 집과 새롭게 맺을 언약은 이러하다. 곧 이제는 내가 나의 율법을 그들의 가슴 속에 넣어두고, 그들의 마음 판에 새겨 넣을 것이니, 그리하여 나는 영영 그들의 하나님이 될 것이고, 그들도 영영 내 백성이 될 것이다. 그러면 그때에는 서로 간에 다른 사람을 훈계할 필요가 없으리니, 누구도 자기 이웃이나 자기 형제에게 이르기를 '너는 주님을 알라!' 하고 말하지 않을 것이다. 그런 까닭은, 그들 가운데 가장 작은 사람으로부터 가장 큰 사람에 이르기까지 그들 모두가 나를 밝히 알게 될 것이기 때문이다. 정녕 그때에 나는 그들의 죄를 다 용서할 것이고, 더 이상 그들의 죄를 기억하지 않을 것이다. 이는 나 주의 말이다."

본서의 핵심 메시지인 '새 언약'에 관한 내용이다. '새 언약'은 '옛 언약'과 비교가 되는 말로, 옛 언약은 출애굽 직후에 시내산에서 체결된 '모세 언약'을 가리킨다(출 24:1-8). 이 언약에서 이스라엘은 오직 하나님만 섬기고, 하나님께서는 이스라엘을 끝까지 보호해주시기로 체결했다. 마치 부부(夫婦)의 언약 같아서 하나님은 남편으로서, 이스라엘은 아내로서 상호 서약하고 맹세했다. 그런데 하나님께서는 그 언약에 신실하셨지만, 이스라엘은 하나님을 떠나 이방 우상을 섬김으로써 옛 언약을 깨뜨려버렸다.

하지만 오늘날 믿는 자들은 옛 언약이 아니라 하나님에 의해 새롭게 주어진 '새 언약' 아래에 살고 있다. 새 언약은 예수님의 십자가 죽음으로 인해 체결된 '십자가 언약'을 가리킨다. 새 언약은 옛 언약과는 완연히 다르다. 새 언약 아래에서 하나님은 우리 죄를 용서해주셨고, 하나님의 말씀을 돌판이 아닌 우리의 마음속에 새겨놓으셨다. 옛 언약은 우리에게 율법을 통해 의로움이 무엇인지 보여준 뒤 그것을 지키도록 요구했지만, 새 언약은 우리 안에 의로움을 만들어주었다. 즉, 칭의(稱義)의 옷을 덧입혀주셨다. 따라서 오늘날 믿는 자들은 예수님의 십자가 대속(代贖)의 피로 인해 의로운 백성 곧 '성도'가 되었다.

'새 언약'을 선포하는 예레미야 선지자

그렇다면 이스라엘을 위한 하나님의 새 언약은 어떤 방식으로 적용될 것인가? 옛 언약이 율법 준수를 요구했던 것처럼, 새 언약은 새 언약의 중보자인 예수님에 대한 우리의 믿음을 요구한다. 그런 믿음을 가진 자에 한해서 하나님의 새 언약은 적용된다. 주목할 것은, 새 언약 아래서는 이스라엘이 단지 하나의 국가나 유대인들을 의미하는 것이 아니라는 점이다. 새 언약 아래에서의 이스라엘은 육적 이스라엘이 아닌 '영적 이스라엘'로서, 그가 유대인이든 이방인이든 아무런 구별이나 차별 없이 누구든지 예수 그리스도를 믿는 자들 모두를 의미한다.

(35-37) 낮에는 해를 주셔서 밝게 빛나게 하고, 밤에는 달과 별들을

주셔서 어둠을 밝히시는 분, 바다를 쥐고 흔들어 파도가 철썩거리도록 소리치게 하시는 분, 그 이름은 전능하신 만군의 주시다. 이제 그분 주께서 말씀하신다. "보라, 이처럼 천지에 정해진 자연의 질서가 무너지지 않는 한, 이스라엘 자손도 내 앞에서 무너지지 않고 언제까지나 한 민족으로 영원히 남아있게 될 것이다. 나 주가 말한다. 또 너희 가운데 누가 위로 하늘의 넓이를 다 측량하고, 아래로 땅의 기초를 다 탐색할 수 있겠느냐. 행여 그럴 수 있다면 모르겠거니와, 그렇지 않는 한 나도 이스라엘 자손들이 저지른 온갖 행위들로 인해 그들을 버리는 일은 결단코 없을 것이다. 이는 나 주의 말이다."

자연만물이 변함없고 그 운행과 질서와 법칙이 지속되는 한, 택한 백성을 향한 창조주 하나님의 새 언약은 결코 불변할 것이라는 말씀이다.

(38-40) 주께서 또 말씀하신다. "보라, 날이 이를 것이니 그때가 되면 이 예루살렘 성읍이 나 주를 위하여 재건되리니, 이쪽 하나넬 망대에서부터 저쪽 모퉁이 성문에 이르기까지 모두 재건되어 주의 영광을 드러낼 것이다. 이뿐 아니라 예루살렘 성벽을 측량하는 줄자가 똑바로 계속 더 나아가 가렙 언덕에 이르고, 거기서 남쪽으로 꺾어져 고아 방면으로 돌아, 남쪽으로 시체와 재의 골짜기 및 기드론 시내와 맞닿는 데까지 이르고, 동쪽으로 말문 모퉁이까지 이르는 모든 들판이 주의 거룩한 땅이 될 것이니, 이렇게 재건되고 확장된 새 예루살렘 성읍은 다시는 뽑히거나 허물어지지 않고 영원토록 굳게 설 것이다."

새 언약 아래에서 이루어질 '새 예루살렘'의 새로운 건축에 관한 예언이다. 하나님께서는 예레미야에게 예루살렘 성읍과 관련해서 멀리 메시아 시대의 놀라운 비전을 보여주셨다. 그때에는 예루살렘이 크게 확장되어 성읍 외곽의 시체와 재를 버리는 골짜기, 곧 우상을 숭배한 죄악의 골짜기조차도 '새 예루살렘'으로 편입되는 놀라운 은총을 누리게 될 것이다. 결국 이것은 장차 메시아 시대에는 하나님의 구원 은총이 모든 죄인들에게도 편만하게 미칠 것임을 보여주는 은혜로운 복음의 메시지다.

후일 밧모 섬의 사도 요한은 천상에 건축된 '새 예루살렘' 환상을 보았는데, 거기에는 어린양(예수 그리스도)의 생명책에 그 이름이 기록되어 있는 성도들만이 들어갈 수 있었다(계 21:9-27). 한편, 본문에 언급된 '하나넬 망대'는 예루살렘 성읍의 북동쪽에 있었고, '모퉁이 성문'은 성읍의 북서쪽에 있었다. 그리고 '시체와 재의 골짜기'는 '힌놈의 아들의 골짜기'를 가리키고, '기드론 시내'는 성읍의 동쪽에 있었고, '말문 모퉁이'는 성읍의 남동쪽에 있었다. 그 외에 '가렙 언덕'은 나병환자들의 촌락으로 여겨지는데 그 위치는 알 수 없다. '고아' 역시 그 위치가 분명하지 않다.

32
고향 아노돗의 밭

예레미야에게 주의 말씀이 임하네
너는 친척에게서
고향 아나돗의 밭을 사라
장차 그 일이 증표가 되리라

예레미야가 고향 아나돗의 밭을 사다 (32:1-15)

유다 왕 시드기야가 왕위에 오른 지 10년이 되던 해(주전 587년경), 곧 바빌로니아 왕 느부갓네살 제18년에, 주님의 말씀이 예레미야에게 임했다. 그때에 바빌로니아 왕의 군대는 예루살렘 성읍을 포위하고 있었고, 선지자 예레미야는 유다 왕궁의 경비대 뜰 안에 있는 옥에 갇혀있었다.

바빌로니아 왕 느부갓네살은 유다 왕 시드기야가 자신에 대한 충성 맹약을 깨뜨리고 반(反)바빌로니아 동맹에 가담하여 계속해서 저항하자, 크게 격노하여 마침내 직접 군대를 이끌고 제3차로 유다를 대대적으로 침공했던 것이다. 그때가 시드기야 왕 제9년 10월 10일이었다(주전 588년, 왕하 25:1). 유다를 침공한 느부갓네살 왕은 먼저 유다의 다른 주요 성읍들을 전부 함락시킨 후에 마지막으로 유다의 도성 예루살렘을 포위하여 공격하고 있었다. 예루살렘 도성은 시드기야 제11년 4월 9일에 함락되었으므로, 대략 1년 6개월가량 포위되어 있었다.

또한 그때에 예레미야는 유다 왕 시드기야의 명령에 의해 유다 왕궁의 경비대 뜰 안에 있는 옥(獄)에 갇혀있었다. 그 까닭은, 예레미야 선지자가 유다 왕과 예루살렘 도성을 쳐서 예언했기 때문이었다. 옥에 갇히기 전에, 예레미야는 유다 왕과 예루살렘 주민들을 향해 이렇게 예언했다.

(3-5) "유다 왕과 예루살렘 주민들은 들으시오! 주께서 말씀하시기를 '내가 이 도성 예루살렘을 바빌로니아 왕의 손에 넘겨주어 그로 이 도성을 차지하게 할 것이다. 또한 유다 왕 시드기야도 갈대아 군사들의 손을 벗어나지 못하고, 그들에게 붙잡혀서 바빌로니아 왕의 손에 넘겨질 것이다. 그러면 시드기야는 바빌로니아 왕 앞으로 끌려가 그 앞에서 얼굴과 얼굴을 맞대고 눈과 눈을 맞댄 채 심문을 받게 될 것이다. 그 후에 바빌로니아 왕은 시드기야를 바빌로니아 땅으로 끌고 갈 것이고, 그러면 시드기야는 내가 그를 돌아볼 때까지 그 땅에 계속 붙잡혀 있어야 할 것이다. 비록 너희가 갈대아 군대에 저항하여 그들과 싸울지라도 결코 이기지 못할 것이다. 이것은 나 주의 말이다.'라고 하셨다."

예레미야 선지자가 평소에 선포하던 예언의 메시지와 크게 다를 바 없었다. 그런데도 작금 예루살렘 도성이 바빌로니아 군대에 의해 포위된 위태로운 상황에서는 그런 예언이 예사롭게 들리지 않고 왕의 심기를 크게 건드렸던 것이다. 그래서 유다 왕 시드기야는 예레미야의 예언을 전해 듣고 펄쩍 뛰었다. 당장 예레미야를 붙잡아 문책했다.

"뭐라? 내가 사로잡혀 바빌로니아 땅으로 끌려가고, 이 예루살렘 도성은 함락된다고? 나와 이 도성의 평강과 안위를 위해 기도하지는 못할망정, 어찌 감히 그런 매국적인 발언을 내뱉을 수 있단 말이냐? 네가 정녕 겁도 없이 그런 예언을 함부로 선포했단 말이냐? 좋다, 이제라도 너는 네 예언을 취소할 생각은 없는 게냐? 만일 취소한다면, 내가 정상을 참작하도록 하마!"

"왕이시여, 내 예언은 절대로 내 말이 아닙니다. 나는 그저 하나님께서 예언하도록 시킨 말을 그대로 선포했을 뿐입니다. 그러니 이제라도 왕께서는 주님의 뜻을 받들어 바빌로니아 왕에게 항복하는 것이…."

"그만! 그만 닥쳐랏! 네가 끝까지 정신을 차리지 못하는구나! 여봐랏, 저자를 당장 포박하여 경비대 뜰 안의 옥에다 가두도록 하랏! 에이, 참으로 괘씸한지고!"

그리하여 예레미야는 꼼짝없이 옥에 갇히는 신세가 되었던 것이다. 이렇게 예레미야가 왕궁 경비대 뜰 안의 옥에 갇혀 있을 때, 하루는 주님의 말씀이 그에게 임한다.

> (7) "예레미야야, 네 숙부인 살룸의 아들 하나멜이 네게 와서 부탁하기를 '너는 우리 고향 아나돗에 있는 내 밭을 사라. 이 기업을 무를 권리가 네게 있으니, 너는 나의 가장 가까운 친척이기 때문이다.'라고 할 것이다."

예로부터 이스라엘 사회에는 '기업을 무를 권리' 곧 '고엘 제도'라는 독특한 제도가 있었다. 여기서 '고엘'은 '기업을 무를 자'를 가리키는데, 그자는 어려움에 처한 친족을 대신하여 기업의 땅을 되찾아 주거나, 가문을 일으켜 세워주거나, 또는 끊긴 후손을 이어주어야 하는 권리 및 의무를 지닌 가까운 친족을 가리킨다. 따라서 기업 무를 의무 및 권리를 가진 자는 무엇보다 당사자와 친족 관계에 있어야 했는데, 보다 가까운 친족의 순서대로 그러한 권리가 주어졌다.

이 같은 배경에서, 예레미야의 숙부인 살룸의 아들 하나멜이 예레미야를 찾아와 기업 무를 권리를 이행하라고 요청한 것이다. 아마도 바빌로니아 군대의 포위로 말미암아 경제적으로 매우 궁핍해진 하나멜이 기업의 밭을 팔아야할 상황에 놓였는데, 고엘 제도에 따라 먼저 자신과 사촌(四

寸) 관계에 있는 예레미야를 찾았던 것이다. 과연 주께서 예레미야에게 일러주신 대로, 어느 날 숙부의 아들인 하나멜이 왕궁 경비대 뜰 안의 옥으로 예레미야를 찾아와서 간절히 부탁한다.

"여보게, 부디 자네는 베냐민 지파의 땅인 아나돗 마을에 있는 내 밭을 사도록 하게. 자네는 나의 가장 가까운 친척으로서 그 밭을 사야 할 우선권과 의무가 있지 않은가. 그러니 자네는 자네를 위해서라도 그 밭을 사게나."

'흐흠, 주께서 내게 미리 일러주신 대로구나.'

사실, 당시는 전쟁 상황이라 토지의 구입은 별 실익이 없었다. 아니, 이익은커녕 크게 손해를 입는 일이었다. 하지만 예레미야는 자기 사촌 하나멜의 그런 부탁이 바로 주님의 명령인 줄 즉각 깨달았다. 그래서 별다른 대꾸나 질문 없이 사촌의 부탁에 순순히 응한다.

"좋네, 그리 하도록 하세! 자네 부탁대로, 내가 기업 무를 권리를 행사하도록 하지. 자, 그러면 내가 자네에게 얼마를 지불하면 되겠나?"

"아, 참으로 고맙네! 지금 상황에서 자네와 나 사이에 토지 가격을 야박하게 따질 처지가 안 되니, 자네가 알아서 적당한 값을 쳐주게나."

그래서 예레미야는 자기 숙부의 아들인 사촌 하나멜에게

하나멜에게서 밭을 사는 예레미야

서 아나돗에 있는 그의 밭을 샀는데, 밭 값으로 은(銀) 17세겔을 달아주었다. 당시 세겔(Shekel)은 가장 기본적인 화폐 및 무게 단위로서, 1세겔은 대략 11.4그램(g)이고, 노동자 4일치의 품삯에 해당되었다. 거래가 성사되었으므로, 예레미야와 하나멜은 매매 계약서를 작성한 후에 도장을 찍어 봉하였고, 여러 증인들이 보는 앞에서 은을 저울에 달아 건네주었다.

이때 예레미야는 매매 규정에 따라 봉인된 매매 계약서 원본과 봉인하지 않은 사본을 함께 받았다. 이처럼 예레미야 시대의 법적 제도는 매매가 성사되면 두 개의 증서가 필요했다. 봉인하지 않은 사본은 매매 당사자가 보관하는 것으로 열람을 위해 편하게 사용되는 것이고, 봉인된 원본은 오늘날 법률 사무소나 등기소에서 보관하는 공증문서 같은 것이다. 이처럼 봉인되어 보관된 증서는 변경될 수 없었기에, 나중에 당사자들 간에 분쟁이 생기면 그것으로써 진위 여부를 가려 문제를 해결할 수 있었다.

모든 매매 계약이 성사된 후, 예레미야는 자기 숙부의 아들인 하나멜과 그 매매 계약서의 원본에 서명한 증인들과 왕궁 경비대의 뜰 안에 있던 모든 유다 사람들이 지켜보는 앞에서 그 두 개의 문서를 마세야의 손자요 네리야의 아들인 바룩에게 건네주었다. 바룩은 예레미야의 개인 서기관으로 마지막까지 예레미야를 충실하게 섬긴 신실한 인물이다. 그때 예레미야는 모든 사람들이 지켜보는 앞에서 바룩에게 부탁한다.

> (14-15) "전능하신 만군의 주 이스라엘의 하나님께서 말씀하셨다. 이르시기를 '너 예레미야는 봉인된 매매 계약서 원본과 봉인되지 않은 사본을 받아서, 그것들을 토기항아리에 담아 오랜 세월 동안 보관하여라. 전능하신 만군의 주 이스라엘의 하나님이 말한다. 장차 때가 이르면, 이 나라 백성들이 이 땅에서 예전처럼 집과 밭과 포도원을 다시 사고파는 날이 반드시 올 것이다.'라고 하셨다."

예레미야가 소유한 두 증서 곧 매매 원본과 사본은 토기항아리에 보관되었다. 이처럼 문서를 담은 토기항아리는 역청으로 봉인되어 동굴과 같은 시원하고 건조한 장소에 보관되었다. 이 같은 보관 방식은 고대에 부식(腐蝕)으로부터 문서를 보호하는 최선의 방법이었다. 그래서 성경을 그대로 베낀 '사해 사본' 같은 문서들은 봉인된 토기항아리 안에서 2천 년 이상을 아무런 훼손 없이 고스란히 보관될 수 있었다.

이처럼 예레미야가 네리야의 아들 바룩에게 토지 매매 계약서를 건네주며 그것을 토기항아리에 보관하도록 부탁한 후에 땅에 엎드려 주께 간절히 기도드린다. 주님의 말씀에 순종하여 사촌에게서 토지를 매입하긴 했지만, 작금의 상황과 관련하여 그 모든 일이 참으로 답답하여 주님께 탄식의 기도를 올린 것이다.

예레미야 선지자의 탄식 기도 (32:16-25)

(17-25) "아, 우리 주 하나님이시여! 주께서는 큰 능력과 권능의 펴신 팔로 하늘과 땅을 창조하셨습니다. 진실로 주께서는 무슨 일이든지 능히 다 하실 수 있고, 주께서 하지 못하실 일이란 온 천지에 아무것도 없습니다. 주께서는 한결같은 사랑으로 수천 대에 이르도록 사람들에게 은혜를 베풀어주십니다. 그러나 사람들이 죄를 짓는 경우에는, 조상들의 죄를 그들의 후손들에게까지 벌하시는 분이시니, 진실로 주께서는 크고 강하신 하나님이시요, 그 이름은 전능하신 만군의 주이십니다. 주님의 모든 계획은 위대하시니, 주께서는 크신 권능으로 그 모든 계획을 다 이루십니다. 또한 주께서는 하늘 아래 뭇 사람들의 행실을 다 지켜보시고, 각 사람의 행실에 따라 갚아주십니다. 주께서는 옛적 이집트 땅에서, 그리고 오늘에 이르기까지, 이스라엘 백성들이 보는 앞에서뿐만 아니라 온 세상 만민들이 보는 앞에서 놀라운 표적과 기적을 수없이 행하셨습니다. 그리하여 오늘날 주님의 거룩한 이름은

온 세상에 널리 알려졌습니다. 진실로 그렇습니다. 주께서는 강한 손과 펴신 권능의 팔로 놀랍고도 두려운 각종 표적과 기적을 베푸셔서, 주님의 백성 이스라엘을 종살이하던 이집트 땅에서 인도해내시고, 일찍이 주께서 그들에게 주시겠다고 그들의 조상들에게 맹세하셨던 땅, 곧 젖과 꿀이 흐르는 가나안 땅을 과연 그들에게 주셨습니다. 그리하여 이스라엘 백성들은 그 땅으로 들어가 젖과 꿀이 흐르는 그 좋은 땅을 차지하고 살았지만, 그들은 주님께 순종하지 않았고 주님의 율법을 따르지 않았습니다. 이처럼 주께서 그들에게 하라고 명하신 것들을 그들은 행하지 않았으므로, 오늘날 주께서 이 모든 재앙을 그들 위에 내리셨습니다. 주여, 보십시오. 오늘날 이 예루살렘 도성을 정복하려는 자들이 이 성읍을 침략하고 포위해서, 지금 도성 밖에 흙으로 높은 언덕을 쌓아놓았습니다. 그러므로 머잖아 이 도성은 칼과 기근과 역병으로 인하여 바빌로니아 군사들의 손에 넘어가고 말 것입니다. 지금 주님께서도 보시듯이, 주께서 말씀하신 일들이 그대로 벌어지고 있습니다. 아, 주 하나님! 이처럼 예루살렘 도성은 이미 바빌로니아 군사들의 손에 넘어간 것이나 다름없는데, 어찌하여 주께서는 제게 돈을 주고 밭을 사라고 명하시고, 또 증인들까지 세우라고 말씀하셨습니까."

예레미야가 사촌 하나멜에게서 토지를 매입한 것은 실제의 행위로서 메시지를 선포하는, 이른바 '행위 예언'이었다. 당시 사람들의 눈에는, 바빌로니아에게 나라가 멸망당할 급박한 처지에서 토지를 매입하는 일은 아주 어리석은 일처럼 보였을 것이다.

그러나 예레미야가 그처럼 행동한 것은, 지금은 바빌로니아 군대의 포위 공격을 받아 나라가 망할 지경이지만(그리고 결국 망해서 토지 거래가 완전히 끊어지겠지만), 장차 나라가 다시 회복되어 예레미야와 하나멜이 방금 했던 것처럼 부동산을 사고파는 정상적인 거래 행위가 활발하게 이루어질 것이라는 사실을 선포한 것이다. 말하자면, 언젠가는 유다 백성들이 바빌로니아로부터 해방되어 본토를 회복하게 될 것임을 말해주는 상징적인 사건이었다.

예레미야 선지자의 탄식 기도에 대한 하나님의 응답 (32:26-44)

예레미야가 사촌 하나멜에게서 밭을 매입한 뒤에 답답한 심령으로 주께 탄식 기도를 드리자, 그때에 주님의 말씀이 예레미야에게 임한다. 먼저 주님은 어찌하여 유다와 예루살렘이 바빌로니아 왕의 손에 넘겨졌는지, 그 이유를 밝히 알려주신다.

(27-35) "나는 주이며 모든 사람을 지은 하나님이다. 그런 나에게 할 수 없는 일이 있겠느냐. 그러므로 나 주가 말한다. 보라, 내가 이 예루살렘 도성을 바빌로니아 군대와 바빌로니아 왕 느부갓네살의 손에 넘겨줄 것이다. 그러니 그가 이 도성을 점령할 것이다. 이제 머잖아 바빌로니아 군사들이 밀어닥쳐 이 성읍에 불을 놓아 모든 것들을 불사를 것이다. 성읍을 불태울 것이고, 모든 집들 곧 너희가 그 지붕으로 올라가 이방 신 바알에게 향을 피워 올리고, 그 밖의 다른 신들에게 술을 따라 바침으로써 나의 진노를 불러일으켰던 그 모든 집들을 모조리 불태울 것이다. 그것은 이스라엘 백성들과 유다 백성들이 옛적부터 오늘날까지 내 앞에서 항상 악한 일만 저질러 왔기 때문이다. 그 백성들은 자기들의 손으로 만든 각종 우상들을 섬기고 숭배함으로써 나를 화나게 하는 일만 줄곧 행해왔다. 이는 나 주의 말이다. 그렇다. 이 성읍이 처음 세워지던 날부터 오늘날에 이르기까지, 그들은 나를 격분하게 하는 일만 계속 저질러왔다. 그러므로 내가 더 이상 견디지 못하여 내 눈앞에서 이 성읍을 치워버리기로 작정하였다. 내가 이렇게 격노한 것은, 이스라엘 백성들과 유다 백성들

모두가 온갖 악을 자행함으로써 나의 진노를 크게 자극했기 때문이다. 그들은 모두가 악을 저질렀다. 왕들과 고관들, 제사장들과 선지자들, 유다 백성들과 예루살렘 주민들 할 것 없이 모두가 악을 저질렀다. 그들은 얼굴을 내게서 돌리고 등을 내게로 향한 채 악을 행했다. 그래서 내가 부지런히 가르치고 거듭해서 경고하였지만, 그들은 내 말을 조금도 듣지 않았고 내 훈계를 전혀 받아들이지 않았다. 뿐만 아니라, 그들은 내 거룩한 이름으로 불리는 나의 집 곧 성전에까지 자기들이 섬기는 가증스러운 물건들을 세워놓아 나의 집을 크게 더럽혔다. 더욱이 그들은 '힌놈의 아들의 골짜기'에 이방 신 바알의 산당을 지어놓았고, 또 이방 신 몰렉에게 자기들의 자녀를 불살라 바치기까지 했다. 그들이 이처럼 끔찍하고 역겨운 일을 저질렀는데, 도대체 나는 그런 일을 그들에게 명한 적이 없다. 온 유다를 죄악 가운데로 빠뜨리는 이 같은 가증스러운 짓을 내 마음속에 생각조차 한 적이 없다."

하나님께서 유다와 예루살렘을 바빌로니아 왕의 손에 넘겨주기로 작정하신 것은 그 백성들의 오랜 죄악 때문이었다. 그들의 죄악에 대해 오랫동안 참고 참으시다가 결국 더는 참을 수 없어 마침내 유다와 예루살렘을 눈앞에서 치워버리기로 작정하신 것이다. 유다 백성들과 예루살렘 주민들이 자행한 숱한 죄악들 가운데서도 하나님을 가장 격분시킨 죄악은 '우상숭배'였다. 우상숭배 중에서도 하나님의 집인 성전에다가 버젓이 이방 우상을 세워놓은 일과 또한 '힌놈의 아들의 골짜기'에 산당을 지어놓고 이방 우상인 '몰렉'에게 자신들의 자녀를 불살라 바치는 일이었다. 그런 일들은 너무나 역겹고 참으로 가증스러워 도무지 견딜 수 없었던 것이다.

'힌놈의 아들의 골짜기'는 단순히 '힌놈의 골짜기'로도 불리는데, 예루살렘 성읍의 남쪽 교외에 있었다. 예레미야 당시에 이곳에는 '몰렉'을 숭배하는 산당이 세워져있어 자녀를 제물로 바치는 인신제사(人身祭祀)

가 행해지고 있었다. 그리고 몰렉(Molech)은 '왕'이란 뜻으로, 구약시대에 언급되고 있는 이방의 우상들 가운데 하나다. 암몬 족속이 섬긴 국가신인데, 모압 사람들은 '그모스'라고 불렀다. 당시 몰렉과 그모스를 숭배하는 사람들은 제사 의식에 따라 종종 어린아이를 희생제물로 바치기도 했다.

이처럼 유다와 예루살렘의 멸망 및 그 원인에 대해 밝히 말씀하신 후, 이제 하나님께서는 장차 이루어질 유다와 예루살렘의 회복과 번영에 관해 말씀하신다. 하나님께서 유다 백성들과 예루살렘 주민들의 가증한 죄악에 크게 격분하셔서 그들을 멀리 쫓아 흩어지게 하셨지만, 언젠가는 그들을 다시 불러 모아 본토로 인도하셔서, 거기서 평화롭고 안전하게 살도록 하겠다고 말씀하신다. 그리고 그때에 하나님께서는 자기 백성들과 영원한 언약을 맺고서 그들에게 풍성한 복을 베풀어주실 것이라고 말씀하신다. 자, 주님의 말씀을 직접 들어보자.

(36-42) "그러나 이스라엘의 하나님인 나 주가 말한다. 지금 너희는 말하기를 '이 예루살렘 도성은 칼과 기근과 역병으로 인해 바빌로니아 왕의 손에 넘어가게 되었다.'라고 하지만, 이제 내가 이 예루살렘 도성에 대하여 분명히 말한다. 보라, 장차 때가 되면 내가 진노하고 분노하며 격분하여 그들을 멀리 쫓아 보냈던 온 세상 모든 곳에서 그들을 다 불러 모아, 다시 이곳으로 그들을 인도하여 이 땅에서 평화롭고 안전하게 살도록 하겠다. 그때에 그들은 나의 백성이 되겠고, 나는 그들의 하나님이 될 것이다. 정녕 그때에 나는 그들에게 한 마음과 한 길을 주어, 그들로 자기들과 자기 자손들의 행복을 위하여 항상 나를 경외하는 마음을 갖도록 하겠다. 또 그날에 나는, 그들에게 복주기 위하여 그들을 영영 떠나지 않을 것이라는 내용이 담긴 영원한 언약을 그들과 맺을 것이고, 또 그들로 나를 경외하는 마음을 품도록

격려하고 힘을 북돋우어, 그들이 다시는 내게서 떠나가는 일이 없게 할 것이다. 그리하여 내가 큰 기쁨으로 그들에게 복을 베풀어주되, 정녕 나의 온 마음과 정성을 다하여 그들에게 풍성한 복을 베풀어줌으로써 그들로 영원토록 이 땅에서 살게 할 것이다. 내가 유다 백성들에게 이 모든 크고 두려운 재앙을 내린 것과 같이, 앞으로는 내가 그들에게 약속했던 모든 복을 풍성하게 베풀어줄 것이다. 이는 나 주의 말이다."

하나님께서 장차 본토로 돌아올 자기 백성들과 맺을 '영원한 언약'(40절)은 곧 앞서 언급된 '새 언약'을 가리킨다(31:31-34). 이 '새 언약'은 옛적 출애굽 직후에 시내산에서 맺었던 '옛 언약'과는 뚜렷이 구별되는 것으로, 궁극적으로는 다윗의 혈통을 좇아 태어날 '메시아'를 중보자로 삼아 맺어질 '십자가 언약'을 가리킨다. 따라서 하나님의 백성은 이처럼 하나님과 새롭게 맺을 '새 언약' 곧 '영원한 언약'으로 인해 주님께 풍성한 복을 받고 평안히 살아갈 수 있는 것이다.

한편, 바빌로니아에서 해방되어 본토로 돌아온 유다 백성들은 적어도 뿌리 깊은 지긋지긋한 우상숭배의 죄악에서는 벗어날 수 있었다. 오랜 포로생활을 통해 그들은 헛되고 무능한 이방 우상들의 실체를 분명히 깨달아, 다시금 이스라엘의 하나님 '여호와'를 찾기 시작했고, 결코 이방의 우상들을 더는 숭배하지 않았다. 대신에 포로기간 동안에 시작된 회당(會堂) 예배가 유다 사회에 뿌리내렸다. 이제 하나님께서는 전쟁 상황에서 왜 사촌에게서 토지를 매입해야 했는지를 두고 예레미야가 답답함을 토로한 그의 탄식 기도에 대해서 분명히 답변해주신다.

(43-44) "지금 너희들이 이 땅을 두고 말하기를 '이 땅은 아주 황폐해져서 사람이나 짐승이 더 이상 살 수 없고, 이제 갈대아 사람들의 손에 완전히 넘어간 땅이다'라고 하지만, 장차 바로 이 땅에서 사람들이 다시 밭을 사는 날이 올 것이다. 곧 베냐민 지파의 땅과 예루살렘

도성 및 주변 지역들과 유다의 성읍들과 산간 지역의 성읍들과 평지의 성읍들과 남방의 성읍들 어디에서든 사람들끼리 밭을 사고파는 토지 거래가 활발하게 이루어질 것이니, 이 나라 모든 곳에서 사람들은 밭을 사고팔면서 매매 계약서를 작성하고 증인들을 세우고 계약서에 도장을 찍고 봉할 것이다. 그것은 장차 내가 포로로 잡혀간 이 땅의 백성들을 해방시킬 것이니, 그들이 다시 이곳으로 돌아올 것이기 때문이다. 이는 나 주의 말이다."

장차 유다 백성들이 바빌로니아의 포로생활에서 해방되어 본토로 돌아오는 그런 회복과 번영의 날에, 지금 예레미야와 하나멜이 했던 것처럼 백성들 상호 간에 부동산을 사고파는 일이 활발하게 행해질 것이라는 말씀이다. 그러니까 예레미야가 사촌 하나멜에게서 토지를 매입한 뒤 증인들을 세워 매매 계약서를 작성한 것은, 장차 회복의 날에 펼쳐질 일들을 미리 보여주는 '행위 예언'이었던 것이다.

과연 그러했다. 예레미야의 이 같은 행위 예언이 있은 지 대략 50여 년 후쯤(주전 537년경), 바빌로니아를 정복한 고레스 대왕의 칙령으로 유다 백성들이 본토로 돌아와 각기 고향 땅에 정착했을 때, 백성들 사이에서는 이처럼 토지, 가옥, 포도원 같은 부동산을 사고파는 거래가 매매 계약서를 통해 정상적으로 활발하게 행해졌을 것이다.

33
유다의 회복

유다 땅에 그날이 오면
다윗 혈통에서 의로운 가지 돋아나
공평과 정의로 내 백성 다스리고
예루살렘은 새 이름으로 불릴 것이다

유다에 대한 주님의 임박한 심판과 장차 있을 유다의 회복 (33:1-13)

(1-3) 예레미야 선지자가 왕궁의 경비대 뜰에 갇혀있을 때, 주님의 말씀이 그에게 다시 내린다. 이르시기를 "땅을 만든 주, 천지를 창조하고 굳건히 세운 주, 그 이름이 '여호와'인 나 주가 말한다. 너는 내게 부르짖어라. 그러면 내가 네게 응답하겠고, 네가 알지 못하는 크고 비밀스러운 일을 네게 말해줄 것이다."

때에 예레미야는 성전 뜰에서 유다의 멸망과 예루살렘의 파괴를 예언한 일로 현장에서 체포되어 왕궁의 경비대 뜰 안에 있는 옥에 갇혀있었다(주전 587년경, 32:1-5). 의로운 삶을 위해 옥에 갇혔지만 아무도 그를 의로운 선지자로 믿어주지 않았다. 하지만 하나님께서는 예레미야를 인정하시고 격려해주신다. 답답한 옥 안에서 마치 이런 하나님의 음성이 들리는 듯하다.

"예레미야야, 뜻을 굽히지 말라! 나는 일을 시작하는 여호와다! 일을 성취해나가는 여호와다! 때가 되면, 네 진실과 의로움이 드러날 것이다! 사람들이 너를 의(義)의 선지자로 인정하게 될 것이다! 예레미야야, 옥에 갇혀 있다고 두려워하거나 낙심하지 말라! 네가 알지 못하는 크고 은밀한 일을 곧 네게 보여주겠노라!"

아닌 게 아니라, 옥에 갇혀 있을 때 하루는 환상 가운데 주님의 말씀이 예레미야에게 임한다. 그 내용은, 예레미야가 부르짖으면 그 기도에 응답하여 주께서 크고 비밀스러운 일을 그에게 말해줄 것이라는 것이었다. 여기서 하나님께서 예레미야의 기도에 응답하여 그에게 말해주시겠다는 '크고 비밀스러운 일'은 바빌로니아 군대에 의한 유다의 멸망과 장차 유다 백성들이 바빌로니아 유수(幽囚)에서 해방되어 본토 예루살렘으로 돌아오게 될 것이라는 하나님의 계획을 가리킨다(4-9절). 예레미야 선지자는 이 같은 일에 관한 계시를 이미 여러 차례 받았지만, 이런 일이 구체적으로 언제 어떻게 어떤 방식으로 실현될 것인지는 여전히 하나님의 오묘한 계획에 속한 크고 비밀스러운 일이었다.

> (4-5) "이스라엘의 하나님인 나 주가 말한다. 바빌로니아 군사들이 공격용 토성을 쌓고 이 도성으로 세차게 쳐들어올 때, 예루살렘 백성들은 자기들의 집들과 왕궁까지 허물어 많은 나무와 돌들로써 방어벽을 쌓고 바빌로니아 군사들의 칼을 막아보려고 필사적으로 대항할 것이다. 하지만 그들의 모든 저항은 다 헛될 것이니, 내가 불타는 진노와 분노로 그들을 쳐서 죽이고, 그들의 시체로 이 성읍을 가득 채울 것이기 때문이다. 그 까닭은, 그들의 모든 가증한 죄악들로 인해 내가 내 얼굴을 그들에게서 돌려 그 성읍을 보살피지 않았기 때문이다."

하나님의 크고 비밀스러운 일 가운데 하나는 '유다의 멸망'이다. 하나님께서는 유다와 예루살렘의 가증한 죄악에 크게 분노하셔서 그들을 바빌로니아 왕의 손에 넘겨주셨기 때문에, 유다와 예루살렘 백성들이 아무리 저항하고 발악해도 바빌로니아 군대의 공격을 막아내지 못한다는 것이었다.

과연 그러했다. 바빌로니아 군대에 포위당한 예루살렘은 시드기야 왕 제9년 10월 10일부터 제11년 4월 9일까지 1년 6개월 동안 필사적으로 저항했지만 결국 더는 버티지 못하고 마침내 함락되고 말았다(주전 586년, 왕하 25:1-5). 이처럼 도성이 함락되고 왕이 붙잡히자, 유다는 멸망하고 말았다. 제1대 왕 르호보암부터 제20대 왕 시드기야에 이르기까지, 모두 20명의 다윗 왕조의 왕들에 의해 350여 년 동안 통치된 남왕국 유다의 역사는 종지부를 찍고 말았다(주전 930-586년).

(6-9) "그러나 보라, 장차 그날에 내가 이 도성을 치료하고 고쳐서 다시 회복시켜 주겠다. 내 백성들을 말끔히 치료해주어서 그들로 평화와 안정 가운데서 풍요롭게 살게 해주겠다. 그날에 내가 유다의 포로들과 이스라엘의 포로들을 해방시켜 이 땅으로 돌아오게 하겠고, 그들을 예전처럼 다시 세워줄 것이며, 그들이 나를 거역하여 지은 모든 허물을 깨끗이 씻어주겠고, 나를 거슬러 자행한 모든 죄악을 다 용서해줄 것이다. 정녕 그날에는 온 세상의 뭇 나라들과 민족들 앞에서 이 도성 예루살렘은 내게 찬송과 영광을 돌리는 기쁘고 복된 이름이 되리니, 온 세상 만민들은 내가 내 백성들에게 베풀어준 모든 풍성한 복들과 안정된 평화로 인해 모두 놀라고 감탄하면서도, 또한 두려워 떨 것이다."

하나님의 크고 비밀스러운 일 가운데 또 다른 하나는 '유다의 회복'이다. 바빌로니아 군대에 의한 유다의 멸망은 확실히 작정된 일이지만, 유다는 영원한 멸망으로 그치지 않고 언젠가 다시 회복될 것이었다. 즉, 하나님의 크신 권능으로 바빌로니아 유수에서 해방되어 본토로 다시 돌아올 것이고, 돌아온 본토에서 하나님의 긍휼로 죄를 용서받고 또한 하나님의 은혜로 평화와 안정 가운데 평화롭게 살 것이었다. 그런 유다와 예루살렘의 기적적인 회복과 번영을 보고, 온 세상 사람들은 모두가 크게 놀라고 감탄하면서도, 한편으로는 하나님의 크신 권능 앞에서 두려워 떨 것이었다.

한편, 해방과 구원의 그날에 하나님은 유다의 포로들과 이스라엘의 포로들을 본토로 돌아오게 하실 터인데(7절), 여기서 '이스라엘의 포로'는 북왕국 이스라엘의 포로들을 가리킨다. 당시 북왕국 이스라엘은 아시리아에 의해 이미 멸망당한 상태로서(주전 722년), 그 백성들은 벌써 포로가 되어 이방 땅 도처에 흩어져 있는 상태였다. 그리고 '유다의 포로'는 남왕국 유다의 포로를 가리키는데, 당시 유다는 멸망당한 상태는 아니었지만, 조만간 바빌로니아에 의해 멸망당하여 포로 신세가 될 운명이었다(주전 586년).

하지만 장차 해방과 구원과 회복의 그날에는 유다의 포로와 이스라엘의 포로가 세상 어디에 흩어져 있든 하나님의 인도하심으로 다 함께 본토로 돌아와 새롭게 회복된 왕국을 세우게 될 것이었다.

(10-13) "나 주가 말한다. 지금은 너희가 이 예루살렘 도성을 두고 말하기를 '이곳은 아주 황폐해져서 더 이상 사람도, 주민도, 짐승도 살 수 없는 폐허가 되었다.'라고 할 것이지만, 장차 그날에는 그랬던 이 성읍에서 많은 사람들과 뭇 짐승들의 소리로 넘쳐날 것이다. 그렇다. 그날에는 유다의 성읍들마다, 예루살렘의 거리들마다 환호하며 기뻐하는 소리, 신랑과 신부가 즐거워하며 웃는 소리, 사람들이 감사의 제물을 내게 바치면서 내 집 곧 주의 성전에서 찬양하기를 '전능하신 만군의 주께 감사하라. 진실로 주님은 선하시니, 그분의 사랑은 영원하도다.' 하는 노랫소리가 크게 들려올 것이다. 그것은 내가 포로로 잡혀간 이 땅의 백성들을 해방시켜, 그들 모두를 이 땅으로 데려와서

예전처럼 회복시킬 것이기 때문이다. 이는 나 주의 말이다." 전능하신 만군의 주께서 말씀하신다. "그날이 오면, 폐허가 되어 사람이나 짐승이 더 이상 살 수 없게 된 이 땅의 모든 성읍들이 다시금 회복되어 곳곳에 푸른 풀밭이 생길 것이니, 목자들이 자기 양 떼에게 풀을 뜯기며 초원 위에 눕혀 쉬게 할 것이다. 산간 지대의 촌락들과 평야 지역과 남방의 거친 광야 지대에서, 베냐민 지파의 땅과 예루살렘 도성의 사방 지대와 유다의 모든 성읍들에서, 목자들이 평화롭게 양을 몰고 다니면서 한가롭게 손 아래로 양을 세는 풍경을 다시 보게 될 것이다. 이는 나 주의 말이다."

조만간 바빌로니아 군대에 의해 철저하게 파괴되어 완전히 황폐해진 예루살렘 도성과 유다의 성읍들이 장차 그날에 다시금 회복되어 사람들의 웃음소리와 찬양소리가 넘쳐나게 될 것이라는 소망의 메시지다. 이와 더불어 폐허화된 유다의 모든 초원들도 다시금 회복되어 푸른 풀밭이 도처에 생겨나므로, 목자들이 자기 양 떼를 평화롭게 몰고 다니면서 한가하게 손 아래로 양을 세는 풍경이 연출될 것이라는 메시지다.

이처럼 양 떼가 들판에서 평화롭게 풀을 뜯고 목자가 자기 양 떼를 한가하게 세는 장면은, 장차 본토로 귀환한 이스라엘 백성들이 평화롭고 안정적인 일상의 만족스러운 삶을 살게 될 것임을 보여주는 한 폭의 그림이다. 한편, 들판에 흩어져 풀을 뜯는 많은 양들을 세는 것은 불가능했다. 하지만 적어도 하루에 한 번은 양들이 물을 마시기 위해 우물로 모여들 때, 또는 날이 저물어 양 떼가 양의 우리로 들어갈 때, 목자는 자신의 '손 아래로' 통과하는 양들을 하나하나 셀 수 있었다.

다윗 혈통의 의로운 왕과 제사장 직분의 회복 (33:14-26)

(14-18) 주께서 또 말씀하신다. "보라, 그날이 오면 내가 이스라엘

백성과 유다 백성에게 약속한 모든 선한 일들을 그대로 성취할 것이다. 정녕 그날 그때가 되면, 내가 다윗의 혈통에서 한 의로운 가지가 돋아나게 할 것이니, 그가 이 땅에 공평과 정의를 실현할 것이다. 그날에는 유다가 구원을 받을 것이고, 예루살렘이 안정을 누리며 평화롭게 살 것이다. 또 예루살렘 도성은 '주님은 우리의 의'라는 새 이름으로 불릴 것이다." 주께서 말씀하신다. "나 주가 말한다. 그때가 오면, 다윗의 후손들 가운데서 이스라엘을 다스릴 왕이 끊어지지 않고 영원히 이어질 것이다. 또한 레위 지파에서도 끊어지지 않고 영원토록 제사장들이 나와서, 내 성전으로 올라와 내 앞에서 번제물과 곡식제물을 불살라 바치고, 희생제물을 내게 바칠 것이다."

본문의 메시지는 심오하며 영적이다. 먼저, 다윗의 혈통에서 돋아날 '한 의로운 가지'(15절)가 무엇인지를 알아야 한다. 이는 성경의 다른 데서 '싹'(사 4:2; 슥 6:12)으로도 묘사된 '메시아 예수'를 가리킨다. 그러므로 장차 그날에 다윗의 혈통을 좇아 태어날 '한 의로운 가지'를 받아들이는 자들, 곧 '메시아 예수'를 자신의 왕으로 받아들이고 그분의 통치를 인정하는 자들에게 구원과 안정과 평강이 임할 것이라는 메시지다. 그런데 장차 메시아 예수께서 세울 왕국은 이 땅에 속한 것이 아니라 하늘나라에 속한 것이다. 따라서 메시아 예수께서 세울 새 예루살렘 왕국에서 제공하는 구원과 안전과 평강은 그분의 왕국에 속한 자들의 마음속에 이루어지는 영적인 구원과 안전과 평강이 될 것이다.

다음으로, 장차 다윗 왕조의 영원한 왕이신 메시아 예수께서 다스리는 그날에는 레위 지파 제사장들의 제사가 영원히 끊어지지 아니할 것이라는 메시지를 이해해야 한다. 예레미야의 이 예언은, 이스라엘 백성들이 기대하는 문자 그대로의 방식으로는 성취되지 않았고, 영적인 방식으로 성취되었다. 곧 우리의 영원한 대제사장이신 메시아 예수에 의해 성취되었다.

레위 지파 계통의 제사장들이 드리는 황소와 염소의 피는 죄를 영원히 속죄할 수 없었다(히 10:4). 그러나 참되고 영원한 대제사장이신 메시아 예수는 단 한 번의 제사로 모든 죄인들의 죄를 영원히 속죄할 수 있었다(히 7:27; 10:12). 그분은 하나님과 사람 사이의 영원하며 참되고 유일한 중재자가 되어, 죄에 대하여 만족할 만한 희생제물로 자기 자신을 드림으로써 하나님 앞에서 영원한 대제사장이 되셨던 것이다. 이런 맥락에서 장차 메시아 시대에는 영원한 대제사장 되시는 메시아 예수로 말미암아 주님께 대한 제사가 영원토록 끊어지지 아니하는 것이다.

> (19-22) 주님의 말씀이 예레미야에게 또 임한다. 이르시기를 "나는 낮과 밤과도 계약을 체결하여, 정한 시각에 해가 뜨고 또 정한 시간에 지게 한다. 너희가 이런 계약을 깨뜨려서, 낮과 밤이 제 시각에 오지 않게 할 수 있겠느냐. 정녕 너희가 그렇게 할 수 없다면, 내 종 다윗과 맺은 나의 언약도 결코 깨뜨려질 수 없겠고, 대대로 왕위에 올라 이스라엘을 다스릴 다윗의 후손도 끊어지는 일이 절대로 없을 것이다. 그럴진대 또한 내가 나를 섬기도록 세운 자들 곧 레위 지파의 제사장들과 맺은 나의 언약도 깨뜨려지는 일이 없을 것이다. 너희가 하늘의 수많은 별들을 셀 수 있겠으며, 바닷가의 무한한 모래를 측량할 수 있겠느냐. 그와 같이 내가 내 종 다윗의 자손들과 나를 섬기는 레위 지파 사람들을 도저히 셀 수 없을 만큼 번성하게 할 것이다."

일찍이 하나님께서 다윗과 맺은 언약(삼하 7:8-16), 곧 '다윗 언약'의 핵심 키워드는 '메시아 예수'다. 다윗의 혈통을 좇아 태어날 메시아 예수에 의해 다윗의 왕조는 영원히 견고하며 그 후손들이 크게 번성할 것이라는 내용이다. 더불어 레위 지파의 제사장들과 맺은 하나님의 언약도 마찬가지로 영원한 대제사장이신 '메시아 예수'를 염두에 둔 것이다.

이런 맥락에서 장차 그날에는 하나님을 섬기는 레위 지파의 사람들이 도저히 셀 수 없을 만큼 많아질 것이었다. 그날, 곧 메시아의 날인 신약시대에는 온 땅의 믿는 자들이 새로운 개념의 레위 지파 사람들이 될 것이기 때문이다. 즉, 신약시대에 믿는 자들은 모두가 메시아 예수의 십자가 보혈의 공로에 의지하여 하나님께 직접 나아갈 수 있는 '왕 같은 제사장'의 자격을 가지게 될 것이기 때문이다(벧전 2:9).

> (23-26) 주님의 말씀이 예레미야에게 또 내린다. 이르시기를 "너는 무리들이 말하기를 '주께서는 자신이 선택한 두 족속을 버리셨다.'라고 한 것을 듣지 못하였느냐? 그래서 사람들은 내 백성을 멸시하고 내 백성을 더 이상 한 민족으로 여기지 않는다. 그러나 나 주가 분명히 말한다. 해와 달과 맺은 내 계약이 흔들리지 않고, 하늘과 땅에 정해둔 내 법칙이 변하지 않는 한, 내가 야곱의 후손들과 내 종 다윗의 후손들을 버리지 않을 것이고, 또한 아브라함과 이삭과 야곱의 후손을 다스릴 왕을 다윗의 후손들 가운데서 영원토록 선택할 것이다. 정녕 그날에 내가 이 백성을 불쌍히 여겨서, 그들을 사로잡혀간 땅에서 모두 해방시켜 그들로 이 땅으로 다시 돌아오게 할 것이다."

사람들이 만물의 운행 질서와 밤낮의 자연법칙을 바꿀 수 있다면, 다윗 가문 및 제사장 가문과 맺은 하나님의 언약도 바뀔 수 있다는 말씀이다. 이는, 사람들이 그런 자연 질서를 바꾸는 것이 불가능하듯, 그들과 맺은 하나님의 언약도 불변하다는 사실을 역설적으로 강조한 말씀이다. 따라서 하나님께서는 자신의 언약대로 '메시아 예수'를 통해 택한 자기 백성을 끝까지 구원하고 보살피며 회복시킬 것이었다. 일차적으로는 바빌로니아의 포로 됨에서 해방시켜 본국 이스라엘로 귀환시키는 것이고, 영적으로는 사탄과 죄의 얽매임에서 해방시켜 하늘 가나안 곧 천국으로 인도해 들이는 것이다.

34

시드기야의 최후

시드기야는 대적의 군사에게 붙잡혀
바빌로니아 왕에게 넘겨져 심문받고
포로로 그 땅에 끌려가 죽으리라
유다 백성은 그 죽음을 애도하리라

유다 왕 시드기야에 대한 경고 (34:1-7)

(1) 바빌로니아 왕 느부갓네살이 자기 군대뿐 아니라, 자기가 정복한 나라들의 군대들까지 모두 동원하여 예루살렘 도성과 유다의 모든 성읍들을 공격할 당시에 주님의 말씀이 예레미야에게 내린다.

유다와 예루살렘에 대한 바빌로니아의 대대적인 공격은 모두 3차에 걸쳐 이루어졌는데(제1차-주전 605년, 제2차-주전 597년, 제3차-주전 588년), 본문은 마지막 제3차 공격에 대한 언급이다. 시드기야가 자신을 유다 왕으로 세운 느부갓네살 왕을 거역하고 주변 나라들과 반(反)바빌로니아 동맹을 결성한 뒤 대항하자, 이에 격노한 느부갓네살 왕이 바빌로니아 군대뿐만 아니라 바빌로니아 제국 내의 여러 속국들에서 파견된 원정군들까지 이끌고 대대적인 유다와 예루살렘을 침공했던 것이다. 이때가 유다 왕 시드기야 제9년 10월 10일이었다(주전 588년, 왕하 25:1). 이때 예레미야에게 임한 하나님의 말씀은 이러했다.

(2-5) "이스라엘의 하나님인 나 주가 말한다. 너는 유다 왕 시드기야에게로 가서 전하기를 '주께서 네게 말씀하셨다. 내가 이 예루살렘 도성을 바빌로니아 왕의 손에 넘겨주겠다. 그러면 그가 이 도성을 허물고 불사를 것이다. 너 시드기야는 바빌로니아 왕의 손에서 도망치지 못하고, 대적의 군사들에게 포로로 사로잡혀 그에게 넘겨질 것이다. 그러면 너는 바빌로니아 왕을 네 눈으로 직접 볼 것이고, 그 앞에서 입과 입을 마주하여 심문을 당한 후에 바빌로니아 땅으로 끌려갈 것이다. 그러나 유다 왕 시드기야야, 내 말을 잘 들어라. 그럴지라도 너는 칼에 맞아 죽지는 않겠고, 그 땅에서 평안히 죽을 수 있을 것이다. 그리하여 사람들이 너보다 먼저 있는 네 선왕들의 죽음을 애도하며 그들 앞에서 분향했던 것처럼, 너의 죽음을 애도하며 네 앞에서 향불을 피워 올리며 '아, 왕이시여! 참으로 슬픕니다.'라고 할 것이다. 이는 나 주가 네게 하는 약속이다.'라고 하여라."

바빌로니아 군대의 침공과 관련하여, 예루살렘 도성의 운명과 시드기야 왕의 장래에 대한 말씀이다. 하나님께서 예루살렘 도성과 유다 왕 시드기야를 바빌로니아 왕의 손에 넘겨줄 것이므로, 예루살렘 도성은 파괴되어 불살라질 것이고, 시드기야 왕은 포로로 사로잡혀 바빌로니아 땅으로 끌려가게 될 것이었다.

과연 그대로 실현되었다. 바빌로니아 군대에 포위된 채 1년 6개월 동안을 힘겹게 버티던 예루살렘 도성은 마침내 함락되어 불살라졌고(주전 586년 4월 9일), 그때 성 밖으로 몰래 도망치던 시드기야는 바빌로니아 군사들에게 사로잡혀 느부갓네살 왕 앞에 끌려갔다(왕하 25:4-7). 바빌로니아 왕 앞에서 심문을 받은 시드기야 왕은, 두 눈이 뽑힌 채 바빌로니아 땅으로 끌려가 그곳의 감옥에서 죽었다. 다른 포로들이 당한 처참한 고통에 비하면, 시드기야 왕은 감옥에서나마 제 수명대로 살다가 임종을 맞이했다는 의미에서 평안히 죽었다고 볼 수도 있다.

(6-7) 하나님께로부터 말씀을 전달받은 선지자 예레미야는 예루살렘 왕궁에 있는 유다 왕 시드기야에게로 가서 그 모든 말씀을 그대로 전했다. 그때 바빌로니아 왕의 군대는 예루살렘 도성을 비롯하여 유다의 남은 성읍들을 공격하고 있었는데, 당시 요새화된 유다의 견고한 성읍들 가운데서 정복당하지 않고 남은 성읍들이라곤 라기스와 아세가 두 성읍뿐이었다.

바빌로니아 군대는 군사 전략상 유다의 수도 예루살렘을 함락시키기에 앞서, 예루살렘 주변에 있는 유다의 주요 성읍들을 먼저 함락시켰다. 그리하여 당시에는 수도 예루살렘과 예루살렘으로 통하는 전략 요충지인 '라기스'와 '아세가' 정도만 남은 상태였다. 유다의 수도 예루살렘은 바빌로니아 군대에 의해 포위된 채 1년 6개월가량(주전 588년 10월 10일 ~ 주전 586년 4월 9일)을 힘겹게 버텼으나, 성 안에 먹을 것이 다 떨어져서 끝내 함락되고 말았다(시드기야 왕 11년).

한편, 라기스(Lachish)는 예루살렘 남서쪽 45km 지점에 있던 전략 요충지인데, 1935~1938년에 수많은 유물들이 발굴되었다. 그중 '라기스 서신'(Lachish Letters)은 바빌로니아 군대의 공격을 당하고 있던 라기스 전초기지의 한 장교가 라기스 성읍의 사령관에게 보낸 서신들로서 토기에 기록되었는데, 거기에는 바빌로니아 군대의 맹렬한 공격에 대한 급하고 절박한 전투 상황이 실감나게 묘사되어 있다. 그리고 아세가(Azekah)는 예루살렘 남서쪽 30km 지점에 위치한 전략 요충지인데, 라기스 서신에는 이 성읍에서 더 이상 봉화가 오르지 않는다고 기록함으로써 아세가의 함락을 언급하고 있다.

예루살렘 백성들에 대한 경고 (34:8-22)

(8-11) 유다 왕 시드기야가 예루살렘의 모든 백성들과 언약을 맺고서

모든 히브리 종들을 풀어주어 그들에게 자유를 주기로 선포한 후에, 주님의 말씀이 예레미야에게 내린다. 그 언약은 이러했으니, 곧 누구든지 자기 동족인 히브리 남종이나 여종을 소유한 경우에 그들을 모두 풀어주어 자유롭게 하고, 앞으로 더 이상 동족인 유다 사람을 종으로 삼지 않는다는 것이었다. 그리하여 이 언약에 참여한 예루살렘의 모든 관리들과 백성들은 왕의 뜻에 순복하여, 자신들이 소유한 히브리 남종들과 여종들을 모두 풀어주어 자유롭게 해주었다. 그러나 이후에 사람들의 마음이 바뀌었다. 그래서 사람들은 한때 풀어주어 자유롭게 해주었던 히브리 종들을 다시 붙잡아 각기 자기들의 종으로 부렸다.

모세 율법에 따르면(출 21:2-6), 유대인들은 동족인 히브리 종을 6년 이상 노비로 부릴 수 없었다. 제7년째 되는 안식년에는 그 노비에게 자유를 주어야 했기 때문이다. 그런데 세월이 지나면서 타락한 유대인들은 이 같은 율법을 지키지 않았다. 하지만 예루살렘이 바빌로니아의 침공을 받았을 때, 유다 왕 시드기야는 하나님께 은혜를 입기 위해 율법에 따라 노비 해방령을 선포했고, 예루살렘의 모든 관리와 귀족들과 부자들도 그 해방령에 동조하여 자신들이 소유한 노비들을 풀어주었다. 이때 그들은 한번 풀어준 종들을 다시 붙잡아 자신들의 종으로 부리지 않겠다는 계약서를 하나님의 이름으로 작성하였다. 하지만 이집트 원병에 대한 소식을 접한 바빌로니아 군대가 예루살렘 포위망을 풀고 잠시 물러나자(37:5), 예루살렘의 고관들과 귀족들과 부자들은 마음이 바뀌어 풀어준 자신들의 노비를 다시 잡아들여 종으로 부렸다. 그러자 당장에 주님의 말씀이 주께로부터 예레미야에게 임한다. 분노의 말씀이다.

(13-16) "이스라엘의 하나님인 나 주가 말한다. 내가 이집트 땅에서 오랜 세월 종살이를 하던 너희 조상들을 이끌고 나올 때, 그들과 언약을 맺고 이르기를 '너희는 너희 동족 히브리 사람들 가운데서

너희에게 종으로 팔려온 자가 있더라도, 7년이 되면 그를 풀어주어 자유롭게 해주어라. 6년 동안 종으로서 너희를 섬겼으니, 그 다음 해인 제7년째에는 그를 풀어주어 자유롭게 해주어야 한다.'라고 하였지만, 너희 조상들은 내 말을 귀담아 듣지 않았고 내 말에 따르지 않았다. 그러나 최근에 너희가 마음을 돌이켜서 내가 보기에 옳은 일을 행하였다. 곧 너희들 각자가 종으로 삼고 있던 너희 동족 히브리 남녀종들에게 자유를 선포하고, 내 이름으로 불리는 나의 거룩한 집에서 내가 보는 데서 계약을 맺기까지 하였다. 그런데 이제 너희가 마음을 바꿈으로써 내 이름을 크게 더럽히고 말았다. 처음에는 너희가 계약대로 히브리 남종들과 여종들을 모두 풀어주어 그들을 자유롭게 해주었으나, 이제 계약을 깨뜨리고 또다시 그들을 붙잡아다가 너희에게 굴복시켜 종으로 부리고 있다."

하나님께서는 예루살렘의 고관들과 귀족들과 부자들이 한번 풀어준 자신들의 종을 다시 잡아들여 다시금 종으로 삼은 행위에 대하여 '하나님의 이름을 크게 더럽힌 일'로 규정하셨다(16절). 그것은, 그들이 자신들의 종을 풀어줄 때 다시 종으로 잡아들이지 않겠다는 내용의 계약서를 하나님의 이름으로 작성하였기 때문이다. 말하자면 그들은 하나님의 이름으로 맺은 계약을 깨뜨렸던 것인데, 그런 행위는 하나님의 이름을 우습고 가볍게 여겨 하나님의 이름을 크게 더럽힌 신성모독의 행위였다. 하나님께서는 이런 행위에 대해 무시무시한 진노의 심판을 선언하신다.

(17-20) "그러므로 나 주가 말한다. 너희가 내 말에 복종하지 아니하고 계약을 깨뜨려, 너희들 각자가 동족인 히브리 남녀종들에게 자유를 선포한 것을 실행하지 아니하였으므로, 나도 너희와 맺은 언약에서 자유롭게 벗어나 너희를 칼과 전염병과 기근에 넘겨줄 것이다. 그리하여 너희를 온 세상 뭇 나라들과 민족들 가운데 산산이 흩어버릴 것이다.

보라, 너희가 내 앞에서 계약을 맺으면서 맹세의 표시로 송아지를 반으로 쪼개놓고 그 사이를 통과함으로써 계약을 반드시 지킬 것을 내 이름으로 엄숙하게 다짐하지 않았느냐. 그런데도 너희가 맹세를 실행하지 않음으로써 그 계약을 깨뜨리고 말았다. 그러므로 내가 쪼개놓은 송아지 사이로 지나간 모든 사람들, 곧 유다와 예루살렘의 지도자들과 왕실의 관리들과 제사장들과 이 땅의 모든 백성들을 반드시 기억하고 있다가, 내가 그들 모두를 너희 목숨을 노리는 너희 원수들의 손에 빠짐없이 다 넘겨주겠노라. 그러면 너희는 꼼짝없이 죽게 될 것이고, 너희 시체는 그대로 버려져 공중의 새들과 땅의 짐승들의 먹이가 될 것이다."

고대 중근동 사회에서 언약을 맺을 때, 언약 당사자들은 동물을 희생제물로 삼아 그것의 척수를 중심으로 반으로 쪼개어 진열해놓은 다음 둘로 쪼개진 희생제물의 고기 사이를 걸어가다가 가운데에서 서로 만나 엄숙한 맹세를 했다. 이러한 언약 관습의 의미는 이러했다. 만일 누구든지 한쪽 당사자가 언약을 어길 경우에, 그 당사자는 희생제물의 운명처럼 반드시 죽임을 당하게 될 것이라는 사실을 암시했다.

언약은 지기 목숨을 걸고서라도 반드시 지켜야 할 신성한 의무로 생각한 것이다. '언약'(히, 베리트)이란 말은 본래 '자르다'(cut)라는 뜻의 히브리어 '바라'에서 파생된 말이다. 그런데 시드기야 당시에 집안에 종들을 거느린 유다의 지도층은 그런 언약을 가볍게 깨뜨린 것이다. 그러니 그들은 언약 체결 때 죽임당한 희생제물처럼 죽임당하는 것을 면할 수 없었다. 그래서 이제 하나님께서는 그들을 향해 그런 죽음의 심판을 선언하신 것이다.

(21-22) 또 내가 역시 계약을 깨뜨린 유다 왕 시드기야와 이 나라의 고관들의 목숨도 그들의 생명을 노리는 그들의 대적들의 손에, 곧

지금은 잠시 너희에게서 물러가 있는 바빌로니아 왕의 군대의 손에 다 넘겨주겠노라. 나 주가 분명히 말한다. 보라, 내가 그들에게 명령을 내려, 잠시 너희에게서 물러가있는 바빌로니아 왕의 군대를 다시 이 예루살렘 도성으로 불러들일 것이다. 그러면 그들이 다시 와서, 이 도성을 포위 공격하여 점령한 후에 모조리 불사를 것이다. 그리하여 내가 유다의 성읍들을 철저히 황폐하게 만들어, 아무도 살 수 없는 폐허가 되게 할 것이다."

유다 왕 시드기야가 예루살렘 지도층 인사들의 협조를 얻어 '노비 해방령'을 선포했을 때 놀랍게도 예루살렘을 포위하고 있던 바빌로니아 군대가 포위망을 풀고 물러나기 시작했다. 그 까닭은, 위기에 빠진 유다를 돕기 위해 이집트 원정군이 예루살렘으로 진격해오고 있다는 소식을 접했기 때문이다(37:5, 11). 이때 바빌로니아 왕 느부갓네살은 먼저 이집트 원정군을 상대하기 위해 예루살렘에 대한 포위 공격을 풀고 일시적으로 예루살렘을 떠났던 것이다.

하지만 이집트 원정군은 역부족을 느끼고 도중에 군대를 돌려 다시 자국으로 철수하고 말았다. 그러자 바빌로니아 왕은 즉각 군대를 이끌고 예루살렘으로 돌아와 다시금 포위 공격을 이어나갔다(37:7-8). 이런 사실을 본문에서는 하나님께서 바빌로니아 군대에 명령을 내려 그들을 예루살렘으로 다시 불러들였다고 기록하고 있다(22절a). 언약을 깨뜨리고 풀어준 노비를 다시 잡아들인 예루살렘의 지도층 인사들을 심판하기 위해서였다.

그 결과, 예루살렘은 바빌로니아 군대의 공격을 견디지 못하고 마침내 함락되어 파괴되고 불살라짐으로써 사람이 살 수 없는 폐허가 되고 말았다(주전 586년). 언약을 깨뜨리고 풀어준 노비를 붙잡아 자신들의 노비로 다시 삼음으로써 결국 그들 자신들이 바빌로니아의 노비 신세가 되고 말았던 것이다. 어리석고 이기적인 인간들의 비참한 운명이었다.

35

레갑 족속의 모범

주께서 시키신 대로 하는
예레미야에게 레갑 족속이 말하네
조상 요나답이 후손에게 명한 대로
우리는 포도주를 안 마신다네

레갑 집안의 사람들의 순종 (35:1-19)

(1) 요시야의 아들 여호야김이 유다 왕위에 올라 나라를 다스릴 당시, 주님의 말씀이 예레미야에게 내린다.

하나님의 말씀은 아마도 환상 가운데서 예레미야에게 임했을 것이다. 그리고 본문의 말씀은 연대순으로 볼 때 앞서 소개된 장들(32-34장)보다 앞선다. 이처럼 성경의 기록은 반드시 연대순으로 기록된 게 아니고, 저자의 의도에 따라 얼마든지 연대순을 초월하여 기록되기도 한다.

여호야김은 요시야 왕의 둘째 아들로서 자기 동생인 여호아하스가 이집트 왕에 의해 폐위되자, 그를 대신하여 유다의 제18대 왕위에 올라 11년 동안 나라를 다스린 왕이다(주전 609-598년경). 그는 이집트의 봉신(封臣)답게 강력한 친(親)이집트 정책을 시행하면서 이집트에 바칠 공물을 거두기 위해 백성들을 수탈하는 악정을 일삼았다. 따라서 바벨로니아와의 화친을 외치는 예레미야의 메시지는 일언지하에 배척되었고,

왕의 눈 밖에 난 예레미야는 여러 모로 크게 핍박받았다.

(2) “예레미야야, 너는 지금 레갑 집안의 사람들에게로 가서, 그들을 성전의 한 방으로 데려온 뒤에 그들로 하여금 포도주를 마시게 하여라.”

레갑 집안의 사람들은 본래 가나안 땅의 원주민이었던 겐(Ken) 족속의 한 일파로서(창 15:19; 대상 2:55), 후일에 이스라엘 민족에 동화되어 이스라엘 사람들과 함께 팔레스타인 지역의 남쪽에 거주하면서 유목생활을 하던 소수 민족이다(삼상 15:16). 그들은 자기들의 선조인 요나답의 가르침과 유언에 따라 대대로 금주(禁酒)와 장막 거주 및 나그네 생활을 실천해오고 있었다.

“네? 무슨 말씀이신지? 그 집안사람들은 대대로 포도주를 입에 대지 않는 사람들이 아닙니까? 그런데 어찌해서 그들에게…?”

“그래, 나도 안다. 그래도 너는 그들에게 그렇게 한번 해보도록 하여라.”

“네, 주님! 명하신 대로 해보겠습니다.”

(3-5) 그래서 예레미야는 하바시냐의 손자요 예레미야의 아들인 야아사냐와 그의 형제들 및 그의 모든 아들들을 비롯하여 레갑 집안의 사람들을 모두 데리고, 주님의 집 곧 예루살렘 성전에 이르러 그들을 한 방에 들였다. 그 방은 익다랴의 아들인 하나님의 사람 하난의 아들들이 사용하는 방으로서 관리들의 방 곁에 있었고, 살룸의 아들로서 성전 문을 지키던 문지기 마아세야의 방 위쪽에 있었다. 그 방에서 예레미야는 포도주가 가득 담긴 대접과 함께 잔을 건네면서 레갑 집안의 사람들에게 마시기를 권하였다.

“자, 자, 여러분! 여기에 포도주와 잔이 있습니다. 그러니 모두 부담

갖지 말고 포도주를 잔에 따라 한 잔씩 마시면서 이야기를 나누도록 합시다."

(6-11) "아, 아닙니다, 선지자님! 우리는 포도주를 마시지 않겠습니다. 그것은 우리의 조상인 레갑의 아들 요나답 어른께서 우리에게 명하여 이르시기를 '너희와 너희 자손들은 영원히 포도주를 마시지 말아라. 너희는 또 너희를 위해 정착할 집을 짓지도 말고, 곡물의 씨앗도 뿌리지 말며, 포도원을 일구거나 소유하지도 말고, 평생 동안 천막을 치고 살아라. 그래야 너희가 나그네로 머무는 이 땅에서 오래도록 살아갈 수 있을 것이다.'라고 하였습니다. 그래서 우리는 우리 조상인 레갑의 아들 요나답 어른께서 우리에게 명하신 모든 말대로 순종하여, 지금껏 우리와 우리의 아내와 우리의 자녀들이 일평생 포도주를 마시지 아니하였고, 우리를 위해 정착해서 거주할 집도 지은 일이 없으며, 포도원이나 논밭이나 곡물의 씨앗도 일절 소유하지 않은 채, 오직 천막을 치고 살아감으로써 우리는 우리의 조상 요나답 어른께서 우리에게 명하신 것들을 그대로 철저하게 실천하였습니다. 그러나 바빌로니아 왕 느부갓네살이 군대를 이끌고 이 땅에 쳐들어왔을 때, 우리가 말하기를 '갈대아 사람들의 군대와 수리아 사람들의 군대가 이 땅에 쳐들어왔으므로, 우리가 어쩔 수 없이 잠시 동안 예루살렘 성읍 안으로 도피하자.' 하고 결정하였습니다. 그런 이유로, 지금 우리가 예루살렘 성읍 안으로 들어와 살고 있는 것입니다."

레갑 족속의 조상인 요나답은 자신의 후손들이 유목민의 삶을 유지하기를 바랐다. 유목민의 삶은 집이 아니라 장막에서 거주하며, 농사를 짓거나 포도원을 가꾸지 않는다. 또한 술의 유혹은 후손들로 하여금 유목민의 삶을 포기하고 일정한 곳에 정착하여 포도원을 가꾸게 할 것이므로 엄격한 금주(禁酒)를 명했던 것이다.

그리고 요나답의 후손들인 레갑 족속의 사람들은 조상의 그런 가르침을 신실하게 지켰다. 그것은 분명 조상에 대한 존경의 마음으로 조상의 가르침 속에 삶의 지혜가 포함되어 있다는 사실을 인식했기 때문일 것이다. 사실 비가 드문 건조한 유대 광야의 기후 속에서 조상 요나답이 가르친 유목민적인 삶의 규칙과 전통은 그들의 생존에 큰 도움을 주었을 것이다. 또한 그러한 유목민의 독특한 규칙으로 인해 그들은 자기 종족의 결속력을 한층 강화시켜 나갈 수 있었을 것이다.

그런데 당시 레갑 족속의 사람들은 자신들의 삶의 터전인 장막을 떠나 예루살렘 성 안으로 들어와 정착하고 있었다. 그것은 전쟁이라는 특수한 상황 아래에서 불가피하게 이루어진 일시적인 정착이었다. 만약 바빌로니아 군대가 쳐들어왔는데도 들판에서 장막 생활을 계속 유지한다면, 그것은 곧 종족의 멸망을 뜻하는 것이기 때문이다.

"아, 그래요? 그렇더라도 한 번쯤은 포도주를 조금 마신다고 무슨 일이야 있겠습니까? 너무 괘념치 마시고 한 번 드셔보시는 것이…."

"선지자님, 대체 왜 이러시는 겁니까? 더는 저희들에게 포도주를 권하

레갑 집안의 사람들에게 포도주를 권하는 예레미야

지 마십시오. 누가 뭐래도 저희들은 조상의 가르침에 따라 절대로 포도주를 마시지 않겠습니다. 정 권하신다면, 저희들은 그만 일어나 가보겠습니다."

"아, 아, 알겠소! 잘 알겠소이다. 더는, 더는 권하지 않으리다. 그러니 자리에서 일어나지 마시고 다른 이야기를 하도록 하십시다."

사실, 예레미야는 레갑 족속의 특성을 알고 처음부터 그들에게 포도주를 권할 생각이 전혀 없었다. 하지만 하나님께서 그렇게 한번 시도해보라고 명하셔서 그 말씀대로 순종했을 뿐이다. 그런데 레갑 족속의 사람들이 계속해서 포도주를 권하는 자신을 이상하게 여겨 의심하기 시작하자 크게 당황하여 얼른 말을 돌린 것이다. 그때에 주님의 말씀이 예레미야에게 임한다.

(13-17) "예레미야야, 이제 너는 가서 유다 백성들과 예루살렘 주민들에게 이렇게 전하여라. 이르기를 '전능하신 만군의 주 이스라엘의 하나님께서 말씀하셨다. 너희가 이제는 마음을 돌이켜 내 말을 듣고 내 교훈을 받아야 하지 않겠느냐. 보라, 레갑의 아들 요나답이 자기의 후손들에게 명령한 것은 그대로 지켜지고 있다. 그가 자기 후손들에게 포도주를 마시지 말라고 명했으므로, 레갑 집안의 사람들이 조상의 명령에 순종하여 오늘날까지 포도주를 마시지 않는다. 그런데 너희는 어찌하여 내 말에 순종하지 않는 것이냐? 내가 너희에게 반복하여 말하고 부지런히 권면했지만, 너희는 내 말을 전혀 듣지 않았다. 내가 내 종 선지자들을 부지런히 너희에게 보내면서 이르기를 "이제는 악한 길에서 돌이켜 너희 행실을 고치고, 다른 이방 신들을 좇아 섬기지 말라. 그리하면 내가 너희와 너희 조상들에게 준 이 땅에서 오래도록 살 것이다."라고 하였다. 하지만 너희는 내 말에 귀 기울이지 않았고 내 말에 순종하지 않았다. 레갑의 아들 요나답의 후손들은

자기 조상의 명령을 그토록 잘 지키는데, 이 백성은 내 말을 듣지 않고 나의 명령을 도무지 지키지 않았다. 그러므로 전능한 만군의 주 이스라엘의 하나님인 내가 말한다. 보라, 내가 이제 유다 백성들과 예루살렘 주민들에게 예고했던 모든 재앙을 그들 위에 그대로 다 내리겠다. 그것은 내가 그들에게 거듭 말했지만 그들이 전혀 듣지 않았고, 내가 그들을 애타게 불렀지만 그들이 도무지 응답하지 않았기 때문이다.'라고 하여라."

하나님께서 레갑 족속의 사람들에게 한번 포도주를 먹게 해보라고 예레미야에게 명하신 이유가 밝혀진다. 그것은 레갑 족속 사람들의 순종과 유다 백성들의 불순종을 비교하기 위해서였다. 과연 하나님께서는 레갑 족속 사람들의 순종과 뚜렷이 비교되는 유다 백성들의 불순종을 질책하며 그들을 정죄하신다.

첫째, 레갑 족속 사람들은 이미 죽은 인간 조상의 가르침일지라도 신실하게 순종했지만, 유다 백성들은 살아계신 하나님의 말씀조차 무시하고 불순종하였다.

둘째, 레갑 족속 사람들은 조상에 대한 존경의 마음으로 자발적으로 순종했지만, 유다 백성들은 하나님의 선지자들에 의해 끊임없이 권고를 받았음에도 불순종했다.

셋째, 레갑 족속 사람들은 선민(選民)이 아님에도 경건한 삶을 살았지만, 유다 백성들은 선민임에도 불경건한 삶을 살았다. 이 모든 결과로, 유다 백성들은 예고된 모든 재앙들을 면할 수 없었다.

(18-19) 유다 백성들에게 하나님의 말씀을 선포한 다음, 예레미야는 또한 레갑 집안의 사람들에게 이렇게 말한다. "전능하신 만군의 주 이스라엘의 하나님께서 말씀하셨다. 이르시기를 '너희 레갑 집안의 사람들은 너희 조상 요나답의 명령에 순종하였고, 그의 가르침에

따라 살면서 그가 명한 모든 것들을 그대로 실천하였다. 그러므로 레갑의 아들 요나답의 자손들에게서 나를 섬길 사람들이 영원토록 끊어지지 않고 계속해서 나올 것이다. 이는 이스라엘의 하나님인 나 주의 말이다.'라고 하여라."

조상의 가르침대로 신실하게 순종한 레갑 집안의 사람들에 대한 하나님의 특별한 보상이다. 그것은 레갑 족속의 후손들이 끊어지지 않고 영원토록 이어질 것이고, 또한 그들이 어떤 방식으로든 하나님을 섬기는 일에 종사하게 될 것이라는 약속이었다. 하나님의 이 같은 약속이 구체적으로 어떻게 실현되었는지는 불분명하다.

바빌로니아 군대가 예루살렘을 함락시켰을 때(주전 586년), 유다 백성들처럼 레갑 집안의 사람들도 많이 죽었을 것이다. 하지만 하나님께서 이스라엘에게 '남은 자들'에 관해 약속하셨던 것처럼, 레갑 집안의 사람들 중에서도 분명 '남은 자들'이 있게 하심으로써 그들을 통해 이 약속을 신실하게 지켰을 것이다. 후일 유대교 랍비들의 구전(口傳)을 집대성한 책인 미쉬나(Mishnah)에 따르면, 레갑 집안의 사람들은 매년 일정한 시기에 성전 제단에서 사용되는 나무를 공급했다고 한다.

36

두루마리 책

왕 앞에서 그 책을 낭독할 때
여호야김은 크게 화를 내며
칼로 두루마리 책을 잘라
불타는 난로에 던져 버리네

심판의 예언이 기록되고 낭독됨 (36:1-19)

(1) 요시야의 아들 여호야김이 유다 왕이 되어 나라를 다스린 지 4년째 되던 해, 주님의 말씀이 예레미야에게 임한다.

유다 왕 여호야김의 통치 4년은 '주전 605년경'이다. 이때는 바빌로니아 왕 느부갓네살의 즉위 원년이기도 한데, 이 해는 고대 중근동 지역의 국제적 역학 관계상 매우 중요한 의미를 지닌 해다. 그 이유는, 바로 이 해에 바빌로니아 군대가 유프라테스 강변에서 치른 갈그미스 전쟁에서 이집트 군대를 크게 격파함으로써 명실공히 중근동 지역의 패권국가로 군림하게 되었기 때문이다. 그리고 이때의 승리를 기반으로 바빌로니아 군대는 수리아-팔레스타인 지역으로 계속 진군하여 남왕국 유다를 제1차로 침공하게 된다.

(2-3) "예레미야야, 너는 두루마리를 가져다가 요시야 왕의 시대에 내가 네게 말하기 시작한 때로부터 오늘날에 이르기까지, 이스라엘과

유다와 다른 모든 나라들과 민족들에 대하여 내가 네게 말한 모든 것들을 빠짐없이 기록하여라. 만일 유다 백성이 내가 그들에게 내리려고 하는 모든 재앙에 대해 듣게 된다면, 그들 각자가 자기들의 악한 길에서 돌이킬는지도 모른다. 그렇게 된다면, 내가 그들의 죄악과 허물을 용서해줄 것이다."

구약시대의 책은 '두루마리'였다. 두 개의 막대를 이용해 양피지(동물 가죽)나 파피루스(종이)를 둘둘 말았다. 파피루스(Papyrus)를 여러 장 포개어 오늘날의 책처럼 만든 것은 주후 100년 이후의 일이다. 하나님께서는 예레미야가 처음 선지자 사역을 시작한 때인 요시야 왕 13년(주전 628년경)부터 현재까지인 여호야김 4년(주전 605년경)까지 23년 동안의 모든 예언의 말씀을 두루마리에 빠짐없이 기록하여 유다 백성들에게 들려주라고 명하셨다.

그 목적은, 유다 백성들이 그 예언의 말씀을 전해 듣고 악한 길에서 돌이켜 회개한다면, 그들의 죄악과 허물을 용서해주시기 위해서였다. 이로 볼 때 하나님께서는 마지막 순간까지 최선을 다해 유다 백성들에게 재앙을 베풀지 않고 복을 내리기를 원하셨음을 알 수 있다. 그러나 유다 백성들은 끝내 하나님의 예언 말씀을 무시하고 배척함으로써 스스로 끔찍한 재앙을 불러들이고 말았다.

하나님의 명을 받고 예레미야는 네리야의 아들 바룩을 불렀다. 그런 다음에, 주께서 그 동안 자기에게 하신 모든 말씀을 그에게 불러주니, 바룩이 그 모든 말씀을 두루마리 책에 받아 적었다. 바룩은 예레미야의 친구이자 예레미야의 개인비서 겸 서기로서, 예레미야를 도와 여러 행정적인 실무도 담당했다. 그는 유다의 명문 집안에서 태어났지만(51:59), 개인적인 출세의 기회를 포기하고 죽는 날까지 예레미야 선지자에게 충성한 신실한 인물이었다.

"선지자님, 선지자님이 불러주신 모든 예언의 말씀들을 두루마리에 다 받아 적었습니다. 이제 어떡할까요?"

"아, 그래요? 수고 참 많았어요. 그대도 알다시피, 나는 지금 감금당한 상태이기에 성전에 들어갈 수 없는 몸이오. 그러니 그대가 금식하는 날에 성전에 들어가서, 내가 그대에게 불러주어 그대가 두루마리 책에 기록한 주님의 모든 말씀을 크게 낭독하도록 하시오. 그리하여 성전에 모여 있는 모든 백성들의 귀에 들려주고, 또 유다의 모든 성읍들에서 올라온 사람들의 귀에도 들려주시오. 그러면 주님의 말씀을 전해 듣고, 어쩌면 그들이 주님 앞에 엎드려 용서를 간구하고, 자기들의 악한 길에서 돌이킬는지도 모를 일이오. 주께서는 지금 이 백성에게 크게 진노하셔서 그들에게 무서운 형벌을 내릴 작정이시기 때문이라오. 그러니 그대의 책임이 참으로 막중하오."

예레미야가 바룩에게 금식하는 날에 성전에 올라가라고 지시했다. 그 까닭은, 금식일에는 많은 유다 백성들이 하나님의 성전으로 모여들 것이기 때문에, 기록된 하나님의 말씀을 널리 알리는 데 아주 효과적일 것이기 때문이다. 한편, 이때의 금식일은 모세 율법에 정해진 대속죄일의 금식일이 아니라, 전쟁이 터진 상황에서 국난을 타개하기 위해 특별히 선포된 금식일이었다(9절).

"잘 알겠습니다, 선지자님! 명하신 대로 이행하도록 하겠습니다."

"고맙소! 주께서 그대와 함께하실 것이오. 나는 여기서 그대를 위해 기도하겠소. 그러면 이제 일어나 가보도록 하시오."

이에 네리야의 아들 바룩은 선지자 예레미야의 지시한 대로 다 행하여, 성전으로 올라가 두루마리 책에 기록된 주님의 모든 예언의 말씀들을 크게 낭독하였다. 때는 요시야의 아들 여호야김이 유다 왕이 된 지 5년째 되는 해의 9월이었다. 그러니까 이때는 오늘날의 태양력에 따라 연대를 살펴보면 주전 604년경의 12월로 겨울이었다(22절).

당시는 예루살렘에 거주하는 모든 백성들과 유다의 여러 성읍들에서 예루살렘으로 올라온 모든 사람들에게 주님 앞에서 금식하도록 선포된 기간이었다. 그 기간에 바룩이 성전으로 들어가, 그곳에 모인 사람들이 다 들을 수 있도록 예레미야가 불러준 대로 기록된 두루마리 책을 크게 낭독하였다. 바룩이 두루마리 책에 기록된 말씀을 낭독한 곳은 사반의 아들인 서기관 그마랴의 방이었는데, 그 방은 성전의 '새 문' 입구의 위쪽 뜰에 있었다. '새 문'은 성전 북쪽에 위치한 '에브라임 문'을 가리킨다.

"아, 이럴 수가! 이토록 두렵고 떨리는 말씀이라니! 참으로 큰일이로구나! 아참, 내가 이렇게 손 놓고 있을 때가 아니다. 다른 이들에게도 이 소식을 급히 알려야겠구나!"

그때에 사반의 손자요 그마랴의 아들인 미가야가 바룩이 들려준바 두루마리 책에 기록된 주님의 말씀을 모두 듣고는 크게 놀라고 탄식했다. 그는 왕궁으로 급히 내려가 서기관의 방으로 들어갔다. 그곳에는 유다의 모든 대신들이 앉아있었는데, 곧 서기관 엘리사마, 스마야의 아들 들라야, 악볼의 아들 엘라단, 사반의 아들 그마랴, 하나냐의 아들 시드기야를 비롯한 모든 대신들이 거기에 모여 있었다. 미가야는 자신이 들은 모든 말, 곧 바룩이 성전에서 모든 백성들의 귀에 낭독한 두루마리 책의 내용을 그들에게 보고하였다.

"아니, 그게 사실이오? 그토록 무시무시한 재앙의 말씀이라는 것이오? 안 되겠소, 우리가 직접 바룩의 입을 통해 들어야겠소."

미가야에게서 바룩의 말을 전해들은 대신들은 모두가 크게 당황하고 두려워했다. 그들은 그런 예언의 말씀이 사실인지 아닌지 보다 분명히 확인하기 위해 바룩을 소환하기로 했다. 그래서 그들은 구시의 증손이요 셀레먀의 손자요 느다냐의 아들인 여후디를 바룩에게 보냈다. 여후디는 급히 성전으로 올라가 바룩에게 말한다.

"바룩, 그대는 방금 백성들의 귀에 낭독한 그 두루마리 책을 가지고 나를 따라오시오!"

그래서 바룩은 두루마리 책을 손에 들고서 여후디와 함께 모든 대신들이 모여 있는 방으로 갔다. 바룩이 당도하자, 초조하게 바룩을 기다리고 있던 대신들이 서둘러 바룩에게 말한다.

"잘 오셨소! 그대는 여기 앉아서 그 두루마리 책에 기록된 모든 말씀을 우리 귀에 직접 낭독하도록 하시오."

그러자 바룩은 자리에 앉아 뚜렷한 목소리로 두루마리 책에 기록된 모든 말씀을 그들의 귀에 직접 낭독하였다. 바룩이 낭독한 두루마리 책의 모든 말씀을 다 듣자, 유다의 대신들은 크게 놀라고 두려워했다. 낭독된 말씀이 아주 두렵고 떨리는 내용이었기 때문이다. 그 내용은 예루살렘의 파괴와 유다의 멸망, 그리고 유다 백성들의 바빌로니아의 유수(幽囚) 등 하나같이 끔찍한 재앙에 관한 것이었다. 사안이 이처럼 심각하고 중대한 만큼, 유다의 대신들은 그 내용을 왕에게 보고하기로 했다. 그래서 그들은 서로를 바라보며 바룩에게 말한다.

"아무래도 안 되겠소, 우리가 이 모든 말씀을 왕께 아뢰어야 하겠소. 그런데… 바룩 그대는 어떻게 이런 내용을 두루마리 책에 기록하게 되었는지 우리에게 말해주시오. 혹시 예레미야 선지자가 그대에게 받아 적도록 시킨 것이오?"

"그렇습니다. 예레미야 선지자가 이 모든 말씀을 내게 불러주어, 내가 그 모든 말을 그대로 받아 두루마리 책에 먹으로 기록했습니다."

"역시 예상한 대로군요! 그렇다면 이제 그대는 얼른 가서 예레미야와 함께 몸을 숨기는 것이 좋겠소. 그리고 그대들이 숨어있는 곳을 아무도 모르게 하시오. 서두르시오!"

유다의 대신들은 바룩에게 예레미야와 함께 얼른 숨으라고 권면했다. 여기 언급된 유다 고관들은 대부분 선왕(善王) 요시야 왕 때 임명받은 신실한 관리들로서, 예레미야 선지자와 좋은 친분을 유지하고 있던 자들이었다(11-12절). 그들은 악한 왕 여호야김이 바룩의 두루마리 책에 관해 알게 되면, 틀림없이 바룩과 예레미야를 해칠 것이라고 판단하여, 그들로 하여금 미리 몸을 숨기도록 선제 조처를 취한 것이다. 이전에 여호야김은 유다의 멸망을 예언한 선지자 우리야를 이집트까지 가서 체포한 뒤에 처형시킨 적도 있었기 때문이다(26:20-24). 과연 나중에 이들의 판단은 그대로 맞아 떨어졌다(26절).

유다 왕 여호야김이 두루마리 책을 불사름 (36:20-26)

유다의 대신들은 바룩에게서 건네받은 두루마리 책을 서기관 엘리사마의 방에 보관해둔 채, 왕궁의 뜰로 나아가서 유다 왕 여호야김에게 모든 사실을 보고하였다.

"뭐, 뭐라? 바룩이란 자가 성전에서 감히 겁도 없이 그런 황당무계한 말을 백성들에게 낭독했다고! 저런, 괘씸한 자가 있나! 당장 그자가 낭독했다는 그 두루마리 책을 내게로 가져오라!"

여호야김 왕은 크게 화를 내며 여후디를 보내어 그 두루마리 책을 가져오게 하였다. 그러자 여후디는 급히 가서 서기관 엘리사마의 방에서 그 두루마리 책을 가져왔다.

"그게 바룩이 성전에서 백성들에게 낭독했다는 그 책이냐? 그렇다면 어디 그 책을 내 앞에서 낭독해 보아라! 내 두 귀로 직접 들어보아야겠다!"

그래서 여후디는 왕과 대신들의 귀에 그 두루마리 책을 낭독하였다. 때는 겨울철인 9월(오늘날의 태양력으로는 12월)이었고, 유다 왕 여호야김은 겨울 별궁에 머물러 있었다. 그리고 왕 앞에는 불 피운 화로가 놓여있었다. 예루살렘의 겨울은 때로 눈이 내릴 정도로 추웠고, 고대의 건축물들은 난방에 매우 취약했다. 그래서 궁궐이나 큰 집에 사는 사람들은 여러 방들 중에서 겨울을 지낼 수 있는 난방시설을 갖춘 방을 소유하고 있었다. 난방은 '화로'를 이용했는데, 나무나 목탄을 땔감으로 사용했다.

가운데 부분이 둥근 모양을 지닌 화로는 뚜껑을 여닫을 수 있었다.

"그만, 그만! 방금 읽은 그 부분을 이리로 가져오라!"

여후디가 두루마리 책의 서너 편을 읽어 내려갈 때마다, 왕은 서기관이 사용하는 작은 칼로 그 부분의 두루마리를 잘라내어 활활 불타고 있는 화로 속에 던져 넣었다. 그런 식으로 해서 왕은 두루마리 전체를 불태워버렸다. 이처럼 여호야김 왕과 그의 못된 신하들은 두루마리 책에 기록된 모든 말씀을 듣고서도 주님의 심판을 조금도 두려워하지 않았고, 자기들의 옷을 찢으며 회개하지도 않았다. 그러기는커녕 도리어 주님의 말씀이 기록된 두루마리 책을 칼로 잘라내어 모조리 불살라버렸다. 하나님의 말씀이 적힌 두루마리 책이 불살라졌다고 하나님의 말씀 자체가 없어지는 것도 아닌데, 어리석고 악한 왕은 제 분에 못 이겨 그런 악행을 자행하였다.

"오, 왕이시여! 이러시면 아니 되옵니다. 어찌 주님의 말씀을 잘라내어 불사른다는 말입니까! 이러시다가는 정녕 책에 기록된 대로 주님께 무시무시한 재앙을 받을까 심히 두렵습니다. 제발 고정하시옵소서!"

두루마리 책을 불태우는 여호야김 왕

"시끄럽다! 조용히 닥치지 못하겠느냐! 예레미야와 바룩 같은 작자들의 이 같은 흉흉한 말 때문에 백성들의 민심이 흔들린단 말이다! 그러니 이런 것은 아예 불태워버리고, 이런 황당무계한 말을 퍼뜨린 예레미야와 바룩을 당장 체포하여 처형시키는 것이 마땅하다!"

요시야 왕 때에 임명된 신실한 대신들인 엘라단과 들라야와 그마랴가 여호야김 왕에게 두루마리를 불태우지 말라고 간청했다. 그러나 유다 왕 여호야김은 그들의 간청을 무시한 채 귓등으로도 듣지 않았다. 게다가 여호야김 왕은 화를 삭이지 못하여 왕자인 여라므엘을 불러다가 아스리엘의 아들 스라야와 압디엘의 아들 셀레먀를 데리고 가서, 서기관 바룩과 선지자 예레미야를 체포하라고 명했다. 그러나 주께서 이미 그들을 숨겨주셨다.

예레미야 선지자의 예언이 다시 기록됨 (36:27-32)

유다 왕 여호야김이 두루마리 책 곧 선지자 예레미야가 불러주고 서기관 바룩이 기록한 주님의 말씀을 불태운 후에, 주님의 말씀이 예레미야에게 내린다.

(28) "예레미야야, 너는 다시 다른 두루마리를 구해다가, 유다 왕 여호야김이 불태워버린 첫 번째 두루마리 책에 기록되었던 모든 말씀을 그대로 기록하여라."

불에 타버린 두루마리 대신 다른 두루마리를 구하여 다시금 하나님의 말씀을 그대로 기록하라는 명령이다. 이때 주님은 또한 유다 왕 여호야김에게 전할 말도 일러주신다. 예레미야가 두루마리 책을 불사른 유다 왕 여호야김에게 전할 말은 이러했다. 그것은 두려운 심판의 말씀이었다.

(29-31) "나 주가 유다 왕 여호야김에 대하여 말한다. 네가 나의 두루마리를 불태우며 말하기를 '바빌로니아 왕이 이 땅에 쳐들어와서 이 나라를 멸망시키고, 이 땅을 더 이상 사람들과 짐승들이 살 수

없는 폐허로 만들어버린다니, 어떻게 이 같은 글을 두루마리에 기록할 수 있단 말인가?'라고 하였다. 그러므로 나 주가 유다 왕 여호야김에 대하여 분명히 말한다. 그의 후손들 가운데서는 어느 누구도 다윗의 왕위에 오르지 못할 것이고, 그의 시체는 바깥에 아무렇게 내던져져서 낮에는 더위에 시달리고 밤에는 추위에 얼어붙을 것이다. 내가 또 그와 그의 자손들과 그의 신하들을 다 함께 벌할 것이니, 그들 모두가 자기들의 죄악으로 인해 처벌받을 것이다. 그렇다. 내가 그들 모두에게 나의 모든 재앙을 내릴 것이니, 그 재앙은 내가 일찍부터 그들과 예루살렘 주민들과 유다 백성들에게 경고하였으나 그들이 귀 기울여 듣지 아니한 크고 두려운 재앙들이다."

과연 예레미야가 선포한 대로, 여호야김 왕은 바빌로니아의 제2차 침공 때 살해당하고 말았다(주전 598년). 죽은 뒤에, 여호야김의 시신은 생전에 왕으로서 11년 동안 지독한 악정과 폭정을 일삼았기 때문에, 유다 백성들에 의해 애도를 받거나 왕에 합당한 예우를 받지 못하고 들짐승의 사체처럼 그냥 들판에 버려져 낮의 더위와 밤의 추위에 노출될 것이었다. 앞선 예언에서는 그의 시신이 유대 사회에서 부정한 짐승으로 간주된 '나귀'처럼 취급당할 것이라고 했다(22:19). 나귀가 죽으면, 사람들은 그 고기를 먹을 수 없기에 들판에 그냥 내다버렸고, 그 결과 나귀의 사체는 들짐승들의 밥이 되었다.

그리고 여호야김의 사후에 그의 아들인 여호야긴이 왕위에 오르긴 했으나 3개월 만에 곧장 폐위되어 바빌로니아 땅에 포로로 끌려가 거기서 죽었다. 그 이후로는 더 이상 여호야김의 후손이 다윗 왕조의 위(位)에 오르지 못했다.

(32) 하나님의 명에 따라 예레미야는 다시금 다른 두루마리를 구해다가 바룩에게 주었고, 네리야의 아들인 서기관 바룩은 예레미야가

불러주는 대로 유다 왕 여호야김이 앞서 불태워버렸던 그 두루마리 책의 모든 말씀을 다 기록하였다. 뿐만 아니라, 처음 것에다 여러 말씀들을 더욱 많이 추가하여 기록하였다.

하나님의 말씀은 어떤 경우에도 절대로 훼손되거나 없어지지 않는다. 비록 글자로 기록된 두루마리 책은 불살라져 없어지더라도, 하나님의 말씀 자체는 여전히 살아 역사하기 때문에 그 모든 말씀은 그대로 이루어진다. 그럴지라도 하나님께서는 후세의 교훈을 위해 불살라진 두루마리 책을 다시 복원하도록 예레미야에게 명하셨고, 예레미야는 서기관 바룩을 통해 그 예언의 말씀들을 그대로 복원하였다. 게다가 처음 두루마리 책의 내용보다 여러 말씀들이 더 추가되었는데, 그중에는 여호야김 왕에 대한 하나님의 심판의 말씀(29-31절)도 포함되었을 것이다.

한편, 여호야김 왕이 예레미야의 메시지를 끝까지 배척한 데에는 나름의 까닭이 있다. 그는 전왕(前王)인 여호아하스가 폐위되어 이집트로 끌려간 후, 이집트 왕 느고(Neco)에 의해 유다의 제18대 왕위에 올라 11년 동안 통치했다(주전 609-598년). 그는 이집트 왕에 의해 세움받은 이집트의 봉신(封臣)답게 강력한 친이집트 정책을 펼치면서, 이집트에 바칠 공물(貢物)을 거두기 위해 백성을 무자비하게 수탈하는 악정과 폭정을 일삼았다.

이런 판국에 예레미야가 바빌로니아와의 화친을 주장하자, 여호야김은 예레미야를 크게 핍박했고, 심지어 예레미야가 바룩을 시켜 기록하게 한 두루마리 책까지 빼앗아 불에 태워버렸던 것이다. 이처럼 예레미야의 메시지를 배척하고 끝까지 친이집트 정책을 시행하면서 바빌로니아 왕에 대항한 결과, 결국 여호야김은 예레미야의 경고대로 바빌로니아의 침공을 받아 죽임당하고 말았고, 그의 시체는 나귀처럼 들판에 버려지는 비참한 신세가 되고 말았다(22:19; 36:30).

37

예레미야와 시드기야

예레미야가 집안일 때문에
예루살렘을 떠나 고향으로 가려 하자
매국노로 몰아 체포하여 때리고는
요나단 관저의 구덩이에 가두네

유다 왕 시드기야가 예레미야 선지자에게 기도를 요청함 (37:1-10)

(1-2) 때에 바빌로니아 왕 느부갓네살이 유다를 침략하여 여호야김의 아들 유다 왕 고니야를 포로로 사로잡아가고, 그 대신에 요시야의 아들 시드기야를 유다 왕으로 앉혔다. 그런데 시드기야 왕과 그의 신하들과 유다 땅의 백성들은 선지자 예레미야를 통해 선포하신 주님의 말씀을 귀 기울여 듣지 않았다.

유대의 제18대 왕인 여호야김이 죽자, 그의 아들 '고니야'가 18세의 나이에 유다의 제19대 왕위에 오른다(주전 598년경). '고니야'는 요시야의 손자이며 여호야김의 아들로 '여호야긴' 또는 '여고냐'(여고니야)와 동일한 인물이다. 하지만 고니야 곧 여호야긴은 즉위한 지 3개월 만에 바빌로니아의 포로가 되어 그 땅으로 끌려가 옥에 갇혔다. 그리고 바빌로니아 왕은 그를 대신하여 그의 숙부인 시드기야를 유다의 제20대 왕위에 앉혔다.

시드기야는 요시야의 막내아들로 21세에 왕위에 올라 예루살렘이 함락되고 유다가 멸망할 때까지 11년 동안 유다를 다스렸다(주전 597-586년경). 그러니까 그는 유다의 마지막 왕이 되었다. 바빌로니아 왕에 의해 유다 왕위에 오른 시드기야는 처음 얼마 동안은 바빌로니아 왕을 섬겼으나, 이후 바빌로니아를 배반하고 주변 나라들과 반(反)바빌로니아 동맹을 형성하여 바빌로니아에 대항하였다.

이때 예레미야는 하나님의 말씀을 선포하면서 바빌로니아와 화친하고 그 왕을 섬기라고 충고했지만, 시드기야와 그의 신하들과 유다 백성들은 예레미야의 메시지를 배척한 채 전혀 귀담아 듣지 않았다. 그 결과, 유다는 바빌로니아 군대의 침공을 받아 예루살렘 도성이 함락됨으로써 마침내 나라가 망해버린 것이다(주전 586년경).

"보시오, 그대들은 예레미야 신지자를 찾아가서 내 말을 전하도록 하시오."

그 즈음, 곧 바빌로니아 왕 느부갓네살이 큰 군대를 이끌고 대대적으로 유다를 제3차로 침공했을 때(주전 588년경), 유다 왕 시드기야는 셀레먀의 아들 여후갈과 마아세야의 아들인 제사장 스바냐를 선지자 예레미야에게 보내어 이렇게 요청한다.

"예레미야 선지자여, 그대는 우리를 위하여 우리의 하나님 주께 기도해 주시오."

시드기야는 하나님의 말씀을 배척한 악한 왕이었지만, 바빌로니아 군대의 맹렬한 위협 앞에서 마지막 수단으로 기도에 의존해보기로 했던 것이다. 이런 사실은, 눈앞에 닥친 두려운 위기 앞에서 시드기야가 심리적으로 나약해졌다는 것과 또한 예레미야를 하나님의 선지자로 인식했다는 것을 의미한다. 하지만 그의 기도 요청은, 하나님께 대한 신뢰에서 비롯된 것이 아니라 당면한 위기를 어떻게든 모면해보려는 알팍한 술책에 불과했다.

당시 예레미야는 갇혀 있는 상태가 아니었으므로, 백성들 가운데 자유롭게 어디든 다닐 수 있었다. 그 무렵, 파라오의 군대가 이집트에서 출정하였으므로, 예루살렘 성읍을 포위하고 있던 바빌로니아 군대가 그 소식을 접하고는 이집트 군대와 맞서기 위해 예루살렘 포위망을 풀고 잠시 물러났다. 그러한 때에 주님의 말씀이 선지자 예레미야에게 임한다.

> (7-10) "이스라엘의 하나님인 나 주가 말한다. 너희를 보내어 내게 물어보도록 한 유다 왕에게 이렇게 전하라. 이르기를 '너희를 돕겠다고 출정한 파라오의 군대는 다시 자기 땅 이집트로 되돌아갈 것이다. 그러면 바빌로니아 군대가 다시 돌아와, 이 도성을 쳐서 정복한 후에 모조리 불사를 것이다.'라고 하여라. 나 주가 분명히 말한다. 너희는 너희 스스로를 속여 말하기를 '바빌로니아 군대가 우리에게서 완전히 떠나갔다!'라고 하지 마라. 그들이 너희에게서 결코 떠나가지 않을 것이다. 설령 너희 군대가 너희를 공격하는 바빌로니아의 모든 군대를 쳐서 이기므로 그들 가운데 부상자들만 남는다고 하더라도, 그들 부상병들이 각자 자기들의 천막에서 떨치고 일어나 이 예루살렘 도성을 쳐서 모조리 불사를 것이다."

당시 이집트 왕 호브라(Hophra)는 유다의 긴급한 원조 요청에 응하여 자신의 군대를 출병시켰지만, 바빌로니아 군대가 자신의 군대와 맞서려고 예루살렘을 떠나 진격해오자, 전력의 열세를 느끼고는 단 한 번의 전투도 치르지 않은 채 자신의 군대를 다시 본국으로 철수시켰다. 그러자 바빌로니아 왕도 자기 군대를 돌려 다시 예루살렘으로 돌아와 이전처럼 포위 공격을 재개하였다.

앞선 예언에서는 하나님께서 바빌로니아 군대에게 직접 명령하셔서 그들을 예루살렘으로 다시 불러들였다고 묘사하였다(34:22). 예루살렘의 지도층들 곧 왕과 대신들과 귀족들과 부자들이 모세 율법에 따라 하나님의 이름으로 계약서를 작성하고 '노비 해방'을 시행했다가, 바빌로니아 군대가 철수하자 마음을 싹 바꾸어 그 시행령을 철회함으로써 하나님의 이름을 크게 더럽혔기에 하나님께서 그들을 심판하시려고 작정하셨기 때문이다(34:8-22). 그 결과, 바빌로니아 군대는 반드시 예루살렘 도성을 쳐서 함락시키고 그 성읍을 불사를 것이었다. 과연, 하나님의 말씀대로 예루살렘 도성은 바빌로니아의 포위 공격을 견디지 못하고 결국 함락되었고(주전 586년경, 왕하 25:3-4), 바빌로니아 왕은 그 도성을 철저히 파괴하고 모조리 불사르고 말았다(왕하 25:8-12).

예레미야 선지자가 체포되고 옥에 갇힘 (37:11-21)

이집트의 파라오 군대와 맞서기 위해 바빌로니아 군대가 예루살렘에서 물러간 뒤에, 선지자 예레미야는 예루살렘 도성을 떠나 베냐민 지파의 땅으로 향하고 있었다. 그 이유는, 자기 집안의 재산 가운데서 자기 몫을 상속받을 일이 있었기 때문이었다.

이처럼 전쟁 상황 가운데서도 예레미야가 굳이 예루살렘 성문을 빠져나가 자기 몫의 상속분을 챙기려고 것은 재산에 대한 욕심 때문이 아니었다. 이처럼 적극적으로 자기 몫의 땅을 분배받음으로써 예레미야는 자신이 예언한 대로 언젠가 이스라엘 땅이 바빌로니아의 압제에서 벗어나 회복될 것이라는 사실을 유다 백성들에게 보여주기를 원했던 것이다. 말하자면 일종의 '행위 예언'으로서 '실물 교육'인 셈이다.

"거기, 잠깐! 어랏? 당신은 예레미야 선지자가 아니오? 지금 이 판국에 무슨 연유로 성문을 빠져나가려는 것이오? 아하, 척 보니 당신은 지금 바빌로니아 군사들에게 항복하러 가는 것이 분명하오! 당신은 어찌 조국을 배반하고 그런 매국적인 행위를 할 수 있단 말이오!"

예레미야가 예루살렘 도성의 북쪽에 있는 '베냐민 문' 곧 베냐민 지파의 땅으로 향하는 그 성문에 이르렀을 때, 그 성문을 지키고 있던 문지기들의 우두머리가 그를 불러 세우며 거칠게 다그친다. 그는 하나냐의 손자요 셀레먀의 아들인 '이리야'라는 자였다. 그가 예레미야를 다그치며 거칠게 몰아붙이자 예레미야가 항의한다.

"아니, 무슨 말도 안 되는 소리를 하는 거요? 절대로 그렇지 않소! 나는 바빌로니아 진영에 항복하러 가는 게 아니란 말이오! 다만 베냐민 땅에 내 몫의 상속분이 있어 그걸 해결하려…."

"그만 닥치시오! 그런 어쭙잖은 변명이 내게 통할 것 같소! 여봐랏, 저자를 당장 체포하랏!"

베냐민 성문의 문지기 우두머리인 이리야는 예레미야의 말을 믿지 않고 다짜고짜 그를 체포하여 고관들에게로 끌고 갔다.

"그래, 예레미야가 바빌로니아 왕에게 항복하러 몰래 성문을 빠져나가다가 그만 붙잡혔다는 말이지? 에잇, 저런 괘씸한 자가 있나! 감히 조국을 배반하고 적국에게로 나아가다니!"

고관들은 붙잡혀온 예레미야를 보고 크게 분노했다. 그래서 그들은 예레미야를 매질한 후에 서기관 요나단의 관저에 가두어버렸다. 당시 요나단의 집은 중죄인을 가두는 감옥으로도 사용되고 있었기 때문이다. 그리하여 예레미야는 억울한 누명을 쓴 채 꼼짝없이 서기관 요나단의 관저 내 지하 토굴감방에 여러 날 동안 갇혀 있게 되었다. 이런 곳은 햇볕이 거의 들지 않고 항상 눅눅한 습기가 차 있는 아주 열악한 곳이었다.

"그래요? 예레미야 선지자가 지금 그런 곳에 갇혀 있다고요? 당장 예레미야를 거기서 끌어내어 내게로 들이도록 하시오!"

여러 날 후에 유다 왕 시드기야가 예레미야에 관한 소식을 들었다. 그래서 왕은 사람을 보내어 예레미야를 요나단 관저의 지하 토굴감방에서 이끌어내어 왕궁으로 불러들였다. 그런 다음에 왕은 예레미야에게 은밀히 묻는다.

"혹 그대는 주께로부터 무엇이라도 받은 말씀이 있소?"

시드기야 왕은 작금 유다가 바빌로니아 군대의 공격을 받고 있는 상황에서 예루살렘의 운명과 자신의 운명에 어떤 변화가 생겼는지 무척 궁금했던 것이다. 그러나 예레미야의 대답은 지금껏 외쳐왔던 것과 똑같았다.

"예, 있습니다. 주께서 내게 이렇게 말씀하셨습니다. 이르시기를 '유다 왕 시드기야는 바빌로니아 왕의 손에 넘겨질 것이다.'라고 하였습니다."

"그, 그래요? 여전히 변한 게 없구려. 그것 참, 쯧!"

시드기야 왕은 적이 실망한 채 쓴 입맛을 쩝 다신다. 그런 왕에게 예레미야가 자신의 입장을 변호하며 항의한다.

> (18-20) "왕이시여, 제가 왕이나 왕의 신하들이나 이 땅의 백성들에게 무슨 죄를 지었기에 저를 옥에 가두시는 것입니까? 자, 보십시오. 바빌로니아 왕이 절대로 이 땅에 쳐들어오지 않을 것이라고 예언했던 왕의 선지자들은 지금 모두 어디에 있습니까? 그러므로 내 주 왕이시여, 이제는 부디 제 호소를 들어주시고 제 탄원을 받아주소서. 저를 다시금 서기관 요나단의 관저로 돌려보내지 마소서. 만일 이제 다시 돌아가면, 저는 틀림없이 죽게 될 것입니다."

"흐흠, 흠! 그대의 사정이 딱하긴 하군. 그럼, 어쩐다…? 좋소, 그렇다면 내가 그대를 요나단 관저의 옥으로는 다시 돌려보내지 않고, 대신에 다른 곳으로 이송하게끔 선처하겠소!"

예레미야가 진심으로 호소하자, 유다 왕 시드기야는 그의 말을 믿는 눈치였다. 하지만 대신들에게 휘둘리고 있던 유약하고 우유부단한 왕은 예레미야를 석방시키지는 않고, 다만 그를 요나단 관저의 지하 토굴감방에서 이끌어내어 왕궁의 경비대 뜰 안에 감금해두도록 조처하였다.

왕궁 경비대의 뜰에 있는 옥은 지금껏 예레미야가 갇혀 있었던 요나단 관저 내 지하 토굴감방보다는 훨씬 상태가 좋은 곳이었다. 그곳은 왕궁 곁에 위치해 있었고, 일반 감옥처럼 죄수를 가두어 격리시키는 곳이 아니라, 죄수의 행동을 제한시키는 연금 장소로 유치장 같은 곳이었기 때문이다. 이때 시드기야 왕은 예레미야를 위해 또 하나의 선처를 베푼다.

"여봐랏, 예레미야가 옥에서 굶어죽지 않도록 성읍 내 빵 굽는 자들의 거리에서 빵을 가져다가 날마다 빵 한 덩이씩 그에게 주도록 하여라!"

생필품조차 구하기 힘든 전쟁 상황에서 이 같은 조처는 나름대로 시드기야 왕이 예레미야 선지자에게 호감을 가지고 있었음을 보여준다. 그래서 시드기야 왕은 아마도 예레미야의 말에 따라 바빌로니아 왕에게 항복하고 싶어 했을 것이다. 그러나 친(親)이집트 성향의 대신들이 판치고 있던 궁중에서 시드기야 왕은 자신의 결단을 내리지 못하고 그들에게 마냥 끌려 다니고 있었다.

결국 이 같은 우유부단하고 무능한 왕으로 인해 항복의 기회를 놓친 유다는 350여 년의 역사에 종지부를 찍은 채 완전히 망했고, 예루살렘은 철저히 파괴되어 폐허가 되었으며, 유다 백성들은 포로가 되어 먼 이방 땅으로 끌려갔다. 어쨌든, 예레미야는 왕의 선처로 인해 예루살렘 성읍 안에 빵이 다 떨어져 없을 때까지 매일 빵 한 덩이씩을 제공받으면서 왕궁 경비대 뜰 안의 옥에 오랫동안 갇혀 지냈다.

38

구덩이에서 구출된 예레미야

환관 에벳멜렉이 왕에게 간청하네
제발 예레미야를 살려주십시오
왕의 허락에 군사들은
구덩이에 갇힌 예레미야를 구출하네

예레미야 선지자가 진흙 구덩이에 갇힘 (38:1-6)

때에 예레미야는 왕궁 경비대 뜰 안에 갇혀 있었는데, 그곳은 비교적 느슨한 곳으로 그는 뜰 안에서 어느 정도 이동하면서 사람들을 접할 수 있었다. 그래서 예레미야는 뜰에서 만나는 사람들에게 하나님의 메시지를 전할 수 있었다. 그때에 예레미야는 백성들에게 이렇게 말했다. 그리고 이때 유다 왕궁의 대신들인 맛단의 아들 스바댜, 바스훌의 아들 그다랴, 셀레먀의 아들 유갈, 그리고 말기야의 아들 바스훌도 선지자 예레미야가 예루살렘의 모든 백성들에게 하는 말을 듣게 되었다.

(2-3) "여러분, 주님의 말씀을 귀 기울여 들으십시오. 주께서 말씀하시기를 '누구든지 이 도성에 머물러있는 사람은 칼과 기근과 전염병으로 죽게 될 것이다. 그러나 바빌로니아 군대에 항복하는 사람은 살 수 있을 것이되, 마치 전리품을 얻듯 그렇게 자기 목숨을 얻어 살 수 있을 것이다. 나 주가 분명히 말한다. 내가 이 예루살렘 도성을 반드시

바빌로니아 왕의 군대의 손에 넘겨줄 것이니, 그들이 이 도성을 쳐서 점령할 것이다.'라고 하셨습니다."

지금껏 예레미야가 유다 백성들을 향해 시종일관 외친 메시지와 동일하다(21:9). 예레미야가 이방 나라인 바빌로니아에게 항복할 것을 강력히 권한 것은, 이때의 바빌로니아는 유다를 심판하기 위한 하나님의 징벌의 도구였기 때문이다. 그래서 예레미야는 바빌로니아에게 항복하는 것이 곧 하나님의 뜻에 순응하는 것으로 하나님께 항복하는 것과 같다고 보았던 것이다. 그런데 예레미야의 이 같은 말을 들은 유다의 대신들은 크게 성을 내며 펄쩍 뛰었다. 그들은 곧장 시드기야 왕에게로 나아가서 강력히 청원한다.

(4) "왕이시여, 이 사람 예레미야를 당장 처형하십시오! 그는 마땅히 사형에 처해져야 합니다. 그자가 하는 모든 말들은 온통 이 도성에 남아있는 군사들의 사기를 빼앗는 것은 물론이고, 백성들의 마음까지 낙담시키는 말들뿐입니다. 정녕 그자는 예루살렘 백성들의 평안을 구하지 않고 도리어 재앙을 재촉하고 있습니다."

대신들의 강력한 청원을 들은 시드기야 왕은 크게 당황한 듯 안절부절 못한다. 그러다가 잠깐 고민하는 듯하더니 힘없는 목소리로 대답한다.

"보다시피, 지금 예레미야는 그대들의 손 안에 있소. 왕은 그대들의 뜻을 거스를 수 없으니, 그 사람을 죽이든지 살리든지 그대들의 마음대로 하시구려!"

사실, 시드기야 왕은 예레미야의 메시지에 대해 최소한의 신뢰나 호의는 갖고 있었다. 그래서 왕은 예레미야에게 기도를 요청하기도 했고(37:3), 사적으로 비밀리에 만나 하나님의 뜻을 묻기도 했다(37:17). 하지만 시드기야는 우유부단하고 무능한 왕이었다. 비록 왕이었지만,

그의 권력은 친(親)이집트 성향을 지닌 주변 대신들의 지지에 크게 의존하고 있었다. 그래서 예레미야를 매국노로 몰아 그를 당장 처형시키라는 신하들의 일치된 뜻을 거스를 힘도 의지도 없었다.

"자, 왕의 허락도 떨어졌으니 이제 예레미야를 죽여 그 지긋지긋한 재앙의 말들을 더는 듣지 말자! 그러니 지체 말고, 당장 예레미야를 붙잡아 죽이자!"

왕이 허락하자, 대신들은 예레미야를 즉시 붙잡은 뒤 그를 끌고 가서 왕자 말기야의 집에 있는 깊은 물웅덩이 안에 집어넣었다. 그 물웅덩이는 왕궁 경비대의 뜰 안에 있었는데, 그들이 예레미야를 거기에 집어넣을 때 그를 밧줄에 매달아 아래로 내려 보냈다. '물웅덩이'는 물이 귀한 팔레스타인 지방에서 땅을 넓고 깊게 파서 빗물을 모으는 곳이었다.

그런 웅덩이의 바닥은 어둡고 습했으며 바닥은 진창이었다. 만약 비가 왔더라면 예레미야는 익사했을 것이고, 날씨가 추웠더라면 그대로 얼어 죽을 판이었다. 하지만 그때에 그 물웅덩이 안에는 물이 없고 온통 진흙뿐이었으므로, 예레미야는 진흙탕 속에 그대로 빠지고 말았다. 누군가 바깥에서 돕지 않는다면, 예레미야는 굶어죽을 수밖에 없었다.

예레미야 선지자가 진흙 구덩이에서 구출됨 (38:7-13)

때에 유다 왕궁에는 구스 사람 '에벳멜렉'이라는 환관이 있었다. 그는 예레미야가 붙잡혀 물웅덩이 속에 던져졌다는 소식을 전해 들었다. 그러자 그는 예레미야를 구출하고자 왕께 호소하기로 마음먹고 왕을 찾았다. 당시 유다 왕 시드기야는 '베냐민 문'에 앉아있었다. 전시 상황에서 왕은 궁궐을 벗어나 적군과 대치하고 있던 성벽의 진지에 머무르고 있었던 것이다. 환관 에벳멜렉이 왕궁에서 급히 나와서 베냐민 문에 앉아있던 왕께 간곡히 아뢴다.

(9) "오, 내 주 왕이시여! 왕의 신하들이 선지자 예레미야에게 행한

처사는 매우 부당합니다. 저들이 예레미야를 깊은 물웅덩이 속에 던져 넣었으니, 그가 분명 거기에서 굶주려 죽고 말 것입니다. 보소서, 이 도성에는 빵이 다 떨어져 이젠 더 이상 먹을 것도 없는 지경입니다."

구스(에티오피아) 사람인 에벳멜렉은 비록 이방인이었지만, 하나님을 신실하게 믿었고(39:18), 예레미야를 하나님의 선지자로 여기고 존중했다. 그래서 예레미야가 웅덩이 던져져 죽게 되었을 때 모두가 대신들의 눈치를 살펴 나서기를 꺼렸지만, 에벳멜렉은 예레미야를 위해 용감하게 나선 것이다. 이 같은 믿음의 용기로, 그는 나중에 주께로부터 전쟁의 참화 가운데서도 죽지 않고 살아남는 구원의 약속을 받을 수 있었다(39:15-18).

환관 에벳멜렉의 청원을 듣고, 유다 왕 시드기야는 구스 사람 에벳멜렉에게 예레미야를 구출할 것을 당장 명령한다. 궁궐에서는 대신들의 강력한 청원에 못 이겨 마지못해 예레미야를 그들의 손에 넘겨주었지만, 왠지 하나님의 선지자를 죽인다는 죄책감에 못내 마음이 찜찜했기 때문이다.

"너는 여기 있는 군사 30명을 데리고 가서, 선지자 예레미야가 죽기 전에 그를 속히 물웅덩이 속에서 끌어내도록 하여라."

"오, 왕이시여, 감사합니다! 당장 명하신 대로 시행하겠습니다!"

시드기야 왕이 에벳멜렉에게 30명의 군사들을 내어준 것은 예레미야를 확실하게 구출해내려고 했기 때문이다. 예레미야를 웅덩이에서 구출해내려는 과정에서 행여 예레미야를 죽이려고 했던 자들의 세력과 충돌할 것을 우려했던 것이다. 왕의 허락을 받은 환관 에벳멜렉은 왕이 내어준 군사들을 데리고 급히 왕궁의 창고로 가서, 거기서 여러 헝겊들과 해어지고 낡은 옷가지들을 챙겨서 예레미야에게로 달려갔다. 그런 뒤, 그는 그것들을 밧줄에 매달아 물웅덩이 속에 갇혀있는 예레미야에게 내려주면서 외친다.

"선지자님, 지금 내려 보내는 여러 헝겊들과 낡은 옷조각들을 선지자님의 겨드랑이에 먼저 댄 후에 그 위에 밧줄을 대어 단단히 매달리도록 하십시오."

물 웅덩이에 갇힌 예레미야를 구출하다

깊은 웅덩이에서 사람을 안전하게 끌어올리기 위한 현명한 처사였다. 헝겊들과 옷조각들을 겨드랑이에 덧대지 않고 그냥 맨살에 밧줄을 대면 끌어올려지는 과정에서 몸무게로 인해 상처가 날 수도 있고, 행여 실수하면 밧줄이 빠져 다시 아래로 떨어질 수도 있었기 때문이다.

"잘 알겠소! 그리하도록 하겠소!"

예레미야는 에벳멜렉이 일러준 대로 따랐다. 그러자 군사들이 밧줄을 천천히 잡아당겨 예레미야를 물웅덩이 속에서 위로 끌어올렸다. 그래서 예레미야는 물웅덩이 안에서 죽지 않고 구사일생으로 간신히 살아날 수 있었다. 그렇게 구출된 예레미야는 군사들의 호위 속에 다시 왕궁의 경비대 뜰 안으로 가서 거기에 머물게 되었다.

예레미야 선지자가 시드기야 왕에게 항복을 권함 (38:14-28)

예레미야가 물웅덩이에서 구출되어 왕궁의 경비대 뜰 안으로 옮겨진 후에, 유다 왕 시드기야가 다시 사람을 보내어 선지자 예레미야를 성전의 셋째 문 입구로 데려오게 했다. '성전의 셋째 문'이 어딘지는 분명히 알 수 없지만, 그곳은 시드기야와 예레미야가 궁궐 내 다른 신하들의 눈을 피해 은밀히 만나기에 적합한 장소인 듯하다. 왕의 명에 따라 왕의 신하가 예레미야를 그곳으로 데려오자, 왕이 신하를 물린 후에 예레미야에게 조용히 말한다.

"내가 그대를 부른 것은 그대에게 한 가지 일을 묻고자 함이오. 그러니, 그대는 내게 아무것도 일절 숨기지 말고 사실대로 말해주시오."

"오, 왕이시여, 제가 사실대로 모두 말씀드린다면, 왕께서는 당장에 저를 처형하실 것입니다. 설령 제가 왕께 무슨 충고를 드린다고 해도, 왕께서는 그것을 일절 받아들이지 않으실 것입니다. 그러니 제가 대체 왕께 무슨 말을 할 수 있단 말입니까?"

"걱정 마시오. 우리에게 생명을 주신 주께서 살아계심을 두고 맹세하지만, 나는 그대를 절대로 처형하지 않을 것이오. 또한 그대를 죽이려고 그대의 목숨을 노리는 자들에게도 그대를 결코 넘겨주지 않겠소. 내 맹세하리다."

예레미야가 목숨의 위협을 느껴 사실대로 말하기를 꺼려하자, 시드기야 왕은 예레미야에게 은밀히 맹세하면서 그의 안전을 보장해준다. 그러자 예레미야가 유다 왕 시드기야에게 사실대로 말하기 시작한다.

(17-18) "왕이시여, 전능하신 만군의 주 이스라엘의 하나님께서 왕에게 이렇게 말씀하셨습니다. 이르시기를 '만일 네가 바빌로니아 왕의 신하들에게 항복하면 네 목숨을 건질 것이고, 이 예루살렘 도성도 불타지 않게 될 것이다. 또한 너와 네 가족의 목숨도 건지게 될 것이다. 그러나 만일 네가 끝까지 버티고 바빌로니아 왕의 신하들에게 항복하지 않으면, 이 도성은 바빌로니아 군사들의 손에 반드시 넘어갈 것이니, 그들이 이 예루살렘 도성을 파괴하고 모조리 불사를 것이다. 그러면 너도 그들의 손에서 벗어나지 못하고 붙잡히게 될 것이다.'라고 하셨습

니다."

"흐흠, 흠…, 흠흠!"

예레미야의 말을 듣고 유다 왕 시드기야는 매우 긴장된 표정으로 맥없이 헛기침만 연신해댈 뿐이다. 그러고는 뭔가 말하기를 망설이는 듯하더니 이내 작심하고 예레미야에게 속마음을 털어놓는다.

"사실은 말이오, 내가 정말 두려워하는 것은 이미 나를 떠나 바빌로니아 군대에 항복한 유다 사람들이라오. 만일 바빌로니아 군사들이 항복한 나를 그들의 손에 넘겨준다면, 그자들이 나에게 무슨 짓을 할는지 모르기 때문이오. 그들은 분명 나를 조롱하고 학대할 것이오."

당시 유다 백성들 중 일부는 바빌로니아 군대에 이미 항복한 상태였다. 상당수는 예레미야 선지자의 메시지에 따라 바빌로니아에게 항복했고, 어떤 자들은 당시의 정세를 나름대로 판단하여 항복하기도 했다.

시드기야 왕이 두려워한 것은 바로 그런 자들이었다. 만일 자신이 바빌로니아 왕에게 항복할 경우에 그런 자들의 조롱과 비난과 박해를 두려워했던 것이다. 왜냐하면 그런 자들은 시드기야 왕이 고집을 피워 바빌로니아에 끝까지 저항하는 정책을 폈기 때문에, 백성들이 도탄에 빠지고 나라가 파탄 나서 결국에는 멸망의 지경까지 이르렀다고 생각하고 왕을 크게 원망하고 있었기 때문이었다. 왕의 속내를 듣고서 예레미야가 간곡히 설득하는 말로 대답한다.

(20-23) "아닙니다, 그런 걱정은 조금도 하지 마십시오. 바빌로니아 군사들이 왕을 그자들에게 절대로 넘겨주지 않을 것입니다. 그러니 왕께서는 아무 염려하지 말고, 오직 제가 왕께 전하는 주님의 말씀만 굳게 믿으십시오. 그리하면 모든 일이 잘 풀릴 것이고, 왕께서는 복을 받아 목숨을 건질 수 있을 것입니다. 그러나 만일 왕께서 계속 버티고 끝까지 항복하시지 않으면, 주께서 제게 보여주신 무서운 일들이

그대로 이루어지고 말 것입니다. 그렇게 되면, 유다 왕궁에 남아있는 여인들이 모두 사로잡혀 바빌로니아 왕의 고관들에게로 끌려가게 될 것인데, 그러면 그때에 여인들은 왕께 말하기를 '아, 슬프다! 왕이 믿었던 친구들이 왕을 속이고 마침내 왕을 죽음으로 몰아넣었구나. 보라, 왕은 진창에 빠져 저렇게 허우적거리는데, 왕이 믿었던 친구들은 그 모습을 보고 모두 왕을 버린 채 뿔뿔이 도망쳐 버렸구나.'라고 할 것입니다. 그렇습니다. 그렇게 되면, 왕의 아내들과 자녀들도 모두 붙잡혀 바빌로니아 군대 앞으로 끌려갈 것이고, 왕 자신도 그들의 손에서 벗어나지 못하고 사로잡혀 바빌로니아 왕 앞으로 끌려가게 될 것입니다. 또한 그때에는 이 예루살렘 도성이 완전히 파괴되고 모조리 불태워지고 말 것입니다."

왕의 속마음을 통해 시드기야 왕이 바빌로니아 왕에게 항복할 마음이 전혀 없지는 않다는 사실을 알게 된 예레미야는 더욱 진심을 다해 간곡하게 왕을 설득한다. 왕을 격려하고 왕에게 용기를 불어넣어준다. 그렇지만 우유부단한 시드기야 왕은 예레미야의 모든 말을 듣고서도 그 자리에서 결단하지 못하고, 다른 주제로 말을 돌려 예레미야에게 말한다.

(24-26) "그건 그렇고, 그대는 지금 내게 했던 이 모든 말을 다른 사람들에게는 일절 알게 하지 마시오. 그래야만 그대가 죽지 않고 목숨을 부지할 수 있을 것이오. 만일 나의 신하들이 내가 그대를 만나서 그대와 무슨 이야기를 나누었다는 말을 들으면, 그들은 분명 그대에게로 몰려와서 말하기를 '예레미야여, 네가 왕께 무슨 말을 했고, 또 왕께서는 너에게 무슨 말을 했는지, 우리에게 전부 말하라. 아무것도 숨기지 말고 다 말하면, 우리가 너를 죽이지 않을 것이다.'라고 할 것이오. 그럴 경우에, 그대는 나의 신하들에게 이렇게 대답하시오. 그들에게 말하기를 '왕이시여, 제발 저를 요나단의 집으로 되돌려

보내지 마소서. 그렇게 된다면, 저는 거기서 죽고 말 것입니다. 그러니 부디 저를 그리로 돌려보내지 마시어 제 목숨을 살려주소서.' 하고, 왕께 간청했을 뿐이라고 하시오."

예레미야와의 비밀스런 만남과 대화 내용을 은폐하려는 시드기야 왕의 부탁이다. 이처럼 시드기야는 하나님을 믿고 따르기보다는 끝까지 신하들의 눈치를 살피고 의식하다가 예레미야의 충고를 따르지 않는다. 자신도 살고 백성도 살고 나라도 살 수 있는 길을 스스로 걷어찬 참으로 무능하고 우유부단하며 불순종하는 악한 왕이었다. 유다로서는 참으로 슬프고 안타까운 운명이 아닐 수 없다.

예레미야와 시드기야의 만남이 있은 지 얼마 후, 과연 예상대로 유다의 모든 대신들이 어떻게 소문을 듣고 예레미야에게로 몰려와서 그가 왕과 더불어 나눈 이야기에 대해 캐물었다. 하지만 이때 예레미야는 시드기야 왕이 자신에게 일러준 대로 단지 자신의 목숨을 위해 왕께 탄원했을 뿐이라고 대답했다. 이런 사실을 두고 예레미야가 시드기야 왕과 짜고 거짓말을 했다고 볼 수는 없다. 단지 예레미야는 모든 것을 밝히지 않은 채 사실대로 말했을 뿐이다. 사실, 예레미야는 시드기야 왕과 나눈 이야기를 대신들에게 그대로 모두 말할 의무는 없었다. 그래서 예레미야는 대신들의 물음에 필요한 만큼만 대답했을 뿐이다.

어쨌든 이렇게 해서 예레미야 선지자와 시드기야 왕 사이에 주고받은 이야기, 곧 바빌로니아 왕에게 항복하는 문제를 두고 나눈 이야기는 탄로 나지 않았고, 대신들도 더 이상 예레미야에게 캐묻기를 그쳤다. 이리하여 예레미야 선지자는 시설이 아주 열악한 요나단 관저의 지하 토굴감방에 갇히지 않고, 예루살렘 도성이 바빌로니아 군대에 의해 함락되던 그날까지(주전 586년 4월 9일, 왕하 25:3-4) 비교적 시설이 괜찮은 왕궁 내 경비대 뜰에 있는 유치장에 머물렀다. 그 기간은 대략 6개월에서 1년 남짓이었다.

39

예루살렘의 함락

시드기야는 어둠을 틈타 도망가다가
여리고 평원에서 대적에게 붙잡히네
바빌로니아 왕은 시드기야를 심문한 후
그의 두 눈을 뽑고 쇠사슬로 묶네

유다의 도성 예루살렘이 함락됨 (39:1-10)

시드기야가 유다의 제20대 왕위에 오른 지 9년째 되는 해의 10월 10일에 바빌로니아 왕 느부갓네살이 자기의 모든 군대를 거느리고 예루살렘을 치러 올라와서 그 도성을 에워싼 채 포위공격을 감행하였다(주전 588년). 그리고 유다 왕 시드기야 제11년 4월 9일에 예루살렘 도성 안에 양식이 다 떨어져 마침내 함락되고 말았다(왕하 25:1-4).

그러니까 바빌로니아 군대는 예루살렘 성읍을 1년 6개월 동안 포위공격한 끝에 무너뜨린 것이다. 고대 전쟁에서 견고한 성읍을 정복하는 데에는 오랜 기간이 소요되었다. 일례로, 아시리아 군대는 북왕국 이스라엘의 수도 사마리아 성읍을 무너뜨리는 데 3년을 끌기도 했다(주전 722년경, 왕하 17:5). 이처럼 천연의 방어벽으로 둘러싸인 높고 견고한 성읍에 대한 포위공격은 성읍 안의 양식이 소진되고 백성들이 기근과 질병으로 쓰러질 때까지 기다려야 했기 때문에 종종 오랜 시일이 걸렸다.

"흠, 마침내 무너졌군! 모두 예루살렘 성읍 안으로 진군하라!"

예루살렘 도성을 포위 공격하는 바빌로니아 군대

예루살렘 성읍이 함락되자, 바빌로니아 왕의 모든 대신들이 예루살렘 도성 안으로 들어와 도성의 '중앙 성문' 앞에 자리를 잡았다. 이 성문은 예루살렘 성읍 전체를 감사할 수 있는 중심 성문으로, 시온산(Mt. Zion)의 북쪽 성벽에 있었다. 예루살렘 도성 안으로 들어와 중앙 성문에 자리를 잡은 바빌로니아 왕의 대신들 중에는 네르갈사레셀, 삼갈르보, 환관장 살스김, 박사장 네르갈사레셀이 있었고, 그 외에 다른 여러 바빌로니아 왕의 지휘관들이 있었다.

"성벽이, 성벽이 무너졌다! 방어벽이 뚫렸다!"

"보라, 바빌로니아 군사들이 모두 몰려온다! 어서 속히 도망가자!

예루살렘 성벽이 무너지고 바빌로니아 군사들이 모두 성읍 안으로 물밀 듯이 진격해오자, 유다 왕 시드기야와 그의 모든 신하들 및 예루살렘 군사들은 하나같이 사색이 된 채 공포에 질려 허겁지겁 도망치기에 바빴다. 시드기야 왕과 그의 측근 대신들과 군사들은 성읍의 함락이 가까워졌을 때 미리 도피를 준비하고 있었다. 그래서 성읍이 함락되자마자, 그들은 사전에 마련해둔 도주로를 통해 성읍을 재빨리 빠져나갈 수 있었다. 아마도 성문을 통하지 않고도 성 밖으로 빠져나갈 수 있는 비밀 통로가 있었을 것이다.

그랬기 때문에 그들은 들키지 않고 예루살렘 성문 밖으로 빠져나가 상당히 멀리까지 달아날 수 있었다. 성읍이 저녁 늦게야 무너졌기 때문에, 그들은 밤의 어둠을 틈타 왕의 동산 길을 따라 예루살렘 남쪽의 두 성벽 사이에 있는 성문을 통과하여 아라바 쪽으로 도주하였다. '왕의 동산 길'은 실로암 연못의 경계를 이루는 곳으로 '웃사 동산'이라 불리기도 한다(왕하 21:26). 그리고 '아라바'는 요단 계곡 전체를 망라하는 지역을 가리키는데, 사해 남쪽까지 길게 펼쳐져 있었다. 그러나 여기서는 여리고 지역에 있는 요단 계곡을 가리킨다.

"유다 왕을, 왕을 붙잡아라! 왕부터 붙잡아야 한다!"

"뭐라? 왕이 벌써 도망쳤다고? 그렇다면 지체 말고 어서 그를 추격하도록 하랏! 아직 멀리 도망가지는 못했을 것이니, 속히 추격하랏! 반드시 왕을 사로잡아야 한다!"

유다 왕이 도망친 것을 알아챈 바빌로니아 군대의 지휘관은 재빠른 군사들로 추격대를 편성하여 곧장 왕의 일행을 추격하도록 지시했다. 그리하여 바빌로니아 군사들은 여리고 평원에서 유다 왕 시드기야를 사로잡았다. '여리고 평원'은 요단강을 중심으로 하는 여리고 지역의 넓은 지대를 가리키는데, 시드기야 왕은 여기를 지나 요단강을 건너 후에 이집트로 도망하려는 계획을 가진 듯하다.

"오호, 네가 우리 대왕을 반역한 유다 왕이더냐? 여봐랏, 우리의 위대하신 느부갓네살 대왕 앞으로 유다 왕을 끌고 가도록 하라!"

시드기야 왕을 사로잡은 바빌로니아 군사들은 하맛 땅의 립나 진영에 있는 느부갓네살 왕 앞으로 그를 끌고 갔고, 느부갓네살 왕은 직접 시드기야를 심문하였다. '하맛'은 수리아의 큰 도시이고 '립나'는 팔레스타인의 북쪽 경계에 위치해 있었는데, 이 도시는 이집트와 메소포타미아를 직통으로 연결해주는 군사적 요충지였다. 당시 바빌로니아의 느부갓네살 왕은 수리아의 심장부인 립나 본영에 머물러있었고, 그의 군장들이 예루살렘을 비롯한 유다의 각처에서 전쟁을 수행하고 있었다. 그리고 바빌로니아의 군장들은 사로잡은 포로들 중 주요 인물들을 느부갓네살 왕 앞으로 압송하여 왕의 심문을 받게 했다.

"네 이놈! 그래, 네가 끝까지 나에게 항복하기를 거절하고 이집트를 의지했단 말이지? 내가 너를 유다 왕위에 앉혔건만, 배은망덕하게도 나를 배신하고 이집트 파라오에게 충성하다니! 참으로 고약하고 괘씸하도다!"

바빌로니아 왕은 여러 거칠고 험한 말로 유다 왕을 심문한 후에 시드기야가 보는 앞에서 그의 아들들을 칼로 쳐서 전부 다 죽였다. 당시 시드기야의 나이는 한창 젊은 32세였으므로, 그의 아들들은 모두가 아주 어린 나이에 비참하게 처형당했음을 알 수 있다. 유다 왕의 목전에서 유다의 모든 왕자들을 처형한 후에 이어서 바빌로니아 왕은 유다의 귀족들과 지도층 인사들도 하나도 빠짐없이 모조리 죽였다.

제1차 침공 때(주전 605년)와 제2차 침공 때(주전 597년) 바빌로니아 왕 느부갓네살은 유다의 귀족들과 지도층을 죽이지 않고 포로로 잡아갔다. 하지만 그 이후에도 유다가 반(反)바빌로니아 동맹에 가담하여 계속해서 자신을 거역하자, 바빌로니아 왕의 인내는 한계에 이르렀다. 그래서 바빌로니아 왕은 자신을 거역하는 다른 나라의 귀족들과 지도층 인사들에게도 분명한 경고를 주기 위해 이처럼 무자비한 방법을 선택했던 것이다.

그런데 이때 바빌로니아 왕은 유다 왕 시드기야를 그 자리에서 곧바로 죽이지 않았다. 대신에 죽음보다 더한 고통을 가했다. 시드기야의 두 눈을 뽑은 채 그를 쇠사슬로 꽁꽁 묶어 바빌로니아로 끌고 가서 죽을 때까지 옥에 가두었던 것이다. 이렇게 바빌로니아 왕은 자신을 거역한 유다 왕을 잔인하고 가혹하게 다룸으로써 다른 나라의 왕들과 속국의 왕들에게 반역의 대가에 대한 본보기를 보여주었던 것이다. 이를 다른 측면에서 살펴보면, 유다 왕 시드기야의 끔찍한 최후는 바빌로니아를 섬기는 것만이 살 길이라는 하나님의 뜻을 전달한 예레미야 선지자의 끈질긴 호소를 끝내 거부한 불순종의 죄에 대한 하나님의 형벌이었다(38:18).

"여봐랏, 인정사정 볼 것 없이 닥치는 대로 죽이고 빼앗고 불태워랏!"

느부갓네살 왕의 뜻에 따라 바빌로니아 지휘관들은 반역의 도시 예루살렘을 철저히 파괴하라고 지시했다. 그러자 바빌로니아 군사들은 예루살렘 도성을 휘젓고 다니면서 왕궁과 백성들의 집을 마구 불살랐고, 예루살렘 성벽도 닥치는 대로 허물어뜨렸다(왕하 25:8-10).

이때 정복한 예루살렘의 일을 처리하도록 왕에게서 전권을 위임받은 바빌로니아 왕의 근위대장 느부사라단은 예루살렘 도성 안에 남아있던 백성들과 자기에게 항복한 사람들 및 그 밖의 남은 자들을 모두 사로잡아 바빌로니아 땅으로 끌고 갔다. 그러나 아무 재산도 없는 빈민들은 포로로 잡아가지 않고, 유다 땅에 그대로 남겨두면서 그들에게 포도원과 밭을 나누어주었다(왕하 25:11-12). 이처럼 유다의 지도층과 유력한 자들은 죽이거나 포로로 끌고 간 반면, 나머지 아무런 영향력과 힘이 없는 빈민들과 노약자들은 살려두어 그 땅에 남겨둔 것은 더는 바빌로니아에 대해 반기를 들지 못하게 하려는 바빌로니아의 식민정책 중 하나였다.

예레미야 선지자가 옥에서 풀려남 (39:11-14)

"근위대장, 그대는 유다의 선지자 예레미야를 풀어주고, 그를 데려다가 잘 돌봐주도록 하라. 그를 해치지 말고, 그가 그대에게 요구하는 것은 무엇이든 들어주도록 하라!"

바빌로니아 왕 느부갓네살은 근위대장 느부사라단을 예루살렘으로 보낼 때, 선지자 예레미야에 관해서 이 같은 지시를 내렸다. 앞서 바빌로니아의 지휘관들은 일찌감치 바빌로니아에 항복한 유다 백성들을 통해 바빌로니아 왕을 섬기는 것이 하나님의 뜻이라고 외친 예레미야 선지자에 관한 이야기를 듣고 왕에게 보고했고, 그래서 바빌로니아 왕은 예레미야 선지자를 바빌로니아의 유다 침공에 대해 명분을 제공해주는 지원자로 여기고 그에게 호감을 가지고 있었던 것이다.

"네, 폐하! 분부하신 대로 따르겠습니다!"

그래서 근위대장 느부사라단과 환관장 느부사스반과 박사장 네르갈사레셀과 바빌로니아 왕의 다른 지휘관들은 느부갓네살 왕의 명령에 따라 예루살렘 도성을 정복한 후에 따로 군사들을 보내어 예루살렘 왕궁 내 경비대 뜰 안의 옥에 감금되어 있던 예레미야 선지자를 데려오게 했다. 그런 다음에 예레미야의 뜻에 따라 그들은 사반의 손자요 아히감의 아들인 그다랴에게 그를 맡겨 그의 고향으로 보내주었다. 그리하여 예레미야는 자유의 몸으로 자기 땅의 백성들 가운데 살게 되었다.

구스 사람 에벳멜렉의 구원이 선포됨 (39:15-18)

예레미야 선지자가 아직 풀려나기 전, 예루살렘 왕궁 내 경비대 뜰 안의 옥에 갇혀있을 때 주님의 말씀이 그에게 임한다.

(16-18) "예레미야야, 너는 가서 구스 사람 에벳멜렉에게 전하기를 '전능하신 만군의 주 이스라엘의 하나님께서 말씀하신다. 내가 예루살렘 도성에 복을 내리지 않고 이 도성을 향하여 선포하였던 모든 재앙들을 그대로 내릴 것인데, 그날에 너는 내 말이 그대로 이루어지는 것을 네 두 눈으로 똑똑히 보게 될 것이다. 나 주가 말한다. 그러나 그날에 내가 너를 구해줄 것이니, 너는 네가 두려워하는 사람들의 손에 넘겨지지 않을 것이다. 그렇다. 내가 반드시 너를 구해줄 것이니, 너는 대적의 칼에 죽지 않겠고 마치 전리품을 얻듯 네 목숨을 얻게

될 것이다. 그것은 네가 나를 믿고 의지하였기 때문이다. 이는 나 주의 말이다.'라고 하여라."

구스(Cush)는 일반적으로 아프리카 동부에 위치한 '에티오피아'(현재의 '아비시니아')를 가리키고, '구스 사람'은 이 지역 출신의 사람을 가리킨다. 그러니까 이방 땅 에티오피아 출신인 예루살렘의 왕궁 내시 에벳멜렉은 이방 우상의 무능과 헛됨을 익히 알고서 일찍부터 이스라엘의 하나님을 믿었고, 그래서 하나님의 종인 예레미야 선지자를 존중하고 있었다. 그래서 예레미야가 친(親)이집트 관료들에 의해 깊은 진흙 구덩이 속에 떨어뜨려져 꼼짝없이 굶어죽게 생겼을 때 모든 위험을 감수하고 시드기야 왕에게 청원하여 그를 건져냈던 것이다(38:7-13).

하나님께서는 이 같은 에벳멜렉의 믿음의 용기와 선행을 잊지 않으셨다. 그래서 예루살렘이 함락되어 파괴되고 불타는 아주 긴박하고 정신없는 상황 속에서도 그를 기억하여 '마치 전리품을 챙기듯' 그의 목숨을 잘 챙겨서 살려주신 것이다. 이처럼 하나님을 신뢰하고 그분의 종을 존중하는 자에게는 하나님의 특별하신 도움이 함께하여 어떤 상황 가운데서도 하나님의 특별하신 보호를 받게 된다. 하나님께서는 '하나님의 이름으로' 이름 없는 소자(小子)에게 냉수 한 그릇을 대접한다고 해도, 그 손길을 잊지 않으시고 반드시 갚아주신다(마 10:42). 갚아주시되, 베푼 것 이상으로 아주 풍성하게 넘치도록 갚아주신다.

40

유다 총독 그다랴

그다랴가 유다를 다스리네
흩어져 숨어 있던 유다 백성이 나타나자
그는 부지런히 설득하네
이젠 항복하고 유다 땅에 살라고 하네

예레미야 선지자가 유다 땅에 남기를 원함 (40:1-6)

"아니? 그대는 예레미야 선지자가 아니오? 내가 일전에 예루살렘에서 그대를 분명히 풀어주었거늘, 어찌 지금 쇠사슬에 묶여 포로들 사이에 있는 것이오? 여봐랏, 당장 저분을 풀어주도록 하라!"

바빌로니아 왕의 근위대장 느부사라단이 라마에서 예레미야를 다시 풀어주고 난 후에, 주님의 말씀이 예레미야에게 임한다. 당시 근위대장 느부사라단은 예루살렘 주민들과 유다 백성들을 포로로 사로잡아 바빌로니아 땅으로 옮기고 있었는데, 포로들 사이에 예레미야 선지자도 섞여 쇠사슬에 묶인 채 끌려가고 있는 것을 발견하고는 그를 다시 풀어준 것이었다.

예루살렘을 함락시킨 후에, 근위대장 느부사라단은 느부갓네살 왕의 명에 따라 예루살렘 왕궁 내 경비대 뜰 안의 옥에 갇혀 있던 예레미야를 자유롭게 풀어주었다(39:11-14). 이후 예레미야는 자유의 몸이 되어 유다 백성들 가운데서 거주하고 있었는데, 예루살렘에서 유다인 포로들을 잡아들이는 바빌로니아 군사들의 착오에 의해 근위대장이 알지 못하는 사이에 다시 포로로 붙잡혀 라마까지 끌려오게 되었다.

라마(Ramah)는 예루살렘에서 북쪽으로 약 8km 지점에 위치한 마을로, 당시 예루살렘에서 사로잡힌 포로들의 1차 집결지였다. 다행스럽게도 그곳에서 예레미야 선지자는 바빌로니아 왕의 근위대장 느부사라단에게 발견되어 다시 풀려나게 된 것이다. 근위대장이 예레미야를 풀어주면서 그에게 말한다.

(2-4) "그대의 하나님 주께서는 이 땅에 이 같은 재앙을 내리시겠다고 미리 선포하셨소. 과연 주께서는 말씀하신 그대로 행하시어 이 나라에 재앙을 내리셨소. 이 모든 일은 그대의 백성들이 주께 죄를 짓고, 그분의 말씀을 따르지 않았기 때문에 생긴 일이오. 자, 보시오. 나는 지금 그대의 손에 묶인 쇠사슬을 풀어주겠소. 만일 그대가 원한다면, 나와 함께 바빌로니아로 갑시다. 내가 그대에게 호의를 베풀어 잘 보살펴주겠소. 그러나 만일 그대가 바빌로니아로 가는 것을 원치 않는다면, 나와 함께 가지 않아도 좋소. 그대가 보다시피, 유다 온 땅이 그대 앞에 놓여 있소. 그러니 어느 곳이든지, 그대가 가고 싶은 곳으로 가서 자유롭게 살도록 하시오."

바빌로니아 왕의 근위대장 느부사라단은 유다를 침공하기 전에 분명 이스라엘(유다)의 하나님에 관해 알고 있었을 것이다. 또한 그는 예레미야 선지자가 유다에 대하여 선포한 하나님의 심판의 메시지에 대해서도 간접적으로 들었을 것이다. 당시 바빌로니아 사람들은 각 나라와 민족마다 저마다의 수호신들이 존재하고 있다는 사실을 인정하고 있었으므로, 이번의 유다 정복도 이스라엘(유다)의 하나님이 그 배후에 있다는 사실을 인정한 것이다.

이때 예레미야는 근위대장을 따라 바빌로니아로 가서 일신의 부귀영

화를 누리는 길을 택하지 않고, 짓밟히고 유린당해 완전히 폐허가 된 유다 땅에 그대로 머무는 길을 택했다. 그리하여 예레미야가 돌아서서 막 떠나려고 할 때 근위대장 느부사라단이 예레미야를 불러 세우며 덧붙여 말한다.

"그대가 정히 유다 땅에 남기를 바란다면 굳이 말리지는 않겠소. 하지만 그대가 이 땅에 남기를 원한다면, 바빌로니아 왕이 유다 총독으로 세운 사반의 손자요 아히감의 아들인 그다랴에게로 돌아가서 그와 함께 그대의 동족들과 더불어 사는 것이 어떻겠소? 만일 그것도 원치 않는다면, 어디든지 그대가 가고 싶은 곳으로 가도록 하시구려."

이렇게 말하면서 근위대장은 예레미야에게 선물도 주고 여행 중에 먹을 양식도 챙겨주었다. 그리하여 예레미야 선지자는 미스바로 내려가서, 아히감의 아들 그다랴를 찾아가 그와 함께 그 땅에 남아있는 동족들 가운데 살았다.

'그다랴'(Gedaliah)는 유다의 귀족 출신으로, 예루살렘이 함락된 이후(주전 586년) 바빌로니아 왕 느부갓네살에 의해 그 땅을 다스리도록 '유다 총독'으로 임명된 자다. 그는 신실한 인물로 유다의 재건과 부흥을 위해 성심껏 노력했지만, 불행하게도 유다 총독으로 임명된 지 두 달 만에 반(反)바빌로니아 인물인 이스마엘에 의해 암살당하고 말았다(왕하 25:25). 성경에서 그의 이름은 '그달리야' 혹은 '그달랴'로도 표기된다.

그다랴가 유다 총독으로 세워짐 (40:7-12)

"사반의 손자요 아히감의 아들인 그다랴가 유다 총독으로 임명되었다고? 그 사람은 그래도 믿을 만한 인물이 아닌가. 그렇다면 우리가 그 사람을 찾아가야겠구나."

예루살렘 함락 이후에 유다의 산과 들에서 부하들을 거느린 채 흩어져 숨어 있던 유다의 군대 지휘관들은 바빌로니아 왕이 아히감의 아들인 그다랴를 유다의 총독으로 세우고, 유다 땅에 남아 있는 남녀 백성들과 어린아이들 및 바빌로니아 땅으로 끌고 가지 않은 빈민들을 그에게 맡겨서 그로 하여금 다스리게 했다는 소식을 들었다.

그다랴의 조부인 '사반'은 선왕(善王) 요시야 때의 대신으로 성전 보수 중에 발견한 율법 책을 왕에게로 가져갔던 인물이다(왕하 22:3-13). 그리고 사반의 아들이자 그다랴의 부친인 '아히감'은 요시야 왕이 파견한 특사의 일원으로 여선지자 훌다를 방문한 바 있었고(왕하 22:12-14), 예레미야가 유다의 멸망을 선포한 성전 설교로 위험에 처했을 때 그를 보호하기도 했다(26:24). 말하자면 유다 사회에서 그다랴의 집안은 뼈대 있고 지조 있는 명망 가문이었다.

그래서 군대 지휘관들은 그다랴에게 호감을 갖고 그를 찾아가기로 한 것이다. 당시 그다랴 행정부는 파괴된 예루살렘 도성에 세워지지 않고 미스바에 세워졌다. 미스바(Mizpha)는 예루살렘에서 북쪽으로 대략 13km 떨어진 곳에 위치한 도시로, 오늘날의 텔 엔-나스베(Tel en-Nasbeh)란 곳으로 추정된다. 이 도시는 사사 시대와 사무엘 시대에 수세기에 걸쳐 정치적, 종교적 중심지였다(삿 20:1; 삼상 7:5-7; 10:17).

소식을 전해 듣고 각처의 산과 들에 흩어진 군대 지휘관들이 부하들을 이끌고 미스바로 와서 그다랴를 찾아왔는데 그들 무리는 이러했다. 곧 느다냐의 아들 이스마엘, 가레아의 두 아들 요하난과 요나단, 단후멧의 아들 스라야, 느도바 사람인 에배의 아들들, 그리고 마아가 사람의 아들인 여사냐와 그들의 부하들이었다. 이들 무리가 찾아오자, 사반의 손자요 아히감의 아들인 그다랴가 그들을 기꺼이 환영하며 그들과 그들의 부하들에게 이렇게 말하며 맹세한다.

(9-10) "여러분들은 지금껏 바빌로니아 군대에 항복하지 않았지만, 이제는 두려워하지 말고 그들에게 항복하도록 하시오. 여러분은 이

땅에 그대로 살면서 바빌로니아 왕을 섬기도록 하시오. 그러면 모든 일이 잘 풀릴 것이고, 또 그렇게 하는 것이 정녕 여러분에게 유익한 일이 될 것이오. 나는 여기 미스바 성읍에 머물면서 우리에게로 나아오는 바빌로니아 사람을 섬기는 한편으로, 최대한 우리의 이익을 위해 여러분의 대변자로 나서도록 하겠소. 그러므로 이제 여러분은 각자 자기들의 성읍으로 돌아가, 포도주와 여름 과일들과 올리브기름을 거둬들여 부지런히 저장해두도록 하시오."

유다 총독 그다랴가 제시한 정책은 지금껏 예레미야 선지자가 외친 하나님의 메시지와 상통했다. 분명 이때에 예레미야 선지자가 그다랴를 적극적으로 도와 나라의 재건과 부흥에 힘썼을 것이다. 특히 먹을 양식과 생활필수품을 확보해놓는 그다랴의 경제 정책은 비록 유다가 바빌로니아의 속국 신세로 전락했어도 유다 백성들의 경제적 자립을 최대한 도모하는 올바른 정책 방향이었다.

그 무렵, 모압과 암몬과 에돔 및 다른 여러 나라에 흩어져있던 유다 사람들도 바빌로니아 왕이 유다 땅에 사람들을 남겨두었고, 또한 그들을 다스리도록 사반의 손자요 아히감의 아들인 그다랴를 총독으로 세웠다는 소식을 들었다. 이처럼 유다의 주변 나라들에 피신해있던 유다 사람들은 나름대로 재물이나 권세를 지닌 유력한 사람들이었다. 그들은 바빌로니아가 유다를 침공하기 직전에 자신의 영향력을 이용해 전쟁의 위험을 피하여 주변 나라들에 피신해있었다.

그러다가 유다 땅의 소식을 듣고서 흩어져 살고 있던 각처에서 본국으로 돌아왔던 것인데, 때에 미스바에서 행정부를 이끌던 그다랴 총독에게 협조하여 각자 자기들의 성읍에서 포도주와 여름 과일들을 많이 거둬들여 저장해놓았다. 이렇게 되자, 유다는 망국의 상처와 아픔을 딛고 이연 활기를 띠기 시작했고, 그 땅에 남아있던 백성들도 그다랴 총독을 중심으로 단결하면서 나라의 회복을 기대하며 다시 살아갈 소망을 갖게 되었다.

그다랴를 암살하려는 음모 (40:13-16)

"총독 각하, 각하께서는 암몬 족속의 왕 바알리스가 각하의 목숨을 노리고 느다냐의 아들 이스마엘을 자객으로 보낸 것을 알고 계십니까?"

하루는 가레아의 아들 요하난을 비롯한 유다의 군대 지휘관들이 미스바로 올라와서, 그다랴 총독을 찾아와 이렇게 암살 음모에 관한 정보를 말해주었다. 요약하면, 암몬 왕 바알리스가 이스마엘이란 자를 사주하여 유다 총독 그다랴를 암살하려 한다는 정보였다.

'이스마엘'은 유다의 왕족 출신으로(41:1), 반(反)바빌로니아 성향을 지닌 권력욕이 강한 인물이었다. 따라서 그는 귀족 출신에 불과한 그다랴가 유다 총독이 되어 친(親)바빌로니아 정책을 펴는 것에 대해 불만이 컸다. 또한 그다랴로 인해 유다가 급속도로 안정되는 것이 못마땅했던 암몬 왕 바알리스는 이처럼 그다랴에게 큰 불만을 가진 이스마엘을 사주하여 그다랴를 암살하고자 했던 것이다.

"글쎄요? 그런 정보는 생소한데요? 그들이 내게 특별히 원한 맺힌 일이 없거늘, 설마… 그럴 리가 있겠습니까. 뭔가 잘못된 정보겠지요. 그대들은 너무 괘념치 마세요."

유다의 군대 지휘관들이 그다랴에게 암살 음모에 관해 경고했지만, 아히감의 아들 그다랴 총독은 그들의 말을 믿지 않고 신경 쓰지 않았다.

"총독 각하, 저를 보내주시면 제가 가서 아무도 모르게 느다냐의 아들 이스마엘을 죽이겠습니다. 어찌하여 각하의 목숨을 노리는 그자를 그냥 내버려두시는 것입니까? 만일 그자가 총독 각하를 살해하면, 각하 주변에 모여든 유다 백성들이 모두 뿔뿔이 흩어질 것이고, 그러면 이 땅에 남아있는 유다 백성들은 멸망하게 될 것입니다. 나라가 망한 후, 각하로 인해 이제 겨우 숨을 돌릴 만한데, 각하가 살해되면 모든 게 다시 무너져…."

"이 몸을 생각해서 걱정해주는 것은 고맙고 잘 알겠는데, 누가 무슨 유익이 있다고 이 몸을 공연히 죽인단 말입니까. 장군께서는 너무 염려치 마시고 수하의 부하들을 잘 관리해주세요."

암몬 왕과 이스마엘을 주축으로 하는 암살 음모에 관한 정보가 상당히 신빙성 있는데도, 그다랴 총독이 별로 신경 쓰지 않고 아무렇지 않은 듯 반응하자, 군대 지휘관들이 답답해했다. 그래서 그들 중 가레아의 아들인 요하난이 미스바에 있는 그다랴 총독을 은밀하게 다시 찾아가서, 사전에 이스마엘을 죽여 암살 음모를 저지하겠다고 말했다. 그런데도 사람 좋은 아히감의 아들인 유다 총독 그다랴는 가레아의 아들 요하난의 말을 믿지 않았다. 도리어 이스마엘을 죽이려하는 요하난을 말리며 이렇게 대답한다.

"안 되오, 그대는 섣불리 그런 일을 하지 마시오! 이스마엘에 대한 그대의 말은 사실일 리가 없소. 그가 대체 내게 무슨 원한이 있다고 나를 죽이려 한단 말이오? 절대로 그럴 리 없소!"

유다 총독 그다랴는 이스마엘에 관한 요하난의 말을 믿지 않았다. 그것은, 사람 좋은 그다랴가 순수하고 순진했기 때문에, 자신과 원한이 없는 이스마엘이 자신을 죽일 이유가 전혀 없다고 판단했기 때문일 것이다. 다른 한편으로는, 동족 간에 의심과 불화를 피하고 어떻게 해서든 화해와 단결을 도모함으로써 나라의 재건과 부흥에 매진하려고 했기 때문일 수도 있다.

하지만 세상 일이 어찌 자신의 순수한 뜻대로만 굴러가던가. 그다랴의 판단과는 달리 군대 지휘관들이 입수한 정보대로 암몬 왕의 사주를 받은 이스마엘은 유다 총독 그다랴를 암살하려고 치밀하게 계획을 짠 뒤 계획대로 착착 실행하고 있었으니…. 유다의 운명은 어찌 이리 모질고 험난한지!

41

암살당한 그다랴

느다냐의 아들 이스마엘이
총독 그다랴와 한 상에서 먹다가
갑자기 일어나 그를 죽이고
함께 있던 사람들도 죽이네

유다 총독 그다랴가 결국 암살당함 (41:1-3)

예루살렘이 바빌로니아 군대에 의해 함락된 그해(주전 568년)의 7월, 유다의 왕족 출신으로 한때 왕의 장관으로 일했던 이스마엘, 곧 엘리사마의 손자요 느다냐의 아들인 이스마엘이 10명의 부하를 거느리고 미스바에 있는 유다 총독 그다랴를 찾아왔다.

"오, 이스마엘, 반갑소이다. 어서들 오시오!"

그다랴는 자신을 직접 찾아온 이스마엘 일행을 반갑게 맞아들였다. 이번 기회에 그다랴는 이스마엘에 대한 유다 지휘관들의 오해도 풀어보리라고 마음먹고, 미스바 관저에서 그들을 위해 조촐한 연회를 베풀었다. 그래서 이스마엘 일행은 유다 총독 그다랴과 더불어 식사를 하게 되었다.

"자, 이때닷! 총독을 쳐 죽여라! 그자를 속히 죽이고, 얼른 이 자리를 빠져나가야 한다! 총독뿐 아니라, 관저에 있는 모든 자들을 하나도 빠짐없이 전부 쳐 죽여랏! 모두 행동을 개시하라!"

한창 식사를 하던 중, 이스마엘은 자신이 데리고 간 10명의 부하들과 함께 갑자기 식탁을 박차고 일어나더니 몰래 숨겨 가져간 칼을 빼들고 행동을 개시했다. 그리하여 바빌로니아 왕이 유다 땅의 총독으로 세워놓은 사반의 손자요 아히감의 아들인 그다랴를 칼로 쳐 죽였다. 이때 이스마엘은 그다랴 총독뿐만 아니라 그와 함께 식탁에 앉아있던 다른 유다 사람들 및 그곳 총독 관저에 있던 바빌로니아 군사들까지 모조리 쳐 죽였다. 연회장과 총독 관저는 순식간에 피로 물들었다.

그다랴 총독을 기습 살해하는 이스마엘 일당

이스마엘과 그를 따르는 10명의 사람들이 이처럼 신속하게 일을 처리할 수 있었던 것은 사전에 철저하게 계획한 데다, 일말의 의심 없이 모든 무장을 해제하고 연회의 흥겨운 분위기에 젖어 있었던 그다랴와 그 외 사람들의 무방비를 최대한 이용하여 기습적으로 일을 단행했기 때문이다. 그래서 그다랴와 그의 군사들은 손 한번 제대로 써보지 못하고 어이없게 당하고 말았다. 그러니까 일전에 유다의 지휘관들이 그다랴에게 알려준 정보가 딱 들어맞았고, 또한 요하난이 사전에 실행하려던 이스마엘 살해 계획이 옳았던 것이다. 하지만 이제 와서 후회한들 무슨 소용이랴! 그다랴의 죽음으로 유다는 다시금 한 치 앞을 내다볼 수 없는 극한 정치적 혼돈과 격랑 속으로 빠져들고 말았다.

성전 순례자들이 살육당함 (41:4-10)

총독 관저에서 유다 총독 그다랴가 어이없이 암살당했는데도, 그 이튿날까지 그 일은 아무에게도 알려지지 않았다. 이스마엘 일당이 목격자를 없애려고 총독 관저에 있던 모든 사람을 하나도 빠짐없이 전부 쳐 죽였기 때문이다.

그때에 세겜과 실로와 사마리아에서부터 나아온 80명의 사람들이 각자 수염을 깎고 옷을 찢고 자신들의 몸에 상처를 낸 채로, 손에 향료와 제물들을 들고서 예루살렘 성전으로 올라가려고 미스바를 지나가고 있었다. 이들은 예루살렘 순례자들로서, 이방 군대에 의해 성전이 파괴당한 것을 크게 슬퍼하여 스스로를 낮추고 자학하면서 순례 길에 오른 것이다.

"뭐라? 80명의 예루살렘 순례자들이 지금 미스바를 지나가고 있다고? 흐흠, 그래? 그렇다면… 좋아!"

순례자들에 관한 소식을 듣고서 느다냐의 아들 이스마엘은 나름대로 무슨 생각을 떠올리며 그들 순례자 일행을 만나려고 미스바에서 나왔다. 그런 뒤에 계속 울면서 길을 가다가, 마침내 그들을 만나자 이스마엘이 그들에게 다정하게 말한다. 이때 이스마엘이 슬퍼하면서 우는 행동을 취한 것은 80명의 예루살렘 순례자들의 슬픔에 동참한다는 의미다. 그래서 짐짓 가식적으로 행동하여 그들의 호의를 산 것이다. 이로 볼 때 이스마엘이란 자가 얼마나 간교하고 사악한 자인 지를 잘 알 수 있다.

"그대들은 지금 예루살렘으로 올라가는 순례자들입니까? 그렇다면 이곳 미스바를 그냥 지나치지 말고, 우리 함께 아히감의 아들 그다랴 총독을 만나러 갑시다. 나라의 재건과 회복을 위해 불철주야 애쓰는 총독을 위로하고 그에게 복을 빌어줍시다."

"좋습니다! 안 그래도 우리는 기회를 봐서 총독을 방문할 계획이었습니다. 그대가 우리를 총독께로 안내한다면 기꺼이 그리하도록 하겠습니다."

이렇게 해서 이스마엘은 80명의 예루살렘 순례자들을 인도하여 미스바 성읍 안으로 끌어들였다. 물론, 이때까지도 유다 총독의 죽음은 외부에 전혀 알려지지 않았다. 순례자들은 자신들의 슬픔에 동참하는 이스마엘을 전적으로 믿고, 그가 이끄는 대로 순순히 따랐다. 그리하여 순례자들이 미스바 성읍 안으로 들어서자, 느다냐의 아들 이스마엘은 갑자기 태도를 바꾸어 자기 부하들과 함께 그들을 마구 살육하기 시작했다. 앞서 그다랴 일행을 죽일 때처럼, 그들 순례자들도 자신을 믿고 안심하고 있을 때 기습적으로 그들을 공격하여 쳐 죽인 것이다. 그들을 죽인 이유는, 그들이 분명 오가는 길에 유다 총독 그다랴를 방문할 것 같았으므로 그들까지 모조리 죽여 자신들이 감행한 총독 살해 사실을 계속 숨기려했기 때문이었을 것이다. 그게 아니면, 단순히 80명의 순례자들이 소유한 많은 양식을 획득하고자 했기 때문일 것이다.

어쨌든 이스마엘 일당은 아무것도 모른 채 무방비 상태로 있던 순례자들을 무차별적으로 마구 죽이기 시작했고, 그 시체들을 크고 깊은 구덩이 속에 던져 넣었다. 이 구덩이는 물을 저장해놓는 '저수지'를 가리킨다. 물이 귀한 유다 땅에서 빗물을 담거나 혹은 샘물과 연결된 저수지는 특별히 전쟁의 시기에 꼭 필요했다. 미스바 성읍의 이 구덩이는 대략 300년 전에 남왕국의 유다 왕 아사(Asa)가 북왕국의 왕 바아사(Baasha)의 공격을 받은 후에 미스바 성읍을 요새화하려는 일환으로 만든 것이었다(왕상 15:22).

"아, 아! 제발, 제발… 목숨만…, 목숨만 살려주세요! 저희에게는 밀과 보리와 기름과 꿀 같은 양식이 많이 있는데, 순례 기간 동안에 사용하려고 그것들을 지금 어느 밭에 숨겨두었습니다. 그 밭을 알려주겠으니, 제발 목숨만 살려주세요!"

이스마엘 일당이 느닷없이 마구 칼을 휘둘러 동료 순례자들을 무차별적으로 살해하기 시작하자, 그들 일행 가운데 10명이 이스마엘에게 목숨을 구걸하며 크게 외친다. 그러자 그 말을 듣고 이스마엘은 살육을 멈추고 그들을 죽이지 않고 살려주었다. 그들이 말한 밭에서 양식을 얻기 위해서였다. 당시 이스마엘이 유다 총독 그다랴에게 속한 모든 사람을 죽이고 그들의 시체를 던져 넣었던 구덩이는 오래전에 유다 왕 아사가 이스라엘 왕 바아사와 더불어 전쟁할 때에 파놓은 것이었다. 그런데 이제 느다냐의 아들 이스마엘은 앞서 죽인 그다랴 일행의 시체들에, 이제 죽인 순례자들의 시체들을 더해 그 구덩이를 가득 채웠다. 실로 이스마엘은 무고한 자들의 피 흘리는 일을 대수롭게 생각하지 않는 사악한 악인의 전형이었다.

유다 총독을 쳐 죽인 느다냐의 아들 이스마엘은 또한 미스바 성읍에 남아있던 유다 왕의 공주들과 모든 백성을 포로로 사로잡았다. 그들은 바빌로니아 왕의 근위대장 느부사라단이 유다 총독 그다랴의 통솔 하에 맡긴 사람들이었다. 이스마엘은 그들을 인질로 삼고서 미스바 성읍을 나와 암몬 족속의 땅으로 가려고 길을 떠났다. 유다 총독 그다랴의 암살을 사주한 암몬 왕 바알리스의 보호를 받기 위해서였다.

이스마엘의 도주와 요하난의 망명 계획 (41:11-18)

"저런, 저런 쳐 죽일 놈이 다 있나! 세상에, 그런 끔찍한 일들을 저지르다니! 유다 총독과 그 일행을 살해한 것도 모자라 예루살렘 순례자들까지 쳐 죽이고, 게다가 미스바 성읍의 공주들과 백성들까지 인질로 삼아 끌고 가다니! 내 이놈을 가만 두지 않겠다! 당장 붙잡아 처단하고야 말겠다!"

머잖아 가레아의 아들 요하난과 그와 함께 있던 유다의 다른 군대 지휘관들은 느다냐의 아들 이스마엘이 미스바 성읍에서 행한 모든 악한 일에 대해 듣게 되었다. 그러자 그들 중 대장격인 요하난은 즉시 다른 지휘관들과 모든 부하를 거느리고 이스마엘 일당과 싸우려고 부지런히 추격하였고, 이내 기브온의 큰 연못 근처에서 이스마엘을 따라잡았다.

“저기 보라, 유다의 군사들이다! 분명 우리를 구하러 온 것이다!”

이스마엘 일당에게 붙잡혀 인질로 끌려가던 모든 사람들은 가레아의 아들 요하난 및 그와 함께 한 다른 군대 지휘관들과 군사들을 보자 크게 기뻐하였다. 그리하여 미스바에서 이스마엘 일당에게 붙잡혀 인질로 끌려가던 백성들은 얼른 돌이켜 가레아의 아들 요하난에게로 모두 돌아왔다.

“아, 안 되겠다! 저들과 싸운다는 것은 도저히 무리다! 얼른 도망가는 것이 그나마 목숨을 부지할 수 있는 길이다!”

이때에 느다냐의 아들 이스마엘은 자기 부하 8명과 함께 요하난을 피하여 암몬 족속의 땅으로 잽싸게 도주했다. 이스마엘과 그의 부하들은 자신들을 치기 위해 나오는 요하난 일행을 보았을 때 도저히 이길 수 없다고 판단했다. 그래서 그들은 자신들의 목숨을 부지하여 얼른 도망치는 것이 우선이었으므로 사로잡은 인질들에 대해서는 관심을 둘 여유가 없었다. 그런 상황에서 모든 인질들은 아무런 제지 없이 쉽게 요하난에게로 돌아갈 수 있었다. 이런 상황에서 이스마엘의 부하 10명 중 2명은 도망가지 못하고 죽었거나 사로잡혔던 것으로 보인다.

“아, 참으로 분하다! 총독을 살해한 이스마엘이란 작자를 그만 놓치다니! 그자를 붙잡아 처단했어야 했는데, 이제 암몬 땅까지 쫓아갈 수도 없고… 에잇!”

이렇게 해서, 가레아의 아들 요하난과 그와 함께 하는 유다의 군대 지휘관들은 비록 총독을 살해한 이스마엘은 놓쳤지만, 그에게 붙잡혀 인질로 끌려가던 모든 사람을 기브온에서 다 빼앗아올 수 있었다. 그 인질들은 느다냐의 아들 이스마엘이 유다 총독 그다랴를 죽인 후에 미스바 성읍에서 사로잡은 사람들이었다. 그들 사로잡힌 무리 중에는 여자들과 어린아이들뿐만 아니라 내시들과 군인들까지 있었다.

"참으로 걱정입니다. 바빌로니아 왕이 세운 유다 총독이 살해당하고, 게다가 총독 관저의 바빌로니아 군사들까지 살육당한 마당에… 이제 우리는 어쩌면 좋습니까? 아무래도 유다 땅을 떠나 이집트로 가는 것이…"

이 모든 일 뒤에, 요하난 일행은 유다 땅을 떠나 이집트로 망명하려고 베들레헴 근처에 있는 게룻김함에 머물고 있었다. 그들 일행이 이 같은 결정을 내린 이유는 분명하다. 느다냐의 아들 이스마엘이 바빌로니아 왕이 유다 총독으로 세운 아히감의 아들 그다랴를 죽였으므로, 그 일로 인해 바빌로니아 군대에게 보복당할 일이 두려웠기 때문이었다.

그 이유야 어찌 되었건 상황은 아주 나쁘지 않은가. 바빌로니아 왕이 세운 유다 총독 그다랴가 살해되었고, 또한 그를 호위하던 바빌로니아 군사들까지 무참하게 살육당했다. 따라서 이런 이유들로, 유다의 군대 지휘관들에 대해 바빌로니아 왕의 문책 및 보복이 충분히 뒤따를 수 있었다. 그래서 요하난 일행은 유다 땅에서 바빌로니아 왕의 보복을 그대로 당하는 것보다 유다 땅을 떠나 이집트로 망명가는 길이 더 안전하다고 느꼈던 것이다. 오랜 역사를 통해 이스라엘 백성들에게 있어 이집트는 안전한 도피처로 깊이 인식되어 있었다.

42

이집트로 가지 마라

열흘 후 주의 말씀이 임하자
예레미야가 그들에게 전하네
너희는 이집트로 가지 말고
유다 땅에 줄곧 머물러라

이집트 이주를 놓고 기도를 요청함 (42:1-6)

"자, 여러분! 이제 우리가 앞으로 어떻게 해야 할는지 예레미야 선지자에게 물어봅시다! 그분이라면 하나님의 뜻을 물어 우리에게 올바른 길을 제시해줄 것입니다!"

앞서 이스마엘과 그의 부하들이 그다랴 총독을 실해하고 예루살렘 순례자들을 살육하는 등 미스바에서 미쳐 날뛰는 동안에, 예레미야 선지자는 아무런 피해를 입지 않고 살아남을 수 있었다. 당시 예레미야가 어디에 있었는지 그의 행방에 대해서는 분명히 알 수 없다. 하지만 그때에 예레미야가 그다랴 총독과 함께 있지 않았고 또한 미스바 성읍에도 있지 않았다는 사실만은 분명하다. 만일 예레미야가 거기에 있었다면, 강력한 반(反)바빌로니아 성향의 이스마엘이 평소 바빌로니아에 항복할 것을 권한 예레미야를 가만둘 리가 없었기 때문이다.

여하튼 이스마엘 일당을 물리친 후에 가레아의 아들 요하난과 호사야의 아들 여사냐를 비롯하여, 유다의 모든 군대 지휘관들 및 백성들 중 가장 작은 자로부터 가장 큰 자에 이르기까지 모두가 다 예레미야 선지자에게로 몰려와서 간곡히 부탁한다.

"선지자님, 선지자님은 우리의 간구를 들으시고, 이 땅에 남아있는 이 모든 백성을 위해서 선지자님의 하나님이신 주께 기도해주십시오. 지금 선지자님이 보시는 바와 같이, 예전에는 많았던 우리 백성이 이제는 이렇게 적은 수효만 남게 되었습니다. 그러니 이제 우리가 가야 할 곳이 어디인지, 또한 우리가 해야 할 일은 무엇인지를 선지자님의 하나님께 여쭈어주시기를 바랍니다."

"잘 알겠소! 여러분들이 요청하신 대로, 내가 여러분들의 하나님이신 주께 기도를 드리도록 하겠소. 그리고 주께서 대답해주시는 것을 여러분들께 하나도 빠짐없이 그대로 다 전해드리도록 하겠소."

예레미야 선지자가 백성들의 요청에 흔쾌히 응답하자, 그들도 예레미야에게 약속한다.

"정말로 고맙습니다. 우리도 선지자님의 하나님이신 주께서 선지자님에게 이르시는 모든 말씀에 순종하여 그대로 따를 것입니다. 이 일에 있어, 주님은 우리 사이에 진실하시고 신실하신 증인이 되십니다. 우리가 이처럼 선지자님에게 특별히 부탁하여 우리 하나님이신 주께 기도해주시기를 요청하는 것은, 주님의 응답이 좋든지 나쁘든지 개의치 않고, 오직 주님의 말씀대로 따르기 위함입니다. 우리가 우리 하나님이신 주님의 말씀대로 따르면, 정녕 우리가 복을 받아 우리의 모든 일이 잘 풀릴 것입니다."

이때 요하난 일행과 유다 백성들은 정말로 하나님의 말씀이 좋든지 좋지 않든지 그 말씀에 전적으로 순종할 마음을 가진 것이 아니었다. 그들은 하나님의 뜻에 상관없이 이미 이집트로 내려갈 마음을 굳힌 상태였다(41:17). 그들은 하나님께서도 분명 이집트로 내려가라고 말씀하실 줄로 생각했다. 따라서 그들이 실상 예레미야에게 물은 것은, 이집트에 내려가느냐 마느냐의 문제가 아니라 '어떻게' 내려가는가 하는 문제였다. 그렇기에 이집트로 내려가지 말라는 예레미야의 메시지를 듣자(7-22절), 그들은 즉각 예레미야의 그 메시지를 거짓말로 몰아 순종하기를 거부했던 것이다(43:1-7).

이스라엘 백성들은 유다 땅에 남으라 (42:7-22)

유다 백성들의 요청이 있은 지로부터 10일 후, 주님의 말씀이 예레미야에게 임한다. 예레미야가 기도한 후에 하나님의 응답이 10일 동안 보류된 까닭은 확실히 알 수 없다. 아마도 하나님께서는 이미 이집트 행을 굳힌 요하난 일행과 백성들에게 자성(自省)의 기회를 주려고 했을 수 있다. 마침내 하나님의 말씀이 임하자, 예레미야는 가레아의 아들 요하난과 그와 함께 하는 모든 군대 지휘관들을 비롯하여, 유다 백성들 중 가장 작은 자로부터 가장 큰 자에 이르기까지 모두를 다 불러 모은 뒤 그들에게 말한다.

"여러분! 앞서 여러분은 나를 찾아와 여러분의 절박한 문제에 대해 이스라엘의 하나님이신 주께 여쭈어달라고 내게 부탁하였소. 이제 주께서 여러분에게 대답하신 말씀을 잘 들으시오."

"선지자님, 주님의 말씀이 임했습니까? 그렇다면 지체하지 말고 속히 주님의 말씀을 그대로 들려주십시오. 우리가 그 말씀대로 따르겠습니다!"

"네, 알겠습니다. 주님의 말씀을 여러분께 전해드리겠습니다."

그러면서 예레미야는 자신에게 임한 주님의 말씀을 요하난 일행과 유다 백성들에게 전달하기 시작한다.

(10-12) "여러분, 주께서 이르시기를 '너희가 유다 땅을 떠나지 않고 그 땅에 여전히 머물러 살면, 내가 너희를 세워주겠고 허물지 않을 것이며, 너희를 심어주겠고 뽑지 않을 것이다. 그것은, 내가 너희에게

내린 재앙에 대하여 내 뜻을 돌이켰기 때문이다. 나 주가 말한다. 너희가 지금 바빌로니아 왕의 보복을 두려워하고 있으나, 그를 두려워하지 마라. 내가 너희와 함께하여 너희를 구원할 것이니, 내가 그의 손에서 너희를 반드시 구해줄 것이다. 그러니 너희는 그를 두려워하지 말고 유다 땅에 머물도록 하여라. 내가 정녕 너희를 불쌍히 여겨 너희에게 자비를 베풀어주리니, 바빌로니아 왕으로도 역시 너희를 불쌍히 여기게 하여, 너희 모두를 너희 고향 땅으로 돌려보내게 할 것이다.'라고 하셨습니다."

예레미야에게 임한 하나님의 뜻은, 유다 백성들이 이집트로 내려가지 않고 지금처럼 유다 땅에 그대로 머물면서 계속 살아가는 것이었다. 그렇게 하면, 유다 백성들을 불쌍히 여겨 그들을 세워주시고 심어주실 것이라고 약속하셨다. 곧 붙들어주시고 보호해주실 것이라고 하셨다. 그러면서 하나님께서는 바빌로니아 왕을 두려워하지 말라고 강조하셨다. 그 까닭은, 요하난 일행과 백성들이 유다를 떠나 이집트로 내려가려고 하는 이유는, 유다 총독 그다랴가 살해된 사건으로 인해 무엇보다도 바빌로니아 왕의 보복을 두려워했기 때문이었다. 하지만 하나님께서는 자신의 말에 순종하여 유다 땅에 그대로 머무를 경우에 바빌로니아 왕을 조금도 두려워할 필요가 없다고 말씀하셨다. 바빌로니아 왕을 주관하시는 분은 하나님이시기 때문이다. 계속해서 하나님의 말씀을 전달하는 예레미야의 말은 이어진다.

(13-14) "여러분, 그런데도 만일 여러분이 여러분의 하나님이신 주님의 말씀을 따르지 않고 여러분의 고집을 피우며 말하기를 '우리는 이 불안한 땅에 계속 머물러 살 수 없다.'라고 하면서, 또 말하기를 '차라리 우리는 더 이상 전쟁을 겪지도 않고, 전쟁의 나팔소리도 들리지 않으며, 먹을 양식도 떨어질 염려가 없는 이집트 땅으로 반드시 이주하

고 말 것이다.'라고 주장한다면, 기필코 일이 잘못되고 말 것이오."

요하난 일행과 유다 백성들이 자신들의 도피처로 이집트를 선택한 이유는, 그곳은 전쟁의 나팔소리도 없고, 양식의 궁핍도 없는 평화롭고 풍요로운 곳이라고 생각했기 때문이다. 하지만 대단한 착각이었다. 불순종하는 자들에게 이집트는 결코 그런 평화롭고 풍요로운 땅이 될 수 없었다. 도리어 칼과 기근과 전염병의 재난이 난무하는 고통과 죽음의 땅이 될 것이었다(15-18절). 그래서 이제 예레미야는 이 같은 사실을 분명하게 알려준다.

(15-17) "그러므로 유다 땅에 남아있는 사람들이여, 이제 여러분에게 이르시는 주님의 말씀에 귀를 기울이십시오. 전능하신 만군의 주님 이스라엘의 하나님께서 말씀하시기를 '만일 너희가 이집트로 내려가서 그 땅에 정착하기를 끝까지 고집한다면, 너희가 그토록 두려워하는 전쟁의 칼이 이집트 땅까지 너희를 속히 뒤따라가서 너희에게 들이닥칠 것이고, 너희가 그토록 무서워하는 흉년의 굶주림이 이집트 땅까지 급히 너희를 뒤쫓아 가서 너희를 덮칠 것이니, 너희가 결국 그 땅에서 죽고 말 것이다. 그렇다. 이집트로 내려가서 그 땅에 정착해 살겠다고 고집을 피우는 사람들은 모두 칼과 기근과 전염병으로 거기서 죽게 될 것이다. 내가 그들에게 재앙을 내릴 때에 그 재앙에서 벗어나 살아남을 자가 아무도 없을 것이다.'라고 하셨습니다. 전능하신 만군의 주님 이스라엘의 하나님께서 여러분에게 또 말씀하시기를 '만일 너희가 내 말을 거역하고 끝내 이집트로 도피하면, 앞서 나의 진노와 분노가 예루살렘 주민들에게 퍼부어졌듯, 이제 내가 나의 진노와 분노를 너희 위에 또 다시 쏟아부을 것이다. 그렇게 되면, 너희가 온 세상 가운데 역겨움과 경악과 저주와 비웃음의 대상이 될 것이고, 너희가 다시는 이 땅을 보지 못하고 이방 땅에서 죽고 말 것이다.'라고

하셨습니다."

요하난 일행과 유다 백성들이 유다 땅을 떠나 도피하려는 이집트 땅, 그곳은 그들이 생각하는 것처럼 전쟁 없고 기근 없는 안전과 풍요의 땅이 아니고, 온갖 칼과 기근과 전염병이 난무하는 고통과 죽음의 땅이 될 것이므로, 절대로 이집트로 도피하지 말고 유다 땅에 계속 머물러 살라는 강력한 충고요 준엄한 경고다.

이처럼 하나님께서 남은 유다 백성들이 이집트로 내려가려는 것을 강력하게 막은 이유는, 분명 이방 땅 이집트에서는 쉽사리 이방 우상에 빠져들 우려가 충분히 있었기 때문이었다. 아닌 게 아니라 하나님의 말씀을 거부하고 끝내 이집트 땅으로 피신한 유다 백성들은 거기서도 우상숭배에 빠져들었다가 결국 하나님의 징벌을 받아 모두 멸망하고 말았다(44장). 분명 그러할 것이기에, 하나님의 말씀을 전달하는 예레미야는 요하난 일행과 유다 백성들에게 그들이 약속한 대로 하나님의 말씀에 따를 것을 강력하게 요구한다.

> (19-22) "그러므로 유다 땅에 남은 사람들이여, 이처럼 주께서는 여러분의 일로 내게 말씀하시기를 '너희는 이집트로 내려가지 말라!'라고 하셨고, 그래서 오늘날 나도 여러분이 이집트로 내려가서는 안 된다고 엄히 경고하고 있다는 사실을 분명히 아시기를 바랍니다. 앞서 여러분은 나를 여러분의 하나님이신 주께로 보내면서 '우리를 위하여 우리의 하나님께 우리의 갈 길에 대해 기도해주시고, 우리 하나님이신 주께서 말씀하시는 대로 우리에게 전부 알려주십시오. 그러면 주님의 응답이 우리에게 좋든지 나쁘든지 개의치 않고 주님의 말씀대로 다 행하겠습니다' 하고, 분명히 약속했습니다. 그런데 여러분은 여러분의 마음을 속이고 그 약속을 거짓으로 한 것입니까? 오늘날 나는 여러분의 하나님이신 주께서 내게 일러주시는 모든 말씀을 여러분에게 하나도

빠짐없이 그대로 전부 말해주었지만, 여러분은 스스로 약속을 깨뜨리고 주님의 말씀에 도무지 순종하지 않았습니다. 그러므로 이제 여러분은 분명히 알아두십시오. 여러분이 내려가서 정착해 살려는 그곳 이집트 땅에서 여러분은 전쟁의 칼과 흉년의 굶주림과 독한 전염병으로 결국 모두가 죽고 말 것입니다."

예레미야 선지자는 요하난 일행과 유다 백성들이 하나님의 말씀에 불순종할 것임을 알고 있었다. 예레미야가 하나님의 말씀을 전달할 때 그들의 못마땅해 하는 불만의 표정을 보고 감지했거나, 아니면 하나님의 말씀이 예레미야에게 임할 때 하나님께서 예레미야에게 그들의 불순종에 대해서도 알려주셨을 수 있다.

어쨌든 요하난 일행과 유다 백성들은 주님의 응답이 좋든지 나쁘든지 개의치 않고, 오직 주님의 말씀대로 따르겠다고 약속했지만(42:6), 그것은 그들 스스로가 하나님께 자신들의 마음을 속인 것이었다. 마음속으로는 이미 이집트로 내려갈 것을 굳게 결정해놓고서도, 입으로는 하나님의 뜻에 전적으로 따르겠다고 약속했기 때문이다. 말하자면 그들은 하나님이 자신들의 계획을 지지해줄 경우에만 순종하려고 했다. 그런데 하나님의 뜻이 자신들의 계획과 충돌하고 어긋나자 즉각 태도를 바꿨던 것이다 이처럼 그들은 말과 행동이 다른 위선자들이었다.

43

이집트로 피신한 유다 백성

다바네스에서 주의 말씀이
예레미야에게 임하네
너는 큰 돌을 가져다가
파라오 궁전 입구에 묻어라

이집트로 내려간 자들에 대한 하나님의 심판 선포 (43:1-13)

"아니, 뭐라고요? 우리가 이집트로 내려가선 안 된다고요? 그 땅에서 죽게 될 것이라고요? 그럴 리가요! 그대는 지금 우리에게 거짓말을 하고 있는 거요! 우리의 하나님이신 주께서 그대에게 그런 말을 전하라고 하셨을 리가 없소! 우리가 이집트로 내려가서 그곳에 정착해서는 안 된다는 것이 주님의 뜻일 리가 없단 말이오! 그대가 그렇게 말한 것은 틀림없이 네리야의 아들 바룩이 그대를 꼬드겨서 우리를 대적하게 하려는 것이오! 그래서 마침내는 우리를 바빌로니아 군사들의 손에 넘겨주어서 우리를 죽게 하거나, 아니면 바빌로니아 땅으로 사로잡아가게 하려고 그대를 부추긴 것이란 말이오!"

예레미야가 주께 받은 모든 말씀 곧 이스라엘의 하나님이신 주께서 예레미야를 통해 이르신 모든 말씀을 당시 유다 땅에 남아있는 온 백성에게 전부 말했을 때, 호사야의 아들 아사랴와 가레아의 아들 요하난과 그밖에 모든 거만한 무리들이 성난 표정을 지으며 예레미야에게 거칠게 대들었다. 예레미야가 거짓말을 하고 있다며 그를 몰아붙였다. 예레미야가 자신들이 기대했던 말과는 다른 말을 했기 때문이다. 그래서 그들은 자신들의 계획대로 실행하기 위해 예레미야를 거짓말쟁이로 몰아붙였는데, 정작 자신들의 마음을 속인 거짓말쟁이들은 바로 그들이었다.

이때 요하난 일행과 유다 백성들은 예레미야의 거짓말을 부추긴 자로 '바룩'을 의심했는데, 바룩은 예레미야의 친구이자 개인 비서로서, 당시 예레미야와 가장 가까운 사람이었기 때문이다. 그래서 요하난 일행과 유다 백성들은 자신들의 이집트 행을 말리는 예레미야의 말이 하나님의 말씀이 아니라 단지 사람의 말이라는 것을 강조하기 위해 바룩을 주동자로 끌어들였던 것이다. 이렇게 가레아의 아들 요하난과 그와 함께 하는 모든 군대 지휘관들 및 모든 백성들이 유다 땅에 그대로 머물러 살라는 주님의 명령을 따르지 않았다.

"자, 여러분! 이집트로 내려가지 말라는 예레미야의 말은 더 이상 신경 쓸 필요가 없습니다. 그 말은 바룩이 예레미야를 부추긴 거짓말이 분명하므로, 우리는 우리의 당초 계획대로 이집트 행을 실행할 것입니다!"

그리하여 가레아의 아들 요하난과 그와 함께 하는 모든 군대 지휘관들은 유다 땅의 남은 자들을 전부 인솔하여 이집트 땅으로 내려갔다. 당시 유다 땅의 남은 자들은 이러했다. 곧 그들은 바빌로니아 군대가 침략했을 때 이웃 나라들로 도피했다가 전쟁 후에 유다 땅에 거주하려고 다시 돌아온 자들, 느다냐의 아들 이스마엘에 의해 미스바에서 사로잡혀 기브온까지 끌려갔다가 풀려난 남자와 여자와 어린아이들과 유다의 공주들, 바빌로니아 왕의 근위대장 느부사라단이 그다랴의 통솔 하에 맡긴 모든 사람들이었다. 그리고 그들은 예레미야 선지자와 네리야의 아들인 서기관 바룩까지 강제로 이끌어 이집트로 내려갔다.

이렇게 그들은 주님의 명령을 거역하고, 유다 땅을 떠나 이집트 땅으로 들어가서는 다바네스라는 곳에 이르렀다. 다바네스(Tahpanhes)는 이집

요하난 일행이 다바네스로 이주하다

트의 관문인 북동부 성읍으로 '드합느헤스'와 동일한 곳으로 여겨진다(겔 30:18). 오늘날 이곳은 라암셋의 남동쪽 13km 지점에 있는 '텔-데프네'(Tell-Defneh)로 추정된다. 하루는 그곳 이집트 땅의 다바네스에서 주님의 말씀이 예레미야에게 임한다.

(9-13) "예레미야야, 너는 모든 유다 사람들이 보는 앞에서 네 손으로 직접 큰 돌을 가져다가, 다바네스의 파라오 궁전 입구에 있는 벽돌 깔린 포장도로를 판 다음에 그 돌을 진흙으로 묻어라. 그런 후에 그들에게 선포하기를 '전능하신 만군의 주 이스라엘의 하나님께서 말씀하신다. 보라, 내가 내 종 바빌로니아 왕 느부갓네살을 이곳으로 데려올 것이니, 그가 와서 자기 보좌를 큰 돌이 감춰진 이곳 위에 두겠고, 또한 그 위에 자기의 크고 화려한 왕의 천막을 펼칠 것이다. 바빌로니아 왕이 원정 와서 이집트를 치면, 그가 죽일 자는 죽이고, 포로로 사로잡아갈 자는 사로잡고, 칼로 쳐 죽일 자는 칼로 쳐 죽일 것이다. 그날에는 내가 또 이집트의 신전들에 불을 지를 것이니, 곧 바빌로니아 왕 느부갓네살이 이집트의 신전들을 불사르고, 그곳에 모셔져 있는 뭇 신상들은 전리품으로 취하여 자기 나라로 가져갈 것이다. 마치 목자가 옷으로 자기 몸을 둘러 감싸듯, 바빌로니아 왕이 아주 손쉽게 이집트 땅을 약탈한 후에 그 땅의 수많은 전리품들로 자기 몸을 둘러 감싼 채 아무런 저항도 받지 않고 유유히 그 땅을 떠나갈 것이다. 그때에 또 바빌로니아 왕이 이집트의 태양신을 모시는

벧세메스 신전의 돌기둥들을 무너뜨리고, 다른 이집트의 신전들도 전부 파괴하고 불사를 것이다.'라고 하여라."

이집트 땅에서도 예레미야의 선지자 사역은 계속 이어진다. 이때가 그의 선지자 사역 41년째로 나이는 대략 61세쯤 된다. 하나님께서는 예레미야에게 모든 유다 사람들이 보는 앞에서 직접 큰 돌을 가져다가, 다바네스의 파라오 궁전 입구에 있는 벽돌 깔린 포장도로를 판 다음에 그 돌을 진흙으로 파묻으라고 명하셨다(9절). 그런 예레미야의 행동은 장차 이집트를 침공하여 정복한 바빌로니아 왕이 큰 돌이 숨겨져 있는 그곳에 자신의 화려한 군막(軍幕)을 세울 것임을 상징적인 행동으로 보여주는, 이른바 '행위 예언'이었다.

즉, 바빌로니아 왕이 상차 이집트까지 출정하여 그 땅을 정복한 후에 끔찍한 파괴와 대량 살육을 감행할 것에 대한 예언이었다. 결국 이것은 하나님의 말씀대로(42:15-17), 이집트로 내려간 유다 백성들에게 그곳이 결코 안전을 보장해주지 못할 것이라는 예언이었다. 과연 하나님의 이 예언대로, 이때로부터 대략 18년 후쯤에 바빌로니아의 느부갓네살 왕은 이집트를 침공하여 초토화시켰다(주전 568년경). 이때 느부갓네살 왕은 이집트의 제26왕조의 4대 파라오인 호브라(Hophra) 정권을 무너뜨리고, 이집트에 살고 있던 유다 백성들을 포로로 사로잡아 바빌로니아 땅으로 끌고 갔다(44:30).

이집트를 정복한 바빌로니아의 느부갓네살 왕은 벧세메스 신전의 돌기둥들을 파괴할 것이었다(13절). '벧세메스'(Beth-shemesh)는 '태양의 집'이라는 뜻으로, 이집트의 수도인 멤피스의 북동쪽에 위치한 '헬리오폴리스'를 가리킨다. 이곳에는 이집트의 태양신 '라'(Ra)를 섬기는 신전이 있었는데, 고대 이집트 사람들은 태양신을 숭배하기 위해 신전에 신성한 돌기둥들 곧 '오벨리스크'를 세웠다. 오벨리스크(Obelisk)는 '방첨탑'(方尖塔)이라고도 하는 것으로, 하나의 거대한 석재로 만들어졌으며 단면은 사각형이고 위로 올라갈수록 가늘어져 끝은 피라미드 꼴이다. 높이는 대략 60피트(18m 가량) 혹은 그 이상 되었다.

한편, 본문에서 하나님께서는 이방 왕인 느부갓네살을 '내 종'이라고 부르셨다(10절). 이 말은, 느부갓네살 왕이 하나님의 사랑을 입은 의로운 종이라는 뜻이 아니고, 이집트에 대해 하나님의 심판을 수행할 도구로 선택받았다는 뜻이다. 더불어 그가 수행해야 할 임무가 막중하다는 뜻도 내포하고 있다. 이런 측면에서, 장차 유다를 해방시킬 도구로 선택된 바사(페르시아) 왕 '고레스'에 대해서도 하나님께서는 '내 목자'(사 44:28) 또는 '나의 기름 부음을 받은 자'(사 45:1)라고 부르셨다.

말하자면 하나님의 도구로 선택된 이방의 왕들은 자신들도 모르는 사이에 하나님의 종이 되어 그분의 목적을 이루고 있었던 셈이다. 이처럼 만왕의 왕이신 하나님께서는 자신의 뜻을 이루시기 위해 온 세상의 모든 왕들 가운데서 누구라도 택하여 자기 종으로 삼아 활용하실 수 있다.

44

우상숭배에 대한 경고

너희는 유다 땅의 폐허를 보고도
어찌 이곳 이집트에서도
가증한 우상을 숭배하느냐
너희는 기필코 멸망하리라

이집트 땅에 사는 유다 백성들에 대한 하나님의 심판 선포 (44:1-14)

예루살렘이 함락됨으로써 유다가 멸망한 후(주전 586년), 혹은 그 이전이라도 일찌감치 이집트로 피신하여 당시 이집트 땅에 살고 있는 모든 유다 백성들 곧 이집트 땅의 믹돌, 다바네스, 놉 그리고 바드로스 성읍에 살고 있는 모든 유다 백성들에 대하여 주께서 하신 말씀이 예레미야에게 내린다.

'믹돌'은 이집트 북동쪽의 국경지대로 지중해와 연결이 용이한 지역이고, '놉'은 이집트의 내륙지방인 '멤피스'를 가리키는데 지금의 '카이로' 부근이다. 그리고 '바드로스'는 나일 강 상류 지방을 가리킨다. 전능하신 만군의 주 이스라엘의 하나님께서 예레미야를 통해 그런 곳들에 살고 있는 모든 유다 백성들에 대하여 이렇게 말씀하신다.

(2-6) "너희는 예루살렘과 유다의 모든 성읍들 위에 내가 내린 두려운 재앙을 직접 보았다. 보라, 오늘날 그 모든 성읍들은 폐허가 되어

그곳에 거주하는 사람이 아무도 없다. 그렇게 된 것은, 그들이 저지른 모든 죄악들로 인해 그렇게 된 것이다. 그들은 자신들이나 너희들이나 너희의 조상들도 알지 못하는 이방의 다른 신들에게 나아가, 그 신들에게 향을 피워 올리고 그 앞에 엎드려 경배함으로써 나의 분노를 폭발시켰다. 그럴지라도 나는 그들에게 나의 종 선지자들을 보내되, 부지런히 보내고 또 보내며 거듭해서 경고하기를 '너희는 내가 아주 싫어하고 미워하는 그런 역겨운 짓을 하지 말라!'라고 하였지만, 그들은 내 말을 듣지 않았고 내 경고에 조금도 귀를 기울이지 않았다. 자기들의 악한 길에서 여전히 돌이키지 않은 채 다른 이방 신들에게 분향하는 일을 멈추지 않았다. 그러므로 내가 마침내 나의 분노와 진노를 그들 위에 쏟아 부어서, 유다의 모든 성읍들과 예루살렘의 모든 거리를 허물고 불살라버렸더니, 그것들이 오늘날과 같이 아주 황폐해져서 사람의 인적이 모두 끊긴 적막한 폐허가 되어버렸다."

이방 군대의 칼날과 말발굽 아래 유다의 모든 성읍들이 폐허가 되고 예루살렘이 파괴되어 유다가 멸망하게 된 근본적인 이유를 분명히 밝히고 있다. 그것은, 하나님의 백성 된 유다 백성들이 하나님의 거듭된 경고를 계속해서 거부하고 무시한 채, 하나님을 떠나 이방의 온갖 가증한 우상들을 열렬히 섬겼기 때문이었다. 나라가 망한 후에도 살아남은 유다 백성들은 이 사실을 분명히 깨달아 두 번 다시 같은 죄악을 범치 말아야 했다.

그런데도 아주 불행하게도 이집트 땅의 유다 백성들은 여전히 그 사실을 깨닫지 못했고, 유다의 멸망에도 불구하고 교훈을 배우지 못했다. 그래서 전능하신 만군의 주님이신 이스라엘의 하나님께서는 예레미야를 통해 강하게 질책하신다.

(7-10) "그런 두려운 광경을 보고서도, 너희가 어찌하여 그들처럼

크고 역겨운 죄를 저질러 너희 스스로를 해치고 있느냐? 유다 백성들 가운데 아직 살아남은 너희 남자와 여자와 어린아이와 젖먹이까지 모조리 다 죽게 하여서, 하나도 남기지 않고 아예 씨를 말리려고 하는 것이냐? 어찌하여 너희가 어리석게도 이곳 이집트 땅에 와서까지 너희 손으로 만든 이방 우상들에게 여전히 분향함으로써 나의 분노를 크게 촉발시켜 너희 모두를 멸절시켜 버리게 만드느냐? 그렇게 됨으로써, 정녕 너희가 온 세상의 뭇 나라들과 민족들 가운데서 저주와 조롱거리가 될 셈이더냐? 너희가 유다 온 땅과 예루살렘의 모든 거리에서 나를 욕되게 하였던 너희의 가증한 죄악을 벌써 잊었단 말이냐? 너희뿐 아니라, 너희 조상들과 너희의 왕들 및 왕비들과 너희 아내들 및 자녀들이 저질렀던 그 모든 가증한 죄악을 벌써 잊었더냐? 그 모든 죄악들로 인해 오늘날 너희가 그토록 크고 두려운 재앙을 당하고서도, 지금까지 너희가 스스로를 낮추어 너희 죄악을 뉘우치거나 너희 주 하나님인 나를 두려워하거나 하지도 않고, 도리어 내가 너희와 너희 조상들에게 준 나의 율법과 나의 계명을 경멸하고 지키지 아니하였다."

헛되고 무능하고 거짓되고 역겨운 이방 우상들을 열렬히 섬기다가 결국 이방 군대에 의해 예루살렘이 파괴되고 나라가 망했는데도, 이집트 땅으로 망명해온 유다 백성들은 거기서도 정신을 못 차리고 이집트의 우상들을 섬기고 있었다. 참으로 기가 차고 답답할 노릇이었다. 이집트로 피신한 유다의 망명자들은 이제 그곳의 새로운 문화에 적응하게 되자, 이집트의 신들도 받아들였던 것이다.

고대 세계의 사람들은 종종 어떤 국가나 지역의 신이 그곳을 수호하고 지배하는 것으로 생각하였다. 그래서 유다의 망명자들도 자신들이 살고 있는 그 땅의 신을 섬기는 것이 안전하다고 생각하고 이집트의 신들을 섬기고 있었다. 그래서 이런 어리석은 행태를 보이고 있는 이집트 땅의 유다 백성들을 향해 전능하신 만군의 주님이신 이스라엘의 하나님께서 강력하게 경고하시고 질책하신다.

(11-14) "보라, 내가 나의 분노의 얼굴을 너희에게로 향하고, 너희들의 머리 위에 큰 재앙을 쏟아 부어, 온 유다 백성을 멸절시켜 버리겠다. 내가 또 내 명령을 무시한 채 자기들의 고집대로 이집트 땅에 정착하기 위해 그곳으로 들어간 유다의 남은 자들도 모두 쳐서 없애버리겠다. 그리하여 그들이 이집트 땅에서 다 엎드러지고 멸망할 것이니, 그들 가운데 가장 작은 자로부터 가장 큰 자에 이르기까지 모두 전쟁의 칼과 흉년의 굶주림으로 죽고 말 것이다. 그래서 그들은 세상 사람들의 역겨움과 경악과 저주와 치욕의 대상이 될 것이다. 내가 예루살렘 성읍을 징벌한 것과 같이 이집트 땅에 사는 유다 백성들도 징벌할 것이니, 그들이 칼과 기근과 전염병으로 말미암아 모두 멸망할 것이다. 그렇다. 내 명령을 거역하고 자기 고집대로 이집트 땅에 들어가 거기서 살고 있는 유다의 남은 자들 가운데 어느 누구도 나의 재앙을 피하여 살아남지 못할 것이다. 그래서 그들이 그토록 돌아가기를 갈망하는 본토 유다 땅으로 되돌아갈 사람이 없을 것이니, 몇몇 소수의 피난민들을 제외하고는 아무도 유다 땅으로 되돌아가지 못할 것이다."

유다의 멸망 이후에도 죽지 않고 살아남은 자들은 안정과 평안을 누리기 위해 이집트로 망명하기를 원했다(41:16-18). 당시 강대국이었던 이집트 땅에는 더 이상 전쟁의 칼과 흉년의 굶주림과 죽음의 전염병이 없을 줄로 판단했던 것이다. 이에 하나님께서는 예레미야 선지자를 통해 이집트 땅이 아니라 유다 땅에 계속 머물며 살아가는 것이 안전하고 평안하다고 분명히 알려주셨다(42:7-12). 그러면서 만일 이집트로 망명할 경우에는, 그 땅에서 안정과 평안을 누리기는커녕 도리어 전쟁의 칼과 흉년의 굶주림과 죽음의 전염병에 맞닥뜨리게 될 것이라고 경고하셨다(42:13-17).

이때 유다 백성들은 하나님의 말씀을 거역하고 자신들의 판단에 따라 결국 이집트 망명을 강행했다(43:1-7). 그 결과는 하나님께서 예언하신 대로였다. 그 땅에서 그들은 안정과 평안을 누리지 못하고, 칼과 기근과 전염병으로 모두 멸망하고 말았다. 그 땅에서도 바빌로니아 군대의 침공을 받아 살육당하거나 포로가 되고 말았던 것이다. 이는 하나님의 말씀을 거역한 채 제멋대로 행동하는 자들, 곧 모든 시대를 초월하여 말씀에 불순종하는 자들이 마침내 맞닥뜨릴 필연적인 운명이었다.

이집트 땅의 유다 백성들이 회개하기를 거부함 (44:15-19)

예레미야가 이방 우상을 숭배하는 이집트 땅의 유다 백성들에게 하나님의 준엄한 경고의 말씀을 선포하자(2-14절), 그때 자기 아내들이 다른 이방 신들에게 분향하며 섬기는 것을 알고 있는 모든 남자들과 그들 곁에 함께 서있던 모든 부인들, 그리고 이집트 땅의 바드로스에 사는 모든 유다 백성들이 예레미야에게 항의하며 대답한다.

(16-18) "그만 닥치시오! 당신이 주의 이름으로 우리에게 이르는 말을 우리는 따르지 않겠소! 다만 우리는 우리 입으로 말한 것들을 그대로 실천할 것이오. 곧 본래부터 우리와 우리 조상들과 우리 왕들과 우리 고관들이 유다의 뭇 성읍들과 예루살렘의 모든 거리에서 해왔던 대로, 우리의 하늘 여왕에게 향을 피워 올리고 그 앞에 술을 따라 바칠 것이오. 사실, 우리가 그 여신을 잘 섬길 당시에는 우리의 모든 일들이 잘 풀려, 먹을 것들도 풍족했고 아무런 재앙도 없이 복을 받고 살았소. 그러나 우리가 하늘 여왕에게 분향하는 것과 그 앞에 술을 따라 바치는 것을 그친 이후부터는 우리의 살림이 아주 궁핍해졌고, 심지어 전쟁의 칼과 흉년의 굶주림으로 쫄딱 망하고 말았소."

참으로 기가 찰 노릇이다. 예레미야의 메시지에 반성하며 회개하기는 커녕 우상숭배가 도리어 잘한 일이라고 따지며 대든다. 오래 전, 유다 왕 요시야(주전 640-609년) 때에 성전에서 율법 책이 발견되자 그 내용에 근거하여 대대적인 종교개혁이 시행되었는데, 그때 요시야 왕은 하늘 여왕에게 분향하는 것을 금지시켰다(왕하 23:5, 주전 612년경).

지금 이집트 땅의 유다 백성들은 그 일을 거론하면서 그 일 때문에 쫄딱 망했다고 주장하며, 그래서 이제는 하늘 여왕을 열심히 섬기겠노라고 말하고 있다. 이집트 땅에서 우상을 숭배하는 일에 있어 유다 백성의 남자와 여자가 모두 참여했다. 그렇지만 명백히 유다 백성의 아내들이 다산(多産)과 풍요의 여신인 '하늘 여왕'을 섬기는 일에 더욱 헌신적이고 열성적이었다.

한편, 당시 이집트 땅의 유다 백성들이 섬긴 '하늘 여왕'은 사랑과 생식과 다산과 풍요를 주관한다고 여겨진 여신이다. 고대 중근동의 문화에서 이와 유사한 여신들을 찾아볼 수 있는데, 그 이름은 각기 달랐다. 가나안 사람들은 '아스다롯'이라 불렀고, 바빌로니아 사람은 '이쉬타르'라고 불렀으며, 그리스 사람은 '아프로디테'라고 불렀다.

'하늘 여왕'으로 숭배 받았던 이쉬타르 여신

이러한 여신을 섬기는 이방 제사에서는 흔히 다산과 풍요를 간구하는 매춘 의식이 행해지기도 했다. 여하튼, 이집트 땅의 유다 백성들이 예레미야의 메시지를 강하게 뿌리치며 앞으로도 계속해서 하늘 여왕을 섬기겠다고 항의하자, 자신들의 남편들 곁에 서있던 여인들도 예레미야를 향해 빈

정거리며 말한다.

"호호, 우리가 하늘 여왕에게 분향하고 그 앞에 술을 따라 바칠 때, 어찌 남편의 허락 없이 우리 마음대로 몰래 했겠어요? 남편의 허락이 없었다면, 우리가 어떻게 하늘 여왕의 모습을 본 따서 과자를 만들고 또 그 앞에 술을 따라 바쳤겠어요?"

이집트 땅의 유다 여인들은 우상숭배의 책임을 남편에게 떠넘기고 있다. 가부장적 사회인 고대의 유대 문화에서 한 집안의 가장인 남편은 아내의 모든 결정을 제어할 수 있었다(민 30:8). 그런 사회에서, 아내들이 자신의 모든 행동에 대해 남편들에게 일차적인 책임을 돌리는 것은 당연한 일이었다. 어쨌든 당시 이집트 땅의 유다 백성들은 남자나 여자, 남편과 아내를 막론하고 우상숭배의 죄악을 깨닫고 거기서 돌이켜 회개하려는 마음은 전혀 없었다.

예레미야가 이집트 땅의 유다 백성들에게 최종적으로 경고함 (44:20-30)

이때 예레미야가 자신에게 비아냥거리며 말대꾸하는 모든 남자들과 여자들, 곧 이집트 땅에 거주하는 모든 유다 백성들을 주시하면서 그들을 향해 힘주어 말한다.

(21-23) "여러분과 여러분의 조상들, 여러분의 왕들과 여러분의 고관들, 그리고 유다 땅의 온 백성들이 유다의 뭇 성읍들과 예루살렘의 모든 거리들에서 이방 신들에게 분향하며 그것들을 섬긴 일을 주께서 어찌 기억하지 못하시고 생각하지 못하셨겠습니까! 주께서는 그처럼 여러분이 저지른 온갖 악행들과 가증스러운 행실을 더 이상 참고 견딜 수가 없었기에, 오늘날과 같이 여러분의 땅을 사람이 살 수 없는 폐허로 만드셔서, 온 세상 가운데 경악과 저주의 대상으로 만들어 버리신 것입니다. 진실로 그렇습니다. 여러분이 이방 신들에게 분향함

으로써 주께 가증스러운 죄를 지었고, 주님의 말씀을 듣지 않았으며, 주님의 율법과 규례와 계명을 지키지 않았기 때문에, 오늘날 여러분이 보시는 것과 같은 크고 두려운 재앙이 닥친 것입니다."

예레미야는 유다와 예루살렘이 멸망하여 폐허가 된 일차적인 원인을 '우상숭배'에서 찾고 있다. 유다 백성들이 하나님과 맺은 언약을 깨뜨리고 이방의 우상을 섬기는 가증한 죄악을 저질렀기 때문에 하나님께서 유다 백성들에게 큰 재앙을 내리셨다고 진단했다. 이 같은 예레미야의 진단은, 이제 이집트 땅에서 이방 우상을 섬기는 유다 백성들에게도 똑같이 적용될 것이라는 점을 시사해주고 있다. 예레미야는 계속해서 모든 유다 백성들을 향하여, 특히 그들 중 모든 여인들을 향하여 힘주어 말한다.

(24-28) "이집트 땅에 살고 있는 너희 모든 유다 백성들아, 주님의 말씀에 귀를 기울여라. 전능하신 만군의 주 이스라엘의 하나님께서 너희에게 말씀하신다. 이르시기를 '너희와 너희 아내들은 입으로 말하고 손으로 행하면서 스스로에게 다짐하기를 "우리가 하늘 여왕에게 분향하고 그 앞에 술을 따라 바치겠노라고 맹세하였으므로, 우리가 반드시 맹세한 대로 행할 것이다."라고 하였으므로, 너희는 맹세한 대로 다 행하여 어디 그 맹세를 성취해보아라.'라고 하셨다. 그러므로 이집트 땅에 사는 모든 유다 백성들이여, 주님의 말씀에 귀를 기울여라. 주께서 말씀하신다. 이르시기를 '내가 나의 큰 이름을 걸고 맹세한다. 이집트 땅에 사는 유다 사람들은 모두 멸절당할 것이니, 그들 가운데 장차 그 누구도 다시는 내 이름을 부르면서 내가 살아 있는 것을 두고 맹세하는 자가 더 이상 없게 될 것이다. 보라, 내가 깨어 두 눈을 부릅뜨고 너희를 지켜보면서 더 이상 복을 내리지 않고 오직 재앙만 내리겠다. 그러므로 이집트 땅에 살고 있는 모든 유다 백성들은

전쟁의 칼과 흉년의 굶주림으로 모조리 멸망할 것이다. 다만 너희들 가운데 몇몇 소수의 사람들만이 전쟁의 칼을 피하고 이집트 땅을 탈출하여 유다 땅으로 되돌아갈 것이다. 그때가 되면, 이집트 땅에 정착하려고 그리로 들어간 유다의 살아남은 모든 자들은 과연 나의 말과 자기들의 말 가운데 누구의 말대로 이루어졌는가를 분명히 알게 될 것이다.'라고 하여라."

예레미야는 이집트 땅의 모든 유다 백성들, 그중에서도 특히 우상을 위해 직접 음식을 만들고 우상에게 직접 술을 따라 바치는 모든 여인들을 향해 말한다. 그들이 하늘 여왕 앞에서 맹세한 것을 그 우상에게 그대로 이행해 보라고(25절)! 우상에게 맹세한 대로 그렇게 행한다면, 과연 그들이 우상에게 기대한 대로 복이 임하고 일이 형통해지며 삶이 풍요롭게 되는지 확인해보라고 말한 것이다. 만일 유다 백성들과 여인들이 우상에게 그렇게 행한다면, 그 결과는 복과 형통은커녕 하나님의 무서운 징벌만을 초래하고 말 것이라는 사실을 역설적으로 강조한 것이다.

그리고 후일에 우상을 숭배한 자들의 말과 하나님의 말씀 중에서 과연 누구의 말대로 이루어졌는지 밝히 알게 될 것이라고 하셨다. 하나님께서는 이런 사실을 증언하도록 이집트 땅에서 우상을 숭배하는 유다 백성들을 멸절시키는 와중에서도 소수의 사람들을 남겨두어 유다 땅으로 돌려보내실 작정이셨다.

후일에 얼마의 사람들이 이집트에서 유다 땅으로 되돌아왔는지는 분명히 알 수 없다. 하지만 몇 명이 됐든, 바빌로니아 왕의 보복을 피해 이집트 땅으로 내려간 유다 망명자들 중에서 우상숭배로 인해 이집트 땅에 임한 하나님의 두려운 재앙을 겪은 후에 다시 유다 땅으로 돌아와서 그 일에 관해 증언할 사람들이 반드시 있을 것이라는 사실은 확실하다.

(29-30) "그러므로 이제 나 주가 말한다. 내가 이곳 이집트 땅에서

> 너희에게 벌을 내려, 내가 너희에게 선포한 모든 재앙들로 인해 너희가 모조리 멸망할 것이라는 사실을 증명해주는 표징을 제시하겠다. 그것은 이것이다. 보라, 내가 유다 왕 시드기야를 그의 대적 곧 그의 목숨을 노리던 바빌로니아 왕 느부갓네살의 손에 넘겨주었던 것처럼, 이제는 내가 이집트 왕 호브라를 그의 대적 곧 그의 목숨을 노리고 있는 자들의 손에 넘겨주겠다. 이는 나 주의 말이다.'라고 하셨다."

하나님께서는 이집트 땅에서 우상을 숭배한 유다 백성들에게 반드시 재앙이 임할 것이라는 말씀을 선포하신 후에(24-28절), 그에 대한 표징을 제시하셨다. 그 표징은, 일전에 유다 왕 시드기야가 바빌로니아 왕 느부갓네살에게 사로잡힌 것처럼(왕하 25:1-7), 장차 이집트 왕 호브라가 그의 대적들의 손에 사로잡히게 된다는 것이었다.

이집트 제26왕조의 4대 파라오인 이 호브라(Hophra)는 유다 왕 시드기야가 바빌로니아 왕에게 대적하면 지원군을 보내줄 것이라고 약속했던 인물이었다. 그래서 시드기야가 바빌로니아 왕의 공격을 받았을 때 실제로 지원군을 파견했다가 도중에 철수하기도 했다(37:5).

어쨌든 하나님께서 제시한 표징은, 이 호브라가 그의 대적들의 손에 사로잡히게 될 것이라는 것이었는데, 실제로 훗날 그런 일이 발생하였다. 주전 579년경, 호브라의 통치 말년에 리비아에서 전쟁이 발발함과 동시에 호브라 군대의 일부 무리가 호브라를 거역하여 반란을 일으켰다. 이때 호브라는 아마시스란 장군을 보내어 반란군을 진압하라고 명했지만, 아마시스는 도리어 자신이 왕임을 선포하면서 이집트의 일부 지역을 통치하였다. 그리고 그로부터 3년 후에 호브라는 결국 반란군에게 붙잡혀 처형되고 말았다. 이처럼 하나님의 입에서 나온 말씀은 일점일획도 땅에 떨어지는 법이 없이 때가 되면 반드시 그대로 실현된다(민 23:19).

45

바룩의 탄식과 주의 경고

유다 왕 여호야김 4년
바룩이 예레미야의 구술대로
주의 말씀을 책에 기록할 때
예레미야가 바룩에게 말하네

바룩의 탄식과 하나님의 위로 (45:1-5)

요시야의 아들 여호야김이 유다의 제18대 왕위에 올라 나라를 다스린 지 4년째 되는 해(주전 605년경), 네리야의 아들 바룩은 예레미야가 불러주는 대로 그 모든 주님의 말씀을 두루마리 책에 기록하였다. 따라서 본장은 바로 앞의 44장에 이어지는 것이 아니라, 앞선 36장의 내용과 관련된 것인데, 이처럼 본서는 연대기에 따라 순서대로 서술되지 않고, 주제에 따라 자유롭게 서술되고 있다.

바룩(Baruch)은 예레미야의 친구이자 예레미야의 일을 도운 개인비서 겸 서기로서, 예레미야를 도와 여러 행정적인 실무를 담당했다. 그는 유다의 명문 집안에서 태어났지만(51:59), 개인적인 출세의 기회를 버리고 죽는 날까지 예레미야에게 충성한 인물이었다. 그는 유다의 백성들과 여호야김 왕의 대신들 앞에서 두루마리 책에 적힌 예언의 말씀을 낭독한 바 있었다(36:10-15). 하루는 예레미야 선지자가 바룩을 불러 그에게 말한다.

(2-5) "바룩아, 이스라엘의 하나님이신 주께서 네게 이처럼 말씀하신다. 주께서 너를 보고 이르시기를 '바룩아, 너는 탄식하며 말하기를 "아, 슬프다! 주께서는 어찌하여 내게 이런 고난과 슬픔을 주시는가. 이제는 탄식하는 것도 지치고 말았으니, 참으로 내게는 마음 편한 날이 없다."라고 하는구나.' 그러면서 주께서 내게 또 말씀하셨다. '예레미야야, 너는 바룩에게 내 말을 전하여라. 그에게 이르기를 "주께서 말씀하신다. 나는 내가 세운 것을 허물기도 하고, 내가 심은 것을 뽑기도 한다. 내가 이처럼 온 세상을 내 뜻대로 다스린다. 그런데도 너 바룩은 네 스스로 계획을 세우고 네 자신을 위해 크고 위대한 일을 이루려고 힘쓰고 있구나. 이제는 그만두고, 그것들을 더 이상 추구하지 말아라. 그것은, 내가 이제 모든 사람들에게 크고 두려운 재앙을 내릴 것이기 때문이다. 그러나 너 바룩은 염려하지 말아라. 네가 어디를 가든지 내가 네 목숨을 구원해줄 것이니, 네가 전리품을 챙기듯 네 목숨을 얻을 것이다. 이는 나 주의 말이다."라고 하여라.' 하셨다."

예레미야의 말을 책에 기록한 바룩

바룩에 대한 하나님의 특별하신 위로와 더불어 그의 미래 보장을 약속해주는 부분이다. 당시 바룩은 자신의 힘들고 곤고한 형편과 관련하여 크게 탄식하고 있었다. 어쩌면 그런 탄식은 당연했다. 의심할 바 없이, 당시에 바룩은 예레미야의 슬픔과 고통을 함께 나누고 있었다. 사람들의 배척과 박해와 조롱에 따르는 소외감, 절망감, 고통 등 예레미야가 겪었던 감정들을 바룩도 똑같이 겪었음에 틀림없다. 또한 바룩은 자신의 인생에 대한 원대한 꿈과 계획을 접고, 하나님의 사명을 감당해야만 하는 무거운 짐 때문에 괴로워했다.

하나님께서는 그런 바룩에게 온 세상 만물에 대한 자신의 절대주권을 알려주시면서 스스로 뭔가 크고 위대한 일을 이루려고 애쓰지 말라고 가볍게 나무라시면서 위로하신다. 바룩이 이루고자 하는 장래의 계획이 무엇인지와는 상관없이, 하나님께서는 조만간 유다 땅에 크고 두려운 재앙을 내릴 계획을 갖고 계시기 때문이었다. 그런 계획을 갖고 계시기에, 바룩이 기껏 크고 위대한 일을 계획하고 추구해도 아무런 쓸모없는 일이 될 것이었다. 하나님의 계획 앞에서 인간의 계획은 무용지물이기 때문에 그렇게 탄식하고 몸부림치면서 자신의 계획을 이루려고 애쓰지 말고, 오직 주님의 주권적인 계획에 따르고 주님의 전능하신 손길에 의지하라고 다독이신 것이다.

그러면서 하나님께서는 크고 두려운 재앙의 날에, 곧 예루살렘이 함락되고 유다가 망하는 날에, 그날에 바룩의 목숨을 구해주실 것이라고 약속하신다. 마치 승리한 군대가 전리품을 챙기듯, 하나님께서 바룩의 목숨을 전리품으로 잘 챙겨 바룩에게 건네주실 것이라고 약속하신다. 즉, 유다가 망하는 그날에 바룩은 하나님의 보호하심으로 바빌로니아 군사들의 칼에 죽지 않고, 모든 위험에서 구원을 받을 것이라고 약속하신 것이다.

과연 이 약속대로, 바룩은 예루살렘이 함락되고 유다가 멸망한 이후에도 예레미야와 더불어 살아남았고, 이후 요하난 일행에 의해 또한 예레미야와 함께 이집트로 끌려갔다(43:6). 그 이후에 바룩의 삶이 어떻게 전개되었는지 더는 알 수 없지만, 분명 그는 예레미야 선지자의 가장 가까운 친구요 충실한 비서요 신실한 서기답게 이집트 땅에서도 예레미야와 더불어 생사고락(生死苦樂)을 함께 했을 것으로 추정된다.

46

이집트에 대한 심판

주께서 복수하시는 날
거센 나일 강물 같은 이집트는
바빌로니아 군대의 발에 짓밟혀
온 땅이 폐허로 변할 것이다

이집트에 대한 하나님의 심판 선포 (46:1-26)

주님의 말씀이 선지자 예레미야에게 내렸는데, 그 말씀은 이방의 뭇 나라들과 민족들에 대한 것이었다. 먼저 이집트에 대한 하나님의 말씀이 임했다. 요시야의 아들 여호야김이 유다 왕이 되어 나라를 다스린 지 4년째 되던 해(주전 605년경), 이집트 왕 바로느고가 자기 군대를 이끌고 유프라테스 강가의 갈그미스까지 원정을 갔다가, 바빌로니아 왕 느부갓네살에게 크게 패배한 후에 이집트 왕 바로느고의 군대에 관해 주님의 말씀이 예레미야에게 내렸다.

유프라테스 강의 서안(西岸)에 위치한 갈그미스(Carchemish)는 당시 서방 세계와 남부 이집트를 잇는 군사와 교통의 주요 요충지였다. 유다 왕 여호야김 제4년, 그러니까 주전 605년경에 그곳에서 고대 중근동의 패권을 놓고 신흥 강대국인 바빌로니아와 전통의 강대국인 이집트가 나라의 사활을 걸고 큰 전쟁을 벌였다.

이 전쟁에서 바빌로니아 왕 느부갓네살이 이집트 왕 바로느고를 크게 물리침으로써, 이후로 바빌로니아는 중근동 지역의 패권국가가 되었고, 반면에 이집트는 그 세력이 크게 약화되어 자기 나라 밖으로 나오지 못했다(왕하 24:7). 이런 상황 하에서, 이집트에 대한 하나님의 말씀이 예레미야에게 임한 것이다.

(3-6) "보라, 이집트 군대의 지휘관들이 자기 군사들에게 외치기를 '너희는 모두 큰 방패, 작은 방패를 준비하고 싸움터로 나가서 싸우라! 너희 기병들아, 말에 안장을 얹고 올라타라! 투구를 쓰고 전투대형을 갖춰라! 창을 날카롭게 갈고 갑옷을 입어라!'라고 하는구나." 그러나 주께서 말씀하신다. "아하, 내가 보고 있는 저 광경은 웬일이냐. 이집트의 군사들이 겁을 집어먹고 후퇴하고 있구나. 이집트 군대의 용사들이 크게 패하여, 모두가 뒤도 돌아보지 않고 허겁지겁 달아나기 바쁘구나. 그들의 사방에는 온통 패배의 두려움뿐이구나. 달아나는 이집트 군사들을 보라, 아무리 날쌘 자도 도망치지 못하고, 아무리 강한 자도 빠져나갈 수 없구나. 그들 모두가 저 북방 유프라테스 강가에서 비틀거리며 쓰러져 죽는구나."

이집트가 자랑하는 파라오의 강력한 기병부대를 비롯하여 일반 보병부대까지, 군대 지휘관들의 힘찬 독려에도 불구하고 바빌로니아 군대와의 전투에서 크게 패하여 칼에 쓰러져 죽거나 또는 겁을 잔뜩 집어먹고 허겁지겁 도망치기에 바쁜 후퇴의 광경이 묘사되었다. 주전 605년(유다 왕 여호야김 제4년), 신흥 강대국 바빌로니아와 전통 강대국 이집트가 정면으로 맞붙은 유프라테스 강가의 갈그미스 전투에서 이집트 왕 바로 느고가 이끄는 이집트 군대가 바빌로니아 왕 느부갓네살이 이끄는 바빌로니아 군대에게 크게 패하는 모습이 생생하게 잘 묘사되었다.

(7-9) "보라, 저 나일 강물처럼 거세게 넘쳐흐른 자가 누구냐? 저

범람하는 강물처럼 세차게 불어 오른 자가 누구냐? 이집트가 아니었더냐! 이집트가 나일 강물처럼 불어 올랐고, 범람하는 강물처럼 떨치고 일어섰다. 그때 이집트가 말하기를 '내가 나일 강물처럼 힘차게 떨치고 일어나 온 땅을 덮어버리겠다. 내가 온 세상의 모든 성읍들과 주민들을 다 덮쳐서 삼켜버리겠다. 말들아, 달려라! 전차들아, 돌격하라! 용사들아, 진격하라! 구스의 군대와 붓의 군대도 방패를 들고 앞으로 진격하라! 루딤의 군사들도 활을 쏘며 출전하라!'라고 하였다."

이집트 왕 바로느고가 바빌로니아 왕 느부갓네살과 싸우기 위해 군대를 이끌고 유프라테스 강가의 갈그미스로 출정하면서 승리를 호언장담하는 장면이다. 마치 범람하는 이집트의 나일 강물처럼 힘차게 떨치고 일어나 온 땅을 일시에 덮쳐 삼켜버리겠노라고 큰소리친다. 한편, 여기서 '구스'와 '붓'과 '루딤'은 주전 605년에 발발한 갈그미스 전투에서 이집트와 동맹을 맺고 함께 갈그미스로 출정한 나라들이다. 구스는 '에티오피아'를, 붓은 '리비아'를, 루딤은 '루디아'를 각각 가리킨다.

(10-12) "그러나 그날은 전능하신 만군의 주께서 자기 대적에게 복수하시는 날이요, 자기 원수를 갚으시는 날이다. 그러므로 주님의 복수의 칼이 원수들의 살로 배부를 것이고, 그들의 피로 흠뻑 적실 것이다. 정녕 그날은 전능하신 만군의 주께서 저 북방 유프라테스 강변에서 희생제물을 잡으시는 날이다. 그러므로 처녀 딸 이집트야, 길르앗 산지로 올라가서 향유를 가져오너라. 그러나 네가 아무리 많은 약을 써도 다 헛될 것이니, 네 상처는 도무지 고칠 수 없는 병이다. 보라, 이제 네 비참한 꼴은 세상 만민이 다 알게 되었다. 네 울부짖는 소리가 온 세상에 들렸고, 네 탄식 소리가 온 땅에 울려 퍼졌으니, 네 용사들은 서로에게 부딪혀 비틀거리다가, 결국 둘 다 쓰러져 죽을 것이다."

승리를 호언장담하며 자신만만하게 유프라테스 강가로 진군하는 이집트 왕의 기대와는 달리, 이집트에 대한 하나님의 계획은 따로 있었다. 그날에 하나님께서는 유프라테스 강변에서 이집트를 희생제물로 잡으실 계획을 갖고 계셨다. 말하자면 하나님께서는 이집트의 죄악에 대하여 징벌하시기로 작정하고 그들에게서 희생제물을 받기 원하셨는데, 그것은 유프라테스 강변에서 이집트 군대가 바빌로니아 군대에게 크게 패하여 많은 피를 흘리게 됨으로써 지불될 것이었다. 이처럼 세상의 모든 전쟁은 여호와 하나님께 속한 것이기 때문에(삼상 17:47), 주전 605년의 이 갈그미스 전쟁도 두 나라의 군대가 맞붙어 싸우기 전에 이미 하나님께서 그 승패를 결정하신 것이다.

본문 중 하나님께서 이집트에 대하여 '처녀 딸'이라고 부르신 점은 주목할 만하다(11절). 아마도 이 명칭은 냉소적으로 사용된 것 같다. 즉, 이집트가 여태까지 다른 나라에게 한 번도 정복당하지 않은 국가라는 점에는 처녀성을 유지한 딸과도 같았다. 하지만 이제 이집트는 그 처녀성을 상실하기에 이르렀던 것이다. 바빌로니아 왕 느부갓네살에 의해 크게 패하여 정복당함으로써 철저하게 짓밟혀 수치를 당하게 될 것이기 때문이다(12절).

(13-17) 이는 바빌로니아 왕 느부갓네살이 이집트를 공격할 것에 대해서 주께서 예레미야에게 하신 말씀이다. "너는 온 이집트에 알려라. 믹돌에서 외치고, 놉과 다바네스에서 선포하라. 외치기를 '너희는 어서 방어 태세를 갖추고 적의 공격에 대비하라. 칼이 사방에서 너희를 노리고 있다.'라고 하여라. 어찌하여 너희 힘센 용사들은 그렇게 힘없이 거꾸러졌느냐? 그들이 제대로 일어서지도 못하는 것은, 주께서 그들을 넘어뜨리고 쫓아내셨기 때문이다. 주께서 그들로 넘어지게 하시니, 그들이 비틀거리다가 서로 부딪히고 쓰러져 죽으면서 말하기를 '일어나

라! 어서 일어나, 이 난폭하고 무시무시한 칼을 피해 우리 백성에게로, 우리 고향 땅으로 돌아가자!'라고 하는구나. 그때에 그들은 전쟁터에서 부르짖기를 '이집트 왕 파라오는 목소리만 큰 허풍쟁이일 뿐이다. 그가 기회를 잃고 말았다!'라고 할 것이다."

예레미야의 이 예언은 당장에 있었던 갈그미스 전투에 대한 것이 아니라, 먼 훗날에 있을 바빌로니아 군대의 이집트 침공에 관한 것이다. 그러니까 장차 바빌로니아 왕 느부갓네살이 이집트 땅을 침공하여 이집트 지역의 여러 성읍들을 파괴시킬 것이라는 내용이다. 느부갓네살 왕이 이끄는 바빌로니아 군대에 의해 이집트 땅이 파괴될 것이라는 이 예언은 예레미야의 죽음 이후에 일어난 일로, 그러니까 주전 605년에 있었던 '갈그미스 전투' 이후로 37년가량이 흐른 주전 568년경에 이루어졌다.

(18-21) '전능하신 만군의 주'라 불리는 온 세상의 왕께서 말씀하신다. "내가 나의 살아있음을 두고 맹세하건대, 산들 가운데 높이 솟은 다볼 산과 같고, 바닷가에 우뚝 서 있는 갈멜 산과 같은, 아주 위엄 있고 강한 자가 이집트에 이를 것이다. 그러므로 이집트 사람들아, 너희는 짐을 꾸려 포로로 끌려갈 준비를 하여라. 이제 놉은 황무지로 바뀌어 더 이상 사람이 살 수 없는 폐허가 될 것이기 때문이다. 이집트는 기름지고 살찐 아름다운 암송아지 같았으나, 이제는 북방에서 몰려든 쇠파리 떼로 인해 죽게 생겼구나. 또 이집트는 사방에서 용병들을 데려다가 외양간의 살찐 송아지들처럼 잘 먹여놓았지만, 전쟁의 날에 그들은 돌아서서 달아나기 바쁠 것이니, 그것은 이집트에 재앙의 날이 이르렀고, 징벌의 때가 닥쳤기 때문이다."

장차 느부갓네살 왕이 이끄는 바빌로니아 군대에 의해 이집트가 침공

이집트 땅을 쳐서 정복한 바빌로니아 왕 느부갓네살

을 당하여 성읍들은 사람이 살 수 없는 폐허가 되고, 이집트 백성들은 포로로 끌려가게 될 것이라는 예언이다. 이 예언은 메시지가 선포된 지 37년가량 흐른 주전 568년경에 느부갓네살 왕이 바빌로니아 군대를 이끌고 이집트를 직접 침공하여 그 땅과 성읍과 백성을 크게 유린함으로써 실제로 성취되었다.

그런 사실이 비유적으로 묘사되었다. 이집트를 침공할 바빌로니아 군대는 '북방의 쇠파리 떼'에 비유되었고, 바빌로니아 군대에게 침공당할 이집트는 '기름지고 살찐 암송아지'에 비유되었다. 그리고 전쟁을 위해 이집트가 주변 나라들에서 사들인 용병들은 '외양간의 살찐 송아지들'에 비유되었다. 기름지고 살찐 송아지들은 그저 사냥감에 불과할 뿐임을 암시하고, 쇠파리(gadfly)는 크게 고통을 주는 곤충임을 암시한다. 실제로 쇠파리는 물고 쏘는 곤충으로, 윙윙 소리를 내며 가축에게 떼로 몰려들어 특히 상처가 난 곳에 달라붙어 더욱 고통스럽게 한다.

(22-26) "그날에 대적들이 몰려오면 이집트는 뱀처럼 쉬익 소리를

내며 재빨리 달아날 것이고, 대적들은 벌목꾼처럼 도끼를 들고 이집트를 향해 덤벼들 것이다. 나 주가 말한다. 이집트의 숲이 아무리 울창하고 빽빽할지라도 대적들은 그 숲을 다 베어서 쓰러뜨릴 것이니, 그것은 적군들의 수가 메뚜기 떼보다도 많아서 그 수효를 셀 수조차 없을 것이기 때문이다. 그렇다. 그날에 이집트는 수치를 당하고, 저 북방에서 몰려온 군대의 손에 넘겨질 것이다. 전능하신 만군의 주 이스라엘의 하나님께서 말씀하신다. 보라, 그날에 내가 노의 아몬 신에게, 파라오에게, 이집트와 이집트의 신들에게, 이집트의 왕들에게, 그리고 파라오를 믿고 의지하는 모든 사람들에게 벌을 내릴 것이다. 그날에 내가 그들의 목숨을 넘겨줄 것이니, 곧 그들의 목숨을 노리는 바빌로니아 왕 느부갓네살과 그의 부하들의 손에 그들을 모두 넘겨주겠다. 그렇지만 그런 일이 있은 후에도 이집트 땅은 이전처럼 여전히 사람이 살 수 있는 곳이 될 것이다. 이는 나 주의 말이다."

장차 느부갓네살 왕이 이끄는 바빌로니아 군대가 이집트 성읍들을 하나씩 정복해나가는 과정이 비유적으로 묘사되었다. 즉, 바빌로니아 군대는 도끼를 들고 울창한 숲의 나무들을 하나씩 베어 쓰러뜨리는 벌목꾼에 비유되었고, 이집트는 그런 벌목꾼 앞에서 겁을 집어먹고 쉬익- 소리를 내며 재빨리 달아나는 뱀에 비유되었다. 과연 당시에 이집트의 성읍들은 1천 개가 훨씬 넘었는데, 주로 국경 부근의 주요 성읍들이 바빌로니아 군대에 의해 하나씩 정복되어 마치 나무가 쓰러지듯 그렇게 차례로 무너졌다.

이렇게 이집트가 바빌로니아 군대의 말발굽 아래 속수무책으로 짓밟혀 수치를 당한 것은 하나님께서 바빌로니아 군대를 도구 삼아 이집트의 신들(우상들)을 징벌하셨기 때문이었다. 이때 하나님께서는 바빌로니아 군대를 통해 이집트의 신들을 징벌하심으로써 이집트의 신들이 무능하고 헛되며 거짓된 것임을 온 천하에 보여주기 원하셨다. 이집트의 성읍들이 하나씩 무너질 때마다 그 성읍의 수호신으로 숭배된 각종 이집트의 신들이 한낱 헛되고 거짓된 우상에 불과하다는 사실이 널리 밝혀질 것이기 때문이었다.

그런데 이때 하나님의 계획은 단지 이집트를 징벌하고자 하셨을 뿐이고, 이집트를 완전히 멸절시키는 데 있지 않았다. 그래서 바빌로니아 왕 느부갓네살의 군대에 의해 이집트가 크게 짓밟힐 것이지만, 그런 일이 있은 후에도 이집트 땅은 완전히 폐허가 되지 않고 여전히 사람이 살 수 있는 곳으로 남게 될 것이었다(26절).

실제로 주전 568년에 바빌로니아 왕이 이집트를 침공하여 그 땅의 많은 성읍들을 정복하여 많은 백성들을 포로로 잡아가긴 했어도, 이집트를 완전히 정복하여 바빌로니아의 속국으로 종속시키지는 못했다. 이로 볼 때 한 사람의 죽고 사는 생사의 운명도 그렇거니와, 한 나라와 민족의 존속과 멸망에 관한 존망(存亡)의 운명도 오로지 하나님의 뜻에 전적으로 달려있음을 알 수 있다. 하나님이야말로 온 세상 모든 민족들과 나라들의 운명을 좌지우지하시는 절대 주권자이시기 때문이다.

주께서 이스라엘을 위로하심 (46:27-28)

(27-28) "내 종 야곱아, 너는 두려워하지 마라. 이스라엘아, 너는 놀라지 말고 염려하지 마라. 보라, 그날에 내가 너를 머나먼 땅에서 구해올 것이고, 너희 후손들을 포로 된 땅에서 데려올 것이다. 그때에 야곱은 본토로 돌아와서 다시 평화와 안정을 누리며 편히 살게 될 것이니, 어느 누구도 너를 두렵게 할 자가 없을 것이다. 나 주가 말한다. 그러므로 내 종 야곱아, 너는 두려워하지 마라. 내가 너와 함께할 것이다. 내가 너를 내쫓고 흩었던 뭇 나라들과 민족들은 다 멸할지언정, 너는 아주 멸하지 않을 것이다. 다만 나는 너를 공의에 따라 정당하게 징계할 것이고, 네게 죄가 있는데도 벌하지 않은 채 그냥 지나치는

일은 없을 것이다."

하나님께서 이방의 다른 나라들은 그 죄악을 물어 멸절시킬지언정 '야곱' 곧 '이스라엘'은 그들의 죄악에 대해 공의의 잣대로 징계할 뿐 멸절시키지는 않고 다시 회복시킬 것이라는 위로와 격려의 약속이다. 이처럼 하나님께서는 이방 나라들과 이스라엘을 달리 취급하셨다. 택하신 백성인 이스라엘은 징계를 통해 마침내 회개와 구원으로 인도해 들이시지만, 그 외의 이방 백성들은 징계를 통해 영원히 파멸시키신다.

왜 이 같은 현상이 일어나는 것일까? 구약시대의 모세는 그 이유를 오직 '하나님의 사랑'에서 찾았다(신 7:6-8). 신약시대에 사도 바울도 쌍둥이 형제인 '야곱'과 '에서'의 예를 통해 이 문제를 다루었다(롬 9:13-21). 그리고 그는 '하나님의 절대주권'에서 그 이유를 찾았다. 즉, 하나님은 택할 자를 택하시고 거부할 자를 거부하시며, 사랑할 자를 사랑하시고 미워할 자를 미워하신다는 것이다. 그리고 '토기장이와 진흙'의 예를 통해 '왜 그렇게 하느냐?'고 누구든지 하나님께 따지며 항의할 수 없다고 결론지었다. 그것은 인간이 감히 범접할 수 없는 하나님의 고유 권한이며 절대 권한이기 때문이다.

그리고 이때 잊지 말아야 할 것은, 성경 전체의 구속사적 관점에서 고찰할 때 하나님께 택하심을 받아 사랑을 받는 '야곱' 곧 '이스라엘'은 혈통적으로 아브라함의 후손 된 '육신의 이스라엘'이 아니고, 메시아(그리스도) 예수의 십자가 구속 사역을 통해 믿음으로 아브라함의 영적 후손 된 '영적 이스라엘' 곧 '교회' 또는 '성도'를 가리킨다는 사실이다(갈 3:5-9).

47
블레셋에 대한 심판

무섭게 질주하는 군마의 말발굽 소리
덜컹거리는 전차들의 바퀴 소리에
사람들은 제 자식조차 돌보지 못하고
잔뜩 두려움에 질려 맥이 풀린다

블레셋에 대한 하나님의 심판 선포 (47:1-7)

이집트의 파라오가 블레셋 족속의 성읍인 가사를 공격하기 이전, 예레미야 선지자에게 주님의 말씀이 임한다. 이집트 왕 바로느고가 블레셋 족속의 성읍인 가사(Gaza)를 공격한 때는 이집트와 유다가 므깃도에서 싸운, 이른바 '므깃도 전투'가 있던 해로 추정된다(주전 608년경). 이때 므깃도 전투에서 유다 왕 요시야를 격파한 이집트 왕 바로느고는 본국으로 돌아가는 길에 블레셋의 주요 도시인 가사를 공격하여 점령했던 것이다. 그러니까 그런 일이 있기 전에, 블레셋에 관한 하나님의 말씀이 예레미야 선지자에게 임한 것이다. 그 메시지의 내용은 블레셋에 관한 준엄한 심판의 말씀으로, 곧 '블레셋의 파멸'에 관한 것이었다.

(2-3) "나 주가 말한다. 보라, 저 북방에서 엄청난 물결이 몰려온다. 흘러넘치는 강물처럼 거세게 밀어닥칠 것이니, 그 물이 온 지면을 휩쓸고 모든 성읍들과 그 주민들을 휩쓸어 갈 것이다. 그때에 사람들은

울부짖을 것이고, 그 땅에 사는 자들은 모두 통곡할 것이다. 무섭게 달려오는 군마들의 말발굽 소리, 전차들의 덜컹거리는 요란한 바퀴 소리가 들려올 것이니, 그 땅의 아버지들도 정신을 잃은 채 자기 자식조차 돌아보지 못할 것이고, 모두가 두려움에 질려 두 손의 맥이 풀릴 것이다."

북방에서부터 블레셋 땅으로 거세게 몰려와 그 땅의 온 지면을 휩쓸어버릴 엄청난 물결과 흘러넘치는 강물은 곧 북방에서부터 블레셋 땅으로 쳐들어올 '바빌로니아 군대'를 가리킨다. 말하자면 바빌로니아 군대의 블레셋 침공이 '유프라테스 강의 범람'에 비유된 것이다. 마치 유프라테스 강물이 크게 범람하여 온 지면을 휩쓸어버리듯, 그렇게 바빌로니아 군대는 엄청난 군마들과 전차들을 이끌고 블레셋 땅을 침공하여 마치 쓰나미처럼 그 땅의 모든 성읍들과 주민들을 휩쓸어버릴 것이었다. 따라서 그날에 블레셋 땅에서 들려오는 소리라곤 그 땅에 사는 자들의 비명과 울부짖는 통곡뿐일 것이다. 마침내 블레셋 멸망의 날이 이른 것이다. 예레미야 선지자는 계속해서 그런 사실을 선포한다.

(4-7) 보라, 마침내 블레셋 족속이 멸망할 날이 닥쳐왔다. 블레셋을 도울 수 있는 두로와 시돈의 남은 자들도 모두 끊어지고 말았다. 주께서 블레셋 족속을 멸망시킬 것이니, 그들의 고향인 갑돌 섬에 남아있는 블레셋 사람들마저 다 멸하실 것이다. 블레셋 땅의 가사 성읍이 애통해하며 머리털을 다 밀어버릴 것이고, 아스글론 성읍은 파괴되어 정적 가운데 빠질 것이다. 그 땅의 골짜기에 살아남은 자들아, 너희가 언제까지 너희 몸에 상처를 내며 슬퍼하려느냐? 너희가 부르짖기를 "아 슬프다, 주님의 칼이여! 네가 언제까지 쉬지 않고, 이 땅에서 살육을 계속 하려느냐? 이제는 제발 네 칼집으로 들어가 가만히 있어 다오!"라고 할 것이지만, 주께서 그 칼을 보내시어 살육을 명하셨

는데, 어찌 그 칼이 가만히 쉴 수 있겠느냐! 주께서 아스글론 성읍과 지중해 해변 지역의 블레셋 온 땅을 치라고 명하셨는데, 어떻게 그 칼이 스스로 멈출 수 있으랴!"

범람하는 유프라테스 강물처럼 북방에서부터 수많은 바빌로니아 군대의 군사들이 블레셋 땅으로 쓰나미처럼 쳐들어올 때, 블레셋 사람들은 당시 반(反)바빌로니아 군사 동맹을 맺고 있었던 두로와 시돈의 군사적 지원을 기대하였고, 또한 고향 땅의 동족인 갑돌(지중해의 크레타) 사람들의 지원도 기대하였다. 그러나 그때에 블레셋 사람들은 그들에게서 아무런 도움을 받을 수 없었다. 바빌로니아 군대의 강력한 군사력 앞에 그들도 다 무너져 금방이라고 망할 지경에 처했기 때문이다. 블레셋을 돕기는커녕 저들이 블레셋의 도움을 받아야 할 처지였다. 그래서 블레셋은 그야말로 고립무원의 상태가 되어 바빌로니아 군대의 칼날과 말발굽 아래 여지없이 짓밟히며 살육당하고 말았던 것이다.

당시 도시 연합국가의 형태로 블레셋을 이루고 있던 다섯 개의 도시(가사, 가드, 아스글론, 아스돗, 에그론)에서는 주민들의 통곡소리만 울려 퍼졌고, 더러는 자기 머리털을 밀고 몸에 상처를 내며 부르짖고 있었다.

이처럼 블레셋 사람들이 자기 머리털을 밀고 칼로 자기 몸을 베어 상처를 내는 까닭은, 그들이 평소 자기들의 우상을 섬길 때 자해(自害)하는 습관이 있었기 때문이다. 그렇지만 멸망의 날에, 블레셋 주민들이 그렇게 자기 몸을 베어 피를 철철 흘리면서까지 자기들의 우상에게 간곡히 호소할 것이지만 모두 헛될 뿐이었다. 우상은 아무런 능력이 없는 한낱 헛것이고 거짓된 것이기 때문이다.

블레셋에 관한 예레미야의 예언은 실제로 성취되었다. 당시 하나님께서는 바빌로니아 군대를 도구 삼아 유다를 비롯하여 그 주변의 나라들(블레셋, 에돔, 모압, 암몬, 두로, 시돈 등)을 징벌하시려고 작정하셨기 때문에, 그 누구도 하나님의 징벌의 칼인 바빌로니아 군대를 막을 수 없었다(6-7절). 결국 블레셋은 예레미야의 예언이 있은 지 5~6년쯤 후에 북쪽에서 일어난 거대한 파도 같은 바빌로니아 군대, 곧 느부갓네살 왕이 이끄는 쓰나미 같은 그 군대에 의해 완전히 멸망하고 말았다(주전 604년경).

그때 이후로 블레셋 사람들은 세상 도처로 뿔뿔이 흩어져 더 이상 나라로서의 명맥을 유지하지 못했고, 오늘날에는 블레셋 족속(Philistines)을 연상시키는 '팔레스타인(Palestine)'이란 이름만 역사에 덩그러니 남겨져 있을 뿐이다.

48
모압에 대한 심판

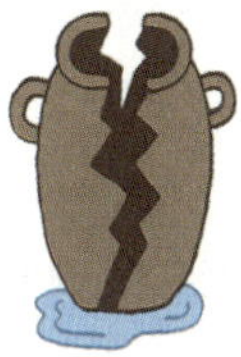

아무도 손댄 적 없는 술항아리처럼
아무 걱정 없이 살던 모압이
그처럼 산산조각 깨진 것은
그들의 신 그모스를 섬긴 탓이네

모압에 대한 하나님의 심판 선포 (48:1-10)

본장은 '모압'(Moab)에 관한 주님의 말씀으로, 곧 전능하신 만군의 주 이스라엘의 하나님께서 예레미야 선지자를 통해 모압에 대하여 심판을 선포하신 것이다. 하나님께서는 예레미야로 하여금 유다를 둘러싸고 있는 주변 나라들을 대상으로 그들의 운명에 관해 예언의 말씀을 선포하게 하셨는데, 가장 먼저 '이집트'가 언급되었고(46장), 다음으로 '블레셋'이 언급되었다(47장). 이제 세 번째 대상으로 '모압'이 언급되고 있다(48장). 모압에 대한 예레미야의 이 예언은 유다 왕 여호야김 시대에 모압이 유다를 침공했을 당시에 주어진 것으로 보인다(주전 602년경, 왕하 24:2).

모압은 아브라함의 조카인 롯이 자기 맏딸의 몸을 통해 낳은 아들의 후손들로서(창 19:36-37), 아브라함의 손자인 야곱의 후손들로 이루어진 '이스라엘'과는 친척 관계에 있는 민족이었다. 그래서 역사적으로 이스라엘은 모압에 대해 우호적인 태도를 취했지만, 이상하게도 모압은 이스라엘에 대하여 적대적인 태도를 보여 틈만 나면 괴롭혔다.

모압 족속은 사해(死海) 동편 지역에 살면서 목축과 과수 산업을 근간으로 힘을 키워왔으나 일찌감치 하나님과는 무관하게 가나안의 우상 문화에 깊숙이 동화됨으로 말미암아 심판의 대상이 되고 말았다. 그들은 '그모스'라는 국가신을 중심으로 가증한 우상숭배에 심취하였으며, 물질적인 풍요로움을 근거로 심히 교만하게 행동했다. 상황이 이러했기에, 모압은 하나님께로부터 준엄한 심판을 면할 길이 없었다. 그리하여 이제 모압에 대한 하나님의 심판이 본장 전체에 걸쳐 예레미야를 통해 길게 선포된다.

(1-6) "오호라, 슬프다, 느보 성읍이여! 그 성읍이 폐허가 되었구나. 기랴다임 성읍도 수치를 당하고 정복당했으며, 미스갑 성읍도 치욕을 겪고 파괴되었도다. 모압의 영광이 다 사라졌으니, 이제 모압은 더 이상 칭송받지 못할 것이다. 무리들이 헤스본 성읍에서 모압을 멸망시킬 계획을 꾸미며 말하기를 '자, 우리가 가서 이 족속을 끝장내어버리자!'라고 하는구나. 맛멘 성읍아, 너도 파괴되어 적막 가운데 빠질 것이고, 적군의 칼이 너를 뒤쫓아 갈 것이다. 모압 땅의 호로나임에서 들려오는 저 부르짖는 소리를 들어보라. '아, 완전한 폐허와 큰 파멸이로다!' 하고 외치는구나. 모압이 파괴되고 멸망하니, 그 땅의 어린아이들이 울부짖는구나. 루힛 고개로 올라가는 모압의 피난민들은 울고 또 울며 비통하게 울부짖고, 호로나임으로 내려가는 길에서는 사람들마다 '아, 모압이 망했다!' 하고 고통스럽게 아우성치는구나. 너희 모압 사람들아, 어서 도망쳐라! 목숨을 부지하려면 속히 달아나라! 그리하여 광야의 떨기나무 같은 처량한 신세가 되어라.

대적의 침공을 받아 파괴되고 무너지며 피난 가는 모압의 파멸이 생생하게 묘사되고 있다. 대적의 칼날과 말발굽 아래 모압의 견고한 성읍들(느보, 기랴다임, 미스갑, 헤스본, 맛멘 등)이 차례로 무너지고, 모압 남쪽의 변방 성읍인 '호로나임'까지 전쟁의 참화가 미쳐, 이제 나라의 멸망을 알아차린 모압의 피난민들이 "아, 모압이 망했구나!"하고 비통하게 울부짖으며 저마다 보따리를 짊어진 채 이웃 나라로 피신하기 위해 모압 남방의 국경지대인 '루힛 고개'로 올라가는 장면이 묘사되었다.

그리하여 모압의 신세는 광야의 떨기나무 같은 처량한 신세가 되고 말았다. 여기 '떨기나무'(heath)는 황량한 광야에서 자라나는 '히스'라는 관목(灌木, 키가 작고 원줄기와 가지의 구별이 분명하지 않으며 밑동에서 가지를 많이 치는 나무)인데, 거친 환경에서 자라는 이 광야의 나무는 수분 공급이 제대로 이루어지지 않아, 대부분 작고 앙상하며 말라죽기 직전의 아주 볼품없는 초라한 모습을 띠고 있다. 머잖아 하나님의 심판을 받게 될 모압의 모습이 바로 그러한 광야의 떨기나무같이 매우 초라한 신세가 될 것이라는 말이다. 그리고 과연 바벨로니아 군대의 침공 때 모압은 그런 처량한 신세가 되고 말았다.

이제 계속해서 예레미야는 모압이 그런 신세에 처하게 된 이유를 선포한다. 그것은 모압의 우상숭배와 교만에 대해 하나님께서 그 죄악의 책임을 물어 모압을 파멸시키기로 작정하셨기 때문이었다.

(7-10) 모압아, 너는 네 행위와 네 재물만 믿고 교만하게 우쭐댔으므로, 이제 적군에게 사로잡혀 포로로 끌려갈 것이다. 너의 제사장들과 고관들이 끌려갈 때, 네가 섬기던 그모스 우상도 포로로 잡혀가는 신세가 될 것이다. 보라, 모압을 파멸시킬 침략자가 성읍마다 들이닥칠 것이니, 모압 땅의 어떤 성읍도 그들의 칼을 피할 수 없을 것이다. 과연 주께서 선포하신 말씀대로, 모압 땅의 골짜기마다 폐허가 되고, 모압 땅의 평원마저도 마구 짓밟혀 황폐하게 될 것이다. 너희는 모압에 날개를 달아주어 훨훨 날아서 아주 멀리 도망치게 하라. 모압의 모든

> 성읍들이 황무지가 되어, 거기서는 더 이상 아무도 살 수 없는 곳이 될 것이기 때문이다. 나 주가 모압을 파멸시키기로 작정하였으니, 이 같은 주의 일에 게으름을 피우는 군사들은 저주를 받을 것이고, 자기 칼을 부지런히 휘두르지 않아서 모압 사람들의 피를 흘리게 하지 않는 군사들도 저주를 받을 것이다."

모압이 하나님께 심판을 받게 된 주요 이유 두 가지는 그들의 교만과 우상숭배 때문이었다. 모압의 대부분 지역은 900m 되는 고원의 평야지대를 형성하고 있었기에 땅이 비옥하여 과일 농사와 목축에 적합했다. 그래서 모압은 물질적 풍요를 누리면서 교만하게 행동하였고, '그모스'라는 국가신이 그런 풍요를 제공해준다고 믿고 부지런히 우상을 숭배했다.

그래서 모압 족속은 '그모스의 백성'으로도 불렸다(48:46; 민 21:29). 암몬 사람들의 몰렉(Molech) 숭배처럼, 모압 사람들이 그들의 수호신인 그모스(Chemosh)를 숭배할 때 종종 어린아이를 제물로 삼아 불살라 바치는 가증한 인신제사를 행하곤 했다. 이 같은 교만과 우상숭배의 죄악들이 하나님의 진노의 심판을 불러들여 결국 모압의 파멸에 이르게 되었던 것이다.

한편, 예레미야는 모압이 멸망하여 그 백성들이 포로로 끌려갈 때 '그모스'도 포로로 끌려가게 될 것이라고 예언했다. 고대 전쟁에서 승전국은 승리의 기념으로 패전국의 신전(神殿)에서 그 나라의 신들을 탈취해갔다. 그런 의미에서 모압이 하나님의 심판으로 전쟁의 참화를 겪고 파멸하게 될 때, 모압의 우상인 '그모스'도 적국의 노획물이 되어 끌려갈 운명이었다.

또한 본문에서 하나님께서는 자신의 일을 '피를 흘리게 하는 것'이라고 말씀하셨다(10절). 구약시대에 죄를 없애는 방식은 종종 죄인들을 제거하는 방식으로 이루어졌다. 그래서 하나님의 심판은 종종 전쟁을 통한 칼의 살육으로 이루어졌다. 이때 죄인들을 죽이기 위해 칼을 잡은 자들은 하나님의 심판의 도구로서 하나님의 일을 대신 행하는 자들로 간주되었다. 그런 차원에서 하나님께서는 칼을 잡은 자들에게 피를 흘리게 하는 일, 곧 죄인들을 제거하는 일에 게으름을 피우지 말라고 경고하신 것이다.

모압이 하나님의 심판을 당하게 된 원인 (48:11-25)

(11-16) "모압은 예로부터 편히 살았고, 한 번도 포로로 끌려간 적이 없었다. 마치 한 번도 건드린 적이 없는 술항아리 같아서, 이 그릇에서 저 그릇으로 옮겨진 적이 없다. 그러므로 찌끼가 곱게 가라앉은 맑은 포도주 같아서, 그 맛과 향이 변하지 않고 잘 보존되었다. 그러나 나 주가 말한다. 마침내 그날이 이를 것이니, 내가 이제 그 항아리를 부어버릴 사람들을 그 땅에 보낼 것이다. 그들은 술항아리들을 기울여 다 비워버리고, 빈 항아리들을 산산조각으로 깨뜨려버릴 것이다. 그리하여 이스라엘 백성들이 벧엘의 금송아지 우상을 의지하였다가 수치를 당한 것처럼, 모압 족속도 자기들의 신 그모스로 인하여 수치를 당할 것이다. 모압 족속들아, 너희가 어찌 스스로 말하기를 '우리는 용맹스러운 군사들이요, 전쟁에 능숙한 전사들이다!'라고 할 수 있느냐? '전능하신 만군의 주'라 불리는 온 세상의 왕인 내가 말한다. 이제 모압은 폐허가 되겠고, 그 성읍들은 파괴되고 불타서 연기가 피어오를 것이며, 그 땅의 청년들 가운데서 뽑힌 용사들은 전쟁터로 나가서 모두 살육을 당하고 말 것이다. 그렇다! 이제 모압의 멸망이 눈앞에 다가왔고, 모압의 재난이 속히 임할 것이다."

모압은 지리적으로 사해 동편의 외진 고원지대에 위치하였기에 비교적 외적의 침입이 적었다. 그래서 마치 한 번도 건드린 적이 없는 '술항아리' 같아서 자기들의 고유한 문화와 풍습을 지키며 나름대로 안전하고 평안하게 살아갈 수 있었다. 그 맛과 향이 변하지 않고 잘 보존된 맑은 포도주 같았다(11절). 이런 상황 하에서 모압 백성들은 스스로 교만해져서 '그모스'라는 수호신을 섬기는 가운데, 자신들이야말로 용맹스러운 군사들이고 전쟁에 능숙한 전사들이라고 떠벌이며 자랑하였다(14절).

그러나 하나님께서 보실 때 그것은 자기 분수를 모르는 어리석은 착각이었다. 그리하여 심판의 날에 하나님께서는 그 교만한 술항아리, 우상을 숭배하는 그 술항아리를 부어버리고 깨뜨릴 자들 곧 '바빌로니아 군대'를 보내실 것인데, 그렇게 되면 모압은 속수무책으로 여지없이 산산조각 깨뜨려질 것이었다. 멸망의 그날에는 마치 옛적에 이스라엘 백성들이 벧엘의 금송아지 우상을 의지하였다가 수치를 당한 것처럼, 모압 족속도 자기들의 신 그모스로 인하여 크게 수치를 당할 것이었다(13절).

북왕국 이스라엘의 '벧엘'은 금송아지 우상을 섬기는 제단이 세워진 곳이었고(왕상 12:28-29), 그모스는 모압 사람들이 국가의 수호신으로 섬기는 우상이었다. 결국 두 나라가 전쟁의 참화를 겪고 멸망함으로써 큰 수치를 당하게 된 이유는 이처럼 거짓되고 무능하고 허황된 우상을 섬긴 죄악 때문이었다.

(17-25) "그러므로 모압의 사방에 있는 이웃 나라들아, 모압 족속을 위해 슬픈 노래를 부르라. 일찍이 모압의 명성을 아는 모든 자들아, 탄식하며 말하기를 '어찌하여 그토록 강하던 막대기가 부러졌는가! 어찌하여 그토록 영광스러운 지팡이가 꺾이고 말았는가!'라고 하여라. 디본의 주민들아! 너희는 그 영광스러운 자리에서 내려와, 먼지 나는 메마른 땅바닥에 주저앉아라. 이제 너희를 멸망시킬 자가 너희를 치러 올라와서, 네 모든 요새들을 무너뜨릴 것이기 때문이다. 아로엘 성읍의 주민들아, 너희는 길가에 서서 지켜보아라. 피난 가는 남자와 여자들을 붙들고 '이게 도대체 어찌 된 일이냐?' 하고 물어보아라. 그러면 그들이 대답하기를 '모압이 망했다! 그래서 우리가 수치를

겪고 있다. 그러므로 너희도 통곡하고 울부짖어라. 그리고 아르논 강가로 나가서, 모압이 파괴되어 황폐하게 되었다고 사람들에게 알려 주어라.'라고 할 것이다. 심판의 재난이 모압 땅의 온 평지에 임했다! 곧 홀론, 야사, 메바앗, 디본, 느보, 벧디불라다임, 기랴다임, 벧가물, 벧므온, 그리욧, 보스라, 그리고 모압 땅의 멀고 가까운 모든 성읍들에 임했다. 이렇게 모압의 뿔이 잘렸고 그 팔이 부러졌다! 이는 나 주의 말이다."

하나님께서 모압을 심판하시는 날에 모압의 멸망이 확실할 것이므로, 그런 '모압의 멸망'을 두고 모압 백성들은 크게 통곡하고 울부짖을 것이며, 모압 사방의 이웃 나라 백성들은 모압을 위해 슬픈 노래를 지어 부르라는 예언이다. 특히 멸망의 그날에 모압 땅에 임할 크나큰 재난이 구체적으로 언급된 모압의 여러 성읍들의 이름을 통해 더욱 생생하게 다가온다.

언급된 지명들 중 '디본'은 당시 모압의 수도로 사해에서 동쪽으로 21km 지점, 아르논 계곡에서 북쪽으로 5km 지점에 위치해 있었다. '아로엘'은 사해 동쪽과 아르논 강의 중류 북쪽에 있던 모압의 주요 요새 성읍이고, '아르논 강'은 모압 땅을 거쳐 사해로 흘러들어가는 모압 최대의 강으로(민 21:13), 모압 북쪽의 암몬과 경계를 이루는 강이다. 그리고 '느보'는 사해 북동쪽 9㎞ 지점에 위치한 아바림 산맥의 최고봉으로, 출애굽 시대에 모세가 요단 강 건너편 약속의 땅 가나안을 바라보며 하나님의 부르심을 받은 곳이다(신 32:49; 34:1).

한편, 모압의 멸망에 대해 예레미야는 "모압의 뿔이 잘렸고 그 팔이 부러졌다"라고 묘사했는데(25절), 성경에서 '뿔'과 '팔'은 종종 힘이나 영예를 상징하는 말로 사용되었다. 사해 동편의 다소 동떨어진 고원지대에 위치한 모압은 그 지형상 외세의 침략을 거의 받지 않았기 때문에, 여유 있고 풍족한 삶을 살 수 있었다. 그래서 모압은 누구에게서도 침입 받지 않을 것처럼 스스로 교만했고, 특히 이웃한 이스라엘에 대하여 적대적인 자세를 취했다. 하나님은 이 같은 모압의 죄를 물어 심판의 날에 모압이 스스로 자랑하는 그들의 뿔을 자르고 팔을 부러뜨릴 것이었다.

모압에 대한 예레미야의 이 예언은 유다 왕 여호야김 시대에 모압이 유다를 침공했을 당시에 주어진 것으로 보이는데(주전 602년경, 왕하 24:2), 과연 모압에 대한 예레미야의 이 예언은 이루어졌다. 즉, 이때로부터 20년 후쯤 바빌로니아 왕 느부갓네살이 모압을 침공하여 최종적으로 멸망시킴으로써 그대로 성취되었다(주전 582년경).

모압을 향한 애가 (48:26-39)

(26-30) "모압으로 술 취하게 하라. 모압이 나 주를 거슬러 교만하였으므로, 모압으로 잔뜩 술 취하게 하여 정신없이 토하게 하고, 그 토한 것 위에서 스스로 뒹굴게 함으로써 온 세상의 조롱거리가 되게 하라. 너 모압아, 네가 이제껏 이스라엘을 조롱거리로 삼지 않았느냐. 네가 내 백성 이스라엘에 대해 말할 때마다 마치 이스라엘이 도둑질이라도 하다가 들킨 것처럼 머리를 절레절레 흔들며 비웃고 경멸하였도다. 너희 모압 족속들아, 이제 너희는 성읍을 떠나 산속으로 들어가라. 산속의 바위 틈에 자리를 잡고 살아가고, 깊은 골짜기의 동굴 입구에 둥지를 틀고 사는 산비둘기같이 그렇게 살아가라." 진실로 우리는 모압의 교만에 대해 익히 들었다. 모압이 얼마나 건방지게 우쭐거리는지, 그 마음이 얼마나 오만하고 거만한지, 우리가 너무나 잘 알고 있다. 그래서 주께서도 말씀하시기를 '모압이 얼마나 거만한지 나도 잘 안다. 모압이 큰소리를 탕탕 치며 허풍을 떨고 있지만, 속은 텅 비어서 아무것도 이루어내지 못했다.'라고 하셨다."

모압이 하나님의 심판을 받아 멸망하게 된 주요 이유는 '우상숭배'와

'교만'이었다. 본문에서는 그중 '교만'에 대해 언급한다. 모압의 교만은 이스라엘 백성들에게 익히 알려진 사실이었다. 모압은 지리적으로 외세의 침략을 받지 않을 외딴 고원지대에 위치해 있었다. 그들의 산지는 요새와 같았고, 평원은 풍족한 농축산물을 내었다.

모압의 자랑거리였던 십마의 풍성한 포도나무

그래서 모압 사람들은 두려울 것이 없었고 거칠 것이 없었다. 자신들의 업적과 재물을 의뢰하고 자랑하면서 친척 관계에 있는 이웃나라 이스라엘을 틈만 나면 괴롭혔고, 이스라엘이 멸망당할 때는 크게 기뻐하며 조롱하기까지 했다. 이처럼 모압은 스스로 크게 교만했기 때문에, 모압의 교만은 누구에게나 익히 알려진 속담이 되었다(사 16:6; 습 2:8). 그런 교만 때문에, 결국 모압은 술 취해 토하고 그 토사물 위에 스스로 뒹구는 것 같은 추잡한 모양새로 크게 낮아지고 비천해져서 온 세상의 조롱거리로 전락하게 될 것이었다(26절).

(31-35) "그러므로 내가 모압으로 인해 통곡할 것이다. 모압 백성을 위해 울부짖을 것이고, 길헤레스 사람들을 위해 슬피 애곡할 것이다. 오, 십마의 포도나무야, 내가 야셀을 위해 우는 것보다 너를 위해 더욱 슬피 울고 있다. 이전에 네 포도덩굴은 사해의 해변에까지 무성하게 뻗어나갔고, 더 멀리 국경 성읍인 야셀까지 기어올랐다. 그러나 이제는 파멸하는 침략자들이 몰려와서, 너의 잘 익은 포도송이와 열매들에게 손을 뻗쳤구나. 그러므로 모압 땅의 모든 과수원마다

이제는 기쁨과 즐거움이 다 사라지고 말았다. 포도주 틀에서 포도를 밟으며 환호하는 소리도 다 끊어졌다. 더 이상 흥겨운 노래를 부르며 포도주 틀을 밟는 사람이 하나도 없으니, 모압 온 땅에는 오직 부르짖는 고통의 외침만 있을 뿐, 기쁨의 외침은 모두 사라져 버렸다. 고통스럽게 울부짖는 아우성이 헤스본에서 엘르알레를 지나 야하스에 이르기까지, 소알에서 호로나임을 지나 에글랏셀리시야에 이르기까지 크게 울려 퍼지니, 그것은 심지어 니므림의 시냇물조차 바싹 말라버렸기 때문이다." 주께서 말씀하신다. "이제는 모압 산당으로 올라가 제물을 바치며 그 신들에게 분향하는 자들이 더 이상 없을 것이니, 그것은 내가 그들을 모조리 없앨 것이기 때문이다."

예레미야 선지자는 모압의 지명들을 구체적으로 언급하면서 장차 필연적으로 맞닥뜨릴 '모압의 파멸'을 예언함과 동시에, 그 파멸에 대해 진심으로 슬퍼하고 있다(31-32절). 이처럼 예레미야가 장차 모압이 맞닥뜨릴 비극적인 운명에 대해 진심으로 눈물을 흘리는 이유는, 그는 사랑과 동정심과 긍휼의 감정이 풍부한 사람이기 때문이다.

예레미야는 근본적으로 자비롭고 따스했으며 부드러운 마음씨의 소유자였다. 그래서 그는 이스라엘을 괴롭혀 온 원수 모압에게 비극적인 일이 일어났음에도 그들을 향한 동정심과 연민에 진심으로 울며 슬퍼한 것이다. 이렇게 예레미야는 동족 유다 백성들을 위해 울었고, 또한 이웃 나라들을 위해서도 울었기에 '눈물의 선지자'라는 별칭을 얻었다.

(36-39) "그러므로 내가 이제 모압을 위하여 피리 소리처럼 슬픈 노래를 부를 것이고, 내 마음이 또한 길헤레스 주민들을 위해 피리 소리처럼 슬피 울 것이다. 그것은 모압이 그동안 쌓아놓은 재산이 모두 사라져 버렸기 때문이다. 보라, 모압 사람들마다 머리털이 잘렸고, 수염이 깎였으며, 두 손에는 상처가 나서 피를 흘리고 있고, 허리에는

굵은 삼베를 걸치고 있구나. 그들이 모압의 각 지붕마다 올라가서 그 위에서 통곡하고, 각 거리마다 모여들어 슬피 애곡하고 있으니, 그것은 내가 모압을 아무 쓸모없는 항아리처럼 와장창 깨뜨려버렸기 때문이다. 이는 나 주의 말이다. 아하, 어쩌다가 모압이 저토록 산산이 부서졌는가! 어쩌다가 그들이 그토록 슬피 통곡하게 되었는가! 어쩌다가 모압이 이토록 수치를 당하여 등을 돌린 채 달아나게 되었는가! 그러므로 모압이 주변의 사방 모든 나라들에게 한낱 조롱거리가 되고 경악의 대상이 되어버렸구나."

하나님의 심판으로 모압이 와장창 깨뜨려지는 항아리처럼 그렇게 여지없이 깨뜨려질 때 모압 사람들은 저마다 자기들 집의 지붕 위로 올라가 슬피 통곡하게 될 것이었다. 머리털을 자르고, 수염을 깎고, 상처 난 두 손에서는 피가 흐르고, 허리에 굵은 삼베를 걸친 채 모두가 '모압의 멸망'을 두고 슬피 애곡할 것이었다(37-38절). 이런 모습은 고대 중근동 지방에서 극한 슬픔과 고통을 나타내는 방식이었다.

즉, 그들에게 긴 머리털과 턱수염은 남자다움과 품위를 나타내는 것이었는데, 그것을 밀거나 깎는 것은 큰 슬픔을 당하여 자신을 비천하게 만드는 행위였다. 그리고 자기 몸을 베어 상처를 내는 행위는 이방인들의 풍습에서 우상에게 무엇을 간곡히 구할 때나 극한 슬픔을 표출할 때에 종종 취해진 행동이었다. 또한 고대의 옷은 수제품으로 상당한 가치가 있는 물품이었는데, 그것을 찢는 행위는 엄청난 슬픔을 표출하는 행위였다. 이외에도 금식하거나 재를 머리에 뒤집어쓰거나 굵은 베옷을 입는 것과 같은 행동으로 슬프고 비통한 감정을 드러냈다.

모압의 파멸과 회복 (48:40-47)

(40-46) 주께서 말씀하신다. "보라, 대적이 독수리처럼 세차게 날아와

서 모압 위에 그 날개를 펴고 내려앉을 것이다. 그때에 모압 땅의 성읍들이 점령당하고 요새들이 함락될 것이다. 그날이 오면, 모압 용사들의 마음은 아이 낳는 여인의 마음처럼 겁에 질려 몸부림칠 것이다. 모압이 주님을 거슬러 교만하였으므로, 영영 멸망하고 다시는 나라를 세우지 못할 것이다. 나 주가 말한다. 모압 족속아, 두려움과 함정과 올가미가 너를 기다리고 있다. 두려움을 피하여 겨우 도망친 사람은 함정에 빠질 것이고, 함정에서 겨우 기어 나온 사람은 올가미에 걸리게 될 것이니, 그런 까닭은 그날은 내가 모압을 징벌할 때로 정해놓았기 때문이다. 이는 나 주의 말이다. 또한 전쟁의 칼을 피해 겨우겨우 도피한 자들이 힘이 다 빠진 채 헤스본 성벽의 그늘 아래 모여 있다고 할지라도, 헤스본 성읍 안에서 불이 뿜어져 나오고, 시혼 한가운데에서 불길이 뻗쳐 나와서, 모압 사람들의 이마를 사를 것이고, 소란 피우며 시끄럽게 떠들어대는 모든 사람들의 머리를 태워버릴 것이다. 모압아, 네게 정녕 재앙이 임하였다. 그모스의 백성들아, 너희가 마침내 멸망하였다. 그날에, 네 아들과 딸들은 모두 사로잡혀 포로가 되었도다."

장차 독수리처럼 세차게 날아와 모압 위에 날개를 편 채 모압을 사정없이 찢고 삼켜버릴 모압의 대적은 느부갓네살 왕이 이끄는 바빌로니아 군대를 가리킨다. 그날에 모압 사람들은 두려움의 함정과 죽음의 올가미에 빠져 거기서 헤어 나오지 못할 것이다. 비록 일부가 간신히 살아나 헤스본과 시혼의 성벽 아래로 피신했다고 해도, 그 성읍들 안에서 강렬한 불길이 뿜어져 나와 살아남은 그들을 다 태워버릴 것이었다.

이는 그날의 재앙과 살육과 파멸이 아주 철저할 것임을 보여준다. 이때 예레미야는 모압 사람들을 향해 '그모스의 백성들'이라고 불렀다(46절). '그모스'는 모압 사람들이 숭배한 그들의 국가 수호신이었기 때문이다. 이는 이스라엘을 가리켜 '여호와의 백성'이라고 칭하는 것과 같은 것이다.

(47) 그러나 주께서 말씀하신다. "하지만 언젠가 마지막 날이 이르면, 내가 사로잡혀간 모압의 포로들을 다시 그들의 땅으로 돌아오게 할 것이다." 모압 족속에 대한 하나님의 심판의 말씀이 여기서 그쳤다.

모압을 향해 파멸과 살육과 재앙이 가득한 하나님의 심판 메시지를 준엄하게 선포한 예레미야 선지자는 메시지의 끝부분에 이르러 하나님께서 언젠가 마지막 날에 모압 사람들을 다시금 회복시켜주실 것이라는 소망의 메시지를 전한다. 본래 하나님의 구원 계획은 이스라엘뿐 아니라, 전 인류를 대상으로 삼은 것이었다. 따라서 '마지막 날' 곧 장차 메시야 시대에 회개하고 주께로 돌아오는 자들은 누구나 죄악의 포로 됨에서 벗어나 구원과 회복의 자리로 나아올 수 있는 길이 활짝 열려있을 것임을 시사해준다(49:6, 39).

49

열방에 대한 심판

칭찬받던 성읍 다마스쿠스야
심판의 날에 치욕을 겪으리라
군사들은 전멸하고
벤하닷 궁전은 불에 탈 것이다

암몬에 대한 하나님의 심판 선포 (49:1-6)

(1-3) 주께서 암몬 족속에 대해 말씀하신다. "이스라엘은 자식도 없느냐? 상속자도 없느냐? 어찌하여 암몬 족속의 신 말감이 갓 지파의 영토를 차지하였느냐? 어째서 말감의 백성이 갓 지파의 성읍들에서 살고 있느냐? 그러므로 나 주가 말한다. 보라, 때가 이르면 암몬 족속의 수도 랍바에서 전쟁의 함성이 울려 퍼질 것이니, 랍바는 파괴되고 무너져 폐허더미가 되고, 주변 성읍들도 모두 불에 타 없어질 것이다. 그때에 이스라엘은 자기를 점령했던 자들을 도리어 점령하여 빼앗겼던 자기의 영토와 성읍을 되찾게 될 것이다. 이는 나 주의 말이다. 헤스본아, 통곡하라. 아이 성이 멸망하고 말았다! 너희 랍바의 주민들아, 슬피 통곡하라. 굵은 베옷을 걸쳐 입고 애곡하면서, 울타리 쳐진 곳들을 찾아 이리저리 뛰어다니며 몸을 숨겨라. 재앙이 덮치는 그날에, 너희의 신 말감이 붙들려 끌려가고, 또한 그 신을 섬기던 제사장들과 고관들도 다 사로잡혀 끌려갈 것이다."

예레미야 선지자는 하나님의 말씀을 받아 유다를 비롯하여 그 주변 나라들을 향해 심판의 메시지를 선포한다. 가장 먼저 이집트가 그 대상이었고(46장), 두 번째가 블레셋(47장), 세 번째가 모압이었다(48장). 이제 네 번째 대상은 암몬이다(49:1-6). 아브라함의 조카 롯이 하나님의 유황불 심판으로 멸망한 소돔 성에서 겨우 피신한 뒤, 어느 날 술에 만취한 상태로 자신의 두 딸과 차례로 동침하였다. 이때 맏딸에게서 태어난 아들의 이름은 '모압'으로 후일 모압 족속의 조상이 되었고, 둘째 딸에게서 태어난 아들의 이름은 '벤암미'로 후일 암몬 족속의 조상이 되었다(주전 2067년경, 창 19:36-38).

암몬 족속의 땅은 요단강의 동편과 모압의 북쪽으로, 남으로는 아르논 강이 경계를 이루고, 북으로는 얍복 강이 경계를 이룬다. 이스라엘과 맞붙은 지정학적 요인 때문에 암몬 족속은 이스라엘이 미약할 때면 언제나 요단강을 건너와 이스라엘을 괴롭히곤 했다. 그러다가 남왕국 유다의 국력이 아주 미약해진 여호야김 당시에는 아람 및 모압 등과 연합하여 유다를 궁지에 몰아넣기도 했다(왕하 24:2). 암몬(Ammon)에 대한 예레미야의 이 예언은 이런 시기에 선포된 것으로 보인다(주전 602년경).

예레미야는 '말감'을 섬기는 암몬 족속이 갓 지파의 영토를 차지하여 거기에 살고 있는 사실을 지적하면서, 장차 닥칠 암몬의 멸망을 선포하고 있다. 여기서 '말감'은 암몬 족속의 국가 수호신인 '밀감' 혹은 '밀곰'을 가리키는 말로, 그것은 '몰록' 혹은 '몰렉'과 동일한 우상으로 보인다. 이 암몬 족속의 우상은 유아(幼兒)를 제물로 삼아 불살라 바치는 가증한 인신제사(人身祭祀)로 유명하다. 따라서 장차 심판의 날에, 암몬은 자신들의 죄악에 대한 대가로 하나님의 징벌을 받아 멸망할 수밖에 없었다.

특히, 재앙이 덮치는 멸망의 그날에 암몬의 신 말감이 마치 포로처럼 끌려간다는 말은, 고대 전쟁에서는 승전국이 승리의 기념으로 패전국의 신전(神殿)에서 그 나라의 신들을 탈취해간 사실을 가리키는 말이다. 모압이 멸망할 때에도 그들의 국가 수호신인 '그모스'가 그렇게 포로가 되어 끌려갔다(48:7).

(4-6) "너 타락한 딸 암몬아, 네가 어찌하여 네 골짜기, 곧 네 비옥한 골짜기를 자랑하느냐? 네가 어찌하여 네 재물만 굳게 의지하고 말하기를 '누가 감히 나를 치러올 수 있으랴!'라고 하느냐? 주, 곧 전능하신 만군의 주 내가 말한다. 보라, 내가 네 사방에서 두려운 대적들을 불러다가 너를 칠 것이다. 그때에 네 백성들은 사방으로 쫓겨나 산산이 흩어질 것인데, 그 피난민들을 한데 모을 자가 없을 것이다. 하지만 그렇게 한 후에는, 내가 장차 암몬 족속의 포로들로 하여금 자기들의 땅으로 되돌아가게 할 것이다. 이는 나 주의 말이다."

모압의 멸망 원인과 암몬의 멸망 원인이 동일하다. 아브라함의 조카인 롯의 두 형제로부터 비롯된 두 족속은 자기네들의 재물만을 믿고 교만하게 행동하는 가운데, 자기네들의 국가 수호신인 '그모스' 또는 '말감'(몰렉)을 열렬히 섬겼다. 그런 '교만'과 '우상숭배'가 멸망의 최대 원인이었다. 그런데 주목할 사항은, 두 족속 공히 멸망 이후에 완전히 사라지지 않고 더 먼 장래에는 마침내 회복될 것이라는 소망의 메시지를 약속받고 있다는 사실이다(48:47; 49:6). 그리고 이 같은 약속은 두 족속뿐만 아니라 다른 이방 족속들에게도 역시 주어졌다(49:39).

결국 이것은 먼 훗날 메시아 시대에 죄악의 길에서 회개하고 주께로 돌아오는 자들은 누구나 죄악의 포로 됨에서 벗어나 구원과 회복의 자리로 나아올 수 있는 길이 활짝 열려있다는 사실을 시사해준다. 이런 맥락에서, 하나님께서는 이방의 암몬 족속을 '딸'이라고 부르셨다(4절).

에돔에 대한 하나님의 심판 선포 (49:7-22)

(7-11) 주께서 에돔 족속에 대해 말씀하신다. "에돔 땅 데만에 더 이상 지혜가 없느냐? 그 땅의 총명한 자들에게서 모략이 다 끊어지고 말았느냐? 그들의 지혜가 모두 없어졌느냐? 너희 드단의 주민들아, 돌이켜 어서 도망쳐라. 깊은 굴속으로 들어가 꼭꼭 숨어라. 내가 에서의 후손들에게 재앙을 내려 그들을 벌할 때가 이르렀다. 포도를 거두는 자들이 포도를 수확할 때에도 다 따지 않고 약간의 포도는 남겨두는 법이 아니더냐. 밤중에 도둑이 들어도, 그 도둑이 몽땅 털어가지 아니하고 자기가 원하는 만큼만 가져가지 않더냐. 하지만 내가 에돔 땅에 침략자를 보내리니, 그들이 와서 에서의 후손들을 완전히 발가벗길 것이다. 너희가 아무리 은밀한 곳에 숨더라도 그들이 샅샅이 찾아내고 말 것이다. 그리하여 에돔의 자손들과 친척들과 이웃들이 다 멸망할 것이고, 더 이상 그 땅에 아무도 살아남지 못할 것이다. 그러므로 너희는 너희 고아들을 내게 맡겨라. 내가 그들은 살려줄 것이다. 너희 과부들도 나를 의지함으로써 살 수 있을 것이다."

열방을 향한 예레미야 선지자의 예언 선포는 이제 '에돔'(Edom)을 그 대상으로 삼는다(49:7-22). 이집트(46장), 블레셋(47장), 모압(48장), 암몬(49:1-6)에 이어지는 다섯 번째 대상이다. 에돔은 혈통상 이스라엘의 조상인 '야곱'의 쌍둥이형인 '에서'를 조상으로 하는 이스라엘의 형제국으로서, 이들의 주거 지역은 사해 남단에서부터 홍해 동북편의 아카바만(灣)에 이르는 세일 산(Mt. Seir)의 산악지대였다. 이 지역은 매우 거칠고 험악한데, 에돔 족속은 이런 거친 환경에서 생존하는 가운데 매우 거친 족속이 되었다.

그래서 자신들의 형제 국가임에도 불구하고 역사적으로 이스라엘을 내내 적대시하여 매우 괴롭혔고, 특히 이스라엘이 멸망했을 때 그 누구보다도 크게 기뻐했다(시 137:7). 따라서 에돔은 하나님의 심판을 피할 수 없었다.

하나님께서 에돔 땅에 보내셔서 에서의 후손들을 발가벗길 침략자는 '바빌로니아'를 가리킨다. 장차 심판의 날에, 바빌로니아 군대가 에돔 땅에 침공하여 온 땅을 샅샅이 뒤지며 무자비하게 살육을 자행할 때, 에돔의 그 어떤 지혜와 모략으로도 그 칼날을 피할 수 없을 것이었다(7절). 에돔의 후손들이 아무리 은밀한 곳에 숨어도 다 들켜서 살육을 당할 것이었다. 그러나 이런 참혹한 살육의 현장에서도 하나님께서는 고아들과 과부들만은 살리실 것이라고 약속하셨다(11절).

이 말은, 극한 상황 중에서도 하나님께서는 자신을 의뢰하는 힘없는 자들을 기억하고 돌보신다는 의미다. 하나님의 심판은 결코 야만적이거나 폭력적인 것이 아니고, 언제나 참되고 공의로우며 또한 그 속에 긍휼과 은혜가 짙게 배여 있다.

> (12-14) 주께서 에돔 족속에 대해 또 말씀하신다. "나의 이 분노의 잔을 마시지 않아도 될 사람들조차도 이 잔을 마셔야 했거늘, 당연히 마셔야만 하는 너희가 어찌 나의 형벌을 피할 수 있겠느냐. 너희는 나의 형벌을 도무지 피할 수 없을 것이니 기필코 이 잔을 마시고야 말 것이다. 나 주가 말한다. 내가 나 자신을 두고 맹세하건대, 네 수도인 보스라는 철저하게 폐허가 되어 온 세상 사람들에게 경악과 치욕과 파멸과 저주의 대상이 될 것이고, 그 주변의 모든 성읍들도 영영 폐허가 되고 말 것이다." 내가 주께로부터 오는 한 소식을 들었으니, 주께서 온 세상의 뭇 나라들에게로 특사를 파견하시면서 말씀하시기를 "너희는 모두 함께 모여서 에돔을 치러 올라가라! 에돔을 대적하여 떨치고 일어나 싸워라!" 하셨다.

하나님의 분노의 잔을 마시지 않아도 될 사람들은 '이스라엘 백성'을 가리킨다. 그들은 특별히 하나님께 택하심을 받은 하나님의 사랑스러운 백성이므로, 하나님께서는 그들의 죄악을 눈감아줄 수도 있었다. 그러나 하나님께서는 그렇게 하시지 않으시고, 그 백성의 죄악을 물어 엄중하게 공의의 심판을 수행하셨다. 그러하므로 이방 족속인 에돔의 죄악에 대해서는 더 말할 필요가 없다.

에돔 족속은 필히 하나님의 분노의 술잔, 곧 공의의 두려운 심판이 담긴 그 징벌의 술잔을 받아 마셔야만 했다. 그래서 하나님께서는 온 세상의 뭇 나라들에게로 특사를 파견하셔서 모두 함께 모여 에돔을 치러 올라가라고 명하신 것이다(14절). 과연 하나님의 명에 따라 후일에 바빌로니아가 에돔을 치러 올라왔는데, 바빌로니아 군대는 대제국의 군대답게 수많은 나라들과 민족들의 군사들로 이루어졌다.

(15-17) 주께서 에돔 족속에 대해 또 말씀하신다. "에돔아, 이제 내가 너를 온 세상의 뭇 나라들 가운데 가장 하찮은 민족으로 만들 것이고, 사람들 가운데서 멸시를 당하게 할 것이다. 산꼭대기 높은 곳의 바위 틈에 사는 족속아, 네가 두려운 민족인 줄로 스스로 착각하지 말아라. 그와 같은 네 마음속 교만이 너를 속였다. 비록 네가 독수리처럼 높은 곳에 둥지를 틀고 살고 있더라도, 내가 거기서 너를 붙잡아 끌어내릴 것이다. 이는 나 주의 말이다. 그리하여 에돔은 온 세상 사람들에게 공포와 경악의 대상이 될 것이니, 에돔 땅을 지나는 사람마다 그 땅에 내린 그 모든 두려운 재앙들로 인해서 크게 놀라워하며 에돔을 경멸하고 조롱할 것이다."

에돔 족속의 주거 지역은 사해 남단에서부터 홍해 동북편의 아카바 만(灣)에 이르는 세일 산(Mt. Seir)의 산악지대다. 그곳에는 천연적으로 형성된 요새 같은 많은 바위굴이 있었는데, 에돔 사람들은 그런 암혈(岩穴) 속에서 생활하면서 매우 안전하다고 생각했다. 그래서 에돔 사람들은 그런 천연의 요새를 굳게 의지한 채 아무도 자신들을 끌어내릴 수 없다며 아주 교만하게 굴었다. 그리고 그런 교만으로 그들의 역사 내내 이스라엘을 비웃고 괴롭혔다.

그러나 하나님의 분노의 술잔이요 징벌의 칼인 바빌로니아 군대가 에돔을 침공했을 때, 에돔 사람들은 깊숙한 암혈에 숨어있었음에도 그 칼을 피하지 못하고 모조리 붙잡히고 끌려 나와 살육당하고 말았다. 그리하여 오늘날 철저하게 황무지가 된 에돔의 폐허는 그 땅을 지나가는 사람들의 놀람과 두려움과 조롱거리가 되고 말았다. 교만한 마음으로 이스라엘을 비웃던 에돔이 그 행위대로 심판받은 것이다.

(18-22) 주께서 에돔 족속에 대해 또 말씀하신다. "소돔과 고모라 성읍이 그 주변의 이웃 성읍들과 함께 모조리 멸망당했을 때와 마찬가지로, 에돔 땅과 그 주변에는 더 이상 아무도 살지 않을 것이고, 그곳에서는 사람의 흔적조차 찾을 수 없을 것이다. 보라, 요단 강가의 무성한 수풀 속에서 갑자기 사자가 튀어나와 목장의 가축 떼를 향해 달려들듯이, 나도 갑자기 에돔에게 달려들어 그 땅에서 에돔 백성을 모두 내쫓고, 내가 선택한 지도자를 그 위에 세울 것이다. 그러니

바위 틈에 살며 교만한 마음을 가진 에돔 족속

온 천지에 나와 같은 자가 누구겠으며, 누가 감히 나에게 따져 물을 수 있겠으며, 어느 목자가 내 앞에 서서 감히 나에게 맞설 수 있겠느냐. 그러므로 에돔 족속아! 내가 에돔을 칠 계획에 대해, 그리고 내가 데만 성읍의 주민들에 대해 결심한 것에 대해 잘 들어보아라. 장차 심판의 날이 이르면, 에돔의 양 떼 가운데 어린 것들까지도 반드시 다 끌려갈 것이니, 정녕 에돔의 온 땅이 황무지로 변할 것이다. 그날, 에돔 족속이 쓰러지고 넘어지는 소리에 땅이 흔들릴 것이고, 그들의 울부짖는 소리는 멀리 홍해까지 퍼져나갈 것이다. 보라, 장차 대적이 독수리처럼 빠르게 날아와서 그 날개를 보스라 성읍 위에 펼칠 것이니, 그날에는 에돔 용사들의 마음이 온통 두려움에 사로잡혀서, 마치 해산의 고통 가운데 있는 여인처럼 부들부들 떨며 몸부림칠 것이다."

장차 철저하게 멸망하여 한낱 폐허더미로 변할 에돔의 비극적 운명에 관한 예언이다. 그렇게 에돔을 철저하게 파멸시킬 대적, 곧 독수리처럼 빠르게 날아와서 그 날개를 에돔의 수도인 보스라 성읍 위에 펼칠 대적은 느부갓네살 왕이 이끄는 바빌로니아 군대를 가리킨다. 바빌로니아 군대는 하나님의 심판 도구가 되어 당시 반(反)바빌로니아 동맹을 형성한 유다, 다마스쿠스, 암몬, 모압, 에돔, 블레셋 등을 쳐서 철저히 파멸시키고 정복했다. 그때 난공불락의 견고한 요새를 자랑했던 에돔도 결국 높은 바위 틈에서 끌려 내려와 멸망하고 말았다(주전 582년경).

한편, 요단 강가의 무성한 수풀 속에서 갑자기 튀어나와 목장의 가축 떼를 덮치는 사자의 비유는 매우 현실적이다(19절). 고대에 요단 강둑을 따라 형성된 짙은 수풀 지대가 있었는데, 사자와 기타 맹수들은 이런 수풀 지대에 서식하고 있다가 평지나 강둑 근처의 초원 지대에서 방목 중인 가축 떼를 불시에 습격하여 사냥하곤 했기 때문이다.

다마스쿠스에 대한 하나님의 심판 선포 (49:23-27)

(23-27) 주께서 선지자 예레미야를 통해 다마스쿠스에 대해서 하신 말씀이다. "하맛과 아르밧의 주민들이 치욕을 겪을 것이니, 그것은 그들이 아주 불길한 소식을 듣고 낙담하며 괴로워할 것이기 때문이다. 바다에 파도가 쉼 없이 일렁이듯, 그들의 마음에도 근심이 계속 일고 있으니, 그들에게 평안이 없다. 다마스쿠스의 주민들이 용기를 잃은 채 얼른 몸을 돌이켜 도망가려고 하지만, 공포가 그들을 움켜잡았고, 고통과 슬픔이 그들을 사로잡으니, 그들이 아이 낳는 여인같이 괴로워 몸부림친다. 칭찬받던 성읍, 나의 기쁨이었던 이 성읍이 어찌하여 이렇게 버려졌느냐? 나 주가 말한다. 그러므로 내가 진노의 심판을 베푸는 그날에, 다마스쿠스의 청년들은 거리에 쓰러져 죽고, 다마스쿠스의 모든 군사들은 전멸당할 것이다. 그날에 내가 다마스쿠스의 성벽에 불을 지를 것이니, 그 불이 아람 왕 벤하닷의 궁전을 모두 태울 것이다."

열방을 향한 예레미야 선지자의 예언 선포는 이제 '다마스쿠스'를 그 대상으로 삼는다(49:23-27). 이집트(46장), 블레셋(47장), 모압(48장), 암몬(49:1-6), 에돔(49:7-22)에 이어지는 여섯 번째 대상이다. 다마스쿠스(Damascus)는 수리아 왕국의 수도로서, 이 도성의 멸망은 곧 수리아 왕국의 멸망을 뜻한다. 수리아(Syria)는 오늘날의 '시리아'인데, 구약시대에는 히브리어 '아람'으로 표기되었고(삼하 8:5; 왕하 16:7), 신약시대에는 헬라어 '수리아'로 표기되었다(마 4:24). 그리고 이곳 아람 사람들이 사용하던 '아람어'는 신약시대 때 팔레스타인 전역에서 일반적으로 사용되는 언어가 되었다(막 5:41; 7:11).

다마스쿠스는 안티-레바논을 수원(水源)으로 하는 아바나강과 헤르몬산을 수원으로 하는 바르발강의 두 강 사이에 형성된 오아시스 도성이었다. 이런 지정학적인 요인 때문에 다마스쿠스는 일찍부터 발달하여 점차적으로 상업도시, 교통도시, 군사도시로 자리 잡았다. 이런 이유에서 다마스쿠스를 수도로 한 수리아 곧 아람은 항상 막강한 군사력으로 이스라엘을 위협하거나 침공하곤 했다. 그리하여 이제 하나님께서는 아람의 수도 다마스쿠스에게도 그들의 죄악을 물어 준엄한 심판을 선포하신 것이다.

다마스쿠스 역시 유다, 암몬, 모압, 에돔, 블레셋 등과 더불어 당시 반(反)바빌로니아 동맹에 가입하였으므로 바빌로니아의 침공을 피할 수 없었고, 마침내 느부갓네살 왕이 이끄는 바빌로니아 군대가 침공했을 때 그 말발굽과 칼날 아래 철저히 파멸당할 수밖에 없었다. 당시에 바빌로니아 군대는 타락한 열방을 심판하시는 하나님의 강력한 징벌 도구로 사용되었으므로, 그 어떤 나라와 민족도 그들의 공격을 막아내거나 버텨낼 수 없었다. 모두가 그들 앞에 여지없이 무너져 폐허가 되고 말았다. 아람(수리아)의 수도 다마스쿠스도 예외일 수 없었다.

게달과 하솔에 대한 하나님의 심판 선포 (49:28-33)

(28-30) 바빌로니아 왕 느부갓네살이 공격한 게달과 하솔 왕국에 대해서 주께서 하신 말씀이다. 주께서 말씀하신다. "너희는 일어나 게달로 올라가서, 저 동방 사람들을 멸망시켜라. 너희는 그들을 쳐서 그들의 천막과 양 떼를 빼앗고, 그들의 휘장과 모든 물건과 낙타까지 모두 약탈하라. 그러고서 크게 외치기를 '너희는 사방으로 포위되었다!'라고 하여라." 주께서 말씀하신다. "하솔의 주민들아, 어서 피난하라! 아주 멀리 도망가서, 깊은 산골짜기 속에 숨어라! 그것은 바빌로니아 왕 느부갓네살이 너희를 치려고 작전을 세웠고, 너희를 멸망시키기로 굳게 결심했기 때문이다."

열방을 향한 예레미야 선지자의 예언 선포는 이제 '게달과 하솔'을 그 대상으로 삼는다(49:28-33). 이집트(46장), 블레셋(47장), 모압(48장), 암몬(49:1-6), 에돔(49:7-22), 다마스쿠스(49:23-27)에 이어지는 일곱 번째 대상이다.

게달(Kedar)은 '검은 천막에 사는 사람'이란 뜻인데, 과연 가축의 검은 털로 만든 천막으로 유명하다(겔 27:21). 거주 지역은 다마스쿠스 남동쪽과 암몬 동편에 위치한 아라비아 사막지대인데, 아브라함의 첩 하갈의 소생인 이스마엘의 열두 아들 가운데 둘째 아들인 '게달'의 후손들이다(창 25:13; 대상 1:29). 그러니까 이스마엘 계통의 아랍 유목민들인데, 능숙한 궁수들을 많이 보유했기 때문에 작은 부족이면서도 큰 영향력을 지녔다(사 21:16-17). 하솔(Hazor)에 대해선 별로 알려진 바가 없는데, 게달과 한 묶음으로 취급된 것을 보면 게달 근처에 살고 있던 어느 사막 부족 가운데 하나로 추정된다. 물론, 고대 가나안 북부지역에 있었던 큰 성읍 하솔과는 구별된다(수 11:1).

게달과 하솔에 대한 하나님의 심판 메시지도 다른 이방 족속들에 대해 선포된 것과 거의 동일하다. 장차 심판의 날에 하나님의 명을 받은 하나님의 징벌 도구인 바빌로니아, 곧 느부갓네살 왕이 이끄는 바빌로니아 군대가 게달과 하솔 왕국까지 침공하여, 그들의 모든 재산과 가축 떼를 약탈하고 주민들을 무자비하게 살육할 것이니, 속히 그리고 되도록 멀리 도망가라는 내용이다. 따로 떨어진 광활한 사막지대에 거주한다고 해서 하나님의 심판을 피할 수는 없다는 말이다. 이처럼 죄악이 있는 곳은 어디든 반드시 하나님의 심판의 칼이 따라간다.

(31-33) 주께서 바빌로니아 왕 느부갓네살에게 말씀하신다. "너는 떨치고 일어나, 아무 염려 없이 태평스럽게 살아가고 있는 저 민족을 쳐라. 그들에게는 성문도 없고, 문빗장도 없다. 그들은 멀리 떨어져서

자기들끼리 살아간다. 이제 너희는 그곳으로 쳐들어가서, 그들의 낙타 떼를 노략하고 그들의 많은 가축 떼를 전리품으로 취하라. 그날에 내가 그들 양쪽 관자놀이의 머리털을 바짝 깎은 자들을 사방으로 흩어버릴 것이고, 또한 사방에서 재앙을 불러들여 그들 위에 들이닥치게 할 것이다. 그러면 하솔은 영영 황폐하게 되어 자칼의 소굴로 변할 것이니, 거기에는 더 이상 사람이 아무도 살지 않을 것이고, 머무는 사람조차 아무도 없을 것이다. 이는 나 주의 말이다."

게달과 하솔의 주민들은 성문이나 문빗장이 없이 살았다. 그들은 팔레스타인에서 멀리 떨어진 요단강과 사해 동부의 아라비아 사막지대에 거주한 백성들로, 문명화된 도시들과는 아주 멀리 떨어져 살고 있었기에, 외적의 침입에 대해 전혀 걱정할 필요 없이 매우 안전하다고 생각했기 때문이다.

한편, 본문 중 '양쪽 관자놀이의 머리털을 바짝 깎은 자들'(32절)이란 자신들의 신에게 제사를 드릴 때 얼굴의 살쩍(뺨의 귀 앞에 난 머리털)을 바짝 깎는 관습을 지닌 아랍 민족을 가리킨다. 아라비아 사막지대에 거주하던 이들 아랍 민족들, 곧 게달과 하솔 같은 유목민 왕국의 마을들도 장차 심판의 날에 하나님의 징벌 도구인 바빌로니아 군대에 의해 영영 황폐화되어 자칼의 소굴로 변할 것이었다.

엘람에 대한 하나님의 심판 선포 (49:34-39)

(34-39) 시드기야가 유다 왕위에 올라 나라를 다스린 지 오래되지 아니한 때, 엘람 족속에 대한 주의 말씀이 선지자 예레미야에게 내렸다. 전능하신 만군의 주께서 말씀하신다. "보라, 그날에 내가 엘람 족속의 주력 부대인 활 쏘는 자들의 활을 다 부러뜨리겠다. 내가 하늘 사방에서 나온 사방의 폭풍을 모두 몰아다가 엘람에 이르게 하여, 그 민족을

온 땅의 사방으로 흩어버릴 것이다. 그러면 엘람에서 쫓겨난 사람들이 온 땅의 사방으로 뿔뿔이 흩어질 것이니, 온 세상의 뭇 나라들 가운데 그들이 이르지 아니한 나라가 없을 것이다. 나 주가 말한다. 내가 엘람 족속으로 하여금 그들의 원수들 곧 그들의 목숨을 노리는 대적들 앞에서 두려워 떨게 만들 것이고, 내가 또 그들 위에 무서운 재앙을, 곧 나의 맹렬한 진노를 퍼부을 것이며, 내가 또 그들 뒤에 칼을 보내 추격토록 하여 그들 모두가 진멸하기까지 쳐부술 것이다. 그날에 내가 엘람 땅에 나의 보좌를 베풀고 그 땅의 왕과 대신들을 다 멸할 것이다. 이는 나 주의 말이다. 그러나 먼 훗날 마지막 때가 되면, 내가 엘람의 포로들을 그들의 땅으로 다시 돌아오게 할 것이다. 이는 나 주의 말이다."

열방을 향한 예레미야 선지자의 예언 선포는 이제 '엘람'을 그 대상으로 삼는다(49:34-39). 이집트(46장), 블레셋(47장), 모압(48장), 암몬(49:1-6), 에돔(49:7-22), 다마스쿠스(49:23-27), 게달과 하솔(49:28-33)에 이어지는 여덟 번째 대상이다. 엘람에 대한 본문의 예언은 유다 왕 시드기야(주전 597-586년 재위)의 통치 초기에 선포된 것이다.

엘람(Elam)은 바빌로니아의 동부 산악지대에 위치한 고대 왕국으로(창 14:1), 주전 8세기 무렵에는 막강한 힘을 떨치기도 했다. 그러나 아시리아 제국에 의해 정복당한 주전 640년경 이후에는 약소국가로 전락하였고, 그 후에는 메대-바사 제국에 병합되었다. 그렇지만 엘람의 도성 수산은 바사(페르시아) 제국의 중심 역할을 하였다(느 1:1; 단 8:2).

엘람에 대한 하나님의 심판 선포 역시 다른 이방 나라들과 대동소이하다. 즉, 바빌로니아 군대에게 멸망당한다는 것이다. 비록 엘람이 활에 능숙한 궁수부대를 보유하고 있더라도(사 22:6), 하나님께서 바빌로니아 군대를 징벌 도구로 삼아 엘람에 진노를 퍼붓는 심판의 날에는 그것도 무용지물일 뿐이어서, 엘람은 멸망하고 엘람 백성들은 온 세상 사방으로 뿔뿔이 흩어지게 될 것이었다.

이때 주목할 것은, 그날에 주께서 엘람 땅에 보좌를 베푸실 것이라는 표현이다(38절). 이는 고대에 한 나라를 정복한 왕이 정복당한 나라를 뒤처리하기 위해 그 땅에 보좌를 두는 경우를 언급한 말이다. 정작 보좌를 둔 사람은 바빌로니아의 느부갓네살 왕이 될 것이지만, 그는 어디까지나 하나님의 도구에 불과하기 때문에 하나님께서는 자신이 보좌를 베푸는 것이라고 표현한 것이다.

또 하나 주목할 것은, 앞선 이집트와 모압과 암몬 등의 경우처럼(46:26; 48:47; 49:6) 엘람의 경우에도 먼 훗날 마지막 때에 회복의 약속이 주어지고 있다는 점이다. 궁극적으로 살펴볼 때 이는 종말론적인 영적 의미를 지니는 것으로, 장차 메시아 시대에 회개하고 돌이키는 자들은 죄악의 포로 됨에서 풀려나 구원과 영생의 자리에 이를 것이라는 놀랍고 위대한 복음의 약속이다.

50

바빌로니아에 대한 심판

그날에 주께서 큰 민족을 일으켜
바빌로니아를 공격하게 하실 것이다
그 땅의 수호신 벨과 므로닥이
큰 수치를 당하여 거꾸러지리라

바빌로니아에 대한 하나님의 심판 선포 (50:1-20)

(1-3) 바빌로니아 사람들의 땅과 그 도성 바빌론에 대하여 주께서 선지자 예레미야에게 하신 말씀이다. "너희는 이 소식을 온 세상 만민에게 널리 선포하라. 깃발을 높이 세우고 아무것도 숨기지 말고 크게 선언하라. 외치기를 '바빌론이 함락되었다! 바빌로니아의 수호신 '벨'이 수치를 당하고 '므로닥'이 거꾸러졌으며, 바빌로니아의 모든 신상들이 수치를 당하고, 그 우상들이 다 부스러져 온갖 수모를 당했다!'라고 하여라. 그렇다. 저 북방에서 한 민족이 세차게 밀고 내려와 바빌로니아를 쳐서 그 땅을 아주 황폐하게 만들 것이다. 그러므로 바빌로니아는 더 이상 사람이 살 수 없는 폐허가 되어, 사람이나 짐승이나 할 것 없이 모두 그 땅에서 사라져버릴 것이다."

열방을 향한 예레미야 선지자의 예언 선포는 이제 마지막으로 '바빌로니아'를 그 대상으로 삼아, 두 장에 걸쳐 길게 이어진다(50-51장). 이집트

(46장), 블레셋(47장), 모압(48장), 암몬(49:1-6), 에돔(49:7-22), 다마스쿠스(49:23-27), 게달과 하솔(49:28-33), 엘람(49:3439)에 이어지는 아홉 번째 대상이다. 바빌로니아에 대한 예레미야의 예언, 곧 '바빌로니아의 멸망과 폐허'에 관한 이 예언은, 당시 바빌로니아 제국이 중근동 지역의 패권국가로서 최고의 전성기를 한창 구가하고 있던 시점에 이루어진 것이다.

바빌로니아는 유다 왕 요시야와 여호야김의 시기에 오랫동안 중근동 지역의 패권국이었던 아시리아 제국을 멸망시킴으로써(주전 612년경), 또한 갈그미스 전쟁을 통해 전통적인 강대국인 이집트까지 물리침으로써 중근동 지역의 패권 제국으로 부상하여 열방들 위에 군림한 나라다. 바빌론(Babylon)이 바빌로니아 제국의 중심지가 된 것은 바빌로니아의 제1왕조 6대 왕인 함무라비(주전 1792-1750년경) 때이며, 이후 신바빌로니아 제국의 느부갓네살 왕(주전 605-562년) 때에 가장 번창했다.

바로 이런 시기에, 하나님께서는 바빌로니아 제국의 느부갓네살 왕을 심판의 도구로 삼아 '유다'를 비롯한 주변 열방(이집트, 블레셋, 모압, 암몬, 에돔, 다마스쿠스, 게달과 하솔, 엘람 등)을 징벌하신 것이다. 달리 보면, 하나님께서는 '유다'를 비롯한 주변 열방을 징벌하기 위해 바빌로니아 제국을 당대의 패권국가로 만드셨고, 또한 느부갓네살 왕과 그의 군대를 강력하게 만드신 것이다. 유다와 열방의 죄악을 철저히 심판하기 위한 하나님의 징벌의 몽둥이는 어떤 나라도 대항할 수 없을 만큼 아주 강력해야 했기 때문이다.

또한 유다와 주변 열방을 모두 징벌하신 후, 하나님께서는 그동안 징벌 도구로 사용한 바빌로니아에 대해 그들의 교만과 우상숭배와 무자비함 등에 대한 죄를 물어 징벌하실 것인데, 그런 사실이 '벨'이 수치를 당하고 '므로닥'이 거꾸러질 것이라는 말로 선포되었다(2절). 벨(Bel)은 바빌로니아 사람들이 숭배한 국가 수호신인데, 셈어인 '바알'과 연관되는 명칭으로 '주'(主)란 뜻이다. 그리고 므로닥(Marduk)은 '벨'의 별칭으로, 둘은 같은 신이다.

바빌로니아의 국가 수호신인 벨(므로닥)이 적국에 의해 수치를 당하고 거꾸러진다는 것은 곧 그 나라의 멸망을 뜻한다. 이처럼 바빌로니아의 국가 수호신을 거꾸러뜨림으로써 바빌로니아를 멸망시킬 적국은 '북방에서 세차고 밀고 내려올 민족'으로 묘사되었는데(3절), 지리상으로 볼 때는 바빌로니아의 북쪽에 위치한 메대(Media)를 가리키지만, 실제로는 메대와 연합하여 바빌로니아를 정복한 바사(페르시아)를 가리킨다.

(4-5) 주께서 말씀하신다. "그날이 오고 그때가 되면, 이스라엘 백성이 본토로 돌아오고 유다 백성도 그들과 함께 본토로 돌아올 것이다. 그때에 그들은 울면서 다 함께 돌아와, 그들의 하나님인 나 주를 찾을 것이다. 그때에 또 그들은 자기들의 얼굴을 시온으로 향한 채 시온으로 가는 길을 물으며 서로 말하기를 '오라, 이제는 우리가 더 이상 잊히지 않을 영원한 언약으로 주님과 연합하자!'라고 할 것이다."

바빌로니아의 멸망은 그 땅에 포로 된 이스라엘 백성의 해방을 뜻한다. 그래서 예레미야는 장차 그날에 이루어질 그들의 본토 귀환에 대해 예언한 것이다. 일차적으로 이 예언은 바사(페르시아) 왕 고레스가 바빌로니아를 정복한 후에 그 땅의 포로 된 백성들에게 본국 귀환의 조서를 내릴 때에 이루어질 것이다(대하 36:22-23, 주전 538년경). 그때 아시리아와 바빌로니아에 의해 포로가 되었던 북왕국 이스라엘 백성과 남왕국 유다 백성이 함께 가나안 땅으로 돌아와, 둘이 연합하여 시온(예루살렘)에서 하나님을 섬기게 될 것이다. 하지만 궁극적으로 이 예언은, 장차 메시아 시대에 하나님의 택한 백성들이 복음 안에서 함께 연합하여 하나님을 참되게 섬기게 될 것임을 예표한다.

또한 그런 해방과 회복의 날에 하나님의 백성들은 더 이상 잊히지 않을 영원한 언약으로 주님과 연합하여 그분을 잘 섬길 것인데, 여기서 그 '영원한 언약'은 본래 하나님께서 아브라함과 모세와 다윗에게 하셨던 옛 언약을 갱신하고 확대시킨 것이다(창 12:2-3; 출 20:2; 삼하 7:8-16). 그리하여 하나님께서는 이 영원한 언약을 통해 자기 백성들과 새롭고 발전된 관계를 맺을 것을 약속하셨고, 마침내 그 관계는 메시아 곧 예수 그리스도에 의해, 예수 그리스도로 말미암아 온전히 이루어졌다. 성경에서 이 '영원한 언약'은 또한 '새 언약'으로도 불린다(31:31).

(6-10) "정녕 내 백성은 길 잃은 양 떼였다. 이 백성을 책임진 목자들이 양 떼를 그릇된 길로 인도하여 그들을 험준한 산속으로 몰고 갔으므로, 내 백성 양 떼가 산과 언덕을 헤매느라 그들의 쉴 곳을 잊어버렸다. 그 양 떼를 보는 자들마다 양 떼를 탐내어 집어삼켰다. 그러고서 그 대적들이 말하기를 '그들은 그들의 주 곧 의의 처소를 떠나고, 그들 조상의 소망인 주를 거슬러 죄를 지었으므로 마땅히 죽어야할 자들이다. 따라서 우리가 그들을 집어삼킬지라도 우리에게는 아무런 죄가 없다.'라고 하였다. 그러나 이제 양 떼 된 너희는 바빌로니아 땅에서 도망쳐라. 갈대아 사람들의 땅에서 속히 떠나라. 서로서로 앞장서기를, 양 떼보다 앞서 가는 숫염소처럼 행하라. 보라, 내가 저 북방 땅에서 큰 민족들의 연합군을 일으켜 바빌로니아를 치러 오게 할 것이니, 그들의 군대가 전열을 갖추고 저 북방 땅에서 세차게 밀고 내려와 마침내 바빌로니아를 쳐서 정복할 것이다. 그들 군대의 화살은 능숙한 용사의 화살 같아서 하나도 헛되이 날아가는 법이 없을 것이다. 정녕 그날에 바빌로니아가 크게 약탈을 당할 것이니, 그 땅을 약탈하는 자마다 마음껏 약탈하여 모두가 제 욕심을 한껏 채울 것이다."

하나님의 백성 된 북왕국 이스라엘과 남왕국 유다가 '양 떼'에 비유되었다. 그리고 그 양 떼가 이방 대적들의 먹잇감이 된 데에는 양 떼의 목자들 곧 백성을 이끄는 지도자들의 책임이 크다는 사실이 지적되었다. 목자 된 지도자들이 그릇된 길로 양 떼 된 백성을 인도하여 그들로 길을 잃고 헤매게 만들었던 것이다. 그래서 길 잃은 양 떼는 불행하게도 들짐승 같은 대적들의 먹잇감이 되고 말았다.

하지만 이제는 양 떼를 집어삼킨 그 대적, 곧 바빌로니아가 마침내 하나님의 심판을 받아 북방의 연합군 곧 메대-바사 연합군에게 철저히 약탈당하고 멸망당할 시간이 이를 것이다. 그러므로 그들에 의해 포로된 양 떼, 곧 이스라엘 백성들은 속히 그 땅에서 빠져나와 멀리 도망치라고 권고한 것이다. 이는 곧 바빌로니아의 포로 됨에서 해방되는 것을 뜻한다.

> (11-13) "나의 소유, 내 땅을 약탈한 너 바빌로니아야! 너희가 내 땅을 약탈하고서도 마냥 기뻐하고 즐거워하는구나. 초원의 송아지들처럼 뛰어다니고 힘센 말처럼 소리를 내지르는구나. 그러나 이제 네 어미가 크게 수치를 당할 것이고 너를 낳아준 여인이 모욕을 당할 것이니, 장차 바빌로니아는 온 세상의 뭇 나라들 가운데 가장 보잘것없는 나라가 될 것이고 그 땅은 거친 광야와 메마른 사막이 될 것이다. 나 주의 크신 진노로 인해 바빌로니아 도성은 아무도 살지 않는 황량하고 황폐한 땅이 될 것이니, 그리로 지나다니는 사람들마다 그 땅에 임한 재앙을 보고 경악하며 비웃을 것이다."

이제 하나님께서는 열방을 징벌하실 때 사용하신 자기 심판의 도구였던 바빌로니아를 멸하시기로 작정하신다. 지금껏 바빌로니아는 하나님의 심판 도구가 되어 뭇 나라들과 민족들을 파괴하고 멸함으로써 그 목적을 실행했다. 바빌로니아가 유다를 멸망시킨 것도 어디까지나 하나님의 뜻이었다. 그런데 왜 이제 와서 하나님께서는 바빌로니아를 향해 하나님의 소유인 '유다'를 약탈했다고 꾸짖는 것인가?

바빌로니아는 하나님의 심판 도구가 되어 그 역할을 수행하는 과정에서 하나님께 대하여 죄를 지었다(14절). 자신들은 단순히 심판의 도구일 뿐이라는 사실을 망각한 채, 마치 자신들이 심판의 주체인 양 교만하게 행동하면서 뭇 나라들과 민족들을 필요 이상으로 잔인하게 짓밟았다. 나라들과 민족들을 정복하는 과정에서 온갖 사악한 행위를 일삼았고 불의한 탐욕을 추구했다. 하나님의 소유인 유다와 예루살렘에 대해서도 역시 그러했다. 무자비한 학살을 감행하면서 닥치는 대로 파괴하였다. 특히, 하나님의 성전을 마구 짓밟고 약탈했다. 그래서 바빌로니아는 이런 사악한 죄악들에 대해서는 책임을 져야했다.

열방에 대한 심판을 마무리하신 하나님께서는 이제 바빌로니아에게 그 책임을 묻고 계신 것이다. 그 결과, 바빌로니아 역시 자신들이 패망시킨 뭇 나라들처럼 그렇게 철저하게 패망하여 큰 수치를 겪을 것이고, 또한 영영 사람이 살지 않는 완전한 폐허의 땅이 될 운명이었다. 그 폐허가 너무나 심각하기에 후일에 그 땅을 지나는 사람들마다 그 바빌론 도성에 임한 재앙을 보고 모두가 경악하며 비웃을 것이다.

과연 그러했다. 오늘날 이라크(Iraq)에 있는 옛 바빌로니아 제국의 도성이었던 바빌론(Babylon) 유적지는 인적이 완전히 끊긴 채 오직 광야의 들짐승들만이 서식하는 폐허의 땅으로 남아있다.

(14-16) "너희 활 쏘는 자들아, 너희는 전열을 갖추고 바빌로니아 도성을 빙 둘러 포위한 채 화살을 쏘라! 그 도성을 향해 화살을 쏘되 아끼지 말고 계속 쏘라. 그 도성은 주를 거슬러 죄를 지었다. 그리고 너희는 그 도성의 사방에서 일제히 함성을 질러라! 바빌로니아 백성들이 항복할 것이고, 그 성벽은 와르르 무너져 내릴 것이다. 그날은 나 주가 바빌로니아에 복수하는 날이다. 그러므로 너희는 바빌로니아를 치되, 그 도성이 다른 민족들에게 행한 것과 똑같이 그 도성에

그대로 갚아주어라. 그때에 너희는 그 땅에서 씨 뿌리는 사람은 찾아볼 수 없게 하고, 낫을 들고 추수하는 사람도 모두 없애버려라. 그날에 그 땅에 머물던 모든 외국인들은 무섭게 공격해오는 침략군의 칼을 피하여 저마다 자기 동족에게로 돌아가고 자기 고향 땅으로 도망갈 것이다."

바빌로니아가 멸망에 이르게 된 이유는 주님을 거슬러 죄를 지었기 때문이다(14절). 비록 바빌로니아가 한때 하나님의 심판 도구로 사용되었을지라도, 그들은 하나님의 공의와는 상관없이 스스로 교만하고 사악하게 행동했다. 나라들과 민족들을 정복하는 과정에서 온갖 무자비한 만행을 마구 자행했다. 이제 바빌로니아는 하나님을 거슬러 스스로 자행한 그런 죄악들에 대해 책임을 면할 수 없었다.

바빌로니아 도성을 포위한 채 아낌없이 활을 쏘며 공격하고, 마침내 그 도성을 무너뜨릴 침략군은 고레스 대왕이 이끄는 메대-바사(페르시아) 연합군이다. 하나님께서 바빌로니아에 대해 그 죄악을 물어 복수하시는 날, 바빌로니아는 자신들이 다른 나라들에 대해 자행했던 대로 똑같이 침략군들에게 무자비하게 당할 것이었다. 그래서 그 땅의 수많은 백성들이 살육당함으로써 나라가 망한 후에는 사람의 씨가 말라 더 이상 씨를 뿌리고 추수하는 사람들이 아무도 없을 지경에 이를 것이었다. 그 결과, 바빌로니아는 영영 폐허가 되고 말 운명이었다.

(17-20) "이스라엘은 사자들에게 쫓겨 흩어진 양 떼와 같다. 처음에는 아시리아 왕이 그 양 떼를 덮쳤고, 다음에는 바빌로니아 왕 느부갓네살이 남은 양 떼를 덮쳐 뼈까지 몽땅 뜯어먹었다. 그러므로 전능한 만군의 주 이스라엘의 하나님인 내가 말한다. 보라, 내가 이전에 아시리아 왕을 징벌했던 것과 똑같이 이제는 바빌로니아 왕과 그 땅을 징벌하겠다. 그러나 그때에 내가 내 백성 이스라엘을 다시 그들의 목장으로

돌려보낼 것이다. 그러면 그들은 갈멜 산과 바산 고원에서 풀을 뜯을 것이고, 에브라임 산지와 길르앗 언덕에서 마음껏 배를 채울 것이다. 나 주가 말한다. 그날 그때가 되면, 이스라엘의 허물을 아무리 찾아도 찾을 수 없을 것이고, 유다의 죄악을 아무리 찾아도 발견할 수 없을 것이다. 그것은 그때에 내가 그 남은 자들의 허물과 죄악을 다 용서할 것이기 때문이다."

아시리아 왕과 바빌로니아 왕은 북왕국 이스라엘과 남왕국 유다를 덮쳤다. 먼저 아시리아 왕 사르곤 2세가 북왕국 이스라엘을 덮쳐 멸망시켰고(주전 722년경), 그로부터 136년 후에 바빌로니아 왕 느부갓네살이 남왕국 유다를 덮쳐 멸망시켰다(주전 586년경). 그것은 마치 사나운 사자가 목자 없이 흩어진 양 떼를 덮쳐 마음껏 뜯어먹고 집어삼키는 것과 같았다.

물론, 아시리아와 바빌로니아가 징벌의 도구가 되어 그 양 떼를 집어삼키도록 하나님께서 허용하신 것은 사실이지만, 그런 과정에서 두 나라는 스스로 징벌의 주체인 양 교만하여 아주 무도하고 잔인하게 행동했기 때문에, 그에 대한 죄를 물어 하나님께서는 이미 아시리아를 심판하셨다(주전 612년경). 그리고 이제 때가 되면, 바빌로니아 역시 아시리아처럼 똑같이 심판받아 멸망당할 운명이었다.

바빌로니아가 하나님께 심판을 받아 멸망하는 날, 하나님의 양 떼인 이스라엘과 유다는 해방과 회복의 기쁨을 맛볼 것이었다. 그들은 본토로 돌아와, 그 땅의 초원과 언덕에서 마음껏 풀을 뜯고 배를 채울 것이었다. 그리고 그때에 하나님께서는 자기 백성 된 그들의 죄를 말끔히 용서해주실 것이었다.

이스라엘과 유다의 죄악이 말끔히 용서되는 그날 그때는 삼중적(三重的)으로 살펴볼 수 있다. 일차적으로는, 바빌로니아의 멸망 후에 이스라엘과 유다 백성들이 본토 가나안 땅으로 귀환함으로써 새롭게 회복되는 때를 가리킨다. 이차적으로는, 하나님의 택함 받은 백성들이 그리스도의 십자가 사역을 통해 구속함을 받는 신약시대를 가리킨다. 궁극적으로는, 모든 믿는 자들이 죄와 사망의 권세를 이기고 신령한 몸으로 부활하는 그리스도의 재림 때를 가리킨다.

바빌로니아에 대한 하나님의 심판 (50:21-46)

(21-25) 주께서 말씀하신다. "너희는 올라가서 므라다임 땅을 치고 또 브곳 성읍의 주민들을 쳐서 진멸하라. 너희는 내가 명령한 그대로 어김없이 행하라. 그날에 바빌로니아 온 땅에는 온통 전쟁의 소리로 요란하고 큰 파괴의 소음이 도처에서 울려 퍼질 것이다. 너 바빌로니아야, 한때 온 세상을 산산조각 부수던 쇠망치가 어쩌다가 그리 꺾여 부서지고 말았느냐? 어찌 그리 뭇 나라들 가운데서 폐허가 되고 말았느냐? 너 바빌로니아야, 내가 너를 잡으려고 덫을 설치해놓았는데, 너는 그것도 모른 채 내 덫에 덜컥 걸리고 말았다. 네가 나 주를 거슬러 대적하였기 때문에 내가 너를 찾아내어 덫으로 사로잡은 것이

바빌로니아야, 어찌 그리 폐허가 되고 말았는가!

다. 나 주가 나의 무기고를 활짝 열고 내 분노의 무기들을 꺼낸 것은, 전능한 만군의 주 내가 바빌로니아 사람들의 땅에 해야 할 일이 있기 때문이다."

바빌로니아는 한때 온 세상을 산산조각 부수던 쇠망치였다. 하나님께서 타락한 열방을 심판하시려고 바빌로니아를 택해 자신의 심판 도구로 삼았을 때, 바빌로니아는 마치 쇠망치가 물건을 깨뜨리듯 온 세상의 뭇 나라들과 민족들을 사정없이 부수고 무너뜨렸다. 그러나 그렇게 심판의 도구로 쓰임 받는 과정에서, 바빌로니아는 심판의 주체인 양 교만한 마음을 품고 하나님을 거슬러 대적하였다. 그래서 하나님은 마치 사냥감을 잡듯 덫을 놓아 바빌로니아를 사로잡은 후에 그 땅을 영영 폐허로 만들어버렸던 것이다.

(26-28) "그러므로 너희가 멀리 있어도 모두 올라와서 바빌로니아를 쳐라! 그래서 그 나라의 곡식 창고를 열어젖힌 후에 그것들을 무더기처럼 쌓아놓고 완전히 진멸시키라. 아무것도 남겨놓지 말고 모조리 부수고 불살라라. 그 땅의 장정들 곧 황소같이 힘센 용사들을 모조리 잡아 죽이라. 한 명도 빠뜨리지 말고 그들을 모두 붙잡아 도살장으로 내려 보내라. 바빌로니아 사람들에게 재앙이 임할 것이니, 그날은 그들이 벌 받아 마침내 죽을 때이기 때문이다. 그날에 너희는 귀 기울여 들어보라. 바빌로니아 땅에서 탈출한 내 백성들의 소리를 들어보라. 그들이 고국으로 돌아가 시온산 위에서 이곳 소식을 널리 전하리니, 곧 자기들의 하나님이신 주께서 바빌로니아 땅에 어떻게 복수하셨는지, 주의 성전을 파괴하고 그곳을 불사른 자들에게 주께서 어떻게 복수하셨는지 힘차게 진할 것이다."

하나님께서 바빌로니아에 대해 심판을 베풀기로 작정하신 그날에 바빌로니아를 쳐서 멸망시키라는 하나님의 명령이다. 그날에 하나님의 명령을 받은 자들은 실제로 바빌로니아를 쳐서 멸망시킨 '메대-바사(페르시아) 연합군'이다. 이때 하나님께서는 고레스 대왕이 이끄는 메대-바사 연합군에게 특히 '바빌로니아의 황소들'을 모조리 잡아 죽이라고 명하셨다(27절). 성경에서 '황소'는 종종 '힘'과 '젊음'과 '권세'를 가리킨다. 이런 의미에서 여기 '바빌로니아의 황소'는 바빌로니아 군대의 젊고 건강한 용사들을 가리키는 비유적인 표현이다(30절).

하나님께서 바빌로니아를 심판하시는 그날에 그들은 마치 사로잡혀 도살장으로 끌려가는 황소 같은 신세가 될 것이다. 그리고 이렇게 바빌로니아가 멸망하면, 그 땅의 포로 되었던 이스라엘 백성들은 마침내 그들의 압제에서 해방되어 고국으로 돌아가 시온산 위에서 바빌로니아의 멸망 소식을 전할 것이었다. 하나님께서 자신의 성전을 파괴하고 불사른 자들에게 어떻게 처절하게 복수하셨는지 힘차게 선포할 것이었다. 정말로 바빌로니아 군대는 예루살렘을 함락시킨 후에 하나님의 성전을 마구 약탈하고 함부로 불살랐기 때문이다(왕하 25:9).

(29-32) 주께서 말씀하신다. "너희는 활 쏘는 자들을 불러다가 바빌로니아 도성을 치게 하라. 너희 활 쏘는 자들이여, 바빌로니아 도성을 빙 둘러 포위한 채 그 사방에 진을 치고 활을 쏘아 공격하라. 아무도 빠져나가지 못하게 하라. 그리하여 그들이 저지른 죄악을 그대로 다 갚아주고, 그들이 행했던 대로 그들에게 고스란히 다 행하라. 그들은 이스라엘의 거룩한 자인 나 주를 거슬러 아주 교만하게 행동했던 자들이다. 그러므로 내가 진노의 심판을 베푸는 그날에, 바빌로니아의 청년들이 거리마다 쓰러져죽을 것이고, 그 땅의 모든 군사들이 하나도 남김없이 전멸을 당할 것이다. 이는 나 주의 말이다. 나 전능한 만군의 주가 말한다. 보라, 너 거만한 자 바빌로니아야! 내가 너를

대적하여 칠 것이니, 마침내 네가 멸망할 날이 이르렀다. 네 날, 곧 네가 심판받아 징벌당할 날이 이르렀다. 그날에 교만한 네가 비틀거리며 쓰러져도 너를 일으켜줄 자가 아무도 없을 것이다. 그날에 내가 너의 모든 성읍들에 불을 지를 것이니, 그 불이 네 주변의 모든 것들을 다 태워 없앨 것이다."

바빌로니아가 하나님의 심판을 받게 된 결정적인 이유는 그들의 교만이었다. 자신들은 단지 주님의 심판 도구에 불과하다는 사실을 망각한 채 마치 심판의 주체인 양 주님을 거슬러 교만하게 행동했기 때문에, 진짜 심판의 주체이신 하나님의 심판을 면할 길 없었다. 과연 하나님께서는 바빌로니아를 심판하시기로 작정하신 그날에 활 쏘는 자들(메대-바사 연합군)을 불러 바빌로니아 도성을 치게 하여 그 땅의 군사들을 전멸시킴으로써 그 나라를 영영 멸망시켰다.

실제로 하나님께서 바빌로니아에 대해 이렇게 징벌하신 때는 이 같은 예레미야의 예언이 있은 때로부터 대략 60년 후인 주전 539년경이다. 그때 바빌로니아는 고레스 대왕이 이끄는 메대-바사의 연합군에 의해 멸망하고 말았다. 예레미야 시대만 하더라도 결코 무너지지 않을 것처럼 무적의 강대국이었던 바빌로니아 제국은 1세기를 넘지 못하고 철저하게 멸망하여 영영 폐허가 되고 말았다(주전 625-539년).

(33-34) 전능하신 만군의 주께서 말씀하신다. "보라, 이스라엘 백성과 유다 백성이 이방 땅에서 함께 억압당하고 있다. 내 백성을 사로잡아 포로로 끌고 간 자들이 그들을 단단히 붙잡아두고 엄히 지켜서 놓아주지를 않는다. 그러나 그들의 구원자는 참으로 강하신 분이니, 그 이름은 '전능하신 만군의 주'다. 내가 반드시 그들의 탄원을 들어주고 그들의 원한을 풀어주겠다. 그래서 그들의 땅에는 평안을 주고, 바빌로니아 사람들에게는 불안을 주어 무서워 벌벌 떨게 할 것이다."

비록 바빌로니아가 하나님의 백성을 오랫동안 포로로 붙잡아 억압할 것이지만, 때가 되면 그들의 구원자 되시는 전능하신 만군의 주께서 바빌로니아를 멸망시키고 자기 백성을 대적의 압제에서 해방시킬 것이라는 말씀이다. 앞서 예레미야는 70년 동안의 바빌로니아 포로생활이 끝나면, 하나님께서 자기 백성 된 이스라엘과 유다 백성을 본토로 돌려보내실 것이라고 이미 예언한 바가 있었다(렘 25:12; 29:10).

(35-40) 주께서 또 말씀하신다. "무시무시한 전쟁의 칼이 바빌로니아 땅과 그 땅의 백성들 위에, 그 땅의 관리들과 현자들 위에 임할 것이다. 칼이 또 그 땅의 거짓 선지자들 위에도 임할 것이니 그들이 어리석은 자들이 될 것이고, 그 땅의 용사들 위에도 임할 것이니 그들이 크게 놀라 공포에 질려 벌벌 떨 것이다. 칼이 또 그 땅의 말들과 전차들 위에 임할 것이고, 그 땅에 거주하는 여러 다양한 민족들과 용병들 위에도 임할 것이니, 그들이 나약한 여인들처럼 크게 두려워할 것이다. 칼이 또 그 땅의 모든 보물들 위에도 임할 것이니, 그것들이 모조리 약탈당할 것이다. 더욱이 극심한 가뭄마저 그 땅의 모든 물 위에 임할 것이니, 바빌로니아의 모든 물들이 바싹 말라버릴 것이다. 그것은, 그 땅에는 조각한 신상들이 도처에 가득하고, 그 땅의 백성들은 그런 우상들에 푹 빠져 미쳐버렸기 때문이다. 그러므로 장차 바빌로니아 도성에는 광야의 각종 들짐승들이 승냥이와 타조들과 함께 우글거릴 뿐 더는 사람들이 그곳에 영영 살지 않을 것이고, 대대로 그곳에 머물 자도 없을 것이다. 나 주가 말한다. 나 하나님이 옛적에 소돔과 고모라 성읍을 그 주변의 다른 성읍들과 함께 완전히 멸망시킨 것처럼, 바빌로니아 도성도 철저히 무너뜨려 그곳에 아무도 살 수 없게 할 것이고, 그 땅에 아무도 머물 수 없게 할 것이다."

바빌로니아의 철저한 멸망에 관한 말씀이다. 본문 중 '칼이 위에 임한다.'는 말은 하나님의 심판이 임한다는 뜻이다. 특히 '칼'은 '무력'을 상징하는 것이므로, 하나님의 심판이 '전쟁'을 통해 이루어질 것이라는 의미다. 바빌로니아 위에 그런 심판의 칼을 보낸 자는 하나님이시다. 구체적으로 하나님께서는 고레스 대왕이 이끄는 메대-바사(페르시아)의 연합군을 '칼'로 사용하시어, 교만한 마음으로 주님을 거슬러 대항하고 또 수많은 우상들을 숭배한 바빌로니아를 철저하게 심판하셨다(주전 539년).

그 결과, 예언의 말씀처럼 정말로 바빌로니아는 사람이 살지 않는 영원한 폐허의 땅이 되고 말았다. 오늘날 바빌로니아의 도성인 바빌론의 유적지가 이라크(Iraq) 땅에 남아있지만, 그곳은 밤이 되면 사막의 스산한 바람만 불어오고, 각종 들짐승들의 외로운 울음소리만 들려올 뿐이다. 한때 온 세계를 주름잡았던 강성한 옛 도시의 유일한 주민들은 재칼과 타조와 기타 사막의 각종 들짐승들뿐이다. 이 붕괴한 도시에서는 아이들의 웃음소리는 더 이상 들리지 않는다. 폐허가 된 이 유적지를 통해 하나님께서는 어떠한 인간의 제국과 문명도 영원할 수 없다는 교훈을 상기시켜 주신다. 아무리 강력하더라도 인간의 나라는 사라질 때가 오는 법이다. 오직 하나님의 왕국과 그 왕국의 백성들만이 영원하다.

(41-43) "보라, 저 북방에서 한 민족이 몰려온다. 큰 나라들과 여러 왕들이 저 멀리 땅 끝에서부터 떨치고 일어났다. 그들 군대는 활과 창으로 무장하였고, 아주 잔인하여 자비를 베푸는 법이 없다. 또 그들의 소리는 마치 성난 파도가 거세게 출렁이는 것과 같다. 딸 바빌로니아야, 이제 그들이 말을 타고 용감한 전사처럼 네게 밀어닥친다. 전열을 갖추고 너를 치려 세차게 몰려오고 있다. 바빌로니아 왕이 그 소식을 전해 듣고 두 팔이 맥없이 축 늘어지고 말았다. 고통과 불안에 사로잡혀 아이 낳는 여인처럼 몸부림치며 괴로워한다."

그날에 바빌로니아를 침공하여 멸망시킬 강력하고 잔인한 군대는 북방에서 몰려올 것이다. 지리적으로만 볼 때 그 군대는 바빌로니아의 북쪽에 위치한 메대(Media)를 가리킨다. 하지만 실제로 바빌로니아를 멸망시킨 나라는 바빌로니아의 동쪽에 위치한 바사(Persia)였다. 바사는 바빌로니아를 공격하기 전에 먼저 메대를 복속시켜 연합군을 형성했다. 그리하여 바사 왕 고레스는 메대-바사의 연합군을 이끌고 북쪽의 경로를 통해 바빌로니아를 함락시킨 것이다(주전 539년).

여기서 예레미야가 굳이 '북방에서'라는 표현을 사용한 것은, 유다를 공격하여 멸망시킨 나라가 바로 '북방에서' 침공한 바빌로니아였기 때문이다(1:14-15). 결국 북방에서 침공하여 유다를 멸망시킨 바빌로니아가 이제는 입장이 바뀌어 자신들이 북방에서 침공해오는 메대-바사의 연합군에 의해 멸망당할 운명에 처한 것이다.

한편, 강력한 메대-바사 연합군이 바빌로니아를 침공해올 때 바빌로니아 왕은 패배를 직감하고는 마치 아이 낳는 여인처럼 고통과 불안에 사로잡혀 몸부림치며 괴로워할 것이었다. 오늘날과 같은 진정제나 현대적인 의학 기술이 없었던 고대 사회에서, 여인의 출산은 많은 고통과 심각한 위험이 뒤따르는 아주 힘든 일이었다. 만약 아이가 출산 중 산도(産道)에 걸리거나 산모가 아이를 출산할 힘이 부족하다면, 출산으로 인해 아이나 산모 한쪽이 죽게 되거나 또는 둘 다 죽을 수도 있었다.

예레미야 선지자는 하나님의 심판이 마침내 바빌로니아 땅에 임할 때, 바빌로니아 왕은 마치 매우 힘든 출산으로 애쓰는 산모처럼 공포와 불안의 감정에 사로잡혀 크게 몸부림치게 될 것이라고 예언한 것이다.

(44-46) 주께서 말씀하신다. "보라, 요단 강가의 무성한 수풀 속에서 갑자기 사자가 튀어나와 초원의 먹잇감을 향해 재빨리 내달려 덮치듯이, 그렇게 갑자기 침략자가 신속히 몰려와서 바빌로니아를 덮칠 것이

다. 그러면 그때에 내가 그 땅에서 그 백성을 속히 내쫓고, 내가 선택한 지도자를 그들 위에 세워 그 나라를 다스리게 할 것이다. 그러므로 온 세상에 나와 같은 자가 누구랴! 누가 감히 나로 더불어 다툴 수 있겠으며, 어느 목자가 감히 내게 맞설 수 있겠느냐. 그러므로 너희는 나 주가 바빌로니아 도성을 두고 세운 나의 계획을 들어보라. 나 주가 바빌로니아 땅을 두고 생각한 나의 구상을 들어보라. 그것은 이러하니, 곧 침략자들이 몰려와서 그들 양 떼의 어린 것들까지도 모두 사로잡아 반드시 자기들의 땅으로 끌고 갈 것이고, 또한 그들의 처소를 마구 짓밟아 아주 황폐하게 만들 것이다. 그렇다. 그날 바빌로니아 도성이 와르르 무너지는 소리에 온 땅이 흔들릴 것이고, 그 땅 백성들의 울부짖는 소리를 온 세상의 뭇 나라들과 민족들이 다 듣게 될 것이다."

바빌로니아의 철저한 멸망을 다시금 강조하는 말씀이다. 지금껏 바빌로니아는 뭇 나라들과 민족들을 덮쳐 먹잇감으로 잡아먹은 나라였다. 그러나 이제 입장이 바뀌었다. 하나님께서 그 나라를 심판하시는 날, 바빌로니아는 사나운 사자 같은 메대-바사 연합군의 먹잇감으로 전락하게 될 것이다.

그렇게 먹잇감이 되어 잡아먹히는 날, 바빌로니아는 철저하게 무너져 영영 폐허가 되고 말 것이었다. 제국의 도성인 바빌론이 크고 화려했던 만큼, 그 무너지는 소리도 아주 커서 온 땅이 크게 흔들릴 것이다. 또한 그토록 강대했던 바빌로니아가 멸망할 것이라곤 상상조차 못했던 그 땅 백성들의 울부짖는 소리가 하도 커서 온 세상의 뭇 나라들과 민족들이 그 소리를 다 듣게 될 것이다.

징말로 바빌로니아의 도성 바빌론은 아주 크고 화려하고 유혹적이고 세속적이었기에 성경에서 그 도시는 종종 죄악의 도시, 사탄의 왕국을 상징하는 말로 사용되곤 하였다(계 17:5; 18:2).

51

바빌로니아의 멸망

만민들은 깃발을 올려라
말을 타고 힘차게 돌격하여라
타작마당의 곡물을 밟듯이
바빌로니아 온 땅을 짓밟아라

바빌로니아에 대한 하나님의 보복 (51:1-26)

(1-4) 주께서 말씀하신다. "보라, 내가 멸망시키는 자의 영을 격동시켜 바빌로니아를 치게 하고, 또 나를 대적하는 자를 치게 할 것이다. 내가 외국 군대를 바빌로니아로 보낼 것이니, 그들이 그 나라를 키질하여 그 땅을 황폐하게 만들 것이다. 바빌로니아에 재앙의 날이 오면, 적들이 사방에서 몰려와 그 땅을 칠 것이다. 너희는 바빌로니아 군대의 활 쏘는 자들로 하여금 활을 쏘지 못하게 하고, 용사들로 하여금 갑옷조차 입지 못하게 하라. 너희는 바빌로니아의 젊은이들을 조금도 불쌍하게 여기지 말고, 그 나라의 군대를 완전히 전멸시켜라. 그렇다. 바빌로니아의 군사들이 자기들의 땅에서 적군의 칼에 맞아 쓰러질 것이고, 거리에서 대적의 창에 찔려 엎드러질 것이다."

앞장(50장)에서부터 계속되는 '바빌로니아의 멸망'에 대한 예언이다. 이처럼 계속 반복되는 바빌로니아의 멸망 예언은 장차 바빌로니아의 멸망이 틀림없이 이루어질 것이라는 점을 강조한다. 동시에 바빌로니아 땅의 포로 된 이스라엘 백성들의 해방과 회복이 또한 의심할 바 없이 확실할 것이라는 점을 강조하고 있다.

본문에서 하나님께서 그의 심령을 부추겨 바빌로니아를 치게 만드실 '멸망시키는 자'는 메대-바사 연합군을 이끌고 바빌로니아를 공격하여 마침내 멸망시킬 바사(페르시아) 왕 '고레스'(Cyrus)를 가리킨다. 이런 의미에서 오래 전에 하나님께서는 고레스를 '내 목자'라고 부르셨다(사 44:28). 반면, 하나님께서 '나를 대적하는 자' 곧 '나에게 맞서는 자'라고 칭한 대상은, 의심할 바 없이 교만한 마음으로 하나님을 거스른 '바빌로니아'를 가리킨다.

(5-10) 비록 이스라엘 백성과 유다 백성이 이스라엘의 거룩하신 분을 거슬러 그분 앞에서 죄를 지음으로써 그들의 죄악이 자기들의 땅에 가득 찼으나, 그들이 자기들의 하나님이신 전능하신 만군의 주께로부터 완전히 버림을 받았던 것은 아니었다. 그러므로 이스라엘과 유다 백성들아, 너희는 이제 바빌로니아 땅에서 도망쳐라. 그 땅에서 탈출하여 각자 자신의 목숨을 건지고, 바빌로니아의 죄악 때문에 너희까지 함께 죽지 말아라. 지금은 주님의 보복의 때니, 주께서 바빌로니아 땅에 맹렬한 진노의 복수를 베푸실 것이다. 바빌로니아는 한때 주님의 손에 들린 황금 잔이었다. 바빌로니아는 온 세상을 취하게 하였는데, 온 땅의 뭇 나라들과 민족들이 그 포도주를 마시고, 그로 인하여 미쳐버렸다. 그 바빌로니아가 갑자기 쓰러져 망하고 말 것이니, 너희는 그를 위해 울며 애도하라. 그리고 바빌로니아의 상처에 유향을 발라주어라. 어쩌면 나을지도 모른다. 그러자 사람들이 대답하였다. "우리가 바빌로니아의 상처를 치료하려 애썼지만, 때가 이미 늦어 도무지 낫지 않는다. 그러니 이제 바빌로니아를 그냥 내버려두고, 각자 우리의

고향으로 돌아가자. 바빌로니아의 재앙은 하늘에까지 닿았고 창공에까지 치솟았다." 그때에 이스라엘 백성과 유다 백성이 외친다. "마침내 주께서 우리의 의로움을 밝혀주셨다! 그러므로 오라, 다 함께 시온으로 가서 우리의 하나님이신 주께서 우리를 위해 베푸신 크신 일을 사람들에게 널리 알리자!"

한때 바빌로니아는 주님의 손에 들린 황금 잔과 같아서 크고 화려하고 강대한 제국을 이루었다. 하나님께서는 그런 바빌로니아를 심판의 도구로 사용하여 하나님의 백성 된 '유다' 곧 '이스라엘'을 비롯하여 온 세상의 뭇 나라들과 민족들의 죄를 징벌하셨다. 그러나 그런 과정에서 바빌로니아는 크게 교만해져서 하나님을 거슬러 대적하였다. 이에 하나님께서는 가차 없이 바빌로니아를 쳐서 영영 황폐한 땅으로 만들어버리셨다. 그렇게 보복해주심으로써 자기 백성의 원한을 풀어주셨고, 또한 자기 백성을 바빌로니아의 압제에서 해방시키시고 회복시켜주셨다.

그렇다면 이스라엘이나 바빌로니아나 다 같이 죄를 지었지만, 왜 이스라엘은 끝내 회복되고 바빌로니아는 영영 버림받았는가? 그것은 전능하신 만군의 주님이신 하나님의 '절대주권'에 속하는 영역으로, 우리는 그것에 대해 반문하거나 왈가왈부 따질 수 없다. 하나님은 자신의 기쁘신 뜻에 따라, 또한 자신의 거룩하신 섭리와 오묘한 경륜에 따라 택할 자를 택하시고 버릴 자를 버리신다. 회복시킬 자를 회복시키시고 폐할 자를 폐하신다.

(11-14) 너희는 화살촉을 날카롭게 갈고 방패를 단단히 잡아라! 마침내 주께서 메대 왕들의 마음을 움직여 바빌로니아를 멸하시기로 그 뜻을 세우셨다. 바빌로니아가 주님의 성전을 허물어뜨렸으므로, 이제 그 일에 대해 주께서 복수를 하신다. 너희는 바빌로니아 도성의 성벽을 향하여 공격 신호의 깃발을 올려라! 경비를 강화하고 보초를

세우며 복병을 매복시켜라! 주께서 바빌로니아 백성을 치시기로 하신 계획을 이제 그대로 실행하실 것이다. 큰 물가에 자리 잡고 살면서 많은 재물을 쌓아놓은 자야, 너 바빌로니아 사람들아, 마침내 네 종말이 다가왔고 네 목숨이 끊어질 날이 이르렀다. 전능하신 만군의 주께서 자신의 살아계심을 걸고 맹세하셨다. "그날에 내가 진실로 메뚜기 떼처럼 수많은 적군을 네게로 보낼 것이니, 그들이 너 바빌로니아를 쳐부수고 승리의 환호성을 힘차게 외칠 것이다!"

거듭 반복되는 '바빌로니아의 멸망'에 관한 예언이다. 바빌로니아를 멸하시기로 작정하신 하나님의 뜻에 따라, 고레스 대왕이 이끄는 메대-바사 연합군이 바빌로니아의 도성을 쳐서 무너뜨리고 그 나라를 멸할 것이라는 내용이다. 하나님께서는 교만한 마음으로 하나님을 거슬러 대적한 바빌로니아의 죄에 대한 책임을 물어, 또한 유다를 정복할 때 하나님의 성전을 마구 파괴한 죄에 대한 책임을 물어 바빌로니아에게 복수하신 것이다.

하나님께서는 바빌로니아의 멸망이 아주 확실할 것이라는 사실을 '자신의 살아계심을 걸고' 맹세하셨다(14절). 하나님께서 말씀하시는 모든 것은 절대적으로 성취되기 때문에, 사실 하나님께서는 자신의 말씀에 대해 맹세하실 필요가 없다. 하지만 보다 분명한 확신을 주고, 또한 자기 메시지의 중요성과 심각함을 강조하기 위해 하나님께서도 사람들처럼 맹세를 하셨다.

그런데 인간 사회에서 맹세란 자기보다 더 권위가 있거나 더 신뢰가 갈 만한 대상을 두고 맹세하므로, 거의 대부분은 자기가 믿는 신(神)의 이름을 걸고 맹세한다. 그러나 정작 하나님께는 자신보다 더 권위가 있고 더 신뢰가 있는, 그야말로 더 큰 대상이 없다. 그래서 하나님께서는 어떤 맹세를 하실 때 언제나 자기 자신의 살아계심을 두고 맹세를 발하시는 것이다(히 6:13).

(15-19) 주께서는 자신의 권능으로 땅을 지으셨고, 자신의 지혜로 세상을 세우셨으며, 자신의 명철로 하늘들을 펼치셨다. 주께서 천둥 같은 목소리로 호령하시면 하늘의 많은 물들이 출렁인다. 진실로 주께서는 땅 끝에서부터 구름을 일으키시고, 비와 함께 번개를 땅에 보내시며, 자신의 하늘 창고에서 바람을 꺼내어 세상에 보내신다. 그러나 사람들마다 어찌 그리 모두가 어리석고 무지한지! 우상을 부어 만드는 금 세공인들은 자신들이 만든 우상들로 인해 수치를 당할 뿐이다. 그것은, 그들이 부어 만든 우상들은 다 가짜요 거짓이어서, 그 우상들 속에는 생명이 없기 때문이다. 그렇다. 그것들은 다 헛것이고 속이는 것이며 조롱거리일 뿐이다. 그러므로 주께서 징벌하실 때에 다 멸망할 수밖에 없다. 그러나 '야곱의 분깃'이신 주 하나님께서는 그런 우상들과는 본질적으로 다르다. 그분은 온 세상 만물을 지으신 분이시요, 이스라엘을 택하시어 자기 소유의 백성으로 삼으신 분으로, 그 이름은 '전능하신 만군의 주'시다.

그토록 크고 강성한 바빌로니아 제국을 그렇게 손쉽게 무너뜨리는 주체가 누구이며, 또한 그분은 어떤 분인지를 보여주는 말씀이다. 그분은 헛되고 가짜이며 거짓된 뭇 우상들과는 본질적으로 다른 분으로, 온 세상 만물을 자신의 뜻대로 지으시고 다스리시며 주관하시는 '전능하신 만군의 주'시다. 실제로 메대-바사 연합군을 이끌고 바빌로니아를 정복한 고레스 대왕은 단지 그분의 도구일 뿐이다. 말하자면, 전능하신 만군의 주께서 고레스를 심판의 도구 삼아 바빌로니아를 징벌하셨던 것이다.

그런데 그분은 또한 '야곱의 분깃'이 되시는 분이다. 여기서 '분깃'은 부모나 조상에게서 물려받은 합법적인 유산(遺産)을 말한다. 이스라엘 12지파의 조상인 '야곱'은 곧 '이스라엘'을 지칭하는 말로, 따라서 이스라엘의 분깃은 '여호와 하나님'인 것이다. 하나님과 그의 택한 백성인 이스라엘 간에 맺은 특별한 관계로 인해, 하나님은 이스라엘을 자신의 소유로 삼으셨고, 또한 하나님 자신은 이스라엘의 분깃이 되어주셨던 것이다. 이것이야말로 이스라엘이 소유한 놀라운 특권이었다.

> (20-26) 주께서 말씀하신다. "바빌로니아야, 너는 나의 철퇴 곧 나의 전쟁 무기다. 내가 너를 휘둘러 온 세상의 뭇 민족들을 산산이 부수고, 내가 너를 사용하여 온 세상의 뭇 나라들을 철저히 멸망시켰다. 내가 너를 사용하여 말과 기병을 부수고, 너를 사용하여 전차와 마병을 부수었다. 내가 너를 사용하여 남자와 여자를 부수고, 너를 사용하여 늙은이와 어린아이를 부수며, 너를 사용하여 청년과 처녀를 부수었다. 또 내가 너를 사용하여 목자와 양 떼를 부수고, 너를 사용하여 농부와 멍에 맨 소를 부수며, 너를 사용하여 통치자와 지휘관을 부수었다. 그러나 이제는 내가 너희 눈앞에서 바빌로니아와 갈대아 백성들에게 원수를 갚아주겠다. 그들이 시온에서 저지른 죄악을 그대로 다 갚아주겠다. 이는 나 주의 말이다." 주께서 또 말씀하신다. "너 바빌로니아야, 온 세상을 파괴한 멸망의 산아! 보라, 이제 내가 네 대적이 되어 너를 치겠다. 내가 내 손을 네 위에 뻗쳐서 너를 사정없이 칠 것이니, 너를 바위 절벽에서 굴러 떨어뜨리고, 너를 불에 타버린 산으로 만들어 버리겠다. 네가 철저히 파괴되고 불에 타서 영원한 황무지가 될 것이니, 사람들이 네게서 모퉁잇돌 하나, 주춧돌 하나조차도 얻을 수 없을 것이다. 이는 나 주의 말이다."

'하나님'과 '바빌로니아'의 관계에서 사용자가 누구이고 또 사용당한 도구가 누구인지를 잘 보여준다. 두말할 나위 없이, 사용자는 '하나님'이시고, 사용당한 도구는 '바빌로니아'다. 즉, 하나님께서 바빌로니아를 심판의 철퇴로 사용하셔서 당시 뭇 나라들과 민족들의 죄악을 징벌하셨던 것이다. 그때 패역한 유다도 멸망시키셨다.

사실을 알고 보면, 주전 7세기 초엽과 6세기 말엽의 예레미야 당시에

바빌로니아야, 너를 불에 타버린 산으로 만들겠다

하나님께서는 바빌로니아를 심판의 철퇴로 사용하시기 위해 어떤 나라도 감히 맞설 수 없는 아주 크고 강성한 제국으로 만들어주셨다. 그리고 때가 되자, 그렇게 키워주신 바빌로니아 제국을 마치 철퇴처럼 사용하셔서 뭇 나라들과 민족들을 깨뜨리셨던 것이다.

이런 견지에서 하나님의 도구인 바빌로니아는 '하나님의 철퇴'라는 명칭 이외에도 '북방의 철과 놋'(15:12) 또는 '온 세계의 망치'(50:23)로도 불렸다. 하지만 바빌로니아가 단지 '하나님의 철퇴'라는 사실을 망각한 채 교만한 마음으로 사용자이신 하나님을 거슬러 죄를 범했을 때, 하나님께서는 그 철퇴를 또한 여지없이 깨뜨리어 영영 못쓰게 만드셨다. 아주 철저히 파괴되어 주춧돌 하나 건질 수 없는 영원한 황무지, 완전한 폐허로 만드셨다.

바빌로니아를 향한 열방의 공격 (51:27-33)

(27-33) "너희는 땅에 공격 신호의 깃발을 올려라. 모든 나라들을

향해 전쟁 나팔을 크게 불어, 세상 만민들로 하여금 바빌로니아를 공격할 준비를 갖추게 하라. 아라랏과 민니와 아스그나스 같은 나라들을 불러 모아 바빌로니아를 치게 하라. 각각 바빌로니아를 공격할 사령관을 임명하고, 거친 메뚜기 떼처럼 많은 말들을 타고 힘차게 달려오게 하라. 너희는 뭇 민족들을 총동원하여 바빌로니아를 쳐라. 곧 메대 지역의 왕들과 그의 대신들과 그의 지휘관들을 다 동원하고, 그들이 관할하고 있는 모든 땅과 속국들의 백성들도 다 준비시켜 바빌로니아를 치게 하라. 보라, 바빌로니아 땅이 크게 진동하고 심하게 뒤틀리고 있다. 그것은 나 주가 바빌로니아를 쳐서 그 땅을 영영 황폐하게 만들어 아무도 살 수 없는 곳으로 만들려는 계획이 확고하게 섰기 때문이다. 바빌로니아 군사들은 싸우기를 포기하고 자기들의 요새 안에 숨죽인 채 머물고 있지만, 모두 기력을 상실하여 여자들처럼 아무런 힘도 쓰지 못한다. 그리하여 그 땅의 집들은 활활 불타오르고, 그 땅의 성문 빗장들은 다 부러지고 말았다. 그러자 한 전령이 다른 전령을 만나 전쟁 소식을 전달하고, 한 보발꾼이 다른 보발꾼을 만나 전쟁 소식을 전달하여, 마침내 바빌로니아 왕에게 전쟁 소식이 보고된다. 왕께 보고하기를 '바빌로니아 도성 사방이 함락되었습니다! 강나루들도 점령당해 적군의 손에 들어갔고, 갈대밭들도 불탔으며, 우리의 군사들은 모두 겁에 질려 있습니다!'라고 한다." 전능하신 만군의 주 이스라엘의 하나님께서 말씀하신다. "딸 바빌로니아는 타작할 때가 이른 타작마당 같다. 이제 곧 추수할 때가 이를 것이니, 대적의 군대가 그 땅으로 쳐들어와 타작마당의 곡물을 밟듯 그렇게 바빌로니아 온 땅을 짓밟을 것이다."

하나님께서는 심판의 도구인 바빌로니아가 아주 교만해져 자신을 거역하자, 바빌로니아를 징벌하시기로 작정하고 바빌로니아를 쳐서 멸망시킬 계획을 세우셨다. 그 계획은 구체적으로 이러하다. 바사(페르시

아) 왕 고레스가 이끄는 메대-바사의 다국적 연합군을 이용하여, 어느 때에 기습적으로 바빌로니아를 공격하여 일거에 무너뜨리는 것이었다. 그리고 이 같은 하나님의 계획은 역사적으로 그대로 성취되었다(주전 539년경).

이 같은 하나님의 계획이 실현되는 날, 곧 바빌로니아 심판의 날에 바빌로니아는 타작할 때가 이른 타작마당 같은 신세가 될 것이었다. 고대의 타작마당은 추수한 곡물의 줄기에서 낟알을 분리시킬 목적으로 만든 넓고 평평하며 딱딱한 지면이다. 농부들은 이 타작마당 위에 수확한 볏단이나 보릿단과 같은 곡물을 올려놓았다. 그 후에 농부들은 도리깨를 사정없이 내리쳐서 곡물로부터 낟알을 따로 분리시켰다. 때로는 직접 곡물을 타작하는 대신에, 동물들이 타작마당을 짓밟도록 하여 똑같은 결과를 얻어내기도 했다. 바빌로니아가 타작마당 같다고 함은, 장차 하나님께서 바빌로니아를 심판하실 때 그처럼 추수 때의 타작마당같이 철저하게 짓밟히게 될 것임을 비유한 말이다.

피할 수 없는 바빌로니아의 비극적 운명 (51:34-53)

(34-35) 그때에 시온 곧 예루살렘의 백성들이 주님께 이렇게 호소할 것이다. "주여, 바빌로니아 왕 느부갓네살이 우리를 집어삼켰습니다. 그가 우리를 파멸시켰습니다. 그가 우리에게 달려들어 닥치는 대로 마구 약탈했으므로, 예루살렘이 빈 그릇이 되고 말았습니다. 그가 바다 괴물처럼 우리를 집어삼켰고, 우리의 좋은 음식을 빼앗아 제 배를 채우고는 우리를 멀리 쫓아냈습니다. 그러므로 주여, 바빌로니아가 우리에게 저지른 폭행과 살육을 그대로 그들에게 갚아주소서. 그들이 우리를 쳐 피를 흘리게 했으니, 우리가 흘린 피를 그들에게 그대로 갚아주소서. 예루살렘 백성이 주께 올리는 이 송사에 응답해주소서."

유다와 예루살렘이 느부갓네살 왕이 이끄는 바빌로니아 군대의 말발굽 아래 짓밟히고, 그들의 칼날에 무자비하게 살육당하며, 또한 그들에게 모든 재산이 약탈당했을 때, 예루살렘의 경건한 백성들이 주님께 자신들의 가련한 처지를 호소하면서 바빌로니아의 포악한 행위를 고발하는 내용이다. 그러면서 바빌로니아가 자신들에게 행한 대로 갚아주셔서 자신들의 원한을 신원해달라는 내용이다. 비록 하나님을 떠나 타락함으로써 징벌을 받긴 했어도, 이렇듯 답답하고 처량할 때에 예루살렘 백성들이 결국 기대고 의지할 데는 오직 하나님밖에 없다.

(36-40) 주께서 예루살렘 백성들에게 응답하신다. "보라, 내가 너희 송사를 다 들었다. 그러므로 내가 너희 호소에 응답하여 너희 원수를 갚아주겠다. 내가 바빌로니아의 바다를 바싹 말리고, 그 땅의 샘들도 모두 말려버리겠다. 그때에 바빌로니아는 황량한 폐허가 되어 자칼이 우글거리는 들짐승의 소굴이 될 것이고 더 이상 사람이 살 수 없는 황무지가 되어 온 세상 가운데 경악과 비웃음의 대상이 될 것이다." 보라, 바빌로니아 사람들이 다 함께 사자처럼 으르렁거리고 새끼사자들처럼 부르짖고 있다. 그러나 그들이 그처럼 흥분한 상태에 있을 때, 내가 그들에게 큰 잔치를 베풀고 그들 모두를 잔뜩 취하게 할 것이다. 그러면 그들이 크게 취하여 즐거워하다가 정신을 잃고 쓰러지게 될 것이니, 내가 그들로 영영 잠들게 하고 다시는 깨어나지 못하게 할 것이다. 이는 나 주의 말이다. 그리하여 내가 그들을 결박하고 끌어내려서, 마치 어린 양과 숫양과 숫염소를 도살장에 끌고 가듯, 그렇게 바빌로니아를 도살장으로 끌고 갈 것이다."

바빌로니아가 자신들에게 행한 대로 갚아달라는 예루살렘 백성들의 송사에 하나님께서 응답하시는 장면이다. 이 같은 하나님의 응답을 통해 두 가지 사실을 알 수 있다.

첫째, 바빌로니아는 아주 철저하게 파괴되어 영영 황량한 폐허가 될 것이다(36-37절). 실제로 오늘날 이라크(Iraq)에 남아있는 옛 바빌로니아 도성의 유적지는 인적이 완전히 끊긴 황량한 폐허가 되어 각종 들짐승들의 소굴이 되었다.

둘째, 바빌로니아는 큰 잔치를 베풀고 잔뜩 술에 취해 있을 때 갑작스럽게 파멸당할 것이다(39-40절). 실제로 바빌로니아의 마지막 왕인 벨사살(Belshazzar)과 그의 신하들은 메대-바사 연합군의 기습을 전혀 눈치채지 못한 채 궁중에서 연회를 베풀고 흥청망청 먹고 마시며 즐기다가 힘 한번 제대로 써보지 못하고 물밀 듯 들이닥친 고레스 대군에 의해 졸지에 망하고 말았다(주전 539년경).

(41-44) "아, 슬프다! 어쩌다가 세삭이 함락되고 말았는가! 온 세상의 자랑거리였던 그 도성이 어쩌다가 정복당하여 빼앗기고 말았는가! 아, 슬프다! 바빌로니아가 온 세상 뭇 나라들 가운데 온전히 폐허가 되고 말았구나! 바닷물이 바빌로니아 도성을 온통 뒤덮고, 성난 파도 물결이 바빌로니아를 삼키고 말았구나. 바빌로니아의 모든 성읍들이 파괴되고 황폐해져 거칠고 메마른 사막같이 되었으므로, 거기에 더 이상 사람들이 살지 않고 그리로 지나다니는 사람조차도 없구나. 그렇다. 내가 바빌로니아의 신 '벨'에게 벌을 내려 그가 삼켰던 모든 것들을 다시 토하여 내게 할 것이니, 그때에 뭇 민족들이 더 이상 그에게 몰려들지 않을 것이고, 더 이상 그를 섬기지도 않을 것이다. 보라, 도성 바빌로니아의 성벽이 무너졌도다!"

여기서 예레미야는 바빌로니아를 '세삭'(Sheshach)이라고 부르고 있다. '세삭'은 당시 유대인들 사이에서 '바빌로니아'를 가리키던 암호였다. 이는 당시 히브리의 알파벳의 철자 위치를 바꾸어 사용하는 '아트바쉬'(Athbash)라는 암호 문자에 따른 것이다. 그런데 이때 예레미야가 바빌로니아에 대해 이렇게 암호를 사용한 이유는 자신의 예언이 '바빌로니아의 멸망'에 관한 것이기 때문이다.

다시 말해, 평소에 예레미야는 유다 왕과 예루살렘 백성들에게 바빌로니아에게 항복하는 것이 하나님의 뜻이라고 선포했다. 그런데 먼 훗날에 있을 바빌로니아의 멸망을 당시에 실명 그대로 선포한다면 유다 왕과 예루살렘 백성들을 혼란스럽게 만들 수 있다고 생각했던 것이다. 그래서 예레미야는 언젠가 바빌로니아도 다른 나라들과 똑같은 멸망의 운명을 겪게 될 것이라는 자신의 예언을 암호로 처리하는 것이 신중하다고 생각했던 것이다.

한편 '벨'(Bel)은 바빌로니아의 국가 수호신으로 '마르둑'과 동일한 신이다(사 46:1). 가나안 지역의 '바알' 신에 해당하는데, 바빌로니아의 왕 '벨사살'이나 다니엘의 바빌로니아식 이름인 '벨드사살' 등의 이름은 여기서 유래했다. 바빌로니아에 대한 하나님의 징벌은 곧 그 나라의 우상인 '벨'에 대한 심판이나 마찬가지였다(44절).

고대 세계의 각 나라들과 민족들과 성읍들은 각기 숭배하는 신들이 있었다. 그 신들이 자신들의 나라와 민족과 성읍을 지켜주고 또한 부흥시켜줄 것이라고 믿었다. 그래서 고대에 나라와 민족 간의 전쟁은 곧 그 나라와 민족이 숭배하는 신들 간의 전쟁으로 간주되었고, 승전국은 패전국의 신전을 약탈하여 그 나라의 신을 모독하고 탈취해갔다. 이 같은 배경 아래에서, 하나님께서 바빌로니아의 국가 수호신인 '벨'(마르둑)을 벌하시겠다는 것은 곧 '바빌로니아'를 벌하시겠다는 말씀과 같다.

(45-49) 주께서 말씀하신다. "내 백성들아, 너희는 바빌로니아에서 빠져나오라! 각자 거기서 속히 탈출하여, 나 주의 두려운 진노에서 스스로 목숨을 건져라! 너희는 마음을 굳게 다잡고, 이 땅에서 떠도는 각양 소문에 두려워하거나 낙담하지 말라. 이 해에는 이런 소문이

떠돌고, 다음 해에는 저런 소문이 떠돌 것이다. 그 땅에는 폭력이 판을 치겠고, 통치자들이 일어나 자기들끼리 대적하여 서로 싸우기도 할 것이다. 그러므로 보라, 그날이 올 것이니, 곧 내가 바빌로니아의 우상들을 벌할 날이 다가왔다. 그때가 되면, 바빌로니아의 온 땅이 대적에게 짓밟혀 크게 치욕을 당할 것이고, 칼에 찔려 살육당한 사람들이 그 땅의 도처에 널브러져 있을 것이다. 그날에 하늘과 땅과 그 가운데 있는 모든 것들이 바빌로니아의 파멸을 보고 다 같이 기쁘게 노래를 부를 것이니, 그것은 멸망시키는 자가 저 북방에서부터 바빌로니아에 이르러 그 땅을 쳐서 파멸시켰기 때문이다. 이는 나 주의 말이다. 예전에 바빌로니아 군대가 이스라엘 사람들을 쳐서 수없이 죽인 것같이, 이제는 바빌로니아 온 땅의 사람들이 대적의 칼에 무참히 살육을 당하여 수없이 엎드러질 것이다."

다시금 반복되는 '바빌로니아의 멸망'에 따르는 '이스라엘의 해방'에 관한 말씀이다. 그 주제가 아주 중요하기에 거듭 반복되고 있다. 또한 이는 그 예언의 말씀이 반드시 성취될 것임을 강조하는 것이다. 과연 예레미야의 이런 예언이 있은 지 대략 60년 후쯤에 북방에서부터 멸망시키는 자, 곧 고레스 대왕이 이끄는 메대-바사 연합군이 바빌로니아 땅에 이르러 그 도성 바빌론을 함락시킨 뒤 그 나라의 수많은 백성들을 살육함으로써 그대로 성취되었다(주전 539년경).

(50-53) "칼을 피하여 살아남은 내 백성들아, 너희는 잠시도 머뭇거리지 말고 어서 길을 떠나라. 비록 너희가 머나먼 땅에 있을지라도 주님을 생각하고 예루살렘을 잊지 말아라. 그날에 너희가 말하기를 '이방인들이 주님의 거룩한 집 성전에까지 들어왔으므로, 우리가 얼굴을 들 수 없을 정도로 책망을 받고 수치와 모욕을 당했도다.'라고 말한다. 그러나 주께서 대답하신다. '보라! 날이 이를 것이니, 그날에 내가

바빌로니아의 우상들을 벌할 것이다. 그때에 바빌로니아 땅 전역에는 적군의 칼에 찔려 부상당한 자들의 신음 소리로 가득 찰 것이다. 그날에 비록 바빌로니아 도성이 하늘 높은 데까지 올라가서 자기들의 성벽을 높이 쌓아올려 견고한 요새를 구축해놓는다고 할지라도, 그 성읍을 멸망시킬 자가 내게로부터 나가서 그들에게 속히 이를 것이다. 이는 나 주의 말이다."

하나님께서 바빌로니아를 징벌하기로 작정하신 날, 바빌로니아가 자기들 도성의 성벽을 높이 쌓아올려 견고한 요새를 구축해놓았다고 해도, 하나님께서 보내신바 그 도성을 멸망시킬 자 앞에서는 아무런 소용이 없을 것이었다. 그렇다면 바빌로니아를 멸망시키기 위해 하나님께서 보내신 자는 누구인가?

그는 바사(Persia) 왕 '고레스 대왕'(Cyrus, the Great)이다. 본래 그의 나라 바사(페르시아)는 바빌로니아의 동쪽에 있지만, 고레스는 바빌로니아를 침공하기 전에 먼저 바빌로니아 북쪽에 있는 메대(Media)를 복속시킨 후에 메대-바사 연합군을 형성하여 바빌로니아를 침공했으므로, 북방에서 바빌로니아를 침공하는 자가 되었다. 이렇게 고레스 대왕이 이끄는 메대-바사 연합군에 의해 그토록 강성했던 바빌로니아 제국은 마침내 멸망하여 영영 폐허가 되고 말았다.

바빌로니아의 종말 (51:54-58)

(54-58) 자, 들어보라! 바빌로니아에서 울부짖는 소리가 들려온다. 그 소리는 갈대아 사람들의 땅에서 들려오는 엄청난 파멸의 소리다. 마침내 주께서 바빌로니아를 파괴하시어 황폐케 만드셨고, 그들의 떠드는 소리를 모두 없애 잠잠케 하셨다. 그날에 바빌로니아의 대적들이 성난 파도처럼 거칠게 밀어닥쳐 요란한 소리를 지르면서 공격해오니,

이는 곧 파멸시키는 자들이 바빌로니아를 치러 몰려온 것이다. 그리하여 바빌로니아의 용사들이 사로잡히고 그들의 활이 여지없이 꺾인다. 진실로 주님은 보복하시는 하나님이시니, 때가 되면 반드시 보응하신다. '전능하신 만군의 주'라 불리는 왕께서 말씀하신다. "그날에 내가 바빌로니아의 모든 고관들과 지혜자들과 장관들과 지도자들과 용사들을 모두 잔뜩 취하게 하여 깊은 잠에 빠지게 하리니, 그들이 그 잠에서 영영 깨어나지 못할 것이다. 나 만군의 주가 말한다. 그날에 바빌로니아 도성의 두터운 성벽도 밑바닥까지 완전히 파괴될 것이고, 그 도성의 크고 육중한 성문들도 모두 불타 없어질 것이다. 그리하여 그 백성들의 수고는 모두 헛된 일이 되고 그 민족들의 노고 역시 모두 불타서 잿더미가 되고 말 것이므로, 그들이 지치고 낙담하여 완전히 기력을 잃고 말 것이다."

본문도 역시 '바빌로니아의 멸망'에 관한 예언이다. 그야말로 지겹도록 반복되고 있다. 그 예언이 중요하고, 또한 그 예언이 확실하기 때문이다. 여기서는 특별히 바빌로니아의 멸망이 어디까지나 하나님의 보복에 따른 일임이 강조되었다(56절).

바빌로니아를 멸망시키는 자, 고레스 대왕

한때 바빌로니아는 하나님의 심판 도구로 사용되었다. 하나님은 패역한 유다를 비롯하여 타락한 열방을 징벌하시기 위해 당대의 강력한 제국인 바빌로니아를 심판의 철퇴로 삼아 선민 유다를 비롯하여 에돔, 암몬, 모압, 두로, 블레셋 등 주변 나라들을 패망시켰다. 이런 과정에서 바빌로니아는 교만하고 무자비했다. 특히 예루살렘 성전을 무자비하게 짓밟고 마음껏 모독했다. 그래서 하나님은 바빌로니아에 대해 그 죗값을 요구하신 것이다.

스라야를 통해 전달된 예레미야의 예언 (51:59-64)

요시야의 막내아들 시드기야가 유다의 제20대 왕위에 올라 나라를 다스린 지 4년째 되는 해(주전 593년경), 마세야의 손자요 네리야의 아들인 스라야가 시드기야 왕을 수행하여 바빌로니아로 떠날 일이 있었다. 이 해는 나라가 망해 시드기야 왕이 포로로 잡혀 바빌로니아 땅에 끌려가기 7년 전의 일로, 아마도 이때 시드기야가 바빌로니아에 간 이유는, 시드기야의 충성심에 대해 의심을 품은 바빌로니아 왕이 그를 직접 대면하여 그의 충성심을 확인하기 위해 소환했던 것으로 추정된다.

그때에 예레미야 선지자가 바빌로니아로 떠나는 스라야에게 몇 가지 일을 부탁하기 위해 개인적인 면담을 요청했다. 당시 스라야는 왕의 수석 보조관이었다. 이때 예레미야는 바빌로니아 땅에 내릴 주님의 모든 재앙(50:1-51:58), 곧 바빌로니아를 두고서 선포한 주님의 모든 심판의 말씀을 두루마리 책에 이미 기록해둔 상태였다. 스라야와의 면담이 이루어지자, 예레미야가 두루마리 책을 하나 건네주며 스라야에게 말한다.

"보좌관님, 임께서 바빌로니아 도성에 도착하거든 꼭 명심하여 이 두루마리 책에 적힌 모든 말씀을 그곳 사람들에게 읽어주도록 하십시오. 그러고 나서 그 땅의 백성들에게 말하기를 '주께서 이곳에 대하여 말씀하셨습니다. 주께서는 친히 이 도성을 파괴하고 황폐케 하여 이 땅에는 더 이상 사람이나 짐승이 영영 살 수 없도록 이곳을 폐허로 만들 것이라고 하셨습니다.'라고 하십시오."

"뭐라고요? 바빌로니아가 주께 심판을 받아 영영 폐허가 된다고요?

아니, 보다시피 이토록 강성한 바빌로니아가 망한다니요?"

스라야는 예레미야의 말을 도무지 이해하지 못하겠다는 듯 고개를 갸웃거리며 의아해한다. 그러자 예레미야가 다시금 부탁한다.

"그게 주께서 제게 내린 예언의 말씀이니, 보좌관님은 제 말대로만 해주시면 됩니다. 꼭 그렇게 해주셔야 합니다. 그리고 한 가지가 더 있습니다. 그렇게 하신 후에는 이 두루마리 책에 돌을 매달아 유프라테스 강물 속에 던져버리시오. 그런 뒤에 말하기를 '주께서 이 땅에 내리시는 재앙들로 인해 바빌로니아도 이렇게 가라앉아 다시는 떠오르지 못할 것이니, 그 백성들이 쇠약해져 몰락할 것이다.'라고 하십시오."

스라야는 그런 행위가 무얼 의미하는지 잘 알고 있었다. 그것은 선지자들이 흔히 행하는 '행위 예언'이라는 것으로, 선포한 메시지의 내용을 더욱 강조하고 각인시키기 위해 어떤 시청각적인 행위를 수반하는 것이다. 여기서도 그렇다. 유프라테스 강물 속에 던져진 돌 달린 두루마리 책이 물 밑으로 가라앉는 것처럼, 바빌로니아도 그렇게 몰락하여 영영 가라앉을 것임을 뜻한다. 실제로 그랬다. 바빌로니아 도성은 메대-바사 군대가 유프라테스 강의 물줄기를 막아 터뜨림으로써 그 아래 잠기고 말았다(주전 539년 10월). 그때로부터 바빌로니아는 바사의 지배 아래 들어갔고, 이후엔 영영 폐허가 된 채 버려졌다.

"무슨 말인지 잘 알겠소! 내 그렇게 하도록 하겠소!"

"정말로 고맙습니다. 주께서 내내 함께해 주실 것입니다. 그러면, 먼 길을 아무런 탈 없이 평안히 다녀오도록 하십시오."

(64b) 예레미야의 말이 여기에서 마쳤다.

유다와 열방에 대한 하나님의 심판의 메시지 중 그 마지막 대상인 바빌로니아에 대하여 50장과 51장에 걸쳐 아주 길게 선포한 '바빌로니아의 멸망'에 관한 예레미야 선지자의 예언이 모두 끝마친 사실을 가리킨다.

52
예루살렘의 함락

두 눈이 뽑힌 시드기야는
쇠사슬에 묶여 포로가 되네
예루살렘은 파괴되어 불타고
성전은 모조리 약탈당하네

예루살렘 도성이 함락됨 (52:1-11)

요시야의 막내아들인 시드기야가 재위 3개월 만에 바빌로니아 땅으로 끌려간 조카 여호야긴을 대신하여 유다의 제20대 왕위에 올랐을 때, 그의 나이는 21세였고, 예루살렘 왕궁에서 나라가 망할 때까지 11년 동안 나라를 다스렸다(주전 597-586년경). 그의 어머니 이름은 '하무달'인데, 립나 출신인 예레미야의 딸이었다. 유다 왕위에 오른 시드기야는 앞서 여호야김 왕이 행한 모든 악한 행실을 본받아 주님 보시기에 온갖 악한 일을 저질렀다. 그리하여 주께서는 예루살렘과 유다에 대해 진노하셨는데, 그 땅의 백성들에게 재앙을 내려 그들을 자기 앞에서 아주 멀리 쫓아내시기까지 크게 진노하셨다.

"아무래도… 그러는 게 좋을 듯싶소이다. 비록 지금은 바빌로니아가 크게 득세하고 있긴 하지만, 전통적으로 강대국인 이집트를 섬기는 게 유다가 살 길인 듯하오. 좋소! 그러면 그대들의 뜻도 다들 그러하니, 우리 유다국은 주변 나라들과 군사동맹을 단단히 맺은 뒤 바빌로니아를 배척하고 이집트를 섬기는 정책을 펼치도록 합시다.”

그때에 유다 왕 시드기야는 처음 얼마 동안은 바빌로니아를 섬기다가, 얼마 못가 바빌로니아의 느부갓네살 왕에게 반기를 들었다. 사실, 시드기야 왕은 바빌로니아 왕 느부갓네살에 의해 유다의 제20대 왕으로 세워졌다. 하지만 유다 조정은 전통적으로 바빌로니아를 배척하고 이집트를 선호하는 친(親)이집트 신하들이 득세하고 있었다. 또한 유다 주변의 나라들(블레셋, 에돔, 모압, 암몬, 두로, 시돈 등)도 서로 간에 동맹을 맺고 바빌로니아에 대항하고 있었다. 이런 상황 속에서 무능하고 우유부단한 시드기야 왕은 예레미야 선지자의 거듭된 경고에도 불구하고, 신하들에게 휘둘리고 주변 나라들에 영향을 받아 결국 바빌로니아 왕을 배반함으로써 나라의 몰락을 초래하고 말았다.

“뭐, 뭐라? 유다 왕 시드기야까지 나를 배반했다고? 참으로 괘씸하고 고얀 놈이로다! 누가 그자를 유다 왕위에 앉혀주었는데, 은혜를 모르고 감히 나를 배반해? 내 결코 그자를 용서치 않겠다! 좋다, 이번 기회에 유다뿐 아니라 우리 바빌로니아 제국에 대항하는 그 주변의 나라들까지 모조리 쑥대밭으로 만들어버리겠다! 여봐랏, 출정을 준비하랏! 내 친히 나의 군대를 이끌고 나가겠다! 자, 모두 서둘러라!”

유다 왕 시드기야 제9년(주전 588년경) 10월 10일, 크게 분노한 바빌로니아의 느부갓네살 왕은 유다와 예루살렘을 치려고 자기의 모든 군대를 다 거느리고 직접 올라왔다. 예루살렘 진격을 가로막고 있는 유다의 다른 성읍들을 먼저 쳐서 함락시킨 후, 마침내 유다의 도성 예루살렘에 다다른 그는 예루살렘 성문을 마주 대하여 진영을 펼쳤다.

그런 후에 예루살렘 성벽의 바깥 사면을 빙 둘러 포위한 채로 사방에 공격용 토성(土城)을 쌓았다. 이렇게 해서 예루살렘 도성은 시드기야 왕 제11년 4월까지 1년 6개월 동안 바빌로니아 군대에 의해 포위되어 있었다. 예로부터 예루살렘 도성은 천혜의 자연조건을 갖춘 아주 견고한 요새였으므로, 아무리 막강한 바빌로니아 군대라 할지라도 쉽게 공략하여 정복할 수가 없었던 것이다.

시드기야 왕 제11년(주전 586년경) 4월 9일, 오랫동안 포위된 예루살렘 도성 안에는 기근이 극심하여 마침내 성읍 안에 먹을 식량이 다 떨어졌다. 더 이상 백성들과 군사들이 먹을 것을 구하지 못해 다들 굶주렸다. 그러자 모두가 기력을 잃고 그만 맥이 풀리고 말았다.

"보라, 예루살렘 성읍 안에 더는 먹을 것이 없다! 바빌로니아 군사들이여, 이제 모두 일어나 총공격을 개시하랏!"

간자(間者)를 통해 예루살렘의 내부 상황을 파악한 바빌로니아 군대의 지휘부는 마침내 총공격할 기회를 포착했다고 판단하고, 수하의 모든 군사들에게 일제히 명령을 내려 예루살렘을 공격하게 했다. 그러자 며칠을 굶주려 이미 전의를 상실한 예루살렘의 군사들은 방어할 엄두를 내지 못한 채 그저 목숨을 부지하려 도망치기에 급급했다. 마침내 예루살렘 성벽의 이곳저곳이 허물어지기 시작했고, 바빌로니아 군사들은 무너진 성벽을 넘어 물밀듯 성읍 안으로 쳐들어오기 시작했다.

"폐하, 더 서두르셔야 합니다! 바빌로니아 군사들이 지금 성읍 안으로 쳐들어와 왕궁으로 몰려오고 있습니다! 어서, 어서 이쪽으로!"

그때에 시드기야 왕은 사전에 미리 살펴둔 도피 길을 따라 자신의 호위 군사들과 함께 도망치고 있었다. 성벽이 저녁 무렵에야 무너졌으므로, 왕은 밤의 어둠을 틈타 왕의 동산 길을 따라 예루살렘 남쪽의 두 성벽 사이에 있는 성문을 통과하여 아라바 쪽으로 도주하였다. 여기 아라바(Arabah)는 사해 남쪽에서 홍해 동북쪽의 아카바 만(灣)에 이르는 드넓은 광야지대를 말한다(수 11:2). 아마도 왕과 측근들은 이곳을 통과해서 이집트로 망명하려고 했던 것 같다.

"여봐랏, 유다 왕이 아라바 쪽으로 도망갔다! 멀리 가진 못했을 것이니, 지체 말고 당장 추격하여 반드시 그자를 사로잡도록 하랏!"

시드기야 왕의 도망 사실을 알아차린 바빌로니아 군대가 즉각 추격대를 구성하여 시드기야 왕을 뒤쫓기 시작했다. 그리고 추격대는 여리고 평원에서 시드기야 왕과 그의 일행을 따라잡았다. 아라바 광야 길로 도망해서 이집트로 망명하려던 시드기야 일행은 아라바에 이르지도 못한 채 예루살렘에서 그리 멀지 않은 여리고 평원에서 그만 바빌로니아 추격대에게 따라잡히고 말았다. 그러자 시드기야 왕을 따랐던 모든 군사들이 왕을 버려둔 채 "걸음아, 날 살려라"하며 사방으로 뿔뿔이 달아났다.

"보라, 저자가 유다 왕이다! 다른 놈들은 더 이상 쫓지 말고, 저자를 붙잡아 단단히 포박하도록 하랏!"

결국 유다 왕 시드기야는 바빌로니아 군사들에게 사로잡혀, 하맛 땅 립나에 주둔하고 있던 바빌로니아 왕 앞으로 끌려갔다. 하맛 땅 립나(Riblah)는 오론테스 강 동안(東岸)에 위치한 수리아(아람, 오늘날의 '시리아')의 요새지로, 하맛 남쪽 80km 지점에 위치했다. 당시 바빌로니아 군대의 본진과 느부갓네살 왕은 거기에 있었다.

"이놈! 이 배은망덕한 놈! 내 너를 어여삐 여겨 네놈을 유다 왕위에 앉혀주었건만, 은혜도 모르고 감히 나를 배반해? 고얀 놈! 그러고도 네가 온전할 줄 알았더냐!"

바빌로니아 왕 느부갓네살은 자기 앞에 붙잡혀온 시드기야를 호되게 질책하며 신문했다. 신문을 마친 후에는 시드기야가 보는 앞에서 그의 아들들부터 쳐 죽였다. 당시 시드기야의 나이는 한창 젊은 32세였으므로, 그의 아들들은 어린 나이에 처형당했음을 알 수 있다. 왕자들을 모조리 처형한 뒤, 이어서 사로잡혀온 유다의 모든 고관들도 모조리 처형시켰다. 그러고도 분이 안 풀리는지, 느부갓네살 왕은 시드기야를 노려보며 엄히 명한다.

"여봐랏, 저자의 두 눈을 뽑은 뒤 쇠사슬로 꽁꽁 묶어 옥에 가두도록 하라! 즉시 시행토록 하라! 에잇, 천하에 괘씸한 놈 같으니라구!"

느부갓네살 왕의 명에 따라, 바빌로니아 군사들은 지체 없이 시드기야의 두 눈을 뽑은 뒤 그를 쇠사슬로 꽁꽁 묶은 다음에 바빌로니아로 끌고 가서 옥에 가두었다. 그리하여 유다 왕 시드기야는 죽을 때까지 유다 땅에 돌아오지 못하고 그곳 옥에서 최후를 맞았다(겔 12:13).

이처럼 바빌로니아 왕 느부갓네살이 시드기야를 아주 잔인하게 다룬 것은, 시드기야가 자신을 배반한 데 따른 분풀이 보복의 성격도 있었지만, 그런 가혹하고 잔인한 처리를 통해 다른 나라 왕들의 사기를 꺾고 모든 반역 행위에 대해 위협적으로 경고하고자 했기 때문이다. 어쨌든 하나님의 말씀을 배척한 유다 왕 시드기야는 오래 전부터 예레미야 선지자가 줄기차게 예언한 대로 지극히 불행한 최후를 맞고 말았다(21:7).

예루살렘 도성이 파괴되고 불살라짐 (52:12-16; 왕하 25:8-12)

바빌로니아 왕 느부갓네살 제19년(주전 586년경) 5월 10일, 바빌로니아 왕의 근위대장 느부사라단이 립나 본진을 떠나 예루살렘에 도착했다. 느부갓네살 왕이 정복한 예루살렘 성읍의 뒤처리를 하도록 자신의 근위대장을 파견했던 것이다. 예루살렘이 함락된 지 한 달 후쯤에 예루살렘에 당도한 근위대장 느부사라단은 느부갓네살 왕의 명령에 따라 예루살렘 성전과 유다 왕의 궁궐을 비롯하여 예루살렘의 모든 집들, 곧 예루살렘 도성의 크고 좋은 건물들을 모조리 파괴하고 불살라버렸다. 또 근위대장 느부사라단의 지휘를 받는 바빌로니아의 모든 군대는 예루살렘 도성의 사면 성벽을 마구 허물어뜨렸다.

그런 다음, 근위대장 느부사라단은 예루살렘 백성들 가운데 가난한 사람들과 성읍 안에 남아있던 일반 주민들과 바빌로니아 왕에게 항복한 사람들과 그 외의 나머지 기능공들을 가려내어, 그들 모두를 바빌로니아 땅으로 포로로 잡아갔다. 그러나 근위대장 느부사라단은 유다 백성들 가운데 극히 비천하고 가난한 사람들은 그 땅에 일부러 남겨두어 그들로 포도원을 가꾸고 농사를 짓게 했다. 유다와 예루살렘 사람들이 다시는 반역을 꿈꾸지 못하도록 도성 예루살렘을 아주 별 볼일 없는 무력하고 비천한 도시로 만든 것이다.

예루살렘 성전이 약탈당함 (52:17-23; 왕하 25:13-17)

"와, 이곳에는 진귀한 보물들이 아주 많구나! 왕께서 명하신 대로, 모든 기물들을 약탈하여 우리 땅으로 가져가자!"

갈대아 사람들, 곧 바빌로니아 군사들은 느부갓네살 왕의 명에 따라 예루살렘 성전을 약탈하기 시작했다. 그들은 현장 지휘관들의 명에 따라 예루살렘 성전에 있는 두 개의 청동기둥들과 그 받침대들과 커다란 청동물통을 산산조각으로 부수어 그 모든 청동을 바빌로니아로 가져갔다. 또 그들은 성전에서 사용하던 각종 기물들 곧 솥과 부삽과 부집게와 대야와 향 접시, 그리고 성전에서 제사를 드릴 때 사용하던 모든 청동 기구들을 하나도 남기지 않고 모조리 쓸어갔다.

또 근위대장은 성전에 보관되어 있던 여러 종류의 잔들과 화로들과

예루살렘 성전이 약탈당하고 파괴당하다

대야들과 냄비들과 촛대들과 접시들과 숟가락들과 밥그릇들을 다 가져갔는데, 그것들은 순금이나 순은으로 만든 것들이었다. 또 그는 오래전에 솔로몬 왕이 주님의 성전을 위해 만들어놓은 성전의 두 기둥들과 거대한 물통 하나와 그 물통을 받치고 있는 그 아래 12마리의 황소 받침대들도 다 가져갔는데, 이 같은 청동 기물들에서 나온 청동들은 하도 많아서 그 무게를 측량할 수 없을 정도였다.

성전의 두 청동 기둥으로 말하자면, 한 기둥의 높이가 18규빗(대략 8m)이고 그 둘레는 12규빗(대략 5.5m)이었다. 당시 1규빗은 45cm가량이었다. 그리고 기둥 속은 비었지만, 그 두께가 손가락 네 개의 너비였다. 또 기둥 위에는 청동으로 만든 기둥머리가 이어져 있었는데, 그 높이가 5규빗(2.3m)이었다. 그리고 그 기둥머리 사면으로는 빙 돌아가며 청동으로 만든 그물이 쳐져 있었고, 그물에는 청동으로 만든 석류가 장식되어 있었다. 다른 기둥 하나도 이와 똑같은 모양을 하고 있었다. 또 기둥머리 사면에 있는 청동 석류는 96개인데, 기둥 위로 둘린 그물 위에 있는 청동 석류는 기둥의 네 모퉁이에 하나씩 더 있었으므로, 다 합쳐 모두 100개였다.

이처럼 바빌로니아 왕은 예루살렘 성전을 파괴하고 성전 안의 기물들을 약탈해갔는데, 고대의 전쟁에서 승전국이 패전국의 신전을 파괴하고 약탈하는 행위는 일반적이었다. 그것은 승전국의 신(神)이 패전국의 신을 이겼다고 생각했기 때문이다. 더불어 바빌로니아 왕은 유다 백성들이 그들의 성전을 크게 의지하는 줄 알았으므로, 그것을 철저히 파괴함으로써 반역의 불씨를 없애고자 하였다. 당시 유다 백성들은 주님의 임재처소인 성전은 절대로 파괴되지 않을 것으로 굳게 믿었기에, 성전의 파괴와 약탈은 그들에게 아주 큰 충격을 주었다. 이는 하나님께서 함께하지 않는 성전은 한낱 인간의 건축물에 불과하다는 교훈을 깨우쳐준다.

어쨌든 이때 바빌로니아 군사들은 군홧발로 예루살렘 성전에 난입하여, 성전에 있는 기물들을 닥치는 대로 마구 쓸어 담으며 성전을 크게 짓밟았다. 바로 이런 신성모독적인 행위가 나중에 바빌로니아가 하나님의 준엄한 심판을 받는 주요 이유 중 하나가 되었다(51:51). 심지어 예레미야는 하나님께서 자신의 성전을 위하여 바빌로니아에 보복하시는 것이라고 말했다(51:11).

유다 백성이 바빌로니아에 포로로 끌려감 (52:24-30; 왕하 25:18-21)

그때에 바빌로니아 왕의 근위대장 느부사라단이 유다의 대제사장 스라야와 부제사장 스바냐, 그리고 성전의 문지기를 세 명을 체포했다. 그는 또 예루살렘 성읍 안에서 많은 사람들을 포로로 사로잡았다. 군사들을 거느린 유다 군대의 지휘관 한 사람, 왕의 시종들 7명, 유다 백성들의 징집 업무를 맡았던 군대의 참모장 한 명, 그리고 예루살렘 도성 안에 대피해있던 지역 유지 60명 등을 붙잡았다. 근위대장 느부사라단이 그들을 다 붙잡아 립나에 주둔하고 있던 바빌로니아 왕에게로 끌고 갔다. 그리고 바빌로니아 왕은 하맛 땅 립나에서 그들을 모두 처형시켰다.

포로가 되어 바빌로니아 땅으로 끌려가는 유다 백성들

이렇게 유다 백성들은 바빌로니아의 포로가 되어 자기 나라를 떠나면 이방 땅으로 끌려가야 했다. 바빌로니아 왕 느부갓네살이 포로로 사로잡아간 유다 백성들의 수효는 이러했다. 느부갓네살 왕 제7년(주전 597년경)에 포로로 잡아간 사람들은 3천 23명이었고, 느부갓네살 왕 제18년(주전 586년경)에 예루살렘에서 사로잡아 포로로 끌고 간 사람들은 832명이었다. 그리고 느부갓네살 왕 제23년(주전 581년경)에 근위대장 느부사라단이 예루살렘에서 사로잡아 포로로 끌고 간 사람들은 745명이었다. 이렇게 바빌로니아 땅으로 끌려간 포로들의 총 수효는 4천 600명이었다.

그런데 이 수효는 열왕기하 24장 4~16절 부분의 수효와 비교해 볼 때 큰 차이가 난다. 그 이유는 아마도 여기서는 성인 남자의 수효만 계수되었고, 열왕기하에서는 여자들과 어린아이들까지 모두 포함되었기 때문일 수 있다. 아무튼 수많은 유다 백성들이 멀고먼 바빌로니아 땅에 포로로 잡혀갔는데, 외관상으로 보면 이들은 단지 이방 땅의 포로들에 불과했지만, 하나님의 경륜에서 보면 이들은 하나님의 위대한 섭리 안에 들어있는 소수의 남은 자들이었다(24장).

유다 왕 여호야긴이 석방됨 (52:31-34; 왕하 25:27-30)

유다의 제19대 왕인 여호야긴이 느부갓네살 왕에 의해 포로로 사로잡혀 바빌로니아 땅으로 끌려간 지 37년째 되는 해(주전 562년경), 곧 바빌로니아 왕 에윌므로닥의 즉위 원년인 그해의 12월 25일, 에윌므로닥이 유다 왕 여호야긴에게 특별 사면을 베풀어 그를 옥에서 풀어주고 그의 지위를 복권시켜주었다.

에윌므로닥은 느부갓네살의 아들로서, 부왕을 이어 바빌로니아의 왕위에 오른 인물이다(주전 562-560년 재위). 그는 부왕과는 달리 정복한 뭇 나라들과 민족들에 대해 최대한의 관용 정책을 펼쳤는데, 그런 과정에서 오래 전에 잡아온 유다 왕이 늙고 힘이 없어 더는 위협적인 인물이 될 수 없다고 판단했고, 또한 자신의 대관식을 축하하고 기념하는 차원에서 유다 왕 여호야긴을 석방하고 복권시켜 주었던 것이다.

"자, 유다 왕은 이리 올라오시오. 올라와서, 내 곁에 앉아 나와 함께 식사하도록 합시다. 더는 사양치 마시구려! 하하하."

유다 왕 여호야긴을 사면하고 복권시켜준 바빌로니아 왕 에윌므로닥은 특별히 여호야긴에게 여러 모로 호의를 베풀고, 또한 당시에 바빌로니아 땅에 포로로 붙잡혀온 다른 여러 나라의 왕들보다 더 높은 자리에 앉게 했다. 그리하여 유다 왕 여호야긴은 죄수의 의복을 벗고, 남은 일생 동안 늘 바빌로니아 왕의 식탁에 앉아서 왕과 함께 식사를 하는 영광을 누렸다. 그리고 바빌로니아 왕은 여호야긴에게 필요한 일정한 분량의 각종 물품들을 그가 죽을 때까지 평생 동안 끊이지 않고 대주었다. 그렇게 세월은 흘러갔다.

에필로그

'이 몸이 이집트 땅에 끌려온 지도 어느덧 6년…. 아니, 7년째인가?'

지금 예레미야는 조국 유다 땅에서 멀리 떨어진 이방의 이집트 땅에 있다. 유다가 망한 후에 그 땅에 살아남은 자들에 대한 하나님의 뜻은 그들이 유다 땅에 그대로 머물면서 유다의 재건과 부흥을 위해 다함께 힘쓰는 것이었다. 예레미야도 그와 같은 하나님의 뜻을 분명히 전했다. 하지만 이스마엘 일당에 의해 유다 총독 그다랴가 살해되는 사건이 일어나자, 바빌로니아 왕에게 보복당할 것을 두려워한 군대 지휘관 요하난 일행과 나머지 무리들은 하나님의 뜻을 거슬러 이집트로 망명하는 길을 택했고, 그때 유다 땅에 남기를 원했던 예레미야도 그들에 의해 강제로 이집트에 끌려왔던 것이다.

이집트에서 예레미야의 시간은 빠르게 흘러갔다. 대략 20살쯤 되던 요시야 왕 13년째 되던 해에 하나님의 선지자로 부름 받은 예레미야는 시드기야 11년째 되던 해 곧 유다가 망할 때까지 무려 40년 동안 줄기차게 예언 활동을 펼쳤다(주전 627~586년경). 그리고 나라가 망한 후에는 이제 이집트 땅에 강제로 끌려와 거기서도 6~7년가량 예언 활동을 했다. 그리하여 이제 어느덧 68세가량의 노인이 되었다.

이집트에서도 상황은 좋지 않았다. 우상을 숭배하다가 나라가 망했지만, 이집트에 망명한 유다 백성들은 아직도 정신을 못 차리고 그 땅의 우상들을 숭배하고 있었다. 그래서 예레미야는 동족의 죄악을 지적하면서 이집트 땅에서도 하나님의 진노의 징벌을 면치 못할 것이라고 선포했다. 그러자 이집트 땅의 유다 백성들이 예레미야에 대해 노골적으로 적대감을 표출하기 시작했다.

최근의 분위기를 보노라면, 우상을 숭배하는 사악한 동족의 무리들이 예레미야를 아예 죽이려고 호시탐탐 목숨을 노리고 있는 것 같다. 언제 죽을지 모르는 순교의 그림자가 드리워지고 있었다. (유대 전승에 의하면, 결국 예레미야는 우상을 숭배하는 사악한 동족들에 의해 이집트 땅에서 돌에 맞아 순교한 것으로 전해진다. 그때가 나라가 망한 지 6~7년이 흐른 주전 580년경으로, 예레미야의 나이 68세가량이었다.)

예레미야 선지자

'아, 오늘도 예루살렘의 밤하늘에는 뭇별들이 반짝이고 있겠지….'

하나님의 성전이 있던 고국 땅을 떠난 지도 오래되었다. 나라가 망한 지, 이미 6~7년의 세월이 흘렀지만, 아직도 파괴된 예루살렘 도성의 참상만 생각하면 눈물이 흘러내린다. 가슴이 미어지고 온 뼈마디가 시려온다. 또한 잠자리에 들려고 눈만 감으면, 시온산 위에서 빛나던 아름다운 뭇별들이 아른거린다. 예루살렘 성전에서 피어오르던 제단의 불길과 향연이 생각난다.

‘그래, 하나님의 예언 말씀대로 언젠가는 내 민족 내 동포가 바빌로니아 땅에서 해방되어 본토 예루살렘으로 돌아갈 날이 반드시 찾아오겠지…. 아, 그날이 어서 왔으면! 정녕 그때에는 내 사랑하는 동포들이 새롭게 회복된 예루살렘 땅에서 우리 주님을 올바로 섬기며 말씀대로 살아가겠지…, 진실로 그때에는 내 사랑하는 백성들이 새 언약 아래에서 주님의 말씀대로 살아감으로써 저마다 심령이 강건해지고, 또한 내 조국은 나날이 부흥하겠지….’

이런 생각을 하니, 비로소 숨이 쉬어지고 살 것 같았다. 극한 절망 속에서도 한 줄기 소망의 빛이 비치는 것 같았다. 그런 생각에 잠기니, 항상 눈물 마를 날 없었던 예레미야의 얼굴에도 살포시 미소가 깃든다. 하루가 저물고 밤이 깊었다. 예레미야는 그날의 기쁨과 영광이 속히 이르도록 손 모아 주님께 기도를 드린 뒤 애써 잠을 청한다. 시간이 한참이나 흘렀지만, 아직도 이집트의 밤은 뭔가 어색하고 낯설다. 그럴수록 꿈에선들 그리운 조국 산하(山河)의 풍경 하나하나가 더욱 그립다. 오늘따라 예루살렘 성벽 사이에 핀 이름 모를 풀 한 포기조차 사무치게 그립다.

예레미야애가

슬픔은 기쁨을 낳고

가슴 찢는 비통과 절망의 노래여
찬란하고 영광된 솔로몬 성전이여
다른 나라 군대의 말발굽에 짓밟혀
돌무더기가 거리에 쏟아졌구나

부귀와 영화와 은총의 성읍이여
이제는 처참하게 허물어져
인적 드문 폐허가 되고
사람들의 조롱거리가 되었구나

가슴 찢으며 통곡하는 예레미야는
패망으로 가는 길을 막으려 했지만
끝내 돌이키지 않는 동족을 보며
쏟아지는 눈물로 대지를 적시네

심판받는 어리석은 유다 백성은
눈물로 돌이켜 주를 보면서
슬픔에서 기쁨을, 절망에서 희망을
잿더미에서 구원의 노래 부르리라

프롤로그

예레미야애가: 예루살렘 멸망의 슬픈 노래

프롤로그

"아, 슬프고 슬프다!"

그토록 우려하던 일이 결국 일어나고 말았다! 나라가 망한 것이다(주전 586년경). 다윗 왕 때로부터 400년 이상 면면히 이어져오던 다윗 왕조가 마침내 비극적으로 그 막을 내리고 말았다. 대략 20살쯤 되던 요시야 왕 13년째 되던 해(주전 627년경)에 하나님의 선지자로 부름 받은 예레미야는 대략 60세쯤 되던 시드기야 왕 11년째 되던 해(주전 586년경)까지, 무려 40년 동안 줄기차게 예언 활동을 펼쳤다.

그가 외친 메시지의 핵심은 이러했다. 우상을 숭배하고 사회 정의를 짓밟는 유다 백성들의 죄악에 대해 하나님께서 두려운 심판을 가하실 것이므로 즉시 죄악에서 돌이켜 회개하라는 것이었다. 아울러 끝까지 회개하지 않는다면, 하나님께서 유다를 심판하실 때 사용하실 징벌의 도구는 '바빌로니아'가 될 것이므로, 유다 백성들은 바빌로니아 왕에게 항복함으로써 하나님의 뜻에 순응하라는 것이었다.

그러나 요시야 이후 유다 왕위에 오른 네 왕들(여호아하스, 여호야김, 여호야긴, 시드기야)과 유다 백성들은 예레미야의 경고를 무시하고 배척한 채 죄악에서 돌이켜 회개하지 않았고, 또한 바빌로니아에 항복하기는 커녕 도리어 주변 국가들과 군사동맹을 맺고 대항하였다. 그러면서 이집트를 섬기고 의지했다. 그 결과로 예레미야의 예언대로 유다는 3차례에 걸쳐 바빌로니아의 침공을 받았고(주전 605년, 597년, 588년), 결국 시드기야 왕 11년 4월 9일에 예루살렘 도성이 함락됨으로써 나라가 망하고야 말았다(왕하 25:3-4, 주전 586년경). 이어 그해 5월 7일에 왕궁과 예루살렘 성전이 불태워지고 파괴당하고 약탈당했다(왕하 25:8-9).

예루살렘 백성들의 가옥 및 재산은 물론이고, 예루살렘 도성의 왕궁과 성전마저 이방 군대의 무자비한 말발굽 아래 마구 짓밟히는 광경은 이루 형언할 수 없을 만큼 처참했다. 예레미야는 조국이 멸망당하는 그 모든 광경을 자신의 두 눈으로 생생하게 목도했다. 그러니 감성이 풍부한 예레미야가 어찌 울지 않을 수 있겠으며, 어찌 그 참혹한 슬픔과 비탄을 토해내지 않을 수 있겠는가!

본서 '예레미야애가'는 예루살렘 멸망 직후에 예레미야 선지자가 그처럼 직접 보고 생생하게 느낀 슬픔과 비통함을 5편의 시로 지어 눈물로써 부른 슬픈 노래다. 곧 예루살렘의 멸망을 읊은 조가(弔歌)다. 진실로 이 다섯 편의 노래는 멸망당한 예루살렘에 대한 깊은 슬픔의 노래요, 또한 그런 멸망을 초래한 유다 백성들의 죄악에 대한 뼈저린 회개의 노래다. 그러나 본서는 그런 아픔을 읊은 데서 그치지 않고, 나아가 그러한 극한 슬픔과 절망 속에서도 하나님의 새 언약을 굳게 신뢰하는 가운데 언젠가는 폐허 속에서 피어날 찬란한 구원과 회복을 노래하고 있다.

본서를 읽노라면, 우리는 두 가지 뚜렷한 특징을 보게 된다.

하나는, 본서가 답관체(踏冠體) 형태로 쓰였다는 점이다. 답관체

(Acrostic)란 '알파벳 시(詩)'라는 말로, 연속되는 행이나 절의 첫 문자들이 히브리어 자음 22자의 알파벳 순서대로 나타나도록 배열하는 시작법(詩作法)을 가리킨다. 즉, 시의 첫 절 혹은 첫 행의 첫 글자는 히브리어 알파벳의 첫 글자인 '알렙'으로 시작하고, 다음 절이나 행은 두 번째 글자인 '베트'로, 그 다음은 세 번째 글자인 '기멜'로, 이런 식으로 차례대로 진행되다가 맨 마지막 절이나 행은 히브리어 알파벳의 마지막 글자인 '타우'로 시작하는 것이다(그래서 '예레미야애가'는 각장이 히브리어 자음 22자와 똑같은 22절로 이루어졌다. 다만 3장은 히브리어 자음 22자가 각각 3번씩 반복되었기에 66절로 이루어졌다).

이 같은 답관체 형태의 시는 사람들로 하여금 쉽게 암송하게 하고, 또 오래도록 기억나게 하는 데 매우 효과적이었다(유대인들에게 있어 '예루살렘 멸망'은 결코 잊혀선 안 되는 뼈저린 사건이었다). 그래서 성경에는 '예레미야애가' 외에도 이 같은 답관체 형태로 쓰인 부분들이 종종 나타난다(시편 9-10, 25, 34, 37, 111-112, 119, 145장; 잠언 31:10-31; 나 1:2-8 등).

다른 하나는, 본서에는 사람의 심금(心琴)을 울리는 감성적인 표현들이 자주 등장한다는 점이다. '예루살렘 멸망'이라는 사건을 두고서, 열왕기나 역대기가 역사적인 서술이고, 예레미야나 에스겔이 예언적인 선포라면, 본서는 주님께 눈물로 호소하고 동족들의 마음에 부르짖는 감성적인 표현들로 대부분 이루어졌다. 그래서 본서는 주님 앞에서 아픈 심령을 죄다 내려놓고 눈물로 부르는 슬픈 노래다.

예루살렘 멸망 직후라는 아주 경황이 없는 중에서도, 예레미야가 폐허가 된 예루살렘을 직접 바라보고 두루 돌아다니면서 정신을 차리고 굳이 본서를 쓴 데에는 다음과 같은 분명한 목적이 있었기 때문이다.

첫째, 예루살렘의 멸망을 직접 선포한 예언자로서 무엇보다 자신의 예언대로 거룩한 도성 예루살렘이 멸망한 데 대해 마음속으로부터 우러나오는 참담한 슬픔과 깊은 비통함을 토해내지 않고는 도무지 견딜 수 없었기 때문이다.

둘째, 예루살렘의 멸망이 유다 백성들의 죄악에 대한 하나님의 공의로운 심판이었음을 깨우쳐, 그런 예루살렘의 철저한 멸망을 통해 죄악의 가증함과 그 두려운 결과를 생생하게 자각토록 함으로써 이제라도 유다 백성들을 철저한 회개의 자리로 이끌기 위해서다.

셋째, 나아가 그런 진정한 회개가 뒤따를 때 언약에 신실하신 하나님의 크신 은혜로 말미암아 언젠가는 다시금 폐허와 절망을 딛고 힘차게 회복할 수 있다는 새 소망을 심어주기 위해서다.

자, 이 같은 사실을 염두에 두고서 이제 우리는 예레미야가 쓴 다섯 편의 시를 찬찬히 살펴보도록 하자. 예루살렘 멸망의 생생한 현장에서 눈물로 읊은 예레미야 선지자의 다섯 편의 시를 통해 선지자와 더불어 공감하고, 나아가 우리 시대에 우리에게 필요한 적절한 교훈을 배우도록 하자. 회개하지 않은 죄악의 결과가 얼마나 끔찍한 것인지, 또한 아무리 극한 절망과 폐허 가운데서도 눈물로 회개하며 주님을 찾고 그분께 부르짖으면 어떻게 새로운 소망의 빛이 비취고 회복의 싹이 자라나는지, 예레미야가 쓴 다섯 편의 슬픈 시 곧 '예레미야애가'를 통해 찬찬히 살펴보도록 하자.

1

예루살렘의 눈물

주께서 엎으신 멍에가 무거워
눈에서 줄줄 눈물이 흐르네
주여, 둘러봐도 도울 이가 없으니
우리의 이 신음을 들으십시오

멸망당한 예루살렘의 황폐함 (1:1-11)

(1-3) 아, 슬프다! 예루살렘 도성이여, 예전에는 사람들로 그토록 붐비던 이 성읍이 어찌 이리도 적막해졌는가! 예전에는 온 세상의 뭇 나라들 가운데 그토록 크고도 탁월하더니, 이제는 쓸쓸한 과부 신세가 되어버렸구나. 예전에는 뭇 나라들 가운데 여왕으로 군림하더니, 이제는 조공을 바치는 종의 신세가 되고 말았구나. 보라, 예루살렘이 밤새도록 비통하게 울고 또 울어 눈물이 뺨에 줄줄 흘러내려도, 예전에 그녀를 사랑하던 사람들 가운데 위로해주는 사람이 아무도 없구나. 예전에 그녀와 가깝게 지내던 수많은 친구들도 다 그녀를 배반하여 지금은 모두 원수가 되었도다. 유다는 심한 고통과 고된 노동에 시달리더니, 결국에는 사로잡혀 포로가 되고 말았구나. 온 세상의 뭇 나라들에 산산이 흩어져 여러 민족들과 부대끼면서 사느라 편히 쉴 곳을 찾지 못하고 있는데, 핍박하는 자들까지 그들을 계속 추격하여 막다른 골목에 이르기까지 거칠게 몰아붙이는구나.

조국 유다는 멸망했고, 예루살렘 도성과 왕궁은 불태워졌다. 하나님의 성전은 파괴되면서 약탈당했고, 동포들은 이방인의 포로가 되어 먼 바빌로니아 땅으로 끌려갔다. 나머지는 나라 잃은 난민 신세가 되어 온 세상 도처에 뿔뿔이 흩어졌다. 비유하자면, 이전에는 '여왕'처럼 명예롭고 영광스러웠다면, 이제는 '과부'처럼 처량하고 가련한 신세로 전락하고 말았다. 그러하니 진정 하나님의 성전을 사랑한 신앙인이었고, 조국과 동포를 자신의 몸처럼 아낀 애국자였던 예레미야의 눈에서 어찌 슬픔의 눈물이 흐르지 않을 수 있겠는가! 어찌 그 슬픔과 비통함을 토로하지 않을 수 있겠는가! 여기 예레미야의 슬픔과 눈물은 그런 아픔과 고통과 수치와 회한에 대한 것이었다.

슬프다, 예루살렘 도성이여! 어찌 그리 무너져 적막해졌는고!

예레미야는 유다가 망하고 예루살렘이 파괴될 때 유다의 친구들이 유다를 배반하고 원수가 되었다고 읊었다(2절). 정말로 그랬다. 바빌로니아의 침공을 당한 유다가 멸망당할 상황에 처하게 되자, 유다의 동맹국들은 유다와의 관계를 끊었다. 이집트, 두로, 시돈 같은 동맹국들이 유다에게 도움의 손길을 내밀지 않았다. 심지어 에돔, 암몬, 모압 같은 주변 동맹국들은 도리어 유다의 멸망을 기뻐했을 뿐만 아니라, 심지어 바빌로니아 군대를 도와 예루살렘을 약탈하기까지 했다(옵 1:11-14). 그렇게 유다는 홀로 짓밟히고 유린당하다가 결국 망하고 말았다.

(4-7) 아, 시온으로 향하는 길이 이리도 처량하다니! 절기가 닥쳐와도,

시온으로 올라가는 사람들이 아무도 없구나. 시온의 모든 성문들이 허물어져 황폐하고 적적하게 되었으니, 제사장들이 탄식하고 처녀들이 큰 슬픔에 잠겼구나. 아, 참으로 시온이 괴로운 처지에 빠졌구나. 예루살렘의 대적들이 머리가 되어 예루살렘을 주관하고, 예루살렘의 원수들이 형통하여 번영을 누리고 있구나. 그 까닭은, 예루살렘이 지은 죄가 너무도 많아, 주께서 예루살렘을 큰 곤경에 빠뜨리셨기 때문이라. 심지어 예루살렘의 어린아이들까지도 대적에게 사로잡혀 포로가 되었도다. 아, 딸 시온의 모든 영광이 떠나가고 말았도다! 그들의 지도자들은 뜯어먹을 풀을 찾지 못한 처량한 사슴 같아서, 쫓는 자가 추격해도 힘차게 달아나지 못하고 그저 힘없이 비틀거릴 뿐이로다. 환난과 핍박의 날에 예루살렘이 지나간 옛 시절의 모든 즐거움과 화려한 영광을 떠올리고 있구나. 그러나 무슨 소용 있으랴! 지금은 예루살렘 백성들이 대적의 손에 잡혀가도 그들을 돕는 자가 아무도 없으니, 대적이 그런 모습을 보고 그 처량함을 마음껏 비웃는구나.

하나님의 성전이 있는 곳, 곧 시온으로 향하는 길은 거룩한 절기에 참여하려는 순례자들의 발길이 끊이질 않았던 길이다. 유다의 각처에서 올라오는 많은 순례자들의 발길로 항상 북적이던 길이었다. 그러나 이제 시온 곧 예루살렘이 대적의 말발굽 아래 짓밟혀 완전히 폐허가 되었으므로, 그 길은 아주 처량하고 적막하게 되고 말았다. 모든 발길이 뚝 끊기고 말았다. 한때 시온으로 향하던 유다와 예루살렘의 모든 백성들이 이제는 먼 이방 땅에 포로로 끌려가고 말았다.

그런 광경을 보고 그런 상황을 생각하노라니, 그야말로 예레미야의 심경은 미어지는 듯했다. 폐부가 찢겨지는 고통을 느꼈다. 과거 화려했던 시온의 영광을 애써 떠올려보았지만, 모두 소용없고 부질없는 짓이었다. 지금은 그저 슬퍼하고 울고 탄식하는 것 외에는 달리 어쩔 도리가 없었다. 정녕 슬픔과 고통의 시간이었다.

(8-11) 예루살렘이 크고도 많은 죄를 짓더니 아주 불결한 여인이 되고 말았구나. 그러므로 예전에 그녀를 우러러보던 모든 자들이 이제 그녀의 벌거벗은 추한 모습을 보고 조롱하며 업신여기는구나. 그러니 그녀도 탄식하며 스스로 얼굴조차 들지 못하는구나. 예루살렘이 그토록 불결해진 것은 그녀가 자기 치마를 함부로 들쳐 올렸기 때문이건만, 그때에 그녀는 자신의 앞날을 생각하지 않았구나. 그러므로 지금 그녀가 끔찍하게 몰락했건만, 아무도 그녀를 위로해주지 않는구나. "오, 주여, 내 고통을 살펴주소서. 원수들이 나를 이겨 우쭐대고 있습니다." 원수들이 손을 뻗어 예루살렘의 보물을 다 빼앗아갔습니다. 일찍이 주께서는 이방 사람들을 금하여 주님의 공회에 들어오지 못하게 하셨건만, 오늘날 저들은 주님의 성전에까지 마구 들어갔습니다. 그럴지라도 예루살렘은 두 손 놓고 그저 힘없이 바라볼 뿐입니다. 지금 예루살렘 백성들은 모두가 먹을 것을 찾아 탄식하며 헤매고 있습니다. 그들은 목숨을 부지하려 자기들의 소중한 패물을 주고서 약간의 먹을거리와 바꿉니다. 주여, 이 몸이 참으로 가련하게 되었사오니, 부디 나를 돌아보소서!"

열방 중 하나님의 사랑스런 신부로 선택받아 순수하게 하나님을 섬겼을 때, 예루살렘은 처녀 딸처럼 순결했고 고고한 품위가 있었다. 하지만 신랑 되는 하나님을 떠나 마치 창녀처럼 이방의 낯선 우상들을 섬겼을 때, 예루살렘은 불결한 여인이 되고 말았다. 그리고 그렇게 치마가 들려져 알몸이 드러난 예루살렘 곧 크게 더러워진 예루살렘은 모든 품위가 사라진 채 단지 조롱의 대상이 되었을 뿐이다. 열방의 손가락질 대상이 되었을 뿐이다.

이전에 예루살렘은 열방의 정복자였다. 모압, 에돔, 암몬, 블레셋, 두로, 시돈 등 이웃 나라들을 지배했고, 유다의 수도 예루살렘은 열국의 중심 도시가 되어 부귀와 영광을 누렸다. 하지만 이제는 짓밟히고 정복당하여 한낱 포로 신세가 되고 말았다. 하루하루 먹을거리를 구걸하는 가련한 신세가 되고 말았다. 이전의 모든 영광은 단지 그림자가 되었을 뿐이다. 이 같은 예루살렘의 몰락은 너무나 끔찍해서 그저 경악스러울 따름이다. 그렇게 된 까닭은, 그들이 하나님을 떠나 이방 우상들과 마구 놀아났기 때문이었다. 그렇게 순결을 저버린 간통의 대가는 참으로 처참했다.

예루살렘의 슬픔과 탄식 (1:12-22)

(12-15) 지나가는 나그네들아, 이 일이 당신들과는 참으로 아무 상관이 없는가? 내게로 와서, 나를 한번 살펴보라. 내가 겪고 있는 이런 고통 같은 끔찍한 고통을 온 세상 어디에서 본 적이 있는가? 주님의 맹렬한 진노의 날에, 주께서 내게 이 같은 끔찍한 고통을 쏟아부었다. 주께서는 저 높은 데서 내게 불을 던지시어 내 뼛속까지 파고 들게 하셨고, 내 발 앞에 그물을 쳐놓으시어 나를 걸려 넘어지게 하셨다. 그러므로 내가 폐인처럼 황폐해져서 심히 지치고 피곤하여 온종일 아무런 힘도 쓰지 못하였다. 주께서는 내 죄들을 손수 묶고 엮어서 멍에로 만든 후에 그것을 내 목에 얹어놓으셨다. 아, 그 멍에가 어찌나 무거운지 내가 힘이 달려 도무지 멜 수 없었다. 또 주께서는 내가 도저히 당해낼 수 없는 강한 원수들의 손에 나를 넘겨버리셨다. 주께서는 내 가운데 있는 내 모든 용사들을 하나도 없는 것같이 여기시고, 큰 군대를 모아 내 젊은 용사들을 여지없이 쳐부수셨다. 처녀 딸 유다를 포도주 틀 안에 넣고 마구 짓밟으셨다.

예레미야의 고통은 곧 예루살렘의 고통이었다. 예루살렘의 패망과 파괴를 똑똑히 지켜본 목격자로서, 예레미야는 자신이 마치 예루살렘인 양 크게 고통스러워했다. 그래서 예레미야의 말은 의인화되어, 마치 예루살렘 성읍이 말하는 것과 같았다. 바빌로니아 군대에 의해 무자비하게 짓밟힌 예루살렘은 아주 처참했고, 그런 만큼 예레미야의 고통도 아주 크고 깊었다.

처녀 딸 유다를 포도주틀 안에 넣고 짓밟으셨도다

하나님께서는 예루살렘의 죄악을 물어 처녀 딸 유다를 포도주 틀 안에 넣고 마구 짓밟으셨다(15절). '처녀 딸 유다'라는 말은, 본래 유다는 하나님 앞에서 사랑받는 순결한 존재였음을 보여준다. 하지만 이제는 역설적으로 유다가 순결함을 잃고 얼마나 크게 타락하여 끔찍한 징벌을 받고 있는지를 보여준다.

한때 유다는 처녀 딸처럼 순수하고 올곧은 정절이 있었다. 하지만 이방의 뭇 우상들과 음행을 자행함으로써 그 순결한 처녀성을 잃고 말았다. 그 결과, 유다는 하나님께 버림을 받아 마치 포도주 틀 안에서 마구 짓밟히는 것 같은 고통스런 징벌을 받게 된 것이다. 고대 사회의 농부들은 포도를 수확한 후에 포도즙을 내기 위해 포도를 술틀 안에 집어넣고 발로 마구 짓이겨 밟았다. 이처럼 하나님은 느부갓네살 왕이 이끄는 바빌로니아 군대를 통해 패역한 유다, 더럽혀진 예루살렘을 철저히 짓밟으셨다.

(16-19) 이 일로 내가 슬피 우니, 내 두 눈에서 눈물이 물처럼 줄줄 흘러내리는구나. 그럴지라도 나를 위로해줄 이가 아무도 없고, 내 영혼을 회복시켜줄 이도 멀리 떠나가고 말았구나. 이런 지경에 원수들이 나를 쳐 이기니 내 자녀들마저 가련하고 처량하게 되었다. 시온이

도움을 바라고 두 손을 힘껏 펼쳐보지만, 아무도 도와주지 않고 아무도 위로해 주지 않는구나. 도리어 주께서 시온의 사방에 있는 대적들을 일으켜 야곱을 치게 하시니, 그들이 예루살렘을 더러운 오물 다루듯 하는구나. 참으로 주님은 의로우시다! 내가 이렇게 된 것은, 온전히 내가 주님의 말씀을 거역했기 때문이다. 그러므로 너희 모든 백성들아, 내가 겪고 있는 이 고통을 보라. 내 처녀들과 청년들이 모두 사로잡혀 포로로 끌려가고 말았다. 환난의 날에, 내가 평소 의지하던 내 사랑하는 동맹국들에게 간곡히 도움을 호소했건만, 그들 모두가 나를 속이고 내게서 등을 돌렸다. 그래서 내 제사장들과 내 장로들이 목숨을 부지하려 먹을거리를 찾아 성읍 안 곳곳을 두루 헤매다가 모두가 기진하여 죽고 말았다.

예레미야는 유다가 짓밟혀 망하고 예루살렘이 파괴되어 폐허가 된 것은 다른 그 무엇 때문이 아니라, 오직 예루살렘이 주님의 말씀을 거역한 죄악의 대가로 이해했다. 그랬기 때문에 이방 군대가 예루살렘을 함부로 취급하여 마치 더러운 오물 다루듯 했어도 "주님은 의로우시다!" 라고 기꺼이 신앙고백을 할 수 있었던 것이다. 유다와 예루살렘에 대하여 이방 군대가 그렇게 행할 수 있었던 것은, 하나님께서 그렇게 행하도록 허락하셨기 때문임을 알았던 것이다. 말하자면 유다의 멸망과 예루살렘의 폐허는 하나님의 뜻이었기에 그들은 누구의 도움도 받을 수 없었고, 또한 어떤 도움도 아무런 효과가 없었다.

(20-22) "오, 주여, 돌아보소서! 이 몸이 지금 큰 고통 가운데 있습니다. 고통 가운데서, 내 마음이 심히 괴롭고 내 심장이 깊은 번민에 휩싸여있습니다. 그것은 내가 주님을 거슬러 큰 죄를 지었기 때문입니다. 아, 주여! 밖으로 나가면 무자비한 칼의 살육이 춤추고 있고, 집으로 들어오면 무서운 사망이 도사리고 있습니다. 사람들이 내 신음소리를

들었건만 아무도 나를 위로해주지 않고, 내 모든 원수들은 내가 재앙을 받고 있다는 소식을 듣고는, 도리어 주께서 내게 그렇게 행하신 것을 아주 기뻐하고 있습니다. 그러나 주여, 주께서 열방을 향해 선포하셨던 그날이 속히 이르게 하소서. 그리하여 그날에 내 원수들도 지금의 나처럼 고통 받게 하소서. 그날에 저들의 모든 죄악들이 주님 앞에 밝히 드러나게 하소서. 그리하여 오늘날 내 모든 죄악들로 인하여 주께서 내게 큰 재앙을 쏟아 부으셨듯이 저들에게도 똑같이 그렇게 행하소서. 아, 주여! 지금 제게는 오직 탄식뿐이고 제 마음은 정녕 찢어질 듯 아픕니다."

예레미야 선지자는 큰 고통과 번민 가운데서도 한 가지 기대를 하고 있다. 그것은, 하나님께서 열방에 대하여 자신의 입을 통해 선포하신 것, 곧 하나님께서 유다의 대적들을 심판하시기로 작정하신 그날이 속히 임하기를 기대했다. 이처럼 유다의 유일한 소망은, 하나님께서 공의로우신 진노를 유다의 대적들에게로 향하는 때였다. 그때에 유다는 비로소 대적들의 모든 압제와 조롱으로부터 해방될 수 있을 것이기 때문이다.

그렇다면 여기 예레미야처럼 대적에 대하여 하나님의 심판을 기대하고 요청하는 것은 과연 옳은 일일까? 다시 말해, 악인의 멸망을 위해 기도하는 것은 옳은 일일까? 이때 반드시 기억할 것이 있다. 예레미야의 요청과 기도는 개인적인 보복을 구한 기도가 아니라는 사실이다. 그것은 하나님의 공의를 구하는 기도였다.

언제든지 개인적인 감정에 근거한 복수의 기도는 옳지 않다. 하지만 압제와 조롱의 시기에, 고통받고 있는 자가 하나님의 공의가 속히 집행되기를 기대하고 요청하는 것은 어쩌면 당연한 일이다. 그래서 시편의 많은 저자들도 원수와 대적에 대한 하나님의 공의로운 심판을 자주 요청하고 간절히 기도하곤 했다.

2

예루살렘의 참상

내 백성이 멸망하는구나
젖먹이들은 기진맥진하고
어린 것들은 허공에 손을 저으며
제발 먹을 것 좀 달라고 하는구나

예루살렘에 대한 하나님의 진노의 심판 (2:1-10)

(1-4) 아, 슬프다! 주께서 어찌 그리 무섭게 진노하시어 딸 시온을 분노의 먹구름으로 온통 덮어버리셨는가! 주께서 이스라엘의 영광을 하늘에서 땅으로 사정없이 내던져버리셨으니, 진노의 그날에 정녕 주께서는 자신의 발판 곧 예루살렘 성전조차도 기억하지 않으셨다. 그날에 주께서 자기 백성을 조금도 불쌍히 여기지 아니하시고 야곱의 모든 거처들을 모조리 삼켜버리셨다. 크게 분노하시어, 유다를 견고한 성읍들을 다 허물어뜨려 땅바닥에 뒤엎어버리시고 그 왕국과 지도자들로 치욕을 당하게 하셨다. 활활 타오르는 맹렬한 진노로 주께서 이스라엘의 모든 영광의 뿔을 잘라버리셨다. 이스라엘의 원수가 쳐들어와도 이스라엘을 위해 그 권능의 오른손을 내밀지 아니하시고, 도리어 사방으로 맹렬하게 타오르는 불길 속에 야곱을 던져 넣어 아낌없이 태워버리셨다. 그날에 주께서는 마치 원수인 양 이스라엘을 향해 활을 당기셨고, 마치 대적인 양 오른손을 높이 들고 서시어 그 눈에 아름다운 자들을

인정사정없이 모두 죽이셨도다. 사랑하는 딸 시온의 장막에 진노의 불을 아낌없이 다 쏟으셨도다. 정녕 주께서는 원수같이 되어 이스라엘을 집어삼키셨다. 이스라엘의 아름다운 모든 궁을 집어삼키셨고, 이스라엘의 모든 견고한 성을 허무셨다. 그리하여 딸 유다에게 고통과 애통을 크게 더하셨다.

하나님께서 마침내 유다와 예루살렘에 진노의 심판을 행하기로 작정하신 날의 처참한 광경이 묘사되었다. 하나님께서는 유다와 예루살렘에 대해 오랫동안 참고 또 참으셨다. 수많은 선지자들을 보내시어 그들의 죄악을 지적하시면서 회개를 촉구하셨다. 끝내 돌이키지 않으면, 두려운 징벌의 심판을 받게 될 것이라고 거듭거듭 경고하셨다. 심지어 징벌을 가할 자가 누구이며 어떤 나라인지도 구체적으로 알려주셨다. 하지만 그 모든 것들이 우이독경(牛耳讀經)이요, 마이동풍(馬耳東風)이었다.

그 결과, 마침내 작정하신 심판의 날이 이르자 하나님께서는 유다와 예루살렘에 대하여 원수처럼 행동하셨다. 하나님은 실제로 유다의 원수가 아니었지만, 유다의 궁궐을 불사르고 예루살렘 성전까지 파괴하는

주께서 맹렬한 진노로 야곱을 불태웠도다

하나님의 가혹한 징벌은 원수의 행위와 하등 다를 바 없었다. 활활 타오르는 진노로 심판하셨다. 유다와 예루살렘에 대해 더는 긍휼도 애정도 없었다. 심지어 하나님의 발판마저 돌아보지 않고 파괴하셨다.

하나님의 발판은, 하나님께서 자기 백성들 가운데 거하신다는 사실을 나타내는 상징적인 장소로, 곧 하나님의 지상(地上) 임재의 처소인 '성전'을 가리킨다. 구체적으로는 성전 내 지성소의 언약궤를 가리킨다(대상 28:2; 시 99:5). 하지만 이제 언약궤가 있던 성전은 파괴되어 폐허가 되었다. 이처럼 하나님께서 자신의 발판인 임재 처소마저 기억하지 않고 파괴하셨다는 사실은, 그만큼이나 유다와 예루살렘의 죄악에 대하여 걷잡을 수 없이 크게 진노하셨다는 사실을 보여준다. 하지만 그런 진노의 심판은 유다의 패역과 예루살렘의 배신에 대한 하나님의 공의롭고 정당한 보응이었다.

(6-10) 주께서는 성막을 들판의 오두막처럼 손쉽게 헐어버리셨고, 집회 장소인 회막도 산산이 부수어버리셨다. 그리하여 주께서는 딸 시온이 대대로 지켜오던 절기와 안식일도 모두 잊히게 하셨다. 정말로 크게 진노하시어, 주께서는 이스라엘의 왕과 제사장을 멸시하고 멀리 쫓아내셨다. 주께서는 자신의 제단조차 버리셨고 자기 성소조차 미워하셔서 포기하셨다. 왕궁의 모든 벽들도 대적들의 손에 넘겨주셔서 그들로 마음껏 허물게 하시니, 대적들이 주님의 성전에서 기뻐하며 환호성을 지르기를 마치 절기의 날에 그렇게 하듯 하였다. 주께서 딸 시온의 성벽을 허물기로 결심하셨으므로, 허물 곳들을 줄자로 정확히 재시고는 그 성벽들이 다 허물어질 때까지 파괴의 손길을 거두시지 않으셨다. 그리하여 주께서 예루살렘의 성벽과 망대들로 슬퍼하며 통곡하게 하셨으니, 그것들이 다 함께 쇠약해지고 말았다. 시온의 성문들은 무너져 땅에 파묻혔고, 그 빗장들은 꺾여 산산이 부서졌으며,

유다의 왕과 고관들은 포로로 끌려가 율법 없는 이방 나라들 가운데 뿔뿔이 흩어졌고, 이 땅의 선지자들은 더 이상 주께로부터 아무런 계시도 받지 못하는구나. 딸 시온의 장로들은 땅바닥에 주저앉아 할 말을 잃은 채 티끌을 머리에 덮어쓰고 굵은 베옷을 허리에 둘렀도다. 예루살렘의 처녀들은 절망한 채 땅바닥에 머리를 떨구고 있구나.

예루살렘 정복 후, 바빌로니아 왕 느부갓네살의 명을 받은 그의 근위대장인 느부사라단이 예루살렘 왕궁과 성전을 파괴하고 불태우는 날의 처참한 광경을 눈앞에서 보는 듯하다(주전 586년 5월 7일, 왕하 25:8-12). 마침내 유다와 예루살렘의 죄악을 심판하기로 작정하신 날, 이처럼 하나님께서는 바빌로니아 군대의 손을 빌어 예루살렘 성벽과 성문을 허무셨다. 심지어 하나님께서는 자신의 지상 발판인 성전마저 파괴하셨다.

그렇게 하신 까닭은, 당시 예루살렘 성전은 죄악과 우상숭배로 크게 더러워졌기 때문에, 더 이상 하나님의 거룩한 처소가 아니었기 때문이다. 뿐만 아니라 당시 유다의 제사장들과 백성들은 성전이 건재하는 한 모든 것이 잘 될 것이라는 미신적인 생각에 빠져있었기에, 하나님께서는 그들의 그런 어리석음을 일깨워주어 회개에 이르도록 성전마저 파괴하셨다. 이로 볼 때 하나님 없는 성전, 곧 하나님께 대한 참된 예배가 없는 성전은 단지 하나의 거대한 건축물에 불과하다는 사실을 알 수 있다.

심판받은 예루살렘의 참상 (2:11-22)

(11-13) 아, 딸 내 백성이 망하였구나! 어린 자녀들과 젖먹이들까지도 기진하여 길바닥에 나동그라져 있으니, 내 눈에서는 눈물이 그치지 않고 하염없이 줄줄 흐른다. 내 창자가 끓어오르고, 내 간이 땅바닥에 쏟아진다. 아무것도 먹지 못한 어린 자녀들이 부상당한 자들처럼 기진한 채로 성읍 길바닥 여기저기에 힘없이 쓰러져 헐떡이고 있구나.

> 어린것들이 제 엄마 품속에서 허기진 채 죽어가면서 허공에 손을 휘저으며 말하기를 "제발 먹을 것 좀 주세요. 밥과 물은 어디 있나요?" 라고 하는구나. 처녀 예루살렘아, 내가 무엇을 더 말하랴. 너를 무엇에 비교할 수 있으랴. 딸 시온아, 내가 너를 무엇에 비교하며, 무슨 말로 너를 위로할 수 있으랴. 진실로 네 상처는 바다같이 깊고 크니, 누군들 너를 고칠 수 있겠느냐.

예루살렘이 바빌로니아 군대의 포위 공격을 견디지 못하고 결국 무너지게 된 직접적인 이유는, 성읍 안에 먹을 양식이 다 떨어졌기 때문이었다(왕하 25:3). 그러니 무너져 파괴되고 약탈당한 예루살렘 성읍 안에는 눈 씻고 찾아보아도 먹을 것을 구할 리가 만무하다. 이런 상황에서 가장 고통받는 존재는 '젖먹이들과 어린 자녀들'이다. 예레미야는 그런 상황을 두 눈으로 직접 목도한다.

어린것들이 제 엄마 품속에서 허공에 손을 휘저으며 "제발 먹을 것 좀! 제발 먹을 것 좀!" 하면서 허기진 채 죽어가는 처참한 광경을 목도한다. 그런 광경에, 예레미야의 눈에서는 눈물이 그치지 않고, 창자가 끓어오르며, 간이 땅바닥에 쏟아지는 듯하다. 그야말로 목불인견(目不忍見), 차마 눈 뜨고 그런 처참한 광경을 제대로 쳐다볼 수 없다. 이처럼 유다와 예루살렘의 상처는 바다처럼 크고 깊었다. 아, 누가 그런 상처를 고칠 수 있단 말인가! 그런데 여기서 하나의 의문이 든다. 왜 하나님께서는 죄 없는 어린것들이 그런 처참한 고통을 겪도록 허용하시는가?

아담의 타락 이후, 어린이들을 포함한 모든 사람들이 죄를 갖고 태어났다(롬 5:12). 따라서 어린이들이 하나님의 분노를 초래한 특정한 죄들을 짓는데 직접 연관된 것은 아니지만, 궁극적으로 말하자면 어린이들도 죄 없는 존재는 아니다. 이것이 근본적인 대답일 수 있다. 하지만 불행하게도 어린이들은 종종 부모들의 잘못으로 실제적인 고통을 받는다.

사실, 하나님께서는 누구든 고통받는 것을 바라지 않으시고, 특히 어린이들이 고통받는 것을 더더욱 바라지 않으신다. 그럼에도 불구하고 본문처럼 어린이들이 심각한 고통을 받게 되었다면, 유다와 예루살렘은 그런 고통스런 결과를 초래한 자신들의 가증한 죄악을 돌아봐야 한다. 그리고 그런 고통이 속히 종식되도록, 되도록 빨리 죄악에서 돌이켜 회개해야 한다. 작금의 상황에서, 오직 그것만이 고통당하고 있는 어린것들을 위해 어른들이 해줄 수 있는 유일한 최선의 방법이다.

> (14-16) 네 선지자들은 네게 대해 거짓말만 하였다. 그들은 헛되고 어리석은 환상만 보았으므로, 네게 대해 아무 쓸모없는 말만 지껄였을 뿐이고 네 죄악을 올바로 드러내지 않았다. 그렇기에 오늘날 네가 재앙의 덫을 피하지 못하고 대적에게 사로잡혀 포로가 된 것이다. 참으로 그들은 네게 거짓된 경고와 미혹하는 말만 일삼았다. 보라, 이 도성을 지나가는 사람들마다 손뼉 치며 비웃는다. 처녀 예루살렘의 망한 꼴을 보고는 머리를 절레절레 흔들어대며 조롱하기를 "이 도성이 그토록 아름다웠다는 그 도성이냐? 정말로 이 도성이 '온 세상의 기쁨'이라 일컬어지던 그 영광의 도성이 맞더냐?"라고 하는구나. 또 네 모든 원수들도 너를 향해 입을 크게 벌린 채 비웃는다. 너를 보고 이를 갈며 말하기를 "만세, 우리가 마침내 이 도성을 삼켜버렸다! 오늘이야말로 우리가 그토록 기다렸던 바로 그날이 아니던가. 이제야 드디어 이루었고 그 광경을 보게 되었다."라고 하는구나.

예레미야는 유다와 예루살렘이 하나님의 심판을 면치 못하고 결국 무서운 징벌을 받아 멸망에 이르게 된 원인을 '거짓 선지자들'에게서 찾고 있다. 당시에 예레미야 같은 하나님의 참된 선지자들은 다가올 하나님의 심판을 부지런히 경고했지만, 스마야 같은 거짓 선지자은 평강을 외쳤다(6:13-14). 하나님의 이름을 빙자하여 유다 땅에는 전쟁도 없고 기근도 없을 것이라고 예언했다(14:13-14). 이런 상황에서 유다 백성들과 예루살렘 주민들은 자신들의 귀에 달콤한 거짓 선지자들의 말을 믿고 따랐다. 그 결과, 죄악의 고름은 곪을 대로 곪아 결국 치료받을 수 없는 지경에 이른 것이다.

바빌로니아 군대에 의해 파괴된 예루살렘의 몰골을 처참했다. 돌 위에 돌 하나가 없을 지경이었다. 이전의 영광은 눈 씻고 찾아보아도 어디서도 찾아볼 수 없었다. 그야말로 흔적조차 없었다. 그러니 뭇 나라의 사람들이 그런 하찮고 볼품없는 예루살렘을 한껏 비웃고 있었다. 머리를 흔들고 손뼉을 치며 조롱하고 있었다. 고대 중근동 세계에서 처참한 광경을 보고 머리를 좌우로 절레절레 흔들거나 두 손으로 손뼉을 치는 행위는 상대방을 향한 커다란 비웃음과 경멸의 행위였다.

> (17-19) 오, 멸망한 예루살렘아, 주께서는 네게 대해 이미 작정하신 뜻대로 다 행하셨고, 오래전에 네게 경고하신 대로 다 이루셨다. 그렇다. 심판의 날에 주께서는 너를 조금도 불쌍히 여기지 아니하시고 사정없이 다 허무시고 부수셨다. 그렇게 하심으로써 네 원수들로 하여금 너를 보고 기뻐하게 하셨고, 네 대적들로 하여금 네 앞에서 그들의 뿔을 높이 들게 하셨다. 그러므로 그때에 예루살렘 백성들이 주님을 향해 부르짖기를 "딸 시온의 성벽이여, 너는 울어라! 밤낮으로 울고 또 울어, 네 눈물로 강물처럼 흐르게 하라. 쉬지 말고 계속 울어, 네 눈으로 잠시도 쉬게 하지 말라. 초저녁부터 일어나 밤새도록 울며 부르짖어라. 네 고통스런 심정을 주님 앞에 강물처럼 쏟아놓아라. 예루살렘 성읍의 모든 거리 어귀마다 굶주려 죽어가고 있는 네 어린 자녀들을 생각하며, 그 어린것들의 목숨을 살려달라고 주님을 향해 네 두 손을 높이 들고 부르짖어라."라고 하였도다.

예루살렘의 몰락과 폐허는 하나님의 뜻대로 이루어진 것이었다. 하나님께서 그렇게 하도록 명하시고 허용하셨기에, 이방의 군대가 예루살렘을 마음껏 짓밟고 파괴할 수 있었다. 이처럼 하나님께서 예루살렘을 징벌하기로 작정하셨다면, 어떻게 예루살렘이 그것을 피할 수 있었겠는가? 어떤 경우에도 예루살렘은 하나님의 심판을 정녕 면할 수 없었는가?

그렇지 않다! 하나님께서는 선지자들을 통해 오랫동안 유다와 예루살렘의 죄악을 반복적으로 지적하고 경고하셨다. 만일 그들이 회개하지 않고 계속해서 죄악의 삶을 고집한다면, 언젠가 하나님께서 유다와 예루살렘을 멸하실 '심판의 그날'이 반드시 이를 것이라고 거듭 경고하셨다. 그러므로 유다와 예루살렘은 회개할 수 있었고, 만일 회개했더라면 심판의 날을 면할 수 있었다. 하지만 유다와 예루살렘은 끝내 회개하기를 거부했고, 그 결과로 징벌을 면할 수 없었다. 결과적으로 본다면, 유다와 예루살렘에 대한 하나님의 심판은 오래전에 작정한 것과 같았다.

> (20-22) "오, 주여, 살펴주소서! 지금껏 주께서 누구에게 이같이 행하셨습니까? 과연 사람을 이런 식으로 다루신 적이 있으셨습니까? 보소서, 예루살렘 성읍의 굶주린 여인들이 자신들의 어린것들, 곧 자신의 뱃속에서 나온 자기의 어린 자녀들을 잡아먹고 있습니다. 주님의 제사장들과 선지자들이 주님의 성전에서 살육을 당하고 있습니다. 어찌 이 같은 일이 일어날 수 있단 말입니까! 예루살렘의 늙은이들과 젊은이들이 다 칼에 맞아 길바닥에 엎드러졌고, 처녀들과 총각들도 다 칼에 찔려 쓰러졌습니다. 주께서 분노하시던 그날, 주께서는 그들을 다 쳐서 죽이시되 조금도 불쌍히 여기지 아니하시고 사정없이 살육하셨습니다. 그날에 주께서는 이 몸이 두려워하는 대적들을 사방에서 불러들이셨습니다. 절기 때에 수많은 무리들을 예루살렘으로 불러 모으시듯, 주께서는 그렇게 이 몸의 대적들을 예루살렘으로 불러들여 이 몸을 사정없이 치셨습니다. 주께서 진노하신 그날에 누가 감히 주님의 길을 피할 수 있었겠으며, 누가 감히 살아남을 수 있었겠습니까. 그러므로

그날에 내 원수가 나의 모든 것들을 다 멸했습니다. 내 손으로 곱게 보살피며 애지중지 기르던 사람들을 모두 죽이고 말았습니다."

대적 바빌로니아 군대에 의해 오랫동안 포위당한 예루살렘의 상황은 끔찍했고, 함락된 이후의 예루살렘은 더욱 처참했다. 기근과 살육과 전염병이 도처에서 횡행했다. 그중에서도 아주 끔찍한 일은, 포위당한 예루살렘 성읍의 굶주린 부녀들이 배고픔을 더는 견디지 못해 자신들의 뱃속으로 낳은 어린 자녀들을 잡아먹는 일이 발생한 것이었다(20절).

정말로 그러했다! 사실, 이전에도 그런 적이 한 번 있었다. 엘리사 시대에 아람 군대에 의해 오랫동안 포위당한 사마리아 성읍 안에서 굶주린 부녀들이 자기들의 자녀들을 돌아가며 차례로 삶아먹은 적이 있었다(왕하 6:28-29). 이제 바빌로니아 군대에 의해 1년 6개월 동안 포위되었던 예루살렘 성읍 안에서도 양식이 다 떨어진 상태에서 극도의 배고픔을 견디지 못해 그런 끔찍한 일이 실제로 일어났던 것이다. 그런 처참한 광경을 보는 예레미야의 심경은 오죽했을까!

그래서 예레미야는 그런 사실을 주님께 솔직히 아뢰면서, 주께서 지금껏 사람을 그런 식으로 다루신 적이 있으시냐고 감히 묻고 있다. 가혹해도 너무나 가혹하다고 호소하고 있는 것이다. 그렇다고 해서 예레미야가 하나님의 심판이 부당하다고 따지고 있는 것은 결코 아니다. 따지는 것이 아니라 중재하고 있는 것이다.

옛적에 아브라함이 소돔 성을 위해 중재했듯이(창 18:16-33), 또한 모세가 광야에서 우상을 숭배한 이스라엘 백성들을 위해 중재했듯이(출 32:31-35), 이제 예레미야도 유다와 예루살렘에 임한 처절하고 끔찍한 참상을 낱낱이 아뢰면서, 이제는 하나님의 무서운 진노가 걷히고 너그러운 긍휼이 임하기를 간절히 중재하고 있는 것이다. 유다와 예루살렘이 그런 징벌을 받아 마땅하지만, 그래도 끔찍한 참상을 보시고 이제는 제발 불쌍히 좀 여겨달라고 눈물로 중재하고 있는 것이다.

3

예루살렘의 소망

지은 죄로 징벌을 받았으니
이제는 돌이켜 주께로 돌아가자
두 눈에서 줄줄 눈물 쏟아져도
위로하실 분은 주님뿐이네

예레미야 선지자의 탄식 (3:1-18)

(1-6) 아, 나는 주님의 진노의 매를 심하게 맞고서 이렇듯 고통당하고 있다. 주께서는 나를 끌어다가 어둠 가운데로 몰아넣으셨고 빛 가운데로 걷게 하지 않으셨다. 손을 높이 들고서 온종일 쉼 없이 나를 계속 내리치셨다. 그리하여 나의 살과 피부를 쇠약하게 만드셨고, 마침내 내 뼈까지 모두 부러뜨리셨다. 주께서 이렇듯 쓰디쓴 고통의 담즙을 내게 먹이시고, 내 사방으로 시련의 담을 높이 쌓아 나를 단단히 가두셨으므로, 죽어서 무덤에 묻힌 지 오래된 사람처럼 내가 깊은 흑암 가운데 머무르고 있다.

본서는 히브리어 자음(子音) 22개의 알파벳 순서에 따라 각 절이나 연의 첫 글자를 엮어가는 답관체(Acrostic) 형식을 취하고 있다. 그중에서 본장은 특별히 알파벳의 한 글자당 3연으로 반복해서 표현되는 관계로, 다른 장들보다 3배나 긴 66절로 구성되어있다. 예레미야가 이처럼 독특한 형식으로 문장을 엮은 것은, 유다 백성들로 하여금 쉽고도 익숙하게 그 내용을 이해토록 하고 또한 오랫동안 기억하게 하려고 했기 때문이다. 정녕 '나라의 멸망'이라는 뼈아픈 역사적 사실을 오래도록 상기시켜, 하나님 앞에 범죄한 나라, 백성, 개인의 운명이 얼마나 처참하고 비극적일 수밖에 없는가를 생생하게 일깨워주고 있다.

본문에서 예레미야는 하나님께서 자신을 아주 심하게 때리시고 부러뜨리시고 가두셔서, 마치 죽어서 무덤에 묻힌 지 오래된 사람처럼 극심한 고통의 흑암 가운데 처해있다고 한탄한다. 사실은, 하나님께서 예레미야 개인을 그렇게 하지는 않으셨다. 다만 여기서 예레미야는 자기 자신을 '유다' 혹은 '예루살렘'과 일체화시켜 말한 것이다. 나라와 자신, 또는 민족과 자신을 똑같이 하나로 간주한 공동체적 사상에 근거한 한탄인 것이다. 그리고 실제로도 예레미야는 유다의 멸망과 예루살렘의 파괴를 바라보면서 마치 자신이 그렇게 매를 맞아 부수어지고, 꽁꽁 묶여 포로로 끌려가 흑암에 갇힌 것 같은 극심한 고통을 절절히 느꼈다.

(7-13) 주께서는 또 내가 도망가지 못하도록 나를 빙 둘러 포위하고, 무거운 쇠사슬로 나를 꽁꽁 동여매셨다. 내가 도움을 부르짖고 살려달라고 아무리 소리쳐도, 내 기도를 들은 체도 하지 않으신다. 내가 나가려는 지름길에 다듬은 큰 돌로 높은 담을 쌓아 가로막으시고, 나의 앞길을 굽게 만드시어 먼 길로 빙 돌아가게 하신다. 정녕 주께서는 내게 대하여 엎드려 먹이를 노리는 성난 곰과 같고, 은밀한 곳에 몰래 숨어서 사냥감을 기다리는 굶주린 사자와 같으시니, 나로 하여금 내 길을 잘못 들게 하시어, 마침내 나를 덮쳐 내 몸을 갈기갈기 찢어버리신 뒤 그대로 내팽개쳐두신다. 주께서는 활시위를 힘껏 당기시어 나를 표적 삼아 마구 쏘아대셨다. 화살통의 화살을 뽑아들고 나를 향해 화살을 강하게 날려 내 심장을 꿰뚫으셨다.

‘유다’와 ‘자신’을 일체화시킨 예레미야 선지자의 한탄은 계속 이어진다. 극심한 고통 가운데서 예레미야는 필사적으로 주님께 도움을 부르짖었다. 하지만 예레미야는 주께서 자신의 기도를 들은 체도 하지 않는다고 한탄한다(8절). 완전히 고립되고 소외된 감정 상태에서, 예레미야는 하나님께서 자신의 기도마저 듣지 않으시고 완강하게 물리치고 있다고 느낀 것이다.

이는 당시 예레미야의 심경이 매우 어지럽고 답답한 상태에 있었음을 보여준다. 유다와 예루살렘의 상황은 더할 나위 없이 처참하고 끔찍한데, 아무리 하나님께 부르짖어도 개선될 기미가 조금도 보이지 않았기 때문이다. 하지만 실제로 하나님께서는 예레미야의 기도를 그 자구(字句) 하나 빠뜨리지 않고 모두 듣고 계셨고, 은연중에 유다와 예루살렘을 돌보고 계셨다. 다만 가시적인 구원과 회복을 위해서는 시간이 좀 더 필요했을 뿐이다.

또한 예레미야는 하나님께서 ‘자기 자신’ 곧 ‘유다’로 하여금 길을 잘못 들게 하시어, 마침내 사냥감을 덮치는 굶주린 사자처럼 갑자기 덮쳐 갈기갈기 찢어버리셨다고 한탄한다(11절). 정말로 하나님은 유다가 그릇된 길로 치우쳐 가도록 유도하셨을까? 그렇지 않다. 이 표현은 결과적으로 볼 때 그런 것처럼 보인다는 말이다. 실제로 하나님께서는 뭇 선지자들을 통해 유다를 올바른 길로 이끌기 위해 무진 애썼다. 하지만 유다는 제 탐욕과 거짓에 빠져 계속해서 그릇된 길을 고집했다. 결국 하나님은 유다의 고집대로 놔두셨고, 그 결과로 유다는 스스로 그릇된 길로 치우쳐 갔을 뿐이다.

(14-18) 그리하여 나는 모든 백성들에게 웃음거리가 되었고, 그들은 하루 종일 나를 조롱거리 삼아 노래를 부른다. 주께서는 나를 쓸개즙으로 배부르게 하시고, 쓰디쓴 쑥으로 질리도록 배불리 먹게 하신다.

자갈로 내 이를 부러뜨리시고, 재로 내 온 몸을 뒤집어 씌우셨다. 주께서 내 심령으로부터 평강을 빼앗아 아주 멀리 던져버리시니, 그 후로 나는 복이 도대체 무엇인지 까맣게 잊어버렸다. 그래서 나는 스스로 말하기를 "아, 내 모든 힘은 쇠약해졌고, 주님을 향한 내 소망의 줄도 마침내 끊어져버리고 말았다!"라고 하였다.

하나님의 말씀의 도(道)를 저버리고 제 욕심에 따라 고집스레 그릇된 길로 계속 걸어간 유다, 그들은 결국 하나님의 무시무시한 진노의 징벌을 면할 수 없었다. 쓰디쓴 고통의 쓸개즙과 쑥을 먹어야 했고, 자갈 섞인 열악한 음식을 먹는 중에 이빨이 부러지기도 했다. 또한 온 몸에 재를 뒤집어쓰는 수치와 모멸을 겪어야 했다. 그리하여 이제는 더 이상 유다 앞에 복이나 평강이나 소망은 찾아볼 수 없었고, 오직 고통과 수치와 절망만 도처에 차고 넘쳤다. 이는 그들이 하나님을 저버리고 제 욕심에 따라 온갖 패역한 죄를 짓는 가운데 이방의 가증한 우상들을 숭배한 마땅한 결과였다.

예레미야 선지자의 소망 (3:19-39)

(19-24) 주여, 내가 겪은 고난과 고통의 나날들, 곧 쓰디쓴 쑥과 쓸개즙 같은 모든 날들을 기억하소서. 내 영혼이 그런 날들을 기억하면, 그저 낙심하여 절망할 따름입니다. 그러할지라도 다시금 마음속 깊이 곰곰 생각해보면 도리어 소망이 생겨나는 것은, 우리를 향한 주님의 크신 사랑과 자비가 영원토록 다함이 없기에, 우리가 완전히 소멸되지 않았다는 사실입니다. 진실로 이 사실이 아침마다 새록새록 새로운 것은 정녕 우리를 향한 주님의 신실하심이 크고도 크기 때문입니다. 그러므로 내 영혼이 주님을 향해 외치기를 "주님은 나의 유산이시니, 내가 오직 주님을 바라봅니다."라고 하도다.

자신을 둘러싸고 있는 사방이 쓰디쓴 쑥과 쓸개즙처럼 온통 고통스럽고 절망적인 상황 가운데서, 예레미야 선지자는 한 줄기 소망의 빛을 발견한다. 절망의 먹구름 너머에 한 가닥 소망의 햇살이 비치고 있음을 발견한 것이다. 그런 소망의 근거는, 영원토록 다함없는 하나님의 크신 사랑과 자비였다. 공의를 훨씬 능가하는 긍휼이었다. 또한 어떤 경우에도 절대로 변치 않는 하나님의 크나큰 신실하심이었다.

그런 하나님의 영원하고도 변치 않는 사랑과 자비와 신실하심을 생각하노라면, 칠흑 같은 흑암의 고통과 절망 가운데서도 한 가닥 소망의 새싹이 새록새록 돋아나는 것을 분명히 느낄 수 있었던 것이다. 진실로 그런 하나님은 유다와는 떼려야 뗄 수 없는 유다의 유산(분깃)이 되시기 때문이다(24절). 곧 유다는 하나님의 것이요, 하나님은 유다의 것이기 때문이다. 그리하여 이제 예레미야는 극한 고통과 절망 가운데서도 그런 하나님을 바라보고 묵상하며 마음속으로 빙그레 소망의 미소를 짓고 있는 것이다.

(25-31) 진실로 그렇다. 누구든지 주님을 기다리는 사람이나 주님을 찾는 사람에게 주님은 은혜를 베푸신다. 그러므로 사람은 주님의 구원을 기대하고 그 구원의 손길을 조용히 기다리는 것이 좋다. 또 사람은 젊은 시절에 고난의 멍에를 짊어지는 것이 좋으니, 그것은 주께서 그 멍에를 얹어놓으셨기 때문이다. 그러므로 주어진 멍에를 그저 홀로 묵묵히 짊어져야 한다. 입이 땅의 흙먼지에 닿을 정도로 그렇게 바짝 꿇어 엎드려, 주님의 뜻에 전적으로 순복하라. 그러면 혹 절망 가운데서 소망이 생겨날지도 모른다. 또 자신을 때리려는 사람에게 뺨을 대주고, 자신을 향해 욕을 하거든 기꺼이 들어라. 그러면 주께서 우리의 그런 모습을 보시고, 우리를 영영 버리시지 않으실 것이다.

하나님의 영원하고 변치 않는 사랑과 자비와 신실하심에 모든 소망을 둔 예레미야는 이제 유다가 그런 하나님의 은혜를 받을 수 있는 비결을 제시한다. 그것은 주님의 구원을 간절히 기대하고 소망하는 가운데 그분께서 베푸실 구원의 손길을 조용히 기다려야 한다는 것이다. 주님께서 얹어놓으신 모든 고통과 수고의 멍에를 순순히 짊어지는 가운데 주님 앞에 바짝 꿇어 엎드려야 한다는 것이다. 주님 뜻에 전적으로 순복해야 한다는 것이다. 나아가 누가 뺨을 때리거든 즐거이 맞고, 누가 욕을 하거든 기꺼이 들어야 한다는 것이다. 하나님께서는 유다가 그렇게 처신하는 모습을 보고 싶어 하시고, 또한 유다가 정말로 그렇게 처신할 때에 반드시 은혜를 베풀어주실 것이라고 권면한다.

예레미야의 이 같은 처방은 옳고 적절하다. 우리가 하나님께 징벌을 받을 때 어쩌면 크게 부르짖거나, 때로는 울면서 매달리는 것이 더 적절한 방법일 수도 있다. 하지만 여기서 유다의 죄악은 너무나 심각하게 컸고, 그에 따른 하나님의 징벌을 너무나 합당하고 마땅했으므로, 유다는 입을 다물고 그저 침묵하는 가운데 묵묵히 모든 징벌을 감내하는 것이 더 적절한 방법인 것이다.

일례로, 오래전 다윗 왕이 아들 압살롬의 반역을 맞아 급히 피신할 때에 '시므이'란 자가 다윗을 저주하며 욕했다. 이때 다윗은 그에게 보복하지 않고 도리어 자신의 지난 죄악을 반성하며 묵묵히 그의 욕을 다 들었다(삼하 16:5-13). 그 결과, 후일 하나님께서는 다윗에게 은혜를 베푸셔서 선(善)으로 갚아주셨다(왕상 2:36-46).

(32-39) 주께서 우리를 그토록 슬프게 하실지라도 그분은 마침내 우리에게 자비를 보여주시리니, 그분의 풍성한 자비하심에 따라 정녕 우리를 불쌍히 여겨주실 것이다. 그것은 사람을 고생시키고 사람에게 괴로움을 안겨주는 것이 주님의 본래 마음이 아니시기 때문이다. 세상

의 모든 갇혀 있는 자들을 발로 마구 짓밟는 일, 지극히 높으신 분이 지켜보고 계시는데도 사람을 재판할 때 부당한 판결을 내리는 일, 모든 법정의 송사에서 무고한 사람이 억울한 판결을 받는 일 등은 모두 주께서 싫어하시고 미워하시는 일이다. 주께서 계획하시고 명령하지 않으신 일을 누가 감히 명령하고 이룰 수 있으랴! 사람에게 임하는 모든 재앙과 축복은 오직 지극히 높으신 분의 입에서 나오는 것이 아니냐. 그러므로 사람이 벌을 받으면 오롯이 자기 죄로 벌을 받는 것인데, 어찌 불평할 수 있으랴!

예레미야는 유다 백성들과 예루살렘 주민들의 죄악이 얼마나 크고 가증한지 자신의 두 눈으로 똑똑히 목도했다. 그래서 나라가 망하기 전에는 하나님의 징벌 도구인 바빌로니아 군대에 항복함으로써 하나님의 뜻에 기꺼이 순응하라고 외쳤고, 나라가 망한 후에는 하나님께서 가하시는 모든 고통과 징벌을 묵묵히 감내하라고 외쳤다. 예레미야가 그렇게 외친 이유는, 궁극적으로는 영원토록 변치 않는 하나님의 사랑과 자비와 신실하심을 굳게 믿었기 때문이다.

이런 견지에서 예레미야는 유다에 가한 하나님의 무시무시한 징벌이 그분의 본래 마음이 아니라고 확신했다(33절). 하나님은 결코 인생들이 죄악 가운데서 망하는 것을 기뻐하지 않으시고, 심지어 죽어 마땅한 악인일지라도 그러할진대(겔 18:23), 하물며 택한 백성의 경우에는 더더욱 그러하다고 굳게 믿었다.

하지만 하나님은 크신 사랑과 자비의 속성만큼이나 또한 의로움과 공의의 속성을 지닌 분이시기 때문에, 인생들의 죄를 모른 체하고 그냥 간과하실 수는 없는 분이시다. 따라서 죄에 대해서 징벌을 가하시지만, 죄인이 아무런 불평불만 없이 자신의 죄를 인정하면서 주어진 징벌을 달게 받는다면, 하나님께서는 조만간 징벌의 손길을 거두시고 자비의 손길을 신속하게 펼치시는 것이다. 예레미야는 바로 이 같은 하나님의 속성과 인격을 믿고, 극한 절망 가운데서도 오직 그것만을 오롯이 기대하고 소망하였다.

예레미야 선지자의 자복 (3:40-54)

(40-47) 우리의 모든 행위를 스스로 살펴보고 이제 주께로 돌아가자. 우리의 마음을 활짝 열고, 우리의 두 손을 높이 들고, 하늘에 계신 하나님께 기도를 드리자. "주여! 우리가 주님을 거슬러 죄를 짓고 주님을 배반하였으므로, 주께서 우리를 용서하지 않으셨습니다. 주께서는 크게 진노하셨고, 우리를 뒤쫓아 오셔서 우리를 살육하시되, 아무런 인정도 베풀지 아니하시고 사정없이 죽이셨습니다. 그때에 주께서는 빽빽한 구름으로 스스로를 칭칭 두르셔서, 우리의 모든 기도가 주님께 도달하지 못하게 하셨습니다. 그리하여 주께서는 온 세상 만민 가운데서 우리를 쓰레기와 찌꺼기로 만드셨으므로, 우리의 모든 원수들이 우리를 집어삼키려고 우리를 향해 한껏 입을 벌렸습니다. 그러므로 지금 우리에게는 오직 공포와 함정과 파괴와 파멸만이 물밀듯 밀려올 뿐입니다."

하나님께서는 숱한 선지자들을 보내시어 유다의 죄악과 예루살렘의 패역을 지적하시면서, 만일 돌이켜 회개하지 않는다면 무시무시한 징벌을 내리실 것이라고 거듭 경고하셨다. 지겹도록 거듭 경고하셨고, 회개할 시간도 넉넉하게 충분히 주셨다. 하지만 유다와 예루살렘이 그 모든 기회와 시간을 무시하며 송두리째 날려버렸을 때, 마침내 하나님께서는 심판하시기로 작정하셨고, 그때에는 모든 부르짖음이 소용없었다. 모든 기도가 하나님께 상달되지 못했다.

대신에, 오직 무시무시한 심판의 칼날만이 온 유다 땅을 온통 지배할 뿐이었다. 유다의 모든 원수들이 유다와 예루살렘을 집어삼키려고 한껏 입을 벌릴 뿐이었다. 마치 날카로운 이빨을 가진 사나운 맹수처럼(46절), 그렇게 유다의 원수인 바빌로니아 군대가 그들의 입을 크게 벌려 유다와 예루살렘을 꿀꺽 집어삼켰다(주전 586년).

(48-54) 아, 슬프다! 처녀 내 백성이 망하였으므로, 내 두 눈에서는 눈물이 시내처럼 줄줄 흘러내리는구나. 내 눈에서 눈물이 잠시도 그치지 아니하고 하염없이 쏟아지는구나. 이제 이 몸이 바라고 기다리는 것은, 주께서 하늘에서 우리를 살펴보시고 돌아보시는 것뿐이다. 내 성읍, 곧 이 도성 예루살렘의 여인들이 겪은 일을 내 두 눈으로 보니, 내 영혼이 심히 고통스럽고 내 가슴이 찢어지는구나. 까닭 없이 나를 미워하여 내 대적이 된 자들이 새를 사냥하듯 나를 열심히 뒤쫓고 있구나. 저들은 내 생명을 아예 끊어놓으려고 나를 산 채로 깊은 구덩이 속에 쳐 넣은 뒤, 그 위를 커다란 돌로 덮어버리는구나. 그런 지경에서 물이 차올라 내 머리 위로 넘쳤으므로, 그때에 내가 스스로 말하기를 "아, 나는 이제 꼼짝없이 죽었구나!"라고 하였다.

내 눈에는 눈물이 시내처럼 흐르도다

예레미야 선지자는 자신의 두 눈으로 예루살렘이 함락되는 광경과 또한 함락된 이후에 그 도성 안에서 벌어지는 처참한 광경을 똑똑히 목격하였다. 특히 예루살렘 여인들이 정복자인 바빌로니아 군사들에게 당하는 온갖 수치스런 일들을 목격하고는 가슴이 찢어지고 영혼이 미어지는 듯한 극심한 고통을 느꼈다. 대적들은 유다의 생명을 아예 끊어놓으려고 산 채로 깊은 구덩이 속에 던져 넣은 뒤 그 위를 커다란 돌로 덮어버렸다. 이는 일전에 예레미야 자신이 실제로 겪은 일이기도 했다(렘 38:6).

'깊은 구덩이'는 물이 귀한 팔레스타인 지역에서 평상시에는 물을 저장해두는 곳으로 쓰였지만, 물이 없을 때에는 감금의 장소로 사용되기도 했다(창 37:23-24). 그래서 일전에 예레미야는 대적들의 핍박을 받아 정말로 깊은 구덩이에 던져져 목숨을 잃을 뻔하였다. 만일 그 구덩이에 물이 가득 차 있었다면 꼼짝없이 죽을 운명이었다. 그런 맥락에서, 본문의 '깊은 구덩이'는 단지 그러한 육체적인 감금의 장소뿐만 아니라, 영적인 깊은 절망의 장소를 가리키기도 한다. 지금 예레미야는 그런 영육 간의 깊은 구덩이에서 눈물을 줄줄 흘리며 오직 하나님의 도움의 손길만을 바라며 의지하고 있다.

예레미야 선지자의 호소 (3:55-66)

(55-59) "주여, 내가 아주 깊디깊은 구덩이 속에서 주님의 이름을 불렀습니다. 주께서는 이미 '제발 살려주십시오, 부디 건져주십시오!' 하고 울부짖는 나의 기도를 들으셨으므로, 이제는 나의 탄식과 호소에 귀를 닫지 말아주소서. 내가 주님께 부르짖고 부르짖던 그날에, 과연 주께서는 내게 가까이 오셔서 이르시기를 '두려워하지 말라!'라고 하셨습니다. 주께서는 그렇게 내 마음의 원통함을 풀어주셨고, 내 생명을 사망의 구덩이에서 건져주셨습니다. 주여, 정녕 주께서는 나의 억울한 사정을 모두 살피셨으므로, 내게 은총을 베푸시어 이제 나의 억울한 사정을 해결해주소서.

지금껏 예레미야는 주님을 향해 탄식하고 호소하며 부르짖고 간구했다. 유다의 처참한 상황과 예루살렘의 끔찍한 광경을 낱낱이 아뢰면서 주께 부르짖고 또 부르짖었다. 한동안은 자신의 모든 기도가 주께 전혀 상달되지 않고, 전부 물리쳐지는 것 같은 절망적인 느낌도 받았다(8-9절). 그래도 예레미야는 포기하지 않았다. 영육 간의 깊디깊은 구덩이 속에서도 '제발 살려주십시오, 부디 건져주십시오!' 하면서 계속 주께 부르짖었다. 그 결과, 마침내 예레미야는 주께로부터 '두려워하지 말라!'라는 응답을 받았다(57절).

사실, 하나님께서는 그동안 예레미야가 부르짖었던 그의 모든 기도를 다 듣고 계셨던 것이다. 나름 억울한 게 있다면, 그런 억울한 사정을 또한 다 살피고 계셨던 것이다. 따라서 예레미야는 확신할 수 있었다. 이제는 주께서 자신의 원통함, 곧 유다의 비통함을 풀어주시고 해결해주셔서 깊디깊은 그 절망과 고통의 구덩이에서 건져 올려주실 것이라는 사실을! 이제는 진노의 먹구름을 거두시고, 은총의 햇살을 비춰주실 것임을! 그래서 예레미야는 그런 은총의 날이 속이 임하도록 오늘도 소망을 가득 품고 더욱 크고 간절하게 주님을 향해 부르짖고 있는 것이다.

(60-66) 주께서는 나를 대적하는 저들의 깊은 복수심과 나를 해치려는 저들의 악한 음모를 샅샅이 알고계십니다. 주여, 참으로 주께서는 나를 파괴하려는 저들의 욕설을 다 들으셨고, 나를 멸하려는 저들의 계교를 다 아십니다. 나의 원수들이 나를 해치려고 온종일 속닥거리며 나를 헐뜯고 온갖 모략을 꾸미고 있습니다. 주여, 저들을 보소서! 저들은 앉으나 서나 잠시도 쉬지 않고 나를 조롱하는 야유의 노래를 불러대고 있습니다. 그러므로 주여, 저들의 손이 행한 대로 저들에게 그대로 다 갚아주소서. 저들의 마음을 완악하게 만드시고, 저들의 머리 위에 저주를 내리소서. 주님의 진노로 저들을 끝까지 추격하시어, 저들로 주님의 하늘 아래에서 아주 없어지게 하소서."

주님의 은총으로 말미암아 장차 이루어질 유다의 구원과 예루살렘의 회복을 확신한 예레미야는 이제 유다를 짓밟고 예루살렘을 파괴한 대적들에게로 눈길을 돌린다. 주께서 대적들이 유다와 예루살렘에 행한 대로 다 갚아달라고 호소한다. 주께서 크게 진노하셔서 대적들을 끝까지 추격하시어 전부 멸하시고, 아예 대적들이 주님의 하늘 아래에서 아주 없어지게 해달라고 호소한다. 철저하고도 영원한 대적의 파멸을 위해 기도한 것이다.

예레미야의 이 같은 기도는 개인적인 복수의 감정에서 비롯된 것이 아니다. 어디까지나 하나님의 공의로운 심판에 전적으로 호소한 것이다. 악인에 대하여 공의로운 심판을 속히 집행해달라고 주께 부르짖은 것이다. 과연 이 같은 예레미야의 기도는 효험이 있었다. 반세기가 채 지나지 않아 실제로 응답받았다. 유다를 짓밟고 예루살렘을 파괴한 대적 바빌로니아가 바사(페르시아)의 고레스 왕에게 정복당하여 영원한 폐허더미가 되고 말았던 것이다(주전 539년경, 50-51장).

우리가 종종 생각할 때, 주님의 공의 집행은 아주 더디고 어쩔 땐 아예 시행되지도 않는 것처럼 보인다. 절대로 그렇지 않다. 주께서는 역사 속에서 가장 적절한 때에 가장 합당한 방식으로 모든 거짓과 불의를 바로잡는 '주님의 공의'를 반드시 집행하신다. 믿는 자들은 꾸준히 부르짖고 호소하면서, 낙심하지 말고 인내로써 그때를 기다려야 한다.

4

예레미야의 비통

의인들의 피를 흘린 예루살렘은
세상 가운데 떠돌이 신세가 되어
이방인들에게 멸시받고
침략자들에게 감시당하는구나

영광을 잃어버린 예루살렘의 참상 (4:1-10)

(1-5) 아, 슬프다! 어찌하여 그토록 빛나던 황금이 빛을 잃고, 어찌하여 그토록 정결하던 순금이 변하였으며, 어찌하여 그토록 보배롭던 성전의 돌들이 길거리마다 흩어져 나뒹굴고 있는가! 그토록 보배로운 시온의 아들들, 곧 빛나는 순금 같은 시온의 자녀들이 어찌하여 토기장이들이 빚은 흔하디흔한 질그릇같이 아무렇게 취급받고 있는가! 저 광야의 들개조차도 제 새끼에게는 젖을 물려 빨리건만, 처녀 내 백성은 아주 몰인정하여 사막의 타조처럼 제 새끼를 조금도 돌보지 않는구나. 보라, 젖먹이들이 목이 말라 혀가 그 입천장에 착 달라붙고, 아이들이 배가 고파 먹을 것을 구걸하여도 누구 하나 거들떠보는 이가 없구나. 한때는 진수성찬을 즐기던 자들이 이제는 길거리에 내버려져 외롭게 죽어가고, 한때는 자주색 고운 옷을 입고 곱게 자라던 자들이 이제는 쓰레기더미 속에서 나뒹굴고 있구나.

젖먹이들이 목이 말라 혀가 입천장에 붙음이여!

참으로 서글픈 광경이다. 바빌로니아 군대에게 정복당한 후, 철저하게 불태워지고 파괴당하고 약탈당한 예루살렘 도성의 참상이 적나라하게 묘사되었다. 이전에 귀하고 정결하고 보배롭던 모든 것들이 이제는 쓰레기마냥 예루살렘의 길거리마다 나뒹굴고 있었다. 예루살렘이 함락된 직접적인 이유는 성읍 안에 먹을 양식이 다 떨어졌기 때문인데(왕하 25:3-4), 함락된 후에 바빌로니아 군사들에게 그나마 조금 남아있던 것들까지 죄다 약탈까지 당한 상황이니, 그 기근의 극심함이야 오죽하겠는가! 어른들은 물론이고 어린아이들도 포함하여, 심지어 품속의 젖먹이들까지 먹을 것을 구할 수 없어 혀가 입천장에 착 달라붙는 상황이었다.

비유하자면, 이 같은 상황은 적어도 제 새끼에게는 젖을 물려 빨리는 '광야의 들개'만도 못하고, 또한 제 새끼를 조금도 돌보지 않는 '사막의 타조' 같았다. 사막의 타조는 우둔한 새로서, 알을 낳으면 그것들을 전혀 돌보지 않고 자기 알을 잊은 채 모래 속에 내팽개친다. 극심한 기근으로 인해 젖먹이들까지 돌보지 않는 예루살렘 백성들의 모습이 이런 사막의 타조와 같았다.

(6-10) 옛적에 소돔 성이 그 죄악으로 인해 어떻게 손 한번 써보지 못하고 순식간에 망하고 말더니, 오늘날 처녀 내 백성의 죄악이 소돔 성의 죄악보다 더욱 무겁구나. 전에는 이 예루살렘 귀족들의 살결이 눈보다 더 깨끗하였고 우유보다도 더 희었다. 그들의 혈색은 산호보다 더 붉었고, 그들의 외모는 반짝반짝 광을 낸 사파이어 같았다. 그러나 이제 그들의 얼굴은 숯덩이보다 더 시꺼멓게 변했고, 그들의 살갗은 뼈에 바짝 달라붙어 마른 막대기같이 되어버렸으니, 길거리에서 그들을 알아보는 사람이 아무도 없구나. 칼에 맞아 당장에 죽는 것이 굶주려 천천히 죽는 것보다 더 나으니, 이 땅의 소산물이 모두 끊어졌으므로 서서히 배곯아 죽는 것이 훨씬 더 비참하기 때문이다. 이 도성의 굶주림이 얼마나 처참한지! 처녀 내 백성이 멸망할 때에 심지어 자애로운 어머니들조차 먹을 것이 없어 자기 손으로 자기 자녀를 삶아 음식물로 삼았도다.

바빌로니아 군대에 의해 함락된 후, 철저하게 파괴되고 불살라지고 약탈당한 예루살렘 도성 안에는 먹을 것이 없었다. 아무리 백방으로 애써 보아도 빵 한 덩이조차 얻을 길이 없었다. 그러니 오래도록 굶주려 먹지 못한 예루살렘 주민들의 얼굴은 숯덩이보다 더 시꺼멓게 변했고, 그들의 살갗은 뼈에 바짝 달라붙어 마른 막대기같이 되어버렸다. 전혀 다른 사람이 되어, 이전에 그를 익히 알던 사람들조차 도저히 못 알아볼 정도로 그 몰골이 아주 형편없었다. 모두가 굶주려 하나둘씩 천천히 죽어가고 있었다. 예레미야가 볼 때 옛적 소돔 성에 임한 재앙은 갑작스런 유황불 심판으로 순식간에 다 죽고 말았기 때문에, 작금 기근과 질병으로 더디고 고통스럽게 죽어가는 예루살렘보다 차라리 낫게 보였다.

예루살렘 도성 안의 기근이 얼마나 극심했는지를 보여주는 단적인 실례가 있다. 심지어 자애로운 어머니들조차 먹을 것이 없어 자기 손으로 자기 자녀를 삶아 음식물로 삼았다는 사실이다(10절). 정말로 그럴 수가 있을까? 어떻게 어머니가 자기 손으로 제 자녀를 삶아 먹을 수 있단 말인가?

성경을 살펴보면, 이전에 북왕국의 수도인 사마리아 성읍이 아람 군대에 의해 오랫동안 포위당했을 때 이런 끔찍한 일이 실제로 있었다(왕하 6:28-29). 이제 바빌로니아 군대에 의해 1년 6개월 동안 포위당한 예루살렘 성읍 안에서, 또는 함락되어 폐허더미가 된 성읍 안에서도 그와 똑같은 일이 발생했던 것이다.

오늘날의 문명사회에서는 가히 상상조차 할 수 없는 일이지만, 어른에 비해 어린아이들의 생명을 훨씬 가볍게 여긴 고대 사회에서는 극도의 굶주림 끝에 생존을 위해 이 같은 야만적인 행위가 어느 정도 가능했을 수 있다. 이런 견지에서 '몰렉'과 같은 이방 우상을 숭배하는 제사 의식에서는 부모들이 자신의 자녀를 우상에게 희생제물로 바치기도 했던 것이다.

예루살렘이 비참해진 원인 (4:11-22)

(11-16) 심판의 그날에, 주께서는 크게 화를 내시어 맹렬한 진노의 불길을 쏟아 부으셨다. 시온에 그 불길을 사정없이 쏟아 부으시니, 그 불길이 시온의 기초까지 다 태워버렸다. 내 백성의 대적들과 원수들이 예루살렘 성문 안으로 버젓이 들어갈 수 있을 줄이야 그 누군들 알았으랴! 세상의 뭇 왕들이, 온 세상의 모든 백성들이 어찌 그 사실을 믿을 수 있었으랴! 결국 그런 일이 벌어지고 만 것은, 이 백성의 선지자들과 제사장들이 주님을 거슬러 죄를 지었기 때문이니, 곧 그들이 이 도성 안에서 의로운 자들의 피를 흘리게 하였다. 그들 선지자들과 제사장들을 보라! 이 백성의 인도자가 된 그들이 눈 먼 사람처럼 길거리를 이리저리 헤매고 다닌다. 그들의 옷은 의인의 억울한 피로 온통 더럽혀졌으므로, 사람이 그들의 옷을 만질 수 없다. 그래서 사람들은 그들을 보고 크게 외치기를 "부정한 자들이여, 저리 가라! 얼른

> 저리 비켜라! 나를 만지지 말라!"라고 하였다. 그러므로 그들이 먼 땅으로 도망쳐서 뭇 민족들 가운데 이리저리 떠돌며 방황할 때, 이방인들조차 그들에게 말하기를 "떠나가라, 너희가 다시는 이곳에서 살 수 없다!"라고 하였다. 주께서 크게 진노하시어 그들을 뭇 민족들 가운데 흩어버리시고 다시는 그들을 돌아보지 않으시니, 세상 도처의 이방인들이 제사장들을 멸시하여 그들을 대우하지도 않고, 장로들을 업신여겨 그들을 대접하지도 않는구나.

하나님의 징벌 도구인 바빌로니아 군대에 의해 예루살렘이 함락되기 전, 예루살렘 백성들은 온 세상의 누구도 예루살렘 도성을 함락시킬 수 없다고 생각했다. 그들은 우선 종교적으로 예루살렘 성읍은 절대로 외적들의 침공에 무너지지 않을 줄 확신했다. 그곳은 하나님의 지상 임재의 처소인 '성전'이 자리 잡고 있는 곳이기 때문이었다. 뿐만 아니라 사방이 깊은 골짜기들 곧 기드론 골짜기나 힌놈의 골짜기 등으로 둘러싸인 예루살렘 성읍은 정상적인 군사 침공으로는 도저히 무너뜨릴 수 없는 천혜의 요새였다.

그래서 예루살렘 백성들은 종교적으로, 군사적으로 예루살렘은 난공불락의 성읍으로 굳게 믿고 있었다. 그래서 그들은 설마 이방 군대가 예루살렘 성문 안으로 버젓이 들어올 줄은 꿈에도 생각하지 못했다. 그러나 그런 일은 실제로 일어났고(주전 586년 4월 9일), 예루살렘 백성들은 경악할 수밖에 없었다. 그들은 하나님께서 지켜주시지 않으면, 아무리 난공불락의 성읍이라 할지라도 일순간에 함락될 수밖에 없다는 교훈을 반드시 배워야 했다(시 127:1).

예레미야는 예루살렘 성읍의 멸망과 관련해서 종교 지도자들의 죄악이 주요 원인이었음을 지적한다(13절). 백성들을 하나님의 말씀대로 올바로 인도해야할 책임이 있는 제사장들과 선지자들이 자신들부터 하나님을 거슬러 죄를 짓고, 또한 그들의 옷이 의인의 억울한 피로 온통 더럽혀져 불결한 자들이 되고 말았으니, 어찌 그 성읍과 백성들이 온전할 수 있겠는가! 눈 먼 자들이 그 백성을 인도했으니 어찌 올바른 길로 나아갈 수 있겠는가!

그 결과, 나라는 망했고 도성은 무너졌다. 이제 망국의 백성이 되어 온 세상에 흩어진 제사장들과 선지자들, 곧 죄악으로 크게 불결해진 그들은 더 이상 종교 지도자의 대우를 받지 못하고 이방인들에 의해 배척과 멸시의 대상이 되고 만 것이다. 뿌린 대로 거둔, 자업자득이었다.

(17-20) 아, 헛되다. 우리가 눈이 상하도록 도움을 간절히 바라고 바랐건만 다 허사가 되었다. 지금껏 우리는 우리를 구해주지도 못할 나라를 헛되이 기다리며 쳐다보고 있었다. 우리가 가는 곳마다 침략자들이 우리의 발자취를 일일이 엿보고 있으므로, 우리가 갈거리에 나다닐 수가 없구나. 그리하여 마침내 우리의 마지막이 다가왔고, 우리의 날이 다하였으며, 우리의 끝이 이르렀도다. 아, 우리를 뒤쫓는 자들이 하늘의 독수리보다 더 재빠르구나. 그들이 우리를 뒤쫓아 산속까지 따라오고, 광야까지 뒤따라와서 우리를 덮치려고 몰래 숨어서 기다리고 있구나. 보라, 우리의 콧구멍 숨과도 같은 자 곧 주께서 기름을 부어 세우신 우리의 왕이 침략자의 덫에 걸려들고 말았도다. 전에는 우리가 그 왕을 가리켜 이르기를 "그의 보호의 그늘 아래에서, 우리가 뭇 민족들 가운데서 능히 살아갈 수 있을 것이다!"라고 하였다.

유다의 왕과 신하들이 바빌로니아 군대에게 항복하라는 예레미야의 충고를 거절한 데에는 믿는 구석이 있었기 때문이다. 그것은 바로 '이집트'였다. 고대 중근동 지역에서 이집트는 전통적인 강대국의 면모를 꾸준히 유지하고 있었기 때문에, 유다의 역대 왕들은 종종 하나님보다 이집트를 더욱 의지했다. 그러나 예레미야 시대에 갈그미스 전쟁(주전 605년)에서 바빌로니아에게 크게 패한 이후로 이집트는 제 나라를 지키는 데 급급했다(렘 46:2). 따라서 유다를 도와줄 힘이 없었다. 그런데도 유다는 이집트에 대한 미련을 버리지 못하고 이집트의 도움을 헛되이 구하다가 결국 나라가 망하고 말았다(주전 586년).

나라가 망하자, 유다 백성들은 목숨을 부지하려 사방으로 뿔뿔이 도망쳤고, 바빌로니아 군사들은 그런 유다 백성들을 사냥하기 시작했다. 일전에 예레미야가 예언한 그대로였다(렘 16:16). 바빌로니아 군사들은 독수리보다 더 재빠르게 유다 백성들을 사방에서 추격하여 죽일 자들은 쳐 죽이고, 사로잡을 자들은 사로잡아 포로로 끌고 갔다.

특히 바빌로니아 군사들은 예루살렘 도성이 함락되자마자 도망친 유다 왕을 잡는 데 주력하여 결국 여리고 평원에서 '시드기야 왕'을 사로잡았다(왕하 25:4-5). 유다를 지키고 유다 백성들을 보호해줄 줄 알았던 시드기야 왕은 한낱 포로가 된 채 바빌로니아 왕 앞에 끌려가 모진 심문을 당한 후에 두 눈이 뽑히고 쇠사슬에 꽁꽁 묶여 바빌로니아 땅의 옥에 갇혀 거기서 죽고 말았다(왕하 6-7).

유다의 콧구멍 숨과도 같은 유다 왕이 그런 비참한 지경에 빠졌으니, 일반 백성들의 운명이야 더더욱 비참할 것임은 불 보듯 뻔했다. 사냥감이 되어 쫓기고 쫓기다가 결국에는 붙잡혀 살육당하거나 포로가 되고 말았다. 여인네들은 무노한 바빌로니아 군사들에게 겁탈당하고 강간당하는 수치를 겪었다(5:11). 그야말로 눈뜨고는 차마 쳐다볼 수 없는 목불인견의 상황이 예루살렘 성읍의 도처에서 벌어지고 있었다. 한편, 본문에서 왕은 '콧구멍 숨'에 비유되었다(20절). 사람에게 있어 콧구멍 숨 곧 '호흡'은 그 사람의 생명이나 마찬가지이듯, 국가에게 있어 '왕'은 국가의 흥망을 좌우하는 생명과도 같은 존재였기 때문이다.

(21-22) 우스 땅에 살고 있는 딸 에돔아, 너희가 기뻐하고 즐거워할 테면 어디 그렇게 해보아라. 이제 곧 주님의 진노의 잔이 너희에게도

돌려질 것이니, 너희는 취하여 벌거벗은 채 비틀거릴 것이다. 딸 시온아, 이제 네 죄악에 대한 형벌을 다 끝났다! 그러므로 주께서 다시는 너로 사로잡혀가도록 그냥 내버려두지 않으실 것이다. 그러나 딸 에돔아, 주께서 이제는 네 허물을 밝히 드러내시어 네 죄악을 벌하실 것이다.

지금껏 유다와 예루살렘의 절망적인 현실에 절규하던 예레미야 선지자는 이제 어조를 바꾸어 소망의 목소리를 발한다. 딸 시온(예루살렘)에 대한 하나님의 형벌은 이제 끝났지만, 이후로 딸 에돔에 대하여 하나님의 징벌이 임할 것이니, 지금 기뻐하고 즐거워할 테면 실컷 그렇게 해보라고 조롱조로 말한다. 실제로 유다가 망하고 예루살렘이 함락되었을 때, 이웃 나라 에돔은 그 광경을 보고 크게 기뻐하였다. 심지어 자기네 땅으로 피신한 유다 백성들을 바빌로니아 군사들에게 넘겨주고, 그들과 합세하여 유다를 약탈하기까지 했다(옵 1:10-14).

이제 하나님께서는 에돔의 그런 악행을 결코 좌시하지 않고, 지금껏 재앙을 퍼부었던 유다와 예루살렘에게서 눈길을 돌려 에돔에게 '진노의 잔'을 돌릴 것이었다. 그렇지 않아도 예레미야는 앞서 에돔에 대한 하나님의 준엄한 심판을 선포한 바가 있었다(렘 49:7-22).

한편, 여기서 '에돔'은 일차적으로는 사해 남단의 세일(Seir) 산악지대에 거주하고 있던 에서의 후손들인 그 에돔을 가리키는 것이지만, 이차적으로는 온 세상에 있는 유다와 예루살렘의 모든 대적들을 대표하는 말이기도 하다(사 34장; 겔 35장). 택한 나라와 백성들에 대한 심판이 이토록 준엄했다면, 머잖아 이방 나라들에 대해 집행하실 하나님의 심판이 그 얼마나 준엄할는지는 가히 가늠해볼 수 있다.

예레미야애가 5장

5
예루살렘의 회복

마음속에서는 기쁨이 사라지고
머리에서는 면류관이 벗겨집니다
황폐한 시온은 여우의 소굴이 되니
모든 것은 우리의 죄 때문입니다

회복을 구하는 예레미야 선지자의 기도 (5:1-22)

(1-4) 주여, 우리가 당한 일들을 기억하소서. 우리가 받은 수치를 돌아보소서. 주께서 우리에게 물려주신 땅이 이방인들의 손에 넘어갔고, 우리의 고향 집이 낯선 자들의 손에 넘어갔습니다. 우리는 아버지 없는 외로운 고아가 되었고, 우리 어머니들은 전부 과부 신세가 되고 말았습니다. 이제 우리는 우리의 물을 마시는 데도 돈을 주어야 하고, 우리의 땔감을 얻는 데도 값을 치러야 합니다.

망국(亡國) 백성의 비애와 설움이 토로되고 있다. 정복자들에게 모든 가산과 토지를 빼앗긴 채 심지어 마실 물과 밥 지을 땔감을 얻는 일마저 그들에게 일일이 통제를 받아야 하는 식민지 백성의 서러움이 묘사되었다. 자신들의 죄악으로 인해 나라를 잃은 백성들에게 그 어떤 긍지나 품위는 찾아볼 수 없었다. 오로지 수치와 멸시와 모멸감과 자괴감만 가득할 뿐이었다. 하나님을 떠난 자들이 마땅히 치러야할 대가였다.

(5-8) 우리를 뒤쫓는 원수들이 우리 뒤에서 바짝 추격하고 있으므로, 우리가 몹시 지쳤지만 잠시도 쉴 틈이 없습니다. 우리가 먹을 양식을 구해 우리의 배를 불리려고 이집트 사람들과도 손을 잡았고, 아시리아 사람들과도 손을 잡았습니다. 우리의 조상들이 죄를 지었지만 이제 그들은 다 가고 없어졌고, 지금 우리가 남아서 조상들의 죄악을 짊어지고 있습니다. 비천한 종들이 우리를 지배하고 있지만, 그들의 손에서 우리를 구해낼 자가 아무도 없습니다.

유다의 왕과 백성들은 자신들의 안녕과 풍요로움과 배부름을 위해 이집트 및 아시리아 사람들과 손을 잡았다. 이는 유다가 환난의 때에 하나님을 의뢰하지 않고, 이방 강대국들을 의지했던 사실을 가리키는 말이다. 바빌로니아의 침공에 즈음하여, 유다는 예레미야 선지자의 충고를 무시한 채 이집트 및 아시리아와 동맹을 체결하여 그 난국을 타개하고자 애썼다. 나아가 이는 단지 정치적이고 군사적인 동맹뿐만 아니라, 그 나라들의 우상을 도입하여 섬긴 일까지도 포함한다. 하지만 그런 강대국들과의 동맹은 아무런 효험이 없었다. 효험은커녕 도리어 더 큰 재앙만 초래했을 뿐이었다.

본문에서 예레미야는 죄를 지은 조상들은 다 없어졌고, 남아있는 후손들이 그들의 죄악을 짊어지고 있다고 말했다(7절). 이는 조상들은 죄를 지었지만, 후손들은 죄를 짓지 않았는데도 단지 조상들의 죄 때문에 그들이 받을 재앙을 대신해서 감당하고 있다는 뜻이 아니다. 이 말의 정확한 뜻은 이렇다. 조상들의 죄로 말미암아 유다의 운명은 점점 위태해져갔고, 그런 조상들의 죄를 답습한 후손들로 인해 마침내 나라가 망함으로써 후손들이 실제로 그 모든 재난을 감당하고 있다는 뜻이다. 하나님은 결코 죄 없는 후손에게 조상들의 죄를 대신해서 감당하도록 하지 않으신다(겔 18장). 오직 범죄한 그 영혼, 그 세대에게 죄를 물으신다.

(9-14) 예루살렘 도성에는 더 이상 양식이 없으므로 먹을거리를 구하려고 광야로 나가지만, 그곳에는 칼이 기다리고 있으므로 먹을 것을 얻기 위해서는 우리의 목숨을 걸어야 합니다. 그리하여 너무나 굶주린 나머지, 굶주림의 열기로 우리 살갗이 아궁이처럼 검게 타버렸습니다. 이 땅을 침략한 잔인무도한 대적들은 시온에서 여인들은 욕보였고, 유다의 각 성읍에서 처녀들을 겁탈했습니다. 대적에게 사로잡힌 우리의 지도자들은 나무에 손이 묶인 채 처형당했고, 우리의 장로들은 존경은커녕 멸시와 천대를 받았습니다. 젊은이들은 힘겹게 맷돌을 돌리고, 소년들은 무거운 나뭇짐을 진 채 비틀거립니다. 장로들은 더 이상 성문에 앉지 못하고, 젊은이들도 더 이상 노래하기를 그쳤습니다.

망국 백성이 겪어야 하는 굶주림, 겁탈, 처형, 중노동, 수치, 모멸 등등이 묘사되었다. 어떤 계층도 예외일 수 없었다. 왕을 비롯하여 고관, 귀족, 장로, 제사장, 선지자, 남정네들과 여인네들, 소년과 어린아이와 젖먹이에 이르기까지, 저마다 각자의 고초와 고통을 겪어야 했다.

실제로 바빌로니아 군대는 정복한 성읍에 대하여 잔혹하기로 유명했다. 바빌로니아 군사들은 정복한 성읍의 처녀들과 부녀자들을 마음껏 겁탈했고, 귀족들을 붙잡아 목을 매달거나 칼로 처형한 후에 시체를 길거리에 마구 내던졌다. 주민들을 닥치는 대로 학살했고, 더러는 포로로 사로잡아 발목에 쇠고랑을 채웠으며, 소년과 아이들에게는 힘든 노동을 시켰다. 그러니 예루살렘 성읍 안에는 모든 노랫소리가 그치고, 사방에서 들리는 소리라곤 고통스러운 비명과 신음과 울음뿐이었다.

(15-18) 우리의 마음에서 모든 기쁨은 자취를 감추었고, 우리의 춤은 통곡으로 바뀌고 말았으며, 우리의 머리에서 면류관이 땅에 떨어지고 말았으니, 아- 슬프다! 이 모든 것은 우리가 주께 죄를 지었기 때문입니다. 이로 인해 우리 마음이 지쳐 쇠약해졌고, 이로 인해 우리의 눈이

침침해져 어두워지고 말았습니다. 정녕 시온산이 파괴되고 황폐해져서, 여우들만이 거기서 어슬렁거릴 뿐입니다.

예레미야는 유다 백성들과 예루살렘 주민들 위에 임한 그토록 가혹한 고초와 재난들이 무엇 때문인 줄을 정확히 꿰뚫고 있었다. 그것은 그들이 주님을 거슬러 죄를 지었기 때문이었다(16절). 따라서 유다와 예루살렘은 마땅히 받을 징벌을 받고 있을 뿐이었다. 그러니 자신들의 죄악만 탓할 뿐, 누구의 탓도 할 수 없었다. 그럴지라도 작금 당하고 있는 고초와 재난은 너무나 힘에 겨웠다. 심신이 쇠약해지고 눈마저 침침해졌다.

그렇게 침침해진 눈으로 시온산을 바라보니, 파괴되어 황폐해진 그곳에는 여우들만이 어슬렁거릴 뿐이었다.화려한 궁궐과 거룩한 성전이 있던 시온산에는 여우와 같은 광야의 짐승들만이 거처하는 황량한 곳이 되었다. 일찍이 예레미야는 패역한 예루살렘에 대해서 이 같은 사실을 예언한 바 있었다(렘 9:11). 이처럼 하나님의 예언 말씀은 일점일획도 땅에 헛되이 떨어짐 없이 때가 이르면 반드시 그대로 성취된다.

(19-22) 그러나 주여, 주님은 세세토록 영원히 계시고, 주님의 보좌는

시온산이 파괴되고 황폐해져 여우가 어슬렁거리도다

영원토록 대대로 이어집니다. 그러할진대 주께서는 어찌하여 우리를 영원히 잊으시고, 어찌하여 우리를 이토록 오랫동안 버려두십니까? 주여, 우리를 다시금 주께로 돌이켜 주소서. 그리하시면 우리가 기꺼이 주께로 돌아가겠사오니, 우리의 날들을 새롭게 하셔서 우리의 영광을 옛적같이 회복시켜 주소서. 정녕 주께서는 우리를 아주 저버리신 것입니까? 정녕 주께서는 우리에게 베푸신 그 크신 진노를 영영 풀지 않으시렵니까?

예레미야는 여전히 하나님의 크신 진노 아래 신음하고 있는 유다와 예루살렘의 비참한 상황을 호소하면서 자신의 슬픈 노래, 곧 애가(哀歌)를 마치고 있다. 그것은 유다와 예루살렘의 회복에 대한 예레미야의 믿음이 흔들렸기 때문이 아니다. 예레미야는 하나님의 크신 긍휼과 사랑으로 언젠가는 유다와 예루살렘이 반드시 회복될 것임을 조금도 의심치 않았다(3:22-24). 다만 예레미야는 마지막으로 유다와 예루살렘의 참상을 다시금 애타게 호소함으로써 하나님의 크신 긍휼과 사랑의 손길이 하루라도 속히 임하기를 요청하고 기대한 것이다.

과연 예루살렘 함락(주전 586년) 직후에 부르짖은 예레미야의 이 같은 호소는 하나님께 응답을 받았다. 이때로부터 반세기가 채 지나지 않아 유다와 예루살렘은 회복되었다. 바빌로니아를 무너뜨린 바사(페르시아) 왕 고레스의 칙령으로 바빌로니아 땅에 포로로 끌려갔던 유다 백성들이 본토 예루살렘으로 귀환했던 것이다(주전 537년경).

이처럼 비록 당장에는 주님을 향한 호소와 부르짖음이 아무런 효과가 없는 듯 보여도, 기도의 마일리지가 차곡차곡 쌓이고 쌓여 마침내 때가 차면, 반드시 주께로부터 기도의 응답을 받게 된다. 그래서 성경은 응답받을 줄 확신하고 계속 부르짖는 '믿음 기도'의 중요성을 거듭 강조하고 있다(시 50:15; 81:10; 86:7; 마 21:22; 요일 5:14-15).

에필로그

"아, 슬프고 슬프다! 참으로 슬프다! 아, 한때는 그토록 영광스럽고 아름답고 품위가 있었건만… 대체 어쩌다 이런 지경까지? 아, 예루살렘이여, 나의 예루살렘이여!"

유다가 망하고 예루살렘이 파괴된 지 한참이나 지났건만, 오늘도 예레미야는 눈물 흘리며 예루살렘 성읍을 두루 돌아다닌다. 파괴되어 폐허로 변한 예루살렘 거리를 마치 실성한 사람마냥 이곳저곳 정처 없이 돌아다닌다. 그의 두 눈에 들어오는 광경 하나하나가 가슴을 후벼 파고 심장을 도려내는 듯 참으로 비통하고 참담할 뿐이다. 성읍 도처에 기근과 염병과 살육의 흔적들이 아직도 검불마냥 아무렇게나 널브러져 있다. 더러는 마구 버려진 시신들이 발길에 툭 채이기도 한다. 해가 지고 어둠이 찾아들면, 그런 시신들을 노리고 들짐승들이 주변에 하나둘 어슬렁거린다. 예레미야의 눈에서는 그저 눈물만 줄줄 흘러내린다. 파괴된 성전의 파편들을 어루만지며 옛 영광을 떠올려보지만 그럴수록 참담한 현실이 더욱 쓰라렸다. 숨 쉬는 게 힘들 정도로 가슴이 저리고 아팠다.

"아, 어쩌다가 예루살렘이… 주님이 온 세상 열방 가운데서 고르고 골라 기쁘게 택하신 이 거룩한 도성이 어쩌다 이런 지경에까지 처했단 말인가! 아, 내가 좀 더 선지자 노릇을 똑바로 잘 했더라면….”

예레미야는 자기 자신을 자책한다. 좀 더 강렬하게, 좀 더 부지런히, 좀 더 죽기 살기로 하나님의 경고를 힘껏 전달했더라면, 이 백성들이 깨닫고 회개하여 지금과 같은 처참한 상황에 이르지 않았을는지도 모르겠다는 생각에 이르자, 예레미야는 그 자리에 털썩 주저앉아 자신의 가슴을 치며 자책한다.

“주님, 이 몸이 죄인입니다. 이 몸이 선지자 소임을 제대로 다하지 못했습니다. 이 몸부터 죽여주옵소서. 이 몸부터 징벌하옵소서!”

아무리 울고 울며 자책해도 이제 와서 아무런 소용이 없었다. 이미 예루살렘은 폐허가 되어 들짐승들의 거처가 되었고, 시드기야 왕은 두 눈이 뽑힌 채 쇠사슬에 묶여 먼 이방 땅으로 끌려가 옥에 갇혔다. 수많은 동족들이 죽임당하거나 포로가 되어 끌려갔다. 폐허와 포로됨과 파멸은 돌이킬 수 없는 현실이 되었다. 그러니 정신을 바짝 차리고 현실을 똑바로 직시해야만 했다. 눈앞에 벌어진 엄연한 현실을 부정하면 부정할수록 혼돈과 절망과 낙담의 기간만 더욱 길어질 뿐이다.

예레미야 선지자의 눈물

그래서 예레미야는 마음을 다잡고 거닐던 예루살렘 거리에서 그대로 무릎을 꿇고 두 손을 모은다. 무너진 돌 더미 위에 두 손을 올려놓고, 온 몸을 땅바닥에 바짝 엎드린 채 하늘의 하나님을 향해 기도를 드린다. 시간 가는 줄 모르고 오래도록 눈물의 기도를 드린다.

"주여, 주님은 세세토록 영원히 계시고, 주님의 보좌는 영원토록 대대로 이어집니다. 그러할진대 주께서는 어찌하여 우리를 영원히 잊으시고, 어찌하여 우리를 이토록 오랫동안 버려두십니까? 주여, 우리를 다시금 주께로 돌이켜 주소서. 그리하시면 우리가 기꺼이 주께로 돌아가겠사오니, 우리의 날들을 새롭게 하셔서 우리의 영광을 옛적같이 회복시켜 주소서. 정녕 주께서는 우리를 아주 저버리신 것입니까? 정녕 주께서는 우리에게 베푸신 그 크신 진노를 영영 풀지 않으시렵니까? 그렇지 않으시다면, 우리를 속히 회복시켜 주소서. 오, 주님, 제발 우리를 불쌍히 여기시고, 부디 은총을 베풀어주소서. 오 주님, 제발 한 번만 더 긍휼을 베푸소서. 주여, 제발 한 번만 더…."(애 5:19-22)

● 감수자의 말

예언서 안에 이미 스토리텔링이 있다

민영진

감리교신학대학교 교수 역임

대한성서공회 번역실장, 총무 역임

세계성서공회연합회 번역컨설턴트 역임

감사의 말

2018년에 창세기를 시작으로, 성서원이 『스토리텔링 성경』을 선보인 이래, 신약을 완간했고, 이제 구약의 예언서를 끝으로 성경전서 66권의 스토리텔링을 마무리하는 막바지에 이르렀다. 집필자들과 편집신 여러분의 노고를 미리 위로하고, 감사를 드린다. 감수자는 스토리텔링 작가들이 자세히 언급하지 않은 두 책 『예레미야』와 『예레미야애가』의 몇 가지 특징을 정리하여, 이 두 책에 대한 독자들의 이해와 읽기를 거들려고 한다.

예레미야서의 특징

1) 구술과 대필 예레미야서에 적힌 내용이 기원전 7세기 후반부터 6세기 전반 사이에 예언자 예레미야의 구술과 그의 서기 바룩의 대필로

이루어졌다는 것이 이 책의 특징 중 하나다. 예레미야서를 완성하면서, 내용은 구술자의 것이고, 문체는 대필자의 것이라고 가늠할 수는 있으나 실제 구술과 대필의 다양한 과정을 고려한다면 구술자와 대필자의 참여 정도를 산술적으로 계산하기는 어렵다. 대필문학에서는 구술자와 대필자를 나누어 각각 서로 다른 기능을 구분하여 탐구하지 않는다. 구술자와 대필자는 혼연일체의 한몸이기 때문이다. 그리스-로마 시대 이전부터 구술을 받아 적어 작품으로 완성하는 대필자(代筆者, amanuensis)가 있었다. 예레미야나 바울이나 베드로가 자신들의 삶 속에서 육화(肉化)된 말씀을 구술할 때 그것을 받아 기록문학으로 완성한 이들이 있었다. 네리야의 아들 바룩이 예레미야서를 대필하였고(렘 36:4), 바울의 로마서는 더디오가 대필하였고(롬 16:22), 베드로전서는 실루아노가 대필하였다(벧전 5:12a). 구술자와 대필자가 완성된 기록물에 각각 어느 정도의 공헌을 했는가 하는 것은 판단할 방법론적 근거를 찾기가 어렵다. 내용은 주로 구술자의 것이고, 문학적 표현은 대필자에게 의존했을 것이라는 개략적 추측 이외에 더 추구할 방법이 없다.

2) 두루마리 분서(焚書) 사건 바룩이 예레미야의 지시를 따라 예레미야가 구술하고 자신이 대필한 두루마리를 성전에서 백성 앞에서 읽는다. 같은 두루마리를 바룩이 고관들 앞에서도 읽는다. 고관 중 한 사람, 여후디가 그 두루마리를 여호야김 왕과 왕 옆에 배석한 고관들 앞에서 읽을 때 여호야김 왕은 중간중간에 "그만, 그만! 방금 읽은 그 부분을 이리로 가져오라!"라고 명하면서 낭독을 중단시킨다. "여후디가 두루마리 책의 서너 편을 읽어 내려갈 때마다, 왕은 서기관이 사용하는 작은 칼로 그 부분의 두루마리를 잘라내어 활활 불타고 있는 화로 속에 던져 넣었다. 그런 식으로 해서 왕은 두루마리 전체를 불태워 버렸다."(스토리텔링, 렘 36:23)

3) 다시 기록된 예레미야서 두루마리 "예레미야야, 너는 다시 다른

두루마리를 구해다가, 유다 왕 여호야김이 불태워 버린 첫 번째 두루마리 책에 기록되었던 모든 말씀을 그대로 기록하여라."(스토리텔링, 렘 36:28). "하나님의 명에 따라 예레미야는 다시 다른 두루마리를 구해다가 바룩에게 주고, 네리야의 아들인 서기관 바룩은 예레미야가 불러주는 대로 유다 왕 여호야김이 앞서 불태워 버렸던 그 두루마리 책의 모든 말씀을 다 기록하였다. 뿐만 아니라 처음 것에다 여러 말씀들을 더욱 많이 추가하여 기록하였다."(스토리텔링, 렘 36:32)

4) 두 예레미야서 예레미야서가 여호야김 왕의 분서 사건 때문에 두 번 기록된 것 말고, 현존하는 예레미야서가 기원전 3세기 그리스어역 '셉투아진트' 예레미야서(Jer-LXX)와 기원후 11세기 히브리어 '마소라' 본문 예레미야서(Jer-MT), 이렇게 두 예레미야서가 있고, 둘 사이에 내용과 자료 배열과 분량이 서로 다르다는 점을 상기할 필요가 있다. 이것은 달리 말해, 기원전 3세기 그리스어역 '셉투아진트' 예레미야서의 히브리어 저본(底本, source text)과 현존하는 기원후 11세기 히브리어 '마소라' 본문 예레미야서가 내용과 배열과 분량에 있어서 서로 다른 두 예레미야서라는 말이기도 하다. 특히 쿰란에서 발견된 히브리어 사해사본 예레미야서 단편은 그리스어역 예레미야서의 저본과 같은 히브리어 저본이 있었다는 것을 추측할 수 있게 한다. 그렇다면 오늘날 우리가 읽고 있는 예레미야서는 예레미야와 바룩 이후에 줄곧 본문이 확대된 히브리어 본문일 수 있다.

5) 두 예레미야서의 비교 그리스어 예레미야서(Jer-LXX)와 히브리어 예레미야서(Jer-MT)는 내용도 다르고, 자료 배열의 순서도 다르다. 내용의 차이를 보면, 그리스어역 예레미야서는 히브리어 예레미야서보다 짧다. 히브리어 예레미야서에는 그리스어역 예레미야서에 반영되지 않은 3,077개의 히브리어 낱말이 더 들어 있다. 자료 배열순서에서도 차이가 발견된다. 25장 13절 이후부터 두 본문이 서로 다르다. 이방

민족에 대한 예언이 히브리어 예레미야서에서는 책의 끝부분(46-51장)에 나오는데, 그리스어 번역 본문 예레미야서에서는 이방 민족에 대한 예언이 책의 중간(25:13 이후)에 나온다. 그래서 이 두 서로 다른 예레미야서가 다 번역되어 둘 다 나란히 구약성경 안에 제시될 필요를 말하는 견해도 학계에서 논의된다.

예레미야 애가(哀歌)의 특징

1) 기원전 3세기 그리스어 구약성경에서는 애가가 예레미야서 다음에 편집되어 있다. 기독교의 구약성경은 이 편집을 따르고 있다. '애가(哀歌)'라고 하는 책 제목도 그리스어 번역을 따른 것이다. 그리스어 번역 서문에는 히브리어 애가에는 없는 "이스라엘이 포로로 사로잡혀 가고 예루살렘이 파괴된 후, 예레미야는 울면서 앉아 있었다. 그가 예루살렘을 애도하며 다음과 같은 슬픈 시를 읊었다. 예레미야가 말했다…"라는 말이 첨가되어 있다.

2) 기원후 11세기 히브리어 구약성경 사본에서 애가는 예언서에 편집되어 있지 않고, 성문서(聖文書)의 '다섯 두루마리'(룻기, 아가, 전도서, 애가, 에스더) 안에 들어 있다. 책 제목도 '애가'가 아니라, '에이카'("슬프다, 어찌하여")다.